中国公共治理前沿问题研究

中国人民大学公共管理学院行政管理学系
中国人民大学公共治理研究院 编著

中国财经出版传媒集团
经济科学出版社
Economic Science Press

图书在版编目（CIP）数据

中国公共治理前沿问题研究/中国人民大学公共管理学院行政管理学系，中国人民大学公共治理研究院编著. —北京：经济科学出版社，2019.1
ISBN 978-7-5218-0212-2

Ⅰ.①中… Ⅱ.①中…②中… Ⅲ.①公共管理－研究－中国 Ⅳ.①D63

中国版本图书馆CIP数据核字（2019）第014882号

责任编辑：殷亚红　江　畅
责任校对：王肖楠　郑淑艳
版式设计：齐　杰
责任印制：王世伟

中国公共治理前沿问题研究

中国人民大学公共管理学院行政管理学系
中国人民大学公共治理研究院　编著
经济科学出版社出版、发行　新华书店经销
社址：北京市海淀区阜成路甲28号　邮编：100142
总编部电话：010-88191217　发行部电话：010-88191522
网址：www.esp.com.cn
电子邮件：esp@esp.com.cn
天猫网店：经济科学出版社旗舰店
网址：http://jjkxcbs.tmall.com
北京季蜂印刷有限公司印装
710×1000　16开　24.75印张　410000字
2019年1月第1版　2019年1月第1次印刷
ISBN 978-7-5218-0212-2　定价：59.00元
(图书出现印装问题，本社负责调换。电话：010-88191510)
(版权所有　侵权必究　打击盗版　举报热线：010-88191661
QQ：2242791300　营销中心电话：010-88191537
电子邮箱：dbts@esp.com.cn)

序一

进入21世纪以来,尤其是2008年国际金融危机爆发以来,旧有的全球治理体系已难以适应中国等新兴经济体的快速崛起和世界经济发展变化的客观需要,全球治理正处于关键的转型期。当前国际形势复杂多变,国际关系回归大国政治与战略竞逐,大国关系深入调整,中美之间贸易摩擦和争端不断。国内社会主要矛盾转化,经济发展进入新常态,国家治理进入转型发展期。风谲云诡的国际国内形势下,中国正在经历一场深刻的治理变革,治理理念、治理机制、治理工具的创新比任何时候都显得重要和紧迫。

党的十八届三中全会首次提出"推进国家治理体系和治理能力现代化",明确将推进国家治理体系和治理能力现代化确立为全面深化体制改革的总目标。党的十九大报告指出,我国社会主要矛盾已经转化为人民日益增长的美好生活需要和不平衡不充分的发展之间的矛盾。社会主要矛盾的转化是中国特色社会主义进入新时代的重要标志,同时也给党和国家工作提出了许多新的命题和要求。就国家治理而言,党的十九大报告从新时代的角度提出政府治理、社会治理、环境治理、乡村治理、网络综合治理、基层治理、全球治理等多层次、系统化的治理体系,为加强和创新国家治理描绘了一幅绚丽美好的蓝图。从国家角度来看,不断完善国家治理体系和治理能力现代化仍然是新时代发展中国特色社会主义的重要课题。从社会发展的角度看,中国正面临着提高社会治理能力与提高公共服务水平的双重压力。随着公民社会的兴起、社会主义市场经济体制的完善,新三元社会结构逐渐形成,社会管理进入了公共治理的时代。"公共治理"不再是传统的公共管理背景下政府作为单一的参与主体承担公共治理的主要责任,而是强调由政府、市场和公民社会形成组织网络,合作参与社会事务管理,谋求公共利益最大化,并共同承担责任,以"善治"为最终目标,努力形成共建共治共享的社会治理格局。面对当下复杂多变的社会环境,探索构建中国语境下的公共治理体系，公共管理的实践者和学者责无旁贷。

中国人民大学公共管理学院行政管理学系及中国人民大学公共治理研究院的专家学者们率先垂范，高屋建瓴，站位中国特色社会主义新时代的起点，立足公共管理前沿问题，着眼宏观制度建设，聚焦改革发展热点，细致描绘公共治理发展蓝图。在理论层面，立足公共治理的阵地前沿，聚焦政府治理体系、国家治理现代化、公共行政结构、网络时代下的国家战略、治理新范式、政府创新和政府监管等核心问题，全面透析宏观架构层面的公共治理前理论，深入剖析中国公共治理领域重大问题。在实践层面，聚焦社会民生热点，透视公共治理万象，关注教育、医疗、公共服务供给、行政审批和基层社会治理等重点改革发展民生问题，将公共治理理论付诸民生实践之中，专业解读分析民生问题，谋民生之利，解民生之忧。学者们的研究探索以解决好人民日益增长的美好生活需要和不平衡不充分的发展之间的矛盾为出发点，旨在为新时代公共治理指明方向，为提升国家治理现代化水平夯实基础，为完善国家治理体系添砖加瓦，以期为提升我国国家公共治理现代化水平和打造共建共治共享的社会治理格局做出应有的担当和贡献。

程天权

中国人民大学公共治理研究院　院长

中国人民大学　原党委书记

2018 年 11 月 1 日

序二

改革开放40周年是中国当代治理变革的里程碑。中国人民大学行政管理学系作为中国行政管理学科的领航者，自当有所回应。改革开放30周年时，我们出版了《社会变迁与政府创新：中国政府改革30年》。假如再出版一本治理变革40年的著作，内容难免重复。所以，我们酝酿出版了这本《中国公共治理前沿问题研究》，汇集了系里学者们近几年的研究成果，以此作为政府改革30年研究成果的延展。一篇文章很难完全反映每一位学者的研究精髓，于是，在每篇文章的参考文献之后，附加了每位学者推荐读者阅读的10篇反映自己研究思想的论文，以便于读者延伸阅读。

从书中论文的关注点可以看出，人大的行政管理是由多根研究支柱搭建起来的研究平台。这些支柱包括：

第一支柱：公共管理理论研究。人大行政管理专业组建于1986年，是公共管理理论研究的先行者，一直有一批学者从事基础理论的研究，在国内外享有盛名。目前，活跃在研究一线的学者包括：张成福教授、杨开峰教授、孙柏瑛教授、张康之教授、刘太刚教授、王丛虎教授、吴爱明副教授、李传军副教授、段晖副教授、张楠迪扬副教授、戴维·H·罗森布鲁姆（David H. Rosenbloom）教授和汤姆·克里斯滕森（Tom Christensen）教授等。

第二支柱：政府绩效管理研究。伴随着政府绩效意识的提升，人大行政管理系有多位学者在助推中国政府绩效管理制度的改进与绩效理论的提升。在绩效管理领域建树丰硕的学者包括杨开峰教授、孙柏瑛教授、祁凡骅教授、张璋副教授、马亮副教授和戴维·H·罗森布鲁姆教授。

第三支柱：地方政府管理与社会治理研究。基层治理与社会治理一直是治理中的难点。随着改革进入深水区，社会基层的矛盾与压力也日益凸显。在这一领域不断探索的学者为孙柏瑛教授、魏娜教授、王丛虎教授、刘鹏教授、程秀英副教授、张楠迪扬副教授和汤姆·克里斯滕森教授。

第四支柱：政府监管研究。食品药品、环境、教育、公共资源交易等领域的治理是社会关注的热点，对政府回应力的要求不断提升。在政府监管领域成果卓著的学者有王丛虎教授、刘鹏教授、李家福研究员、吴鹏副教授、段晖副教授、张楠迪扬副教授和戴维·H·罗森布鲁姆教授。

第五支柱：非营利组织管理研究。非营利组织在公共治理中的角色不可或缺，研究价值日渐显现。在非营利研究方面具有影响力的学者有康晓光教授、魏娜教授、刘太刚教授和娜拉副教授。

第六支柱：应急管理研究。信息技术促进了社会运转的速率，同时也催生了治理中的应急议题。国家应急管理部的成立充分说明了应急管理在当前治理中的重要地位。人大行政管理学系在应急管理领域颇具影响的学者是张成福教授和唐钧副教授。

第七支柱：公务员制度研究。公务人员管理是公共部门人力资源管理的核心，在这一领域持续耕耘的学者有孙柏瑛教授、祁凡骅教授和舒放副教授。

第八支柱：传统文化与治理研究。民族复兴的伟大愿景离不开中国传统治理经验的汲取。研究分析传统治理智慧的学者有刘太刚教授和康晓光教授。

第九支柱：领导学研究。治理的复杂性对公共部门领导者的领导力提出了更高的要求，实践部门对领导学研究成果的期待也越来越高。在领导学领域不断探究的学者有祁凡骅教授和马亮副教授。

以上九大支柱构建起来的人大行管学科平台，持续为中国的治理变革实践输送理念与知识，也为有志从事公共治理研究与实践的年轻人提供翱翔蓝天的助推器。年轻学子常常困惑除了课本、经典之外还需读些什么？还应关注中国的治理前沿问题。这本文集提供了深度阅读前沿问题的图谱。

这本文集的付梓出版，首先要感谢各位学者的倾心付出，特别是感谢王丛虎、张楠迪扬两位系负责人的协调与担当，感谢出版社编辑的快速响应，以及参与排版编辑的杨业伟同学。最后，论文的观点期待读者争鸣，文中疏漏期待读者斧正，更期待中国的治理理论与实践在现代化的道路上不断创新前行。

祁凡骅

中国人民大学行政管理学系　系主任

2018年11月1日

目录

政府治理创新与政府治理的新典范：中国政府改革 40 年
.... 张成福（1）

中国国家治理现代化的挑战与思考
.... 祁凡骅（15）

公共行政的显性结构与隐性结构
.... 张康之（41）

网络空间全球治理的国家战略
.... 李传军（58）

心灵治理：公共管理学的新边疆
　　——基于需求溢出理论和传统中国心灵治理范式的分析
.... 刘太刚（80）

理解、解释和推进政府创新
.... 马　亮（97）

政府监管研究：理论综述、分类框架与能力评估
.... 刘　鹏（112）

迈向全面整合的政府绩效管理
　　——我国政府绩效管理制度的考察与反思
.... 张　璋（150）

社会公共安全的属性分析和治理策略
.... 唐　钧（167）

走向共治：我国城市基层社会治理的现代转型
.... 孙柏瑛（187）

制度变迁中的社会组织发展与挑战
.... 娜　拉（213）

中国特色大学治理的变迁过程、现实困境与优化路径
　　………………………………………………………… 李家福（237）
公共治理视阈下对教育指标政策功能的考察
　　………………………………………………………… 段　晖（253）
异地高考政策的困境与出路
　　………………………………………………………… 吴　鹏（272）
对当前我国国有医院管理与医学教育模式若干问题的思考
　　………………………………………………………… 舒　放（281）
论公共资源交易平台整合的理论与实践
　　………………………………………………………… 王丛虎（305）
政府集中办公论
　　………………………………………………………… 吴爱明（323）
中国建设工程领域行政审批中介：改革、管理与展望
　　………………………………………………………… 张楠迪扬（346）
我国志愿服务：机遇、成就与发展
　　………………………………………………………… 魏　娜（376）

政府治理创新与政府治理的新典范：
中国政府改革40年

张成福

> **摘　要**：政府治理改革与创新乃是对政府治理体系重新思考、重新设计、重新建构的过程。中国政府治理变革的动力来源于经济和社会的转型，亦是政府治理体系内部矛盾运动的结果。40年政府改革创新的结果便是产生和发展了具有中国特色的、不同于传统模式的新的政府治理典范。中国政府治理变革乃是一种基本典范的转移。
>
> **关键词**：社会转型；治理创新；政府治理新典范

一、前言

人类发展的历史表明，在任何一个社会，均需要一个治理的体系，用以贯彻集体的目标与维持内外的秩序。政府治理乃是一个社会的必需品。政府治理系统并非一个闭关自守的封闭体系，而是与社会大系统之间存在着"取"与"予"功能平衡的一个开放体系，治理体系获取社会的支持及资源的供给，有效转化为政策和政策的执行以及服务输出或给予社会。同时，治理体系也是一个生态适应的有机体，需要适应外在的环境的变化，与时俱进，新陈代谢，求新求进，方能维持本身的存在、持续与发展。

纵观人类社会治理发展的历史，我们不难发现，一旦治理的体系无法适应变化了的环境，便会出现治理的危机，导致国家的衰败，甚至于瓦解乃至灭亡。对安全的追求，对既定结构、规则及其利益的维护，似乎是人类的天性，或许正是这种天性，有助于治理体系本身的维持与持续。人类与其他动物的一个区别在于，其具有无限的智慧和创造力，能够从历史的经验中学习和思考，不断超越和创新，这恰恰又是人类进步的源泉和力量所在。个体是如此，组织是如此，国家和政府亦是如此。无论是对个体、群体，还是对国家而言，如何维持其既定的基本的规则体系，保持一定程度的连续性、稳定性，另外，如何应对环境的改变和挑战，使得现存的制度体系与社会需求保持一致，不至于发生裂变，乃是治理的最大挑战。没有任何一种天然的机制能够保证国家和政府治理的有效性，除非这种体系能够产生自我革新的能力。从这个意义上讲，改革和创新乃是一切有机体的活力来源，政府治理体系也是如此。

政府治理改革与创新，乃是政府随着内外生态环境的变化，有意识地对其结构、功能、行为、政策乃至文化进行不断调整和改变，以谋取政府治理体系与环境之间的动态平衡，从而实现政府治理效能的行为或过程，是寻找和建立新的治理途径和方式（new approaches and mean），从而实现和创造公共目的（public ends）和公共价值（public value）的过程。政府治理改革与创新，是重新思考（rethink）、重新设计（redesign）和重新建构（reconstruction）治理体系，提升政府治理能力的过程。改革与创新，不仅仅是活力政府（governmental revitalization）的核心和关键所在，亦是提升应对国际国内社会各种挑战，提升国家竞争力的策略。是故，世界各国莫不重视政府治理的改革与创新，政府改革与创新已经成为世界性的趋势与潮流。从20世纪80年代起，中国政府适应社会的变化，持续不断地推进政府治理体系的改革与创新。经过40年的改革，中国政府治理体系发生了根本性的变化，形成了具有中国特色的、不同于传统治理的新的治理典范，同时，在政府治理改革与创新方面，也积累了丰富的经验，为世界贡献了政府改革的中国智慧。

二、中国政府治理改革与创新的契机和动因

马克思主义最伟大的贡献之一在于把世界看成是不断运动、变化和发展的过程，并揭示了变革与发展的内在动力和规律。马克思主义认为："一切社会变迁和政治变革的终极原因，不应当到人们的头脑中，到人们对永恒的真理和正义的日益增进的认识中去寻找，而应当到生产方式和交换方式的变革中去寻找"，[①] 同时认为经济虽然是决定性的因素，但不是唯一的因素。对于政府治理的变革和发展而言，除经济因素之外，还有政治的因素、社会

---

① 马克思，恩格斯．马克思恩格斯选集．（第三卷）[M]．北京：人民出版社，2012

的因素、历史的因素、政治领袖与社会大众的因素,等等。40年中国政府改革与创新的主要原因或者推动力来源于政府治理环境的变化以及政府治理体系内部的内在矛盾。

(一) 中国政府治理变革的契机和动因

政府治理体系外在环境的变化和发展乃是推动政府治理变革的主要原因。概括起来,40年来推动中国政府治理变革的契机和动因主要在于下述几个方面。

1. 意识形态和治国理政指导思想的变化

作为一个观念系统,意识形态不仅解释了社会的、政治的制度安排,也是一切社会的、政治的与政府治理的话语与行动基础。对于政府治理而言,意识形态不仅仅论证了其合法性和合理性,而且是社会变革和发展的先导,成为引领国家和政府治理的号角和指南。改革开放以来,中国共产党和政府把马克思主义的基本原理与中国实际和时代特征相结合,在改革开放的实践中形成了邓小平理论、"三个代表"重要思想、科学发展观等重大战略思想,特别是十八大以来形成的习近平新时代中国特色社会主义思想。这一系列具有战略性、前瞻性和创造性的思想,回答了发展中国特色社会主义的总目标、任务、总体布局、战略布局以及发展方向、发展方式、发展动力等基本问题。指导思想的创新,不仅仅丰富和发展了马克思主义,推动了马克思主义中国化,更是开辟了中国发展的新境界以及政府治理的新境界。如何实现这一新境界,对政府治理体系和能力提出了更高的要求。

2. 社会主要矛盾的变化与人民对美好生活的期待

国家和政府本身就是社会矛盾和社会冲突的产物,"正是由于私人利益和公共利益之间的这种矛盾,公共利益才以国家的姿态而采取一种和实际利益脱离的独立形式,也就是说采取一种虚幻的共同体的形式"。[1] 国家和政府的作用,其最低限度便在于解决社会的各种矛盾,从而维护共同体的存在和发展。在各种社会矛盾中,把握社会主要矛盾乃是最重要的,因为社会主要矛盾决定了国家和政府治理中的任务和基本战略选择以及政策选择。在新中国成立初期,党的八大报告就指出,我国的主要矛盾已是人民对于经济文化迅速发展的需要同当前经济文化不能满足人民需要之间的矛盾。但此后,

---

[1] 马克思,恩格斯. 马克思恩格斯选集(第三卷)[M]. 北京:人民出版社,1960

由于诸多原因，反而认为阶级斗争是主要矛盾，以阶级斗争为纲，导致了国家的动乱和治理的衰败。党的十一届三中全会拨乱反正后，十一届六中全会认为，我国需解决的主要矛盾"是人民日益增长的物质文化需要同落后的社会生产力之间的矛盾"，以此为基本依据和判断，中国从此始终致力于生产力的发展，这也是推动中国改革开放的目的和初衷所在。经过40年的发展，我国社会主要矛盾的性质和特点发生了明显的变化，社会生产力发展有了历史性的跨越，落后的社会生产力已经不符合中国的实际，同时，在人民生活水平总体达到小康后，对更加美好生活的向往和需求更加强烈。中国社会的主要矛盾已经转化为人民日益增长的美好生活需要和不平衡不充分的发展之间的矛盾。社会主要矛盾的变化，对政府治理提出了新的要求和挑战。正确处理改革与发展中的重大关系，促进城乡区域协调发展，促进经济社会协调发展，促进经济社会和生态环境协调发展，促进硬实力和软实力协调发展，更好地推动人的全面发展和社会的全面进步，是政府的新任务。社会的全面进步同时要求政府自身必须更有能力、更有效率、更负责任，以政府发展，来推动社会发展。

3. 社会主义市场经济与传统治理的困境

从计划经济走向现代市场经济无疑是40年来中国社会最具革命性的变革。中国改革开放与经济发展的起点是僵化的计划经济背景下庞大而低效率的公共部门以及一个短缺的经济体。改革初期，中国体制转型的关键在于如何打破计划经济体制的束缚，推动市场化改革，推动资本积累，促进工业化和城市化。推动市场化并非透过市场的自发作用可以为之，其任务便落在政府身上，市场化改革意味着政府必须改变传统的以政府权力为中心的治理模式，并将自身的权力和掌控的资源让渡给市场和企业。从某种意义上讲，市场化改革能否取得成效，能否成功，从根本上取决于政府的自我革命。市场机制和市场经济要求市场在资源配置过程中起决定性作用，便意味着行政权力配置资源的退出；市场经济乃是建立在产权制度的基础上，这便要求政府要完善产权制度并保护产权；市场机制，要实现要素的自由流动，这便需要政府完善要素市场，实现要素的市场化配置；市场体制是建立在市场决定价格的机制基础之上，这便需要政府改革价格管制，由市场决定价格；市场经济需要公平的竞争环境，便需要政府放松规制，改革商事制度。同时，市场经济也需要有为的政府，以弥补市场的缺陷和不足。中国市场经济的建立和发展，与政府治理变革，是一个双向推动的过程。市场经济改革的发展，推动着政府改革与创新，反过来，政府改革与创新也推动着市场经济的建立和完善。

4. 全球化与国际竞争的加剧

以贸易和投资自由化、便利化为核心的经济全球化乃是时代的潮流和不可逆转的趋势。40 年来中国的改革过程，也是中国走向开放，建立开放型经济和社会的过程。经济全球化不仅意味着国家之间的合作，也意味着国家之间的竞争，提升国家竞争能力乃是政府面临的重大议题。而政府能力则是一个国家综合国力和竞争力的主导性因素，政府如何引导和调控国民经济运行，参与国际经济竞争，促进经济发展，自然便成为政府工作的重心所在。同时，经济全球化对政府治理提出了更高的要求，要求政府的运行更加公平、更加透明；政府的治理要遵循法治，政府的行为具有可预测性；政府要为外资创造公平竞争的市场环境等；政府的运行要更具效率。顺应经济全球化和保持国际竞争力的内在需要，为中国政府治理变革提供了契机，也提供了强大的动力。

5. 网络社会和知识经济

从历史上来看，科技的进步和发展乃是推动社会变革的主要力量之一。从 20 世纪 80 年代开始的现代通信技术革命，特别是互联网的发展和普及对人类社会产生了革命性的影响，它不仅改变了生产方式，也改变了人类的生活方式和交往方式。人类社会进入了网络社会和知识经济的时代，这一时代呈现出了与传统时代不同的特质，如数位化、全球化、虚拟化、去密集化、动态化、即时性、流动空间等。在网络化的社会中，知识已经成为经济活动的根本生产要素，成为国家创造持续经济增长，形塑竞争优势，积累附加值的主要驱动力。网络社会和知识时代的兴起，改变了政府施政的外部环境，动态、复杂、多元的环境，对政府的职能和角色、政府的组织形态与结构功能以及政府的运行方式提出了新的要求。同时，新的信息和通信技术革命，也为政府治理创新提供了新的技术和手段，催化着新的治理方式的产生，成为推动政府改革与创新的最佳媒介与策略动力，为建立以服务民众为中心的、灵活、高效、透明的政府创造了可能性。

（二）政府治理体系存在的基本矛盾

除了政府治理环境的变化之外，推动中国政府治理体系变革与创新的另外一个主要因素在于政府治理体系自身存在的一些基本矛盾。在一定程度上讲，正是这些矛盾的存在与变化形成了源源不断的力量来源，促成了政府的改革。创造性地利用矛盾，通过创新摆脱和解决矛盾，恰恰是政府改革本身的应有之义。具体而言，政府治理体系存在的基本矛盾有以下几个方面：

1. 政府职能和任务的繁重与政府能力

随着社会的发展和进步，政府管理职能日益扩张，任务日趋艰巨和复杂，几乎涉及社会生活的方方面面。这便要求政府自身的能力与其承担的职责相匹配。唯政府具有政策创新力、高效执行力、资源汲取力、广泛协商力、有效管制力等，方能适应不断变化和增长的需要，方能有效解决公共问题，有效提供公共服务。如果政府自身的能力与其承担的角色和发挥的作用不相适应，政府便不可能为经济和社会的发展做出贡献。而事实上，能力的欠缺或者不足始终是社会政府体系所面临的突出问题。

2. 整体的公共利益与局部的、个体的利益

利益是人们在一定社会条件下生存和发展需要的表现，利益关系是人从事生产和其他社会活动的动机。正是在这个意义上，马克思主义认为"人们所奋斗的一切，都是同他们的利益有关"。政府治理，乃是追求公共利益的国家作用，然而在多元利益社会中，始终存在着不同的利益群体，政府亦不是一个同质的集团，在政府体系内部也始终存在着整体的公共利益与部门利益、公共利益与地方利益、个人利益与公共利益的矛盾和冲突。政府改革的许多领域，均涉及利益关系的调整和利益的重新分配。而如何防止利益冲突，尽可能地保障和促进公共利益的实现，均是政府改革关注的核心问题。

3. 权力的集中和权力的分散

政府治理体系从纵向上看也是一个经由权力划分和配置所形成的一个多层级控制体系。中央与地方是公共权力的垂直分立，垂直分立事实上也是事务项目的区分，大的原则是由中央与地方各自处理分内的事务项目，归中央的事务，地方不能过问，归地方的事务，中央也不处理。中央管的事务项目较多者，为中央集权制（centralization），地方管的事务项目多者，为地方分权制（decentralization）。我国是单一制的中央集权制国家，地方与中央为代理关系、隶属关系；地方政府是国家机关；中央与地方为行政分治关系；中央与地方存在监督关系，以行政监督为主。在中央集权制国家，如何处理中央与地方的关系，破除本位思考和零和思维，兼顾地方自主和中央统合，发挥中央与地方比较优势和调动中央地方积极性，始终是中国政府面临的改革议题。

4. 部门分化与整合

政府体系，从横向上看，乃是经由专业化分工和职能划分而形成的部门体系。部门化的结果便是形成了承担不同公共事务的职能部门，从而行使对不同公共事务的管辖权，展现了功能性政府的特质。部门化的初衷仍在于透过专业化的分工应对政府事务的复杂性，透过工作的专业化（task specialization）来提高政府的效率。但在现实中，部门化亦导致了许多问题，如权责集中和集权，无法适应变化的需要；部门林立和机构膨胀；本位主义和部门利益；在权责不清情况下，导致相互推诿、相互扯皮；政出多门，不易协调等。因此，功能分制的情况下，政府治理便出现了高成本，缺乏长远观点、缺乏对民众负责等问题。如何使政府成为一个完整的体系，发挥整体的合力，便成为改革的难题之一。

5. 政府权力的扩张与控制

在现代社会，行政权的扩张成为一个普遍现象。行政权力的扩张，使得政府的自主性大大提高，有利于政务的推行，也能够使政府在经济发展和国家建设上发挥积极主动作用，但与此同时，公共权力亦面临被误用、滥用、失去控制而导致的各种风险。如何既保证政府的权威和自主性，同时防止权力的侵蚀，亦是政府治理的困境与矛盾所在。

上述矛盾并非政府治理体系中存在的全部结构性矛盾，还有许多其他的矛盾，如行政效率与公平之间的矛盾；政府管制与社会自主与创新之间的矛盾；照章办事与繁文缛节、形式主义、缺乏弹性之间的矛盾，等等。政府治理改革与创新，正是解决各种矛盾的过程。

三、走向政府治理的新典范：40年政府改革的成就

中国政府改革，实际上乃是一场社会再造运动，它是在中国社会整体转型的背景下进行的，改革所涉及的范围和内容，已远远超出传统意义上政府自身行政的范围，涉及政府与社会的方方面面。其改革范围之广、幅度和力度之大、涉及的议题之多，已远远超出其他国家行政改革的范畴。改革开放以来，中国共产党和人民政府以极大的自我革命和创新精神，坚定不移地推动政府治理的变革，经过40年的改革和发展，一种具有中国特色、不同于传统的、新的政府治理典范正在形成和显现，经济的高速增长和社会的整体性进步，便是这种新治理典范绩效的最好证明。具体而言，40年中国政府

治理创新的主要成就或者说新典范的主要特质在于以下几个方面：

（一）政府治理的主导价值再确认：人民为中心的政府治理

新中国历次颁布的宪法均明确申明我国是人民民主的国家，国家的一切权力属于人民，宪法明确规定："一切国家机关和国家工作人员必须依靠人民的支持，经常保持与人民的密切关系，倾听人民的意见和建议，接受人民的监督，努力为人民服务。"一切国家机关和工作人员都是人民的公仆，这便是共和国的立国精神和价值所在。政府改革40年，政府治理唯一不变的便是对这种主导价值的不断确认、强化和发展。早在20世纪50年代，邓小平同志明确指出："工人阶级政党不是把人民群众当作自己的工具，而是更自觉地认定自己是人民群众在特定的历史时期为完成特定的历史任务的一种工具"。[①] 党和政府是人民实现其利益的工具，明确指明了政府存在的价值便在于对人民期待的价值的创造。政府治理改革的目的在于废除官僚主义，发展社会主义民主，调动人民的积极性。"三个代表"重要思想以及科学发展观也是以人民的主体性为核心的。党的十八大以来，党和政府确立了人民中心的发展观，人民中心的发展观既是指导经济和社会持续健康发展的科学发展观，又是政府治理实践的核心价值观，正如习近平同志所讲的："中国共产党及其领导的国家是代表最广大人民根本利益的，其一切理论和路线、方针、政策，其一切工作部署和工作安排，都应该来自人民，都应该为人民的利益而制定和实施"，[②] 并再次重申"坚持全心全意为人民服务的根本宗旨，实现好、维护好、发展好最广大人民根本利益，把人民拥护不拥护、赞成不赞成、高兴不高兴、答应不答应作为衡量一切工作的根本标准……"[③] 以人民中心的治理观的确立，标志着政府治理从国家中心主义转向人民中心主义。

（二）政府治理重心的转移：发展与变革导向的政府治理

改革开放以来，中国政府面对不断变化的国际和国内环境以及各种矛盾和挑战，积极主动调整和改变工作重心，形成了以变革和发展为导向的现实主义的治理风格。中国社会的转型，固然是政府与社会双向推动的结果，但

[①] 邓小平. 邓小平文选.（第一卷）[M]. 北京：人民出版社，1994：218
[②][③] 习近平. 习近平谈治国理政.（第二卷）[M]. 北京：外文出版社，2017：295，41

政府在整个社会的变革和发展中发挥着积极、主导、催化、推动的作用，展现了创造发展和变革的环境，促进经济和社会发展的能力。除了传统的维护秩序和政治社会稳定的角色之外，政府在社会转型和发展中扮演了多重积极的角色：（1）经济和社会变革的代理人（change agent）。中国社会经济和其他领域的变革，均是有计划的变革，而政府始终是变革规划的设计者和推动者。（2）发展共识的建立者和领导者。改革开放初期，面对生存和发展的压力和挑战，中国政府从政治现实主义出发，确立了发展是第一要务，发展是硬道理，发展是谋取解决一切问题的解决之道的基本共识，并积极创新发展的理念，领导和指导经济和社会事业的发展。（3）制度规则的制定者。任何社会，经济和社会的发展前提是建立有助于促进经济和社会发展的基本条件，即法律制度和规则，所谓有良法则有良治。改革开放以来，适应市场经济和社会的发展变化，中国已经建立起了基本适应社会主义市场经济和社会发展的法律、法规和规则体系，而政府在其中则扮演了程序领导者（procedure leader）的积极角色。（4）发展战略和规划的制定者和执行者。政府透过国民经济和发展规划以及各个领域的专门发展战略和规划，引领经济和社会的发展，使发展更具前瞻性、系统性和协调性。（5）公共产品和服务的生产者和提供者。在大量公共产品和服务领域，比如，公共安全、基础设施以及基础性公共服务，政府不仅仅是直接的投资者，而且是直接的生产者和提供者，这不仅为经济和社会的发展创造了良好的条件，也直接促进了经济的发展，增进了民生，保障了公民的基本权益。生产力的巨大进步，综合国力的提升，国民生活水平的改善，实际上与政府的积极作用密不可分。

（三）市场化改革和亲市场的政府治理

市场化改革，即承认和保护个人和企业对经济利益的追求，重视市场的作用，发挥市场在资源配置过程中的决定性作用，这是 40 年中国改革的主要实践。中国政府改革也是沿着如何建立起与市场经济相适应的政府治理体制这一主线来进行的，政府与市场关系的变革乃是核心，这突出表现在政府职能的调整。经过 40 年的改革，政府职能体系不断优化，基本上建立了与市场经济体制相适应的职能体系，建立了亲市场的政府治理。这主要表现在：（1）明确了政府职能转变的基本方向，即政府职能向创造良好的发展环境，提供优质公共服务，维护社会公平正义，既能够发挥我国社会主义政治制度的优势，又能运用市场激发经济的活力。（2）初步解决了政府职能的错位问题。市场在资源配置过程中的作用得到了体现；推动了市场的开放和公平的准入；放开市场价格，价格关系得到初步理顺，使得价格能够真实反映市场需求，重视价格机制对市场的调节作用。（3）政府职能实现的方式发生了转变。对经济社会事务的治理从传统的行政命令、直接干预转变为经济手段和宏观控制，即发挥国家发展规划的战略导向作用，综合运用财政、税收、投资、金融等政策手段促进发展方式的转变。（4）适应社会主要矛盾的变化。政府职能的重点领域逐步转向向全体人民提供统一、均等的公共服务。当然，政府职能的转变充满了各种矛盾和冲突，这一转变过程刚刚开始。政府与市场的关系永远是动态的、非均衡的。

（四）权力结构的调整与分权协同的政府治理

政府治理，并非是政府单方面行使权力的过程，而是政府与企业、政府与社会、中央与地方之间有机互动和相互作用的过程。国家的优良治理和社会的有效治理乃是建立在负责任的政府、有活力的企业、有生命力的社会组织三大部门协力关系之上的。中国传统治理模式最显著的特征在于高度的集权，其弊端在于抑制国家、地方、企业、社会的积极性、创造性，最终导致整个国家缺乏活力，缺乏效率。中国社会的变革，正是从农村开始，下放权力，使农民有了经营自主权，极大地调动了广大农民的积极性，解放生产力。自此以后，调整权力结构，实行分权化改革始终是中国政府治理变革的主线之一。中国政府改革40年，其成果之一便是透过权力结构的调整，形成了一个分权协同治理的基本格局。具体而言体现在以下几方面：（1）赋权企业。改变了传统的政府直接管理国有企业的方式，推进政企分开，实现了所有权和经营权的分离，确立了国有企业在市场经济中的主体地位。企业成为自主经营、自负盈亏的法人实体和市场主体。同时，从战略上调整国有经济布局和结构，进行了国有大型企业的股份制和公司制改造，逐步建立起了同社会主义市场经济相适应的国有资产监督和管理体系，改革的结果，使得国有经济取得了较快发展，也大大增强了国有企业的市场竞争能力。（2）赋权社会。坚持政事分开，管办分离的原则，积极推进事业单位的分类改革，激发了事业单位的活力。承认社会组织作为社会治理主体之一的地位，透过政府购买服务的方式，积极促进社会组织的健康发展。（3）赋权地方政府。透过经济性和行政性分权，特别是财政分权，使得地方政府支出占政府全部支出的85%，极大地调动了地方政府发展的积极性，也调动了地方政府推动改革的积极性。分权化改革的另一个积极效应在于，在分权治理的框架下，中央政府通过地方局部地区的政策创新试验，探索和总结了经验，然后达成共识，在更大范围甚至全国推广，这不仅仅有利于政府政策创新能力的提升，而且大大降低了改革过程中可能出现的诸多不确定性和风险。权力结构的调整，最终涉及的是多元利益格局的调整，权力分享、权力下放所产生的利益共享，恰恰为经济和社会发展提供了正当的诱因，最终有利于形成权力共享、利益共享、责任共担、风险共受的协同治理格局。

（五） 政府治理架构调整与整体性的政府治理

政府组织机构是政府履行职能的载体，完整统一、事权确实、协调一致、精简效能的政府组织框架乃是政府体系良好运行的基础。受传统政府治理模式以及诸多因素的影响，长期以来，政府组织框架存在诸多问题，如政府部门（特别是经济管理部门）仍然偏多，不仅超过了有效的控制幅度，而且增加了协调的成本；政府部门的职责交叉、职能重叠、权责不一的现象比较普遍；政策的领导与统合功能不强，出现政出多门，条块分割等。因此，机构的调整与优化也始终伴随着政府治理的变革。经过 40 年的改革和调整，政府组织框架日益合理化，这主要表现在：（1）从单纯调整改革政府机构到统筹改革和调整党政群机构设置，其结果强化了党的全面领导，强化了政策的领导和统合功能，维护了政令的统一；（2）政府机构和人员膨胀、政府规模扩大的趋势得到了有效控制，政府机构和人员日趋精简，更符合运行经济的原则；（3）大部制框架的确立，使得政府事权更加统一，改变了传统上部门林立、职责不清和交叉、多头管理、多头执法的现状；（4）建立了决策、执行、监督既相互协调又相互制约的政府组织权力运行机制；（5）跨机关政府整合服务。随着地方服务大厅、行政审批服务中心、"互联网+政府服务"模式的建立和推广，政府对民众提供服务的方式发生了改变，跨机关、整合性、便民化、高效率的新的服务模式已经形成。总的来看，面向社会需求和公共问题，服务社会与民众的整体性政府治理正在得到呈现。

（六） 政府开放与民主参与的政府治理

政府治理体系乃是一个开放的系统，虽有其边界，但要维持其活力，增加治理的有效性，需保持其开放性。政府的开放也是 40 年中国政府创新的主旋律之一。主要表现在：（1）建立政府信息公开制度，满足和落实人民的知情权，使人民成为知情的公民（informed citizens）。（2）建立政务公开制度，使政府在阳光下运作，政府的运作更加透明化，实现人民对政府权力与运作的有效监督。（3）建立民主参与决策和政策制定的制度。重大事项决策的调查研究制度、专家咨询制度、社会听证制度、多元化的民主协商制度（政治协商、政府协商、社会协商）得到确立。（4）以普遍主义为价值导向的，以公平、平等、竞争为基本特征的公职人员管理体系的建立、发展和完善。（5）城市社区居民自治以及农村村民自治制度的确立和实施，不仅使社区成为公民学习共同治理的场所，而且能够使居民由下而上地参与和投入，自发、自主、自治地解决社区存在的问题，创造社区的生机。民主参与的治理，不仅促进了政府治理的合法性，更重要的是促进了政府制定政策的理性，以及执行的效率。

（七）治理方式变革与依法而治的政府治理

依法治国和法治政府乃是人类治理文明的共同特征。建设法治政府不仅是全面推进依法治国，建立社会主义法治国家的重要内容，亦是维护人民群众合法权益，实现社会公平正义的制度保障。中国政府改革和转型，是从人治走向法治的过程，经过40年的改革，法治政府基本格局已经形成，为全面建成法治政府奠定了坚实的基础。主要表现为：（1）建设法治国家和法治政府已经成为国家的基本方略，在整个社会达成了广泛的政治共识。（2）强化了党对法治政府的领导，完善了全面依法治国的领导体制，法治政府的建设有了领导保障。（3）制定了全面推进依法行政，建设法治政府的规划和实施策略。（4）建立了适应法治政府发展需要的基本的法律法规和规章体系，涉及规范政府组织、公职人员管理、行政行为、行政程序、行政救济等诸多方面。法律法规体系的建立和完善，使得政府权力的获取、组织、行使有了制度上的约束和保障，通过良法，促进良治。（5）在重视规范和约束政府权力的同时，更加重视对公民权利的维护，这主要体现在给付行政的范围不断扩大上。（6）改革行政执法体制，整合执法主体，精简执法机构，实施相对集中行政执法权，推进综合执法的改革探索，在一定程度上缓解了多头执法、重复执法、乱执法等突出问题。（7）通过审批制度改革，大大压缩了政府权力寻租的空间和铲除腐败滋生的土壤，为廉洁政府的发展奠定了良好的基础。

四、政府治理变革的经验与启示

40年政府治理的变革，其成绩是巨大的。在推进政府改革的过程中，既有教训亦积累了许多成功的经验。第一，政府改革创新，是中国特色的社会主义制度的自我发展和完善，改革与发展要坚持正确的政治方向，坚持"四个自信"。第二，思想解放与理论创新的重要性。诚如马克思所言，批判的武器当然不能代替武器的批判，物质力量只能用物质的力量来摧毁，但理论一经掌握就会变成物质的力量，改革开放40年的历史经验在于我们所取得的每一项重大突破和成就，均是思想解放和理论创新的产物，思想自由促进了行动的自由，最终透过自由促进发展。第三，政府改革始终倾听人民的声音，回应人民的期待，坚持问题导向，人民期待政府改什么，政府就改什么，同时要尊重人民的首创精神，吸收民间的智慧。第四，政府改革要有整体观、系统观，要具有前瞻性。政府治理连接着政治、经济、社会生活的方方面面，涉及众多关系的调整和变化，改革要获取成效，必须从整体和系统的角度考虑问题，注重不同领域改革之间的配合，不同改革政策与措施之间的相互衔接，不同时间节点之间的相互调适，从而形成改革的合力，产生改革的综摄效应。第五，改革要有正确的方法论，既要重视顶层设计和规划的引导作用，又要大胆鼓励地方政府和基层政府的创新、探索和实践。

在任何时期、任何国度中，均不存在任何完美的制度，政府治理制度亦是如此。世界上唯一不变的事就是变化，正如我们长大成人以后不能再穿儿时的衣服一样，随着经济和社会的变化，政府治理亦要不断创新和变革。在中国特色社会主义进入了新时代，社会主要矛盾发生转化，发展中国特色的社会主义基本方略已经确立的背景下，政府面临着更大的挑战，肩负着更大的历史责任，建立人民满意的现代化的政府治理体系，提升政府治理能力，增进政府治理效能，通过政府自身的改革和发展，推动经济社会的全面发展进步，仍是不变的主题。政府改革与创新，永远在路上，仍然是未竟的事业，其光明的前景值得期待。

参考文献

---

[1] 马克思，恩格斯. 马克思恩格斯选集（第三卷）[M]. 北京：人民出版社，2012

[2] 邓小平. 邓小平文选（第一卷）[M]. 北京：人民出版社，1994：218

[3] 习近平. 习近平谈治国理政（第二卷）[M]. 北京：外文出版社，2017

----------------------------代表作品----------------------------

[1] 张成福. 责任政府论 [J]. 中国人民大学学报，2000（2）：75-82

[2] 张成福. 公共行政的管理主义：反思与批判 [J]. 中国人民大学学报，2001（1）：15-21

[3] 张成福. 公共危机管理：全面整合的模式与中国的战略选择 [J]. 中国行政管理，2003（7）：6-11

[4] 张成福，毛飞. 论政府管制以及良好政府管制的原则 [J]. 北京行政学院学报，2003（3）：1-7

[5] 张成福. 信息时代政府治理：理解电子化政府的实质意涵 [J]. 中国行政管理，2003（1）：13-16

[6] 张成福. 重建公共行政的公共理论 [J]. 中国人民大学学报，2007（4）：1-7

[7] 张成福，李丹婷. 公共利益与公共治理 [J]. 中国人民大学学报，2012（2）：95-103

[8] 张成福，边晓慧. 重建政府信任 [J]. 中国行政管理，2013（9）：7-14

[9] 张成福. 开放政府论 [J]. 中国人民大学学报，2014（3）：79-89

[10] 张成福，党秀云. 马克思主义的国家治理观 [J]. 教学与研究，2016（4）：12-20

中国国家治理现代化的挑战与思考

祁凡骅

摘　要： 国家治理现代化是战略性变革工程，是中国式治理的顶层方案。很大程度上，治理现代化过程就是解决挑战的过程。本文分析了不同变革节点所面临的挑战。2015年面临的挑战为：党的系统与政府系统的协同问题；"运动式治理"的范式转变问题；部分社会精英阶层对"新常态"的认知与适应问题。2016年面临的挑战是：治理理念能否更好、更快地转化为政策、行为；供给侧改革所带来的阵痛期能否成功度过；新的激励机制能否尽快形成；与民生相关的议题能否优先、有效解决。2017年所要解决的问题包括：如何将发展理念转化为中国国家治理的定位；如何消除领导干部选拔任用过程中的"劣币驱逐良币"现象；如何降低民众心理中的焦虑感。2018年国家治理体系变革的主要特征为：党全面领导下的融合式治理体系；内部监督为主导的权力制衡体系；"以人民为中心"的事业部式职能设置；综合统筹监管路径下的经济分权与监管平衡发展。

关键词： 国家治理；政府治理；治理挑战

治理是近年在管理领域十分流行的概念。在研究用语和组织行文中，治理颇有一种将管理取而代之的趋势。商业领域讲公司治理（corporate governance）；公共管理领域讲政府治理（government governance）、地方治理（local governance）、社会治理（social governance）、国家治理（state governance）、全球治理（global governance）等。在中国式治理的话语体系中，国家治理的范畴最为宽泛，涵盖了其他领域治理的内容。2013年11月召开的党的十八届三中全会提出："全面深化改革的总目标是完善和发展中国特色社会主义制度，推进国家治理体系和治理能力现代化。"国家治理体系和治理能力现代化成为未来治理变革的总目标。因此，从2014年底开始，中国人民大学每年推出一期《国家治理年度报告》，总结过去一年的治理实践，展望未来的治理挑战。本文将 2014～2018 年四个报告中的挑战与思考部分进行了摘选组合，力争展现出不同时间节点所面临的突出议题。

一、2015 年，国家治理面临的挑战与思考

2014 年是国家治理现代化元年。与以往的国家治理相比，2014 年的国家治理呈现出六个典型的特征：一是，描绘了国家治理现代化的宏伟蓝图。实现中华民族伟大复兴既是海内外中华儿女的共同梦想，也是中国发展的美好愿景。国家治理现代化是实现这一愿景的蓝图。十八届三中全会所提出的"全面改革 60 条"是对蓝图的具体描绘。二是，对中央领导决策机制进行了顶层设计。中央先后成立五个最高规格的领导小组和委员会，重构党政关系，重建决策机制，驱动全面改革。三是，通过强力反腐，消融改革坚冰，树立政治新权威。新一届中央，"老虎苍蝇一起打"，反腐力度空前。铁腕反腐肃清了队伍，削减了改革阻力，提升了执行力，赢得了民心，树立了新的政治权威。四是，绘就了国家治理现代化的法治路径。十八届四中全会将宪法推到了至高无上的神圣地位，全面推进法治。五是，通过实施"权力清单"制度，推进权力下放，释放经济活力。中央政府不断下放行政审批权力，赋予地方政府和社会更大的经济自主权，刺激经济回升。六是，改革不平等的制度安排，提升社会公平。对造成社会不公平的制度安排进行渐进变革。户籍制度、考试招生制度、养老保险制度等制度变革，提升了社会的公平度。2014 年国家治理变革的成就令人振奋，但改革的深入仍需对以下问题有应对之策：

（一）党的系统与政府系统的协同问题

中国共产党的各级领导同时也领导各级政府的整体工作。政府的行政首脑通常也是党的领导集体的一员。政府系统改革措施必定是党的领导集体一致的决策。因此，在战略层面，党与政府很容易达成协同。但是在微观运行层面，党的系统与政府系统并不是总能做到协同一致。党有党的独立机构体系和运行机制。党通过党组织和党员个体来实现政治领导。行政通过行政官僚系统来推进各项政策，实现对公共事务的管理。行政机构实施"权力清单"，做到清单之外无权力。而党的机构没有"权力清单"，党的领导通过党组织和党员实现全覆盖。党的组织和行政组织在这点上就没有达到协同。

政府推崇"法无授权不可为",而党的组织又主要是靠文件来部署、落实各项工作的。在中国的政治文化中,政治高于行政,政治事项必然优先于行政事项,行政须为政治让步。尽管文件的规范程度常常不能与法律齐肩,但党的文件权威高于行政法规的权威。当党的文件要求与法律的规范不一致时,冲突自然产生。党的十八届四中全会既要求党依据宪法法律治国理政,也要求党依据党内法规管党治党。但是这二者之间的协同机制缺乏具体的设计。虽然党的强大政治动员能力是中国独特的政治优势,同时也是政府变革的强力后盾,但党的治理与政府治理运行方式的非协同性,会直接决定"权力清单"制度的执行深度。如何做到党的系统与政府系统的协同是治理现代化过程中需要应对的挑战之一。

(二)"运动式治理"的范式转变问题

国家治理现代化必然包含治理范式的现代化。十八届四中全会提出的依法治国方略实质是国家治理范式转移的一种政治宣誓。其转变的核心是从"运动治理范式"向"常态治理范式"的转变。但是,转变的难度可能超出大多数研究者和实践者的预想。

运动式治理在党的治理工具箱中长期占领着重要位置。在革命战争年代,农民运动、整风运动是早期的运动治理形式。在社会主义建设时期,运动式治理模式得到了充分的运用,"三反""五反""人民公社""大炼钢铁""文化大革命""批林批孔"等运动形式多样,虽然针对的问题和着力点不同,但都带有浓重的政治色彩。

改革开放之后,政治领域的运动式治理慢慢淡出,但行政领域中针对社会问题的运动式治理得到了延续和保留。各种"严打""集中整治""专项行动"等在当今的治理中仍然是使用频率颇高的治理工具。运动式治理之所以不断地老树开新花,其中缘由包括:(1)运动式治理是党和政府对社会问题的回应性宣示。一些社会问题是长期积累下来的痼疾,很难在短时间内药到病除,社会民众身受困扰,关切度很高。这时候,党和政府采取运动式治理,可以展示对这些问题的高度关注态度,显示党和政府对社会问题的回应性。(2)运动式治理可以集中力量下猛药,短期效果明显。运动式治理常常通过政治动员的方式来发起,集中多部门人力、物力和财力,短时间内强势作为。运动式治理的暴风骤雨必然收到明显的短期效果。但问题是,运动式治理并不能收到长期根治的效果。政府经常对食品安全进行运动式突击检查治理，但食品安全问题依然是治理的重点问题之一。（3）运动式治理可以弥补常态治理能力的不足。当正常的制度、机制不能奏效时，运动式治理可以打破体制机制局限，通过临时机制来缓解问题。运动式治理往往起到的是打补丁的作用。

运动式治理的缺陷是显而易见的。首先，运动式治理是非系统治理。运动式治理缺乏稳定的组织、机制、资源支持，缺乏系统性，无法达到长治。其次，运动式治理会侵蚀规则与法律的权威。运动式治理往往伴随着从重、从严的惩治思维，同样的违规行为，与常态相比，在运动式治理期间会受到更为严厉的惩罚。这种惩治思维与法治思维中的公平理念是相冲突的。法规具有了弹性，也就失去了权威。再者，运动式治理会助长投机心理。运动式治理给违规者造成"过了这阵风一切就会过去"的感觉，助涨违规者的侥幸和投机心理。由此我们可以得出，从运动式治理范式向常态治理范式的转变是必需的，是实现依法治国的内在要求，但转变又颇具挑战。

（三）部分社会精英阶层对"新常态"的认知与适应问题

国家治理的变革实质是打破旧的体制、规则、文化，建立新的体制、规则、文化的过程，我们将新的体制、规则、文化称之为"新常态"。社会中的精英阶层，无论是来自政府机关、国有企业，还是来自私营企业、大专院校，都是在原来的旧制度生态中成长和出落出来的，在原有的体制、规则、文化中能够做到彼此适应，甚至游刃有余地利用旧规则成就自我。2014年的治理变革是对原有旧规则的打破，打破的不单单是"老虎"与"苍蝇"的奢靡，也打破了许多精英阶层的惬意。国有单位的灰色福利没了、舌尖上的公款吃喝没了、国有企业高管的薪金降了、科研人员研究经费的管理严了、商业中的利益输送不敢了……精英阶层感受到了游戏规则的变化，原来的惬意变为了谨慎，对治理变革的不适应油然而生。最典型的表现有两个：一是认为规则是不是过严了、反腐是不是过头了；二是懒政、庸政，消极敷衍。社会精英阶层对"新常态"的认知与适应成了治理变革过程必须解决的问题。

问题的解决需要从两个方面着手：一是通过广泛的认知讨论、思想碰撞，使精英阶层认识到原来的惬意状态是不正常的，是无法维持的，对社会的长期健康发展是有害的。短期的利益损失在未来会得到更长远、更具价值的回报。道理辨明了，认识自然就一致了，对"新常态"的适应度也就提高了。在认知达成一致的过程中，应避免通过政治宣传的高压来迫使精英阶层就范。宣传高压所得到的一致是表面的一致，内在思想上的冲突依然顽固。二是加快新规则的建立。治理变革过程中要边破边立，避免出现规则真空，无所适从。建立规则治庸治懒，对消极行为有应对之策。在新规则的制定过程中，要避免"矫枉过正"。管理者需要借鉴政策分析创始者查尔斯·林德布鲁姆的"渐进决策"理念。规则的变革一定程度上要体现"渐进"，这样，精英阶层对"新常态"的适应会相对容易，治理变革之路也会相对轻松。

二、2016年，国家治理面临的挑战与思考

2015年是国家治理现代化全面推进的第二个年头，依照国家治理现代化的蓝图步步落实是过去一年的工作重心。理念创新、机制创新、路径创新精彩纷呈。创新成为国家治理现代化2.0版的核心词与典型特征。

政治治理方面，首先是治理变革的指导理念逐渐完善成熟。"四个全面"的战略构想，勾画出了当前与未来治理变革的目标、路径和风格。"创新、协调、绿色、开放、共享"五大发展理念是战略执行层面的指导，是各项工作展开的价值标准。其次，铁腕反腐继续扩大战果，民众喜闻乐见。"三严三实"教育、重树政治规矩使党风、政风的转变成果进一步巩固，政廉风清的政治生态值得期待。

政府治理方面，首先是简政放权进一步推进，行政审批制度改革力度不断加大，权力清单、负面清单继续推广。其次，力推"大众创业，万众创新"，营造创新氛围，以创新促进经济转型。最后，实施供给侧改革新路径，推出国有企业改革综合方案，启动"一带一路"、亚投行等国际合作路径，通过系统整合促中国经济复苏。虽然经济仍处低谷，但政府顶层信心不减。

依法治理方面，首先重视安全。颁布《国家安全法》，以人民安全为宗旨，以政治安全为根本，以经济安全为基础。实施《反恐怖主义法》，与世界各国一道，坚决打击各类恐怖分子。其次，关注民生立法。修订《食品安全法》，被称为史上最严，高规格保护食品安全。颁布《居民证暂行条例》，推进户籍制度改革，保障异地工作者的基本公共权利。法治之路正如：路漫漫其修远兮，吾将上下而求索。

社会治理方面，首先转变思路，实施民众导向的社会管理，身份证管理＋"互联网"、放开二孩生育，计生政策弹性化。再次，精细政策，推进扶贫、农村教育、公立医院改革等老大难问题有所突破。最后，淡化群团组织、行业协会的行政色彩，推动其由行政到服务的转型。社会服务精细化成为治理取向。

正如中国的经济每一年都是最困难的一年一样，治理的挑战也永远存在。从宏观的角度分析，治理现代化面临的挑战有治理理念能否更好、更快地转化为政策、行为；供给侧改革所带来的阵痛能否成功渡过；新的激励机制能否尽快形成；与民生相关的议题能否优先、有效解决；等等。

（一）治理理念能否更好、更快地转化为政策、行为

以习近平同志为核心的中央领导集体在治国理政的理念层面已经做得相当出色。四个全面的战略构想，"创新、协调、绿色、开放、共享"五大发展理念等使人耳目一新、充满期待。这些治理理念与国际社会治理的价值标准是基本一致的，必将获得国际社会的广泛认同，未来将成为中国话语的重要组成内容。但是，以往的实践经验告诉我们，理念不会自动转化为政策和行为，还有一系列的问题需解决。

1. 需避免理念止于口号

理念转化为行为的前提是执行者对理念的认同，所以，对理念的解读宣传就成为必要的工作。理念推出后，进行口号性宣传，各级领导干部的讲话稿将理念当作程式化的帽子，形式上有了，究竟认同度如何、是否内化为各级领导干部的意识和行为却不得而知。所以，以什么样的方式进行宣传才能达到良好的预期是当前亟须探讨的问题。传统的政治性宣教在过去曾经是很好的宣传沟通方式，但是，一种方式用了几十年，边际效用递减，难免产生审美疲劳。创新理念传播方式势在必行。创新的关键之处在于借助现代网络传媒技术，以民众喜闻乐见的方式特别是年轻一代乐于接受的形式，展示新治理理念与传统理念的不同之处，展示新治理理念所体现的发展规律，探讨得愈明晰，人们的认同度愈高。互联网时代，需要互联网思维。以自信的方式进行平等的交流带来的是认可与信任，粗放管理、任性管制带来的是情绪对抗，这与宣传的工作目标背道而驰。

2. 需消除理念与政策的冲突

我们现行的许多政策是过去制定并延续应用至今的，或多或少都存在着

与新理念不一致的地方。假如我们单单提倡新的治理理念，而对过去制定的各类规定和政策不加以修订和变更，那么，新的治理理念就无法得到全面的落实和体现。所以，各级法治部门需要组织专门的人员，对现行的各项政策进行详细梳理，依据新的治理理念提出修订方案，依照法定程序进行修订。这项工作虽然庞杂繁重，但它是落实新的理念必须做的。否则，新的理念在执行中效果就会大打折扣，并且是合规、合法的折扣。

3. 改变与理念不符的绩效评价

绩效评价对各级政府、各个部门的工作具有导向作用。新的理念追求的是全面发展。旧的绩效评价体系依据的是旧的理念和目标，同新的治理存在着这样和那样的冲突。我们在提倡新的治理理念的同时拿旧的绩效标准来衡量政府与部门的绩效，就会出现南辕北辙的现象。中央财经领导小组办公室副主任杨伟民曾谈道：财税部门不能因为害怕减收就不愿意降低税率和费率；金融部门不能因为怕产生不良贷款就继续给僵尸企业贷款；地方政府不能因为怕影响地方税收就业稳定就继续保护僵尸企业。此类现象反映的是一些政府和部门还在用旧的绩效价值标准来决策自己的行为。貌似合理的行为却与新的治理理念相互矛盾，实质上阻碍了中央改革战略的推进。

（二）供给侧改革所带来的阵痛期能否成功渡过

经济的低迷为中国的经济改革提供了倒逼机制，是危机也是机会。中央决定从供给侧进行改革，找到了中国经济转型的核心症结。但是，供给侧改革肯定不是舒适的转型，是带着希望的痛苦转型，肯定伴随着诸多的棘手问题。

1. 就业压力增大

就业率是现代政府最为关注的指标之一，因为，没有了就业民众就没有满意的生活，没有满意的生活民众自然就会降低对政府满意度，对政党的支持率也会随之下降。美国每个月的就业数据是社会最为关注的经济数据之一。我国20世纪90年代的国企改革在东北等老工业基地就出现了大量失业人员，当时称为下岗，回避了失业这一敏感表达。这次供给侧改革首先是对煤炭、钢铁等传统行业的供给压缩和产品升级，这些企业都是就业大户。减员增效是产能压缩、企业改造的常规选项。所以，供给侧改革的力度越大，失业的人数就会越多。依据中国冶金报社报道，伴随着去产能，煤炭、钢铁、电解铝、水泥和玻璃行业将出现 300 万下岗工人。也有学者预测下岗工人将有 500 万~600 万人。如此庞大数量的下岗人员不单单是经济问题，同时也是社会问题。失业问题将考验政府的社会保障能力和再就业服务能力。

2. 房地产泡沫严重

供给侧企业原来的繁荣是由房地产业的飞速发展拉动的。房地产价格的飙升使人们担心房地产价格泡沫的破裂会引发经济危机。中国香港和日本都曾经历过房地产价格泡沫的破裂。前几年对房地产价格的平抑措施是预防危机发生的必要措施。当前传统供给侧行业的萧条与房地产业的低迷有很大程度的相关关系。有媒体报道，一些三线城市的房地产库存需要 10 年才能消化。那么，传统供给侧企业将面临长期的痛苦。为了减轻这一痛苦，针对房地产业的刺激政策大量、密集出台。在刺激政策的拉动下，房地产价格又将开始爬升。价格的上升必然拉动房地产投资，进而增加对传统供给侧企业的产品需求，供给侧企业的经营状况也会随之回暖。那么，房地产价格泡沫继续放大，未来会不会引发泡沫破裂？依据最新数据，深圳的房地产价格出现了同比 50% 的上升。清华大学政治经济学研究中心 2013 年公布的《房地产买卖行为与房地产政策》显示：我国城镇房价收入比为 12.07，一线城市房价收入比高达 25.25。而国际大城市，如伦敦房价收入比仅为 6.9，首尔为 7.7，纽约为 7.9。假如房地产价格继续攀升，这个收入比会是如何呢？房地产价格的泡沫是显而易见的。传统供给侧企业复活之后，其转型的压力也减轻了，经济转型的动力是不是就弱了呢？现有的经济问题是不是需要更长的时间才能解决？

3. 中央和地方的博弈问题突出

在责任心的驱使下，中央与地方在供给侧改革过程中必然存在着博弈关系。因为，供给侧改革的核心是产能压缩、企业关停并转。站在全国整体经济发展转型的角度，企业的关停并转是必须的。但是，压缩产能、关停并转必然减少地方政府的税收、增加地方政府的就业压力。站在地方政府的视角，有少压缩一点、少关停一些企业的驱动和诉求。地方政府和中央存在博弈关系。为达到全国一盘棋的目的，中央采取什么措施才能化解这类博弈困境？我们觉得下达指标、下压任务的效果可能不会令人满意。那么，企业的利润水平、环境污染程度可以作为关停并转的核心标准。以利润水平为标准更多体现的是市场标准，减少了行政因素的影响，既减少了行政博弈，又明确了转型方向。

（三）新的激励机制能否尽快形成

2015年以来，各地相继开展了"为官不为""庸懒散拖"等专项治理活动，试图通过行政问责、公开曝光、政治教育等形式解决"懒政怠政"问题。但是，这些措施的着眼点是管制与惩罚，还不能形成正向的激励机制。治理"懒政怠政"不能单单实施 X 理论，仅着眼于人性恶的一面，将管理对象当作贼来盯防。还需要借助 Y 理论来激发人性中善的一面，实施以内在驱动为主的激励。

1. 需要从"圣人"教化转变为"职业"要求

干部思想政治教育是党的优良传统，在凝聚人心、团结队伍等方面发挥了不可替代的作用。但我们也应注意到，思想政治教育中奉行的是"好人与圣人"标准，对于党的高级领导干部这种标准低了，对于普通干部这种标准高了。如果受教育对象认为"好人与圣人"标准过高或距本人实际情况较远，就有可能产生形式主义、说一套做一套等应付行为。而职业道德所奉行的"合格"标准，是对职业从业者的基本要求，"在其位、谋其政、尽其职"反映的就是对本职工作尽责的职业道德。如医生救死扶伤、教师教书育人、消防员勇于救火等，都是朴素的职业道德、人人皆可为的职业行为。我们建议，首先，要回归职业道德本元，应使各级公职人员认识到，自己所从事的首先是一项职业，这就要求从业者通过专业知识与技能、提供服务创造价值以及遵守职业道德来获取合理报酬；其次，从职业的普遍性要求出发，着手开发修订公职人员职业道德培训的课程材料，使培训内容更接地气；再次，制定职业能力标准。对2003年颁布的《国家公务员通用能力标准框架（试行）》进行修订完善，根据职务等级差异进行细化充实，并开发行为描述、案例分析等配套材料。为保证在复杂多变环境下的适应性，能力标准应每3年进行一次更新。通过将各职务等级的能力标准进行清晰描述，还将能够促使各级党政干部找到与上位级别的能力差距，推动形成学习向上的组织氛围。

2. 需要对领导干部进行期望值管理

我国每年报考国家公务员的人数有130万~150万人，被媒体称为"百万雄师过大江"。如此大规模的报考人数在国际上都是罕见的。但是，这些报考者有多大的比例是致力于公共服务、做好人民公仆的，很难通过简单的调查而得出真实的结果。从理性人的角度来分析，有相当一部分人看重的是公务员的社会地位、高福利，甚至是权力寻租的机会。换言之，有相当一部分人对做领导干部工作的回报期望值是很高的。过去的实践也证明他们的期望值是合理的。做了领导干部之后房、车、医疗、养老都会有高于普通人的待遇，此外还有一定的灰色收入。但是，新一届领导集体上台之后，全面从严治党，原来的这些特权与福利被大大压缩了，尽管压缩之后与国外发达国家的公职人员相比优越性仍很明显。但是，现实与这些在职领导干部的内心期望值相比有不小的落差。期望落空，干工作的动力自然不足。鉴于此，组织需要对公共部门的工作人员进行期望值管理，使他们明白，原来的特权、福利、灰色收入是不正常的、不合规的，以后永远不会有了。通过新的认知教育，使公共部门工作人员降低自己的期望值，达到知足常乐。假如新常态与他们的人生追求不符，鼓励他们转换职业，到市场上去实现自我。通过期望值管理和放开流动，能够一定程度上消解先存的消极怠政状态。

3. 需要实施干部队伍心理健康管理

个人行为模式受自身心理因素影响较大。首先，进行心理干预。各级政府应委托第三方专业机构建立干部心理辅导场所或咨询热线，在对来访者身份保密前提下接受心理咨询，定期进行心理普查，及时进行心理干预与调试。其次，岗前心理测试。新任领导职务及重要岗位非领导职务上岗前，组织部门均应对其开展心理测试，通过科学的心理测验手段进行有效甄别，防止"带病提拔"。再次，落实休假制度。严格落实公职人员带薪年休假制度，缓解紧张工作压力。建议中央主要领导同志带头休假并通过媒体公开，各级组织人事部门要抓休假制度的执行监督。媒体宣传不能将好干部形象片面定位于全年放弃休息，一心甚至抱病坚持在工作岗位，这样会给干部休假造成压力。要形成舆论氛围，即定期休假的干部不仅同样能干好工作，还能促进工作效率提升。最后，要遏制愈演愈烈的"加班风"。根据调研发现，在有的地区、部门"加班"出现了基于"政治表现"而非实际工作需要的"加班风"，易引发消极怠工。

（四）与民生相关的议题能否优先、有效解决

顶层设计、宏观规划可以给社会中上层、或者说精英阶层带来美好的期待，增强克服当前经济问题的信心。但是，作为社会人口大多数的普通民众，不具备理解顶层设计、宏观规划精致之处的知识，他们更为关注与自身生存相关的事项变化，并依此调整对政府的满意度。回顾过去，普通民众集

中的抱怨议题集中在两大方面：

1. 与安全感相关的议题

依据马斯洛的需求层次理论，安全感是第二层级的需求，是比生理需求高一个层级的需求。经过40年的改革开放，绝大部分中国人的生活温饱问题都得到了解决，人们的需求偏好转移到了安全层次，对与安全相关的事项格外地关注。近两年中国的环境污染问题，特别是空气污染出现了集中爆发，冬季出现连续多天的雾霾天气，人们对健康安全的担忧处于焦虑状态。与食品安全不同的是，食品安全问题不是每一个人都有明显的身体感受，而空气污染则是看得见、闻得到的。因此，空气污染带来的不安全感更强，造成的心理阴影更大。

2. 与获得感相关的议题

习近平同志在多个场合多次谈到增加民众的获得感。但是我们一些政策不但没有让民众体会到获得感，反而有剥夺感的错觉。2015年中国证券市场的断崖式下跌，让许多投资者遭受了重大损失。投资有风险，风险收益应自担。但是人民网于2015年4月21日刊文称4000点才是A股牛市的开端。新华社也在一个月内七次发文力挺股市。人民日报和新华社是党的喉舌。当股市暴跌时，投资者认为是被诱导投资而遭受损失的，进而产生了被剥夺感。股市的普通投资者自我戏称为"韭菜"，命中注定是被人收割的。另外，《中共中央关于制定国民经济和社会发展第十三个五年规划的建议》提出，"十三五"期间研究实行职工退休人员医保缴费参保政策。这可能是未来医疗保险可持续发展的选择之一，但一些退休人员感觉是一种利益的剥夺。网络媒体广为流传一些抱怨与质疑的文章，直接质疑甚至谩骂对这一政策进行解读的财政部官员。网络语言中的"P民"称谓，实际上是剥夺感的反映。

民众的满意度一直是党执政的重要追求，同时也是执政合法性的基础。对于基层民众需求偏好、感受敏感的议题应当优先处理。这类问题处理妥当了，其他改革议题的支持度也会随之增加。有了民众的高度支持，就有了全面深化改革的信心，就有了克服各种艰难险阻的勇气。

三、2017年，国家治理面临的挑战与思考

2016年，国际政治经济风云变幻，中国就像空中的启明星，在变换中

显得愈加明亮突出。人民币成功纳入国际货币基金组织特别提款权（SDR）；亚投行参与国家和地区达到70多个；"一带一路"的影响扩展至发达国家。这一系列的成就充分说明，中国的国家治理现代化变革正朝着既定目标稳步前行。

2016年政治治理领域，明确树立了中央政治权威新核心，表明政治权威进入稳固期；国家监察委员会体制试点启航，反腐高压态势持续。反腐开始达到标本兼治成效；出台新的政治生活准则，加强领导班子建设，打造党的10倍领导力。政府治理领域，"放管服""三驾马车"齐头并进，政府职能变革不断深化；"双创""互联网+""中国制造"为经济转型培育新的驱动；透过督察抓落实，迈向"后政治锦标赛时代"的政府治理。依法治理领域，经济、网络安全方面的立法成效突出，法律与经济社会发展愈加匹配；设立政府法律顾问和公职律师制度，规范公安执法，推进以审判为重心的诉讼制度变革。法治与改革的协同度日益提高，民权民生的保障日渐改善。社会治理领域，建立国家基本公共服务清单，给民众更踏实的保障承诺，增加民众获得感；关注弱势群体，推进精准扶贫工程；破解社会管理瓶颈，基层治理迈向精准化。

治理现代化的前行之路肯定会遇到各种各样的难题，有的难题贯穿于整个过程，有的难题是阶段性的。前两年的报告已经探讨了运动式治理、党政协同、供给侧改革阵痛、新激励机制构建等治理难题。这些治理难题仍然处于消解之中。当下，国家治理又面临哪些新的难题呢？

（一）如何将发展理念转化为中国国家治理的定位

艾·里斯和杰克·特劳特在《定位》一书中将"定位"解读为：在对本产品和竞争产品进行深入分析，对消费者的需求进行准确判断的基础上，确定产品与众不同的优势及与此相联系的在消费者心中的独特地位，并将它们传达给目标消费者的动态过程。将此理论用在公共治理领域，其意涵为国家、政府应当创建自己的品牌形象，树立在国内民众、国际社会中的独特地位，建立自己的竞争优势。

国家、政府的定位实质上是发展战略的思考。发展战略需要考虑国家的实力与优势、领导者的偏好，但更为重要的是外部因素，即民众的需求和期待、国际社会的竞争情势。因此，治理定位首先要告诉民众，未来的国家、政府是什么样的。其次，需要告知国际社会，未来的中国是什么样的国家，将如何与国际伙伴共处，甚至如何引领区域乃至全球发展。

习近平总书记所提出的"创新、协调、绿色、开放、共享"五大发展理念，从理念上回答了中国的发展定位问题。关键在于，如何将这五大发展理念转化为中国的国家治理定位。

首先，在国际舞台，不但需要经济认同，还要理念认同。2016年国际政治风向突变，逆全球化西风劲吹。英国公投脱欧，欧盟一体化根基动摇。美国总统换届，新总统特朗普实施"美国优先"战略，率先退出TPP跨太平洋伙伴关系协定，与美国关系紧密的伙伴不知所措。中国牵头组建的亚投行已经有超过70个国家和地区加入，"一带一路"倡议正当其时。中国过去的经济成就是世界公认的，所以，经济上的引领角色受认同度较高。但是，单单经济上的认同，不是一个世界大国的全部。更何况，我们也不愿意只做经济领域的志愿者。我们期待在国际事务中扮演全方位的大国角色。此时，理念的认同就和经济同等重要。"创新、协调、绿色、开放、共享"五大理念应当成为中国对外定位的典型特色。这一定位传递出的是一个现代、开放、共享的中国形象。

其次，国内政策决策，不但要依据工具导向，还要价值导向。戴维·伊斯顿认为，公共政策是对全社会价值的权威分配。这里的价值既包括物质形态的价值也包括非物质形态的价值。因此，公共政策既有工具性又具价值性。我国当前处于转型期，公共问题多发，政府疲于应对，"应急""维稳"成为政府治理中的高频词汇。处于应急和维稳情势下，公共政策更聚焦于问题的解决与缓解，工具性成了主要取向。过分偏重工具性的政策有时暂时缓解了问题，但是却与现代治理所追求的价值相去甚远。比如，我们新一轮的房价限购政策，大多是以户籍制度、纳税时间为基础来限定购房权利的。虽然一定程度上降低了对购房的需求，但是，本应被逐渐淡化的户籍制度却又被重新加强，由户籍所造成的不公平被进一步放大，人才自由流动的障碍被放大，对经济、社会的发展最终会造成负面影响。政策的工具导向也直接破坏了国家治理现代化的的现代定位，给人以错觉，好像治理重回襄日。因此，应将"创新、协调、绿色、开放、共享"五大理念作为政策制定的价值标准，与这五大价值标准不符的政策都应做出调整，只有这样，我们的政策才能走出"对策比问题更糟糕的"决策陷阱。

最后，公务人员行为选择，不但要符合规则，还要符合价值。我国的公务人员中，共产党员占大多数。本届中央领导集体的从严治党战略对公务人员的违规行为有了严格的约束和强大威慑。但是，不违规并不一定自然转变为积极正面的行为。多一事不如少一事，明哲保身，懒政庸政的现象不仅仅是个案。民众是从具体的公务人员行为来认知基层政府的形象的。所以，必须设计出有效的路径，来转变公务人员的行为，使之符合国家治理所提倡的价值。"创新、协调、绿色、开放、共享"五大理念内化到公务人员的行为之中将是个漫长的教化过程。

（二） 如何消除领导干部选拔任用过程中的"劣币驱逐良币"现象

推动和落实现代化国家治理理念向实践性治理格局转化的关键在于解决领导干部的激励问题，而领导干部激励的核心在于晋升问题，建构合理化、清晰化、制度化的晋升机制是实现"第五个现代化"的重要抓手和保障。近年来，在我国反腐倡廉工作取得巨大成就的背后，所折射出的事实是党政机关在选人用人方面存在着诸多纰漏和不足。

标准与非标准、隐性与非隐性构成了我国目前领导干部选拔任用机制中的两对显性逻辑冲突，呈现"完美的模糊"的发展特点。一方面在晋升标准上，尽管中央和地方各部门不断破解"四唯"选拔观念和思维方式，新标准仍亟待重构。"选票""考分""GDP""年龄"作为选拔任用的传统标准具有局限性、滞后性，但在客观化、量化、精确化上优势明显。相较而言，"公道正派""事业为上"等新的选人用人导向门槛、边界更加模糊，在一定程度上增加了官员晋升的主观性、不确定性和风险性，标准的"非标准"值得深思和考量。另一方面，在晋升实践上，我国领导干部选拔任用过程中，工作能力、工作业绩、勤奋敬业等正式化、制度化的因素仅起到基础性作用，而人情关系、派系因素、个人资历等非正式化、隐性化的社会资本因素往往具有决定性作用，"隐性"因素的"非隐性化"是桎梏选拔"良币"的一大障碍。

由于"劣币""良币"信号甄别机制及保障机制失灵，"关系晋升""资历晋升"等我国长期形成的晋升实践导致晋升观的异化和畸化，并导向人才的"柠檬市场"，致使公务人员离职倾向强化、工作积极性受损、部门业绩降低，最终产生"劣币驱逐良币"现象。尽管近年来我国在选人用人标准上更加趋向合理，但是"完美的模糊"对于缓解"劣币驱逐良币"问题成效甚微，长期忽视甚或导致问题进一步恶化。本研究结合 527 份问卷数据，提出对我国领导干部选拔任用过程中"劣币驱逐良币"现象的思考。

1. "劣币驱逐良币"现象表现

我国官员晋升中，由于工作绩效评价制度清晰程度、有效程度不足，上级部门对"劣币"和"良币"的筛选缺乏程序化、规范化、清晰化的标准，使得公务人员能力与岗位不匹配，"良币"优势被漠视、消耗；具有合法性的德能勤绩廉五项考核指标在实际晋升中呈现边缘化、基础化的态势，由此导致的人才素质结构、外延扭曲，"良币"与"劣币"的边界被模糊，"次品"和"优品"的体系被解构；与此相反，人情关系、派系因素、个人资历等因素在官员晋升中产生强驱动力，"劣币"通过吸纳隐性、非正式条件得以包装，迅速被"优化"，相比"良币"释放更强的信号。

关于"您所在单位中不存在'劣币驱逐良币'现象"的调查，结果如图1显示，在527位被调查者中，表示"完全不同意""不同意"的被调查者占比为28.46%、20.68%，共计49.14%；表示"同意""完全同意"的被调查者占比为17.08%、8.16%，共计25.24%；表示"一般"的被调查者占比为25.62%。数据表明仅有1/4的被调查者认为其所在组织中不存在"劣币驱逐良币"现象，而近一半的被调查者认为"劣币驱逐良币"现象存在于领导干部选拔任用过程中。

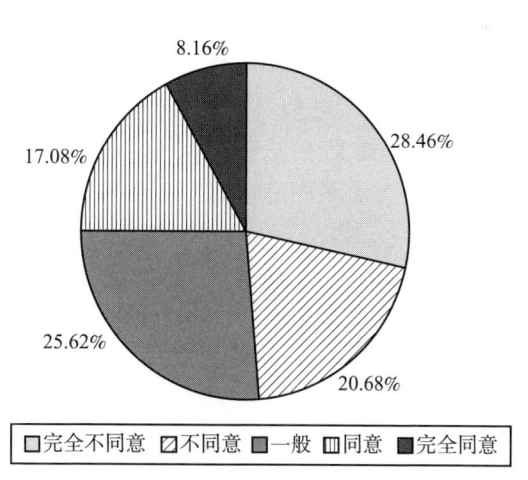

图1 "劣币驱逐良币"现象不存在

（1）缺乏清晰、有效的工作绩效评价制度。

图2数据显示，对"本单位工作绩效评价制度清晰、有效"问题的回

答中表示"完全同意"的被调查者分别为 6.43%、4.93%，占比较低；而在"一般"选项上，分别有多达 37.57%、37.00% 的被调查者选择该项，在五分制量表中占比最大。说明在 527 位调查对象中，普遍认为本单位工作绩效评价制度的清晰度、有效度不高，并没有发挥相应作用。

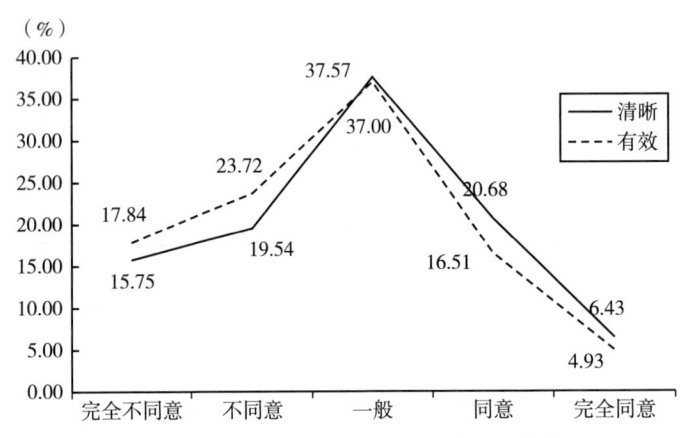

图2 本单位工作绩效评价制度清晰、有效

（2）德能勤绩廉等正式指标边缘化。

据图 3 显示，对于"政治思想觉悟""工作能力""勤奋敬业""廉洁自律"四项指标，占比最大的为"一般"，分别为 28.65%、32.26%、31.69%、28.27%；"工作业绩"占比最大为"重要"，比例为 32.64%。五项指标在"不重要""完全不重要"上比例均比较低，合计占比为 20% 左右。这表明尽管德能勤绩廉呈现边缘化态势，五项考核指标仅仅作为门槛存在，在重要性上低于预期。值得注意的是，工作业绩仍有较高的"重要"程度占比，这也为"政绩论"提供了数据论证。

（3）隐性因素的强信号、强驱动性。

图 4 显示，在"人情关系""派系因素""个人资历"三项上，"非常重要"占比分别为 47.82%、39.28%、26.57%，"重要"占比分别为 33.21%、31.12%、38.33%，合计占比为 81.03%、70.4%、64.90%。而选择"完全不重要""不重要"两项的占比均为最低。这表明"人情关系""派系因素""个人资历"在官员晋升实践中重要程度较高，隐性指标更容易驱动官员晋升。

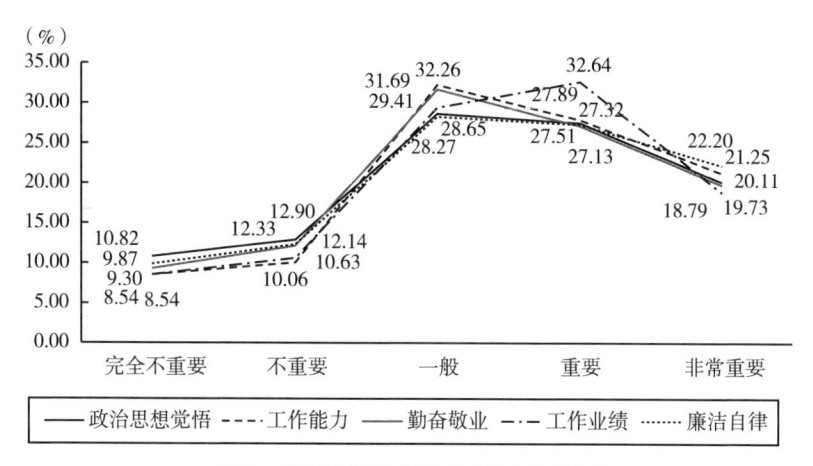

图 3 德能勤绩廉在晋升中的重要程度

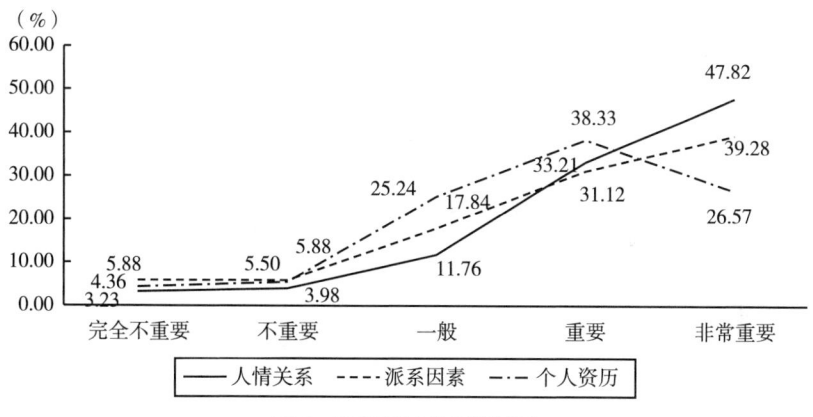

图 4 隐性因素的重要程度

2. "劣币驱逐良币"现象的影响

标准模糊化、隐性因素的强信号必然导致人才选拔的失衡以及对官员正常晋升渠道形成冲击。"劣币"的拔擢产生强负外部性效应，打击素质高、业绩好、能力强的"良币"工作积极性，并极易在组织内部形成不良晋升文化，拉关系、搞团派取代努力工作成为实际核心和聚焦点。对于无法适应组织生态的但又具有"良币"特征的公务人员而言，长此以往，离职倾向也会不断加强。

根据图 5，527 位被调查者在工作积极性、工作满意度、离职倾向三项上占比最多选项为"一般"，分别为 38.52%、35.29%、30.55%；相较其他两项而言，在离职倾向上，"完全不同意""不同意"占比较高，表明被试者在离职选择上呈现不确定性。因此，图5描述统计数据初步表明在"劣币驱逐良币"的情况下，公务人员的工作积极性、工作满意度、组织忠诚度不高，离职发生可能性中等。考虑到离职与职业路径依赖相关，为了进一步验证以关系、派系晋升为特点的晋升体制的负面影响，表1的回归模型提供了佐证。

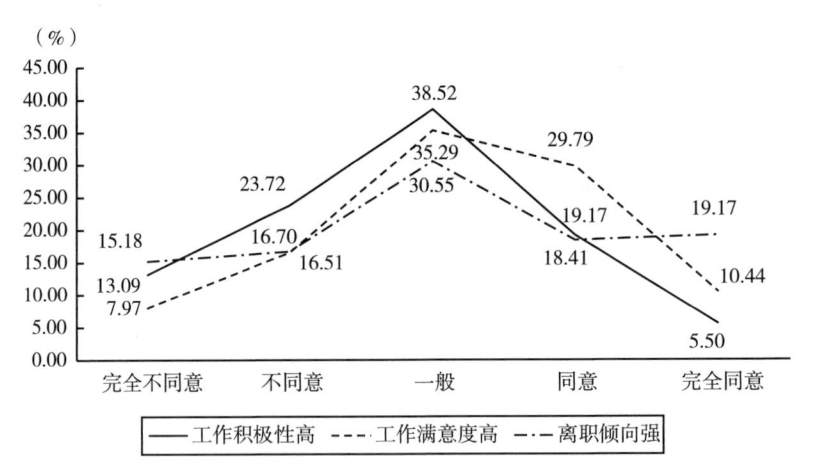

图5 公务人员工作态度评价

表1 晋升中"劣币驱逐良币"现象对组织及其成员的影响

人口学变量	工作积极性 Step 1	工作积极性 Step 2	工作满意度 Step 1	工作满意度 Step 2	离职倾向 Step 1	离职倾向 Step 2
年龄	0.12	0.22*	0.14	0.20+	−0.01	−0.02
性别	0.11	0.00	0.12	0.03	0.05	0.10
学历	−0.02	−0.01	−0.06	−0.04	−0.06	−0.08
职级	0.04	0.04	0.13+	0.14*	−0.10	−0.11
工作地区	−0.01*	0.00	−0.01	0.00	0.00	−0.01
单位类别	0.05+	0.01	0.02	−0.01	−0.04	−0.01
晋升次数	−0.01	−0.06	0.07	0.02	−0.02	0.01
工作时间	−0.14	−0.05	−0.09	−0.02	−0.06	−0.11

续表

人口学变量	工作积极性		工作满意度		离职倾向	
	Step 1	Step 2	Step 1	Step 2	Step 1	Step 2
影响因素						
工作表现		0.37***		0.33***		-0.16*
关系网络		-0.10*		-0.10*		0.18**
道德素质		0.15**		0.16**		-0.12
个人资历		0.05		0.00		0.01
F	1.55	15.63***	2.25	16.21***	0.76	4.00***
R^2	0.02	0.31	0.03	0.28	0.12	0.85
ΔR^2	0.01	0.30	0.02	0.26	0.00	0.06

注：0.00 为保留两位小数结果，工作时间为在现有职级上的工作时间，$+p<0.1$，$*p<0.05$，$**p<0.01$，$***p<0.001$。

本研究将工作能力、工作业绩、勤奋敬业纳入工作表现指标，将派系因素、人情关系纳入关系网络指标，道德素质包括了政治思想觉悟、生活作风、廉洁自律。通过多元层次回归分析可以发现，关系网络对工作积极性、工作满意度有显著的负向作用，回归系数均为 0.10，对离职倾向有显著的强化作用，回归系数为 0.18。这表明晋升中"劣币驱逐良币"现象对降低工作积极性、工作满意度，强化离职倾向有显著影响。

3. 规避"劣币驱逐良币"现象的思考

"四不唯"从逻辑、结构、路径各个方面解构了我国改革开放以来形成的领导干部选拔任用标准，在人才选拔上体现了更大的灵活性、自主性、前瞻性。考虑到我国行政生态的复杂性和多样性，精细化、制度化方案的缺乏无疑会增加我国选人用人标准、模式的"乱象"。在当前形势下，这种表面上具有"完美"特征的选人用人标准，无论是内涵还是外延上都比较"模糊"。"完美的模糊"在短期内对于打破既有格局具有正向意义，但从着眼于长期发展的角度来看，也容易招致"劣币驱逐良币"现象的出现。

由于信号机制的"模糊化"，"劣币驱逐良币"现象造成晋升心理失衡，导致人才流失，损害公平、公正、公开原则，对组织氛围、组织业绩、人才配置都会产生负面影响，不利于组织的健康发展。在规避"劣币驱逐良币"现象上主要面临着两方面的问题，首先是"劣币""良币"的界定问题，即

"劣币"和"良币"的特征识别,这涉及领导干部选拔任用考核指标的选择、赋值等问题;另一方面是机制的运作问题,即具有信号识别功能的机制在规避避免"柠檬市场"、甄选"良币"上的有效性问题,这与我国领导干部选拔任用各环节的监督、公开密切相关。

我国领导干部选拔任用长期形成的模式具有广泛性、深刻性,打破路径依赖需要长期性、稳定性的制度供给。有效规避"劣币驱逐良币"现象,首先需要进一步明晰"良币"界定,即强调"成色好、价值高"的客观性标准,而非主观判断。在德能勤绩廉的界定上,需要进一步的量化、细分,不断调试标准,保障"劣币""良币"信号机制的良序运转,改变"关系晋升""资历晋升"的组织环境和晋升心理。其次在制度层面,既要强调各层次制度供给,也要强调制度保障。这不仅要求完善人才选拔任用机制,能够有效识别、转化"良币"信号,同时也要求建立健全监督机制,对"劣币"及其相关主体问责追责,从实践层面上规避"劣币驱逐良币"现象。

(三) 如何降低民众心理中的焦虑感

经过三年来的从严治党,政治权威从过渡期转变为稳定期和巩固期。政治治理所面临的风险日渐降低。执政党内部所面临的风险已经不大。外部的社会风险将成为未来治理的焦点。社会风险问题不会直接危及党的执政地位,但是,会对党和政府的治理能力带来挑战,侵蚀党和政府的公信力,进而影响到执政地位的稳固。当下中国的社会风险与普遍弥漫的社会焦虑紧密相关。

焦虑是一种情绪反应。医学上将严重的焦虑称为焦虑性神经症,分为广泛性焦虑和惊恐障碍两种形式。主要症状是紧张担心、坐立不安,甚至出现心悸、手抖、出汗、尿频等植物神经紊乱症状。社会焦虑指社会成员广泛存在的紧张担心、不安的情绪状态。人民论坛问卷调查中心2013年3月就中国人的焦虑状况做了一次调查,近九成受访者认同"全民焦虑"已成当下中国的社会病;超六成受访者自认焦虑程度较深;过八成公众认为焦虑情绪会"传染"。在信息化社会中,人们之间信息沟通的速度被无限加速。情绪的传染也随之被无限加速。与焦虑情绪相关的事件,在过去可能不会成为公众事件,但在互联网时代就会被快速传播、放大,形成公共事件,上升为公共治理的热点事项,甚至是公共危机事项。当前,社会焦虑感强、易于引发公共事件的议题,排在前两位的是环境污染与任性执法。

环境污染引起生存焦虑。水、土壤、大气是人类生存的基础资源，其同人类的关系就像水和鱼儿的关系。水和土壤的污染虽然严重，但不具有普遍性。生活在一线城市的民众对此感受并不直接，其所产生的焦虑现象也相对较弱。大气污染就不同了，大多数地区都饱受空气污染之害。北京最具典型意义。据相关部门披露，自 2013 年以来，北京 PM2.5 年均浓度持续下降。2016 年 PM2.5 年均浓度为 73 微克/立方米，较 2015 年下降 9.9%，但仍超出国际标准（35 微克/立方米）109%。2016 年北京空气质量达标天数为 198 天。换言之，一年 365 天中有 167 天空气是不达标的，45.7% 的时间空气污染。在北方城市生活的人有一种无处可逃的感觉。现实中，人们很难做到"不以物喜，不以己悲"。环境影响心情。有研究者认为，PM2.5 是可以直接进入血液的，可能引发与血液相关的一系列疾病。还有学者拿老鼠做实验，让老鼠生活在重度污染的环境中，6 天老鼠的肺就变黑了。身处此景，看着周围戴着口罩的脸，再大的心脏也免不了浓浓焦虑。雾霾浓度越高，焦虑程度越高；雾霾时间越长，焦虑持续时间越长。蓝天已经成为北方地区的稀缺资源。北京市民期待着重大政治活动的举办，因为有重大政治活动就有蓝天。在重度污染的日子里，自媒体中为政府点赞者也没了声音。空气污染所引起的广泛性社会焦虑已经造成对政府治理能力的怀疑。霾遮不住，也无法无视，我们已经到了经济为环境让步的阶段。

任性执法引起权利与安全感焦虑。依照马斯洛的需要层次理论，对自我权利和安全的关注属于仅次于生理需求的第二层次的基础需求。改革开放 40 年，中国基本解决了民众的温饱问题，生理需求已不是最大的需求偏好，代之而起的是对安全感的关注。安全感包括情感安全、身体安全、社会关系安全、法律安全、收入安全、住房安全、生活环境安全等多个方面。其中，与政府相关、容易形成公共事件的任性执法会导致身体、法律方面的安全问题。随着监督的加强和执法人员素养的提升，和过去相比，执法的规范程度是有所提高的。但是，互联网技术的发展，使任性执法事件得到快速的传播，使民众产生角色替换的同情感与危机感，效应放大后，个别任性执法事件就会演变为公共事件。民众对这类事件的高度关注，反映的是人们权利意识的提高、人们对公平正义的渴望。在此类事件发酵过程中，政府应对迟缓，民众会认为权力傲慢。政府简单删帖、禁止讨论会将自己置于民众的对立面，给民众以政府维护不当执法的错觉。规范执法、依法治理是治理现代化的内在追求，但任性执法事件不会在短期杜绝，此类事件还会不断考验政府的治理智慧。快速反应、理性疏导、维护正义是处理此类事件的基本原则。

总之，国家治理现代化是本届中央领导所部署的一盘大棋局，博弈经纬之间，城池得失变幻于瞬间，以战略眼光衡量取舍，以"稳"的策略考量优先顺序安排，所面临的问题将随着时间的变迁、改革的推进而化解消弭。

四、2018年，国家治理体系的全面变革

新时代、新战略、新任务推动国家治理体系新变革。中国特色社会主义进入新时代，改革和发展面临新任务，达成中华民族伟大复兴的宏伟愿景，实现"两个一百年"奋斗目标，把我国建设成为富强民主文明和谐美丽的社会主义现代化强国，必然需要富于生机活力的国家治理体系提供坚实支撑和保障。党的十八届三中全会提出国家治理体系和治理能力现代化的蓝图，党的十九届三中全会部署党和国家机构改革的具体方案，是国家治理体系和治理能力现代化的推进和落实，十三届全国人大一次会议审议通过国务院机构改革方案，中央印发《深化党和国家机构改革方案》。新一轮党和国家机构改革是迈向国家治理体系和治理能力现代化的里程碑，标志着国家治理的中国范式构建完成。相比过去的治理模式和西方的治理范式，中国国家新的治理范式展现出以下创新性特征。

（一）党全面领导下的融合式治理体系

政治和行政的关系是治理体系的核心特征。美国学者古德诺与威尔逊的"政治与行政二分"范式是西方多党制国家所遵循的模式，认为立法机构是政治意志的表达，政党通过议会中的代表行使政治主张和意志的表达，决定国家的重大事务，而政府是执行体系，承担法律、政策的执行，公务人员采取"政治中立"，确保法律执行不受政治倾向的影响。改革开放初期，我国的机构改革效仿西方的"政治行政二分"范式，力图实行党政分开，构建政治与行政相互独立的治理架构。40年的国家治理实践证明，强大的政治体系是中国治理体系的独特优势，在把握发展方向、统一思想、政治动员方面发挥着不可替代的作用，党政分开不适合中国的政治体制和文化，中国共产党对国家事务实施全面领导，党政无须施行西方式的独立与分开。但现在出现的问题是，一项事务党政两套机构都管，难免职能重叠，既增加了行政

成本，又降低了运行效率。

这次机构改革在政治治理体系和政府治理体系之间的关系上进行了重大调整。首先，党中央的决策领导委员会将办公室设在国务院职能部门。如新组建的中央全面依法治国委员会，其办公室设在司法部；中央审计委员会，其办公室设在审计署；中央教育工作领导小组，其办公室设在教育部。其次，党的部门与行政部门合并设立或合署办公。如新组建的国家监察委与中央纪律检查委员会合署办公，对其他公共部门垂直派出纪检监察，做到对所有行使公权力的公职人员监察全覆盖；中央党校和国家行政学院合署；原中央直属机关工作委员会与中央国家机关工作委员会合并为中央和国家机关工作委员会；国家公务局划归中央组织部统一管理；国家宗教管理局、国务院侨务管理办公室统一归中央统战部管理。再次，实施跨党政军的重组整合。新组建的退役军人事务部是原人力资源和社会保障部退役军人安置职能、民政部的退役军人优抚职能、中央军委政治部与中央军委后勤部与退役军人相关的管理职能整合而成。对原武警部队进行了划归军队现役、转行政编、转事业编、转企业四个方向的大幅度解构重组，实现了党政军企跨系统职能整合。最后，鼓励市县加大党政机关合并设立和合署办公。这些新机构的职能设置突破了党政分开的旧范式，使党的机构和政府机构实现了紧密融合。党政融合、党的建设加强，既有利于加强党的领导，又提升了治理体系的运作效能，党全面领导下的融合式治理体系日臻完善。

（二）内部监督为主导的权力制衡体系

西方多党制国家体制的监督力量主要来自在野党的外部监督，而我国是中国共产党领导下的多党合作和政治协商制度，实施社会主义协商民主制度，治理体系的监督力量主要依靠体系内部。所以，治理体系内的监督体制、机制设计决定着体系的自我纠错能力。党的纪律检查委员会是党内监督的利器，从严治党、反腐倡廉成效卓著。可是，纪律检查委员会的监督对象是共产党员，不包括非共产党员公职人员，政治身份不同，监督的力度存在差异。同时，纪律检查委员会执纪的依据是党的纪律，需要与国家法律进行转换衔接，机制不够顺畅。新组建的国家监察委由全国人民代表大会选举产生，与原来的政府、法院、检察院并列成为最高级别的国家机构，国家治理的顶层结构进行了重构，监督部门的国家权威上升为最高级，我国治理体系的内部监督得到了前所未有的加强。此外，全国人大新设立了全国人大监察和司法委员会,健全党和国家监督体系,适应国家监察体制改革需要,促进国家监察委工作顺利开展,为国家治理体系的清明廉洁提供了体制支撑。

(三)"以人民为中心"的事业部式职能设置

公共服务的供给能力是衡量治理体系现代化的重要标准,服务型政府是机构变革的目标之一。之前,我们进行了七次机构改革,为什么一直没能达成目标?排除经济社会事务变化推动机构调整的原因,更为主要的原因是机构设置模式沿用的是机械式官僚结构,注重专业分工和职能分组,其最大优势在于便于控制,弱势在于协调困难。加拿大管理学家明茨伯格认为,机械式官僚组织是偏于执行的组织,而不是解决问题的组织。随着社会的发展,跨领域、跨专业的交叉以及边缘经济社会事务越来越多,机械官僚制所带来的职能重叠、"九龙治水"等问题愈发严重。此次机构改革摒弃了机械式官僚组织架构,代之以事业部式的组织架构。事业部制架构是以服务和产品为主导进行分工设计的,优势在于协调便利,能够坚持问题导向。

公共部门是提供公共产品和服务的机构,事业部制模式同样适用。新组建的自然资源部将原来分属国土资源部、国家发改委、住房和城乡建设部等7个机构的自然资源规划与管理职能整合。生态环境部将原环境保护部职责、国家发改委应对气候变化和减排职责、国土资源部监督防止地下水污染职责、水利部编制水功能区划与排污口设置管理和流域水环境保护职责、农业部监督指导农业源污染治理职责、国家海洋局海洋环境保护职责、国务院南水北调工程办南水北调工程项目区环境保护职责等吸纳整合,问题导向思路清晰,终结"九龙治水"式治理。新成立的农业农村部、文化和旅游部、国家卫生健康委员会、退役军人事务部、应急管理部都体现了事业部式机构的组织体系理念。以公共服务与产品为中心,以解决问题为导向的机构变革模式,将很大程度提升治理能力、改善公共服务供给。

同时,此次党和国家机构改革充分体现了"以人民为中心"的治理理念。机构的组建与职能设置回应了人民的关注与关心。自然资源部和生态环境部的组建回应了人民对美丽中国的期待;农业农村部的组建专注解决农民所关切的事项;应急管理部的组建回应了人民对平安中国的需求;国家卫生健康委员会和国家医疗保障局的设立回应的是人民对健康中国的渴望。"以人民为中心"的治理理念是中国式范式的核心特征。

（四） 综合统筹监管路径下的经济分权与监管平衡发展

政府和市场的关系调整一直是我国机构改革、职能转变的主要内容。破除制约了使市场在资源配置中起决定性作用、更好发挥政府作用的体制机制弊端是本次机构改革的核心目标。发挥市场在资源配置中的作用就需要还权于市场，放权于基层。之前所推行的行政审批制度改革、权力清单模式，着眼的是分权和放权。但是，必要的政府监督管理是维护营造诚实守信、公平竞争环境必然要求。新的一轮机构改革，组建了国家市场监督管理总局，将国家工商行政管理总局的职责、国家质量监督检疫总局的职责、国家食品药品监督管理总局的职责、国家发改委价格监督检查与反垄断执法职责、商务部的经营者集中反垄断执法以及国务院反垄断委员会办公室等职责整合，形成综合监管新格局。同时，深化行政执法体制改革，组建市场监管综合执法队伍、生态环境保护综合执法队伍、文化市场综合执法队伍、交通运输综合执法队伍、农业综合执法队伍，既改进了市场监督的效率，又消除了多头执法给市场主体带来的额外负担。金融领域的"互联网＋"创新如火如荼，市场的创新需要监管的变革，中国银行保险监督管理委员会的组建力求解决监管职责不清晰、交叉监管和监管空白等问题，维护金融稳定，保障国家金融安全。从以上变革可以看出，综合统筹的监管路径日益清晰。

总之，新一轮党和国家机构改革方案是实现新时期国家战略目标的执行落实体系，是国家治理现代化的中国方案。

---------------------------------- 参考文献 ----------------------------------

[1] 艾·里斯，杰克·特劳特. 定位 [M]. 北京：中国财政经济出版社，2002

[2] 亨利·明茨伯格. 卓有成效的组织 [M]. 北京：中国人民大学出版社，2012

[3] 习近平. 习近平谈治国理政 [M]. 北京：外文出版社，2014

[4] 习近平. 习近平谈治国理政（第二卷）[M]. 北京：外文出版社，2017

[5] 沃伦·本尼斯，伯特·纳努斯. 领导者 [M]. 北京：中国人民大学出版社，2008

[6] 让－皮埃尔·戈丹. 何谓治理 [M]. 钟震宇，译. 北京：社会科学文献出版社，2010

---代表作品---

[1] 祁凡骅. 为啄木鸟型领导提供制度性成长空间 [J]. 理论导报, 2018 (5)

[2] 祁凡骅, 陈曦. 中国官员晋升驱动结构的测度与评价 [J]. 公共管理与政策评论, 2017, 6 (4)

[3] Employee involvement, public service motivation, and perceived organizational performance: Testing a new model [J]. International Review of Administrative Sciences, 2016, 11

[4] 祁凡骅. 形成干部"内在驱动为主"的激励机制 [N]. 北京日报, 2016 – 7 – 18 (14)

[5] 祁凡骅, 李声宇. 中国政府治理创新的变革逻辑与挑战——2015 政府治理创新实践解读 [J]. 公共管理与政策评论, 2016, 5 (2): 5 – 12

[6] 祁凡骅. 回应民众期待是"放管服"改革的依归 [N]. 光明日报, 2016 – 6 – 2 (2)

[7] 祁凡骅. 我国政党治理的变革逻辑 [N]. 中国教育报, 2016 – 5 – 12 (5)

[8] 祁凡骅. 国家治理现代化面临的挑战 [N]. 学习时报, 2016 – 4 – 5 (4)

[9] 祁凡骅, 张璋. 政府绩效管理: 国际的潮流与中国的探索 [M]. 北京: 中国方正出版社, 2013

[10] 祁凡骅. 胜任能力 [M]. 北京: 新华出版社, 2010

公共行政的显性结构与隐性结构

张康之[*]

> **摘 要**：公共行政体系包含着双重结构，一种是显露于外的显性结构，另一种是隐藏在显性结构背后的隐性结构。每一重结构都是由诸多要素构成的，是结构化的整体。然而，在公共行政研究中，人们往往关注的是其显性结构。组织设计、制度安排以及所开展的行政活动，都是在显性结构的层面上做文章，行政改革也总是在公共行政的显性结构层面上寻求变革，而公共行政的隐性结构则受到了忽视。可是，公共行政的隐性结构并不因为人们对它的忽视而不发挥作用，在现实的行政实践中，隐性结构及其构成要素时时刻刻都发挥着影响作用。所以说，科学的公共行政研究及其实践需要在关注行政显性结构的同时也去认识行政隐性结构，并着力把握它们之间的互动和相互转化。只有这样，才能总体性地把握公共行政体系，从而获得开展社会治理行动的科学方案。
>
> **关键词**：公共行政；显性结构；隐性结构

分析公共行政的体系，可以看到，它包含着显性结构与隐性结构、显形结构与隐形结构、表层结构与深层结构。虽然我们很难在它们之间划上一条清晰的线，但公共行政中的这两个层面却是客观存在的。之所以人们没有看到公共行政这种双重结构，那是因为，公共行政在20世纪的发展史一直是走在科学化、技术化的道路上的，科学研究和技术安排总是在公共行政的显性结构上做文章。或者说，正是因为公共行政的研究受到了马克斯·韦伯关于官僚制的"非人格化"和"价值祛魅"理论等影响，才有意识地忽略了公共行政的隐性结构。在管理思想史上，梅奥的霍桑实验发现了组织的双重

---

[*] 本成果受到中国人民大学"统筹支持一流大学和一流学科建设"经费的支持。
张康之，中国人民大学公共管理学院教授，博士生导师。主要研究方向：行政学理论。

结构，即除了正式组织之外还存在着非正式组织；20世纪中后期的管理文化研究也在一定程度上意识到并试图应用管理"硬件"背后的"软件"。在某种意义上，20世纪后期关于团队的研究和应用，正是一种把非正式组织和管理文化结合起来的产物，而且取得了巨大成功。然而，在公共行政研究中，除了学习和借鉴了管理科学成果之外，并没有产出自己的创新成果。鉴于此，我们认为，公共行政研究以及实践上的创新恰恰需要建立在对其显性结构和隐性结构加以认识的基础上。如果我们承认公共行政存在着显性结构和隐性结构，如果我们能够搞清楚公共行政显性结构和隐性结构的构成状况及其要素，如果我们能够发现公共行政显性结构和隐性结构的运行以及相互转化的规律，就能够增强公共行政变革的自觉性，就能够在每一项行政目标的实现过程中作出真正合理的安排。

一、行政体系的双重结构

公共行政体系包含着显露于外或时常宣示的方面，也包含着隐藏在其运行机制以及行为方式背后的方面。前者表现为组织模式、制度以及体制框架、行政法治追求、效率目标、公平意识等，而后者则主要是指思维定式、伦理价值、行为惯性等因素，学者们也将其称为组织隐喻。在公共行政的研究中，所提出的创新性意见本应反映在打通这两个方面的探索中，要么谋求把显性结构中的诸因素转化为一种自然而然的行为习惯，要么促使组织隐喻表面化，即把组织隐喻转化为规则、规范等。然而，自公共行政作为一种行政模式而得以产生后，无论是在研究上还是在实践上，人们的注意力都放在了公共行政的显性结构之上，至于它的隐性结构，则受到了忽视，甚至根本就没有人意识到公共行政包含一个与显性结构平行的隐性结构。

也许正是由于这个原因，在公共行政领域中产生的几乎所有理论成果都显得与公共行政的实践相去甚远，而且，公共行政实践中的每一次试图摆脱困境的改革也总是收效甚微。事实上，我们经常看到的是行政改革的无效或失灵，即使存在着一时收效的情况，也会在不久后的一段时间里发现其引发了更多、更大、更严重的问题。在社会处于低度复杂性和低度不确定性的状态时，行政改革能够取得一时的收效就是一种进步，至于它引发的问题，完全可以交由后继者去加以解决。然而，当社会呈现出了高度复杂性和高度不确定性特征时，行政改革中的任何失误都有可能导致无可挽回的后果，会使人类在风险社会中陷得更深。所以，公共行政的研究不应仅仅满足于在其显性结构中有所新的发现和提出新的见解，公共行政领域中的一切改革措施也都不能仅仅停留在谋求其显性结构的调整和变化上，而是需要看到公共行政体系是由其显性结构和隐性结构两个方面构成的，需要将这两个方面都纳入研究和改革的视野之中。只有这样，才能形成正确的研究成果和积极的改革方案。

行政的显性结构和隐性结构的并存是与公共行政的产生和成长过程一致的，也就是说，当行政在社会治理体系中还是一种混沌的行为及其过程时，尚未显现出显性结构与隐性结构的区别。公共行政的产生，意味着构成这一行政模式的各个方面的专门化，各个方面都是可以加以分析的，即可以进行分门别类的考察和研究。在进一步的归类中，可以把诸如机构、体制、人员构成、由规则组合而成的制度、行政目标、指导行政建构以及开展行政活动的理论等看作是显性结构的构成要素，而将其背后的诸如尚未实现自觉却又在发挥作用的因素确认为隐性结构。比如，一些被称为非正式制度的因素，还有组织视角中的非正式组织等，都可以被作为公共行政的隐性结构的构成要素对待。

在官僚制的祛魅原则下，道德等价值因素在公共行政的显性结构中受到了排斥，也因为这种排斥而使其以公共行政的隐性结构要素的形式出现。因为，这些因素虽然在制度安排和机构设置中受到排斥，却又根深蒂固地附着于作为人的政府组织成员身上，而且也会在行政过程中发挥作用。如果公共行政的显性结构受到冲击，或者因为其合理性的衰变而呈现出混沌状态，即进入一个所谓的熵增加过程中，那个时候，许多隐性结构中的构成要素就会表面化，从而发挥着显性作用，即显露于外而发挥作用。这种情况的发生，往往是因为公共行政的显性结构对隐性结构的制约和排斥作用的衰减而为隐性结构发挥作用提供了空间，表现为一个自然过程，展现给我们的也是一种自然状态。但是，如果我们认识到了这一点并作出自觉安排的话，是完全可以促进这种行政隐性结构向显性结构转化的。

福克斯和米勒说："正式的机构存在于使价值定位合法化的语境中（例如效率），这种价值定位既和文化联系在一起，又有历史的偶然性，而不完全是'客观的'。我们的思维习惯影响着我们看待事物的方式。当参与者、分析者或管理人员认为他们能表达具体的东西时，认识就会轻易地被引导和固定化，而指涉物实际上就是要成为共有的观念——策略地形成一致同意的一套符号和期望。官僚制并不是观念市场上的中立符号。符号引导我们建构我们感觉到的东西，并且已经对其进行了判断。在这一方面，符号官僚制喜欢特殊的地位，因为它本身不仅是一种观念，而且，一旦被物化，并被当作一种客观条件来对待，它就成为一种控制和分配其他许多观念的媒介。不过，显而易见，官僚制在人类社会互动之外并不存在。"① 但是，在理论上，官僚制具有科学上完美的合理性，依据官僚制的原则而建立起来的政府组织是不应遭遇任何难以克服的问题的，更不可能使自身陷入尴尬的境地和出现官僚主义等问题。然而，就现实而言，与官僚制相伴随的问题五花八门、难以尽数。为什么会这样呢？答案再明显不过了，那就是近代以来的理性思维把我们引导到了官僚制建立的方向上了，而这一结果仅仅是使我们获得了一种显性结构。以政府形式出现的官僚制无非是公共行政的显性结构，与之并存的还有一种隐性结构。而且，这种隐性结构是无法被官僚制所同化的，甚至也无法由官僚制去加以规范。所以，以官僚制的形式出现的显性结构构成要素就会与其背后的各种隐性结构的构成要素发生冲突，或者说，只要它们遭遇，就会发生冲突。当然，在官僚制的运行中，作为显性结构的各个方面也会实现隐性化，比如，官僚主义就是显性结构隐性化之后又回射过来的表现。但是，在官僚制隐性化之后而形成的那些属于隐性结构的构成要素并不对官僚制形成支持，反而对官僚制的形式合理性构成冲击。

由于存在着隐性结构，后发展国家如果仅仅在显性结构的层面"引进行政管理技术绝不是什么灵丹妙药，倒往往会适得其反，它常常会造成结构性的畸变，造成不利的社会—政治突变和过多的行政监督，于是加剧了社会上的不平等现象，进一步加大早就存在于社会和行政管理之间的缝隙。"② 然而，在西方中心主义的思维导向下，后发展国家往往表现了急切追赶西方发达国家的渴望，在向西方国家学习时，并未意识到所引进的那些技术因为隐性结构而有着适应性障碍。即便是在所引进的技术引发了某些消极后果时，也不愿意对这种做法进行反思，反而会认为所引进的技术不够先进、不够全面，或者，会表现出更热切地到西方去寻找矫正良策的痴念。

哈伊因指出，在发展中国家引进了西方行政管理体系后，所出现的情况

---

① 查尔斯·J. 福克斯，休·T. 米勒. 后现代公共行政——话语指向 [M]. 楚艳红，译. 北京：中国人民大学出版社，2002：97

② [美] 哈伊因等. 公共行政管理：对不同社会—文化环境的适应问题 [M]. 史光远，译. 北京：农村读物出版社，1988：2

是,"西方的行政管理体系不总是与人们所要求的公共服务相适应的。无论从交流的观点来看,还是从各个部门的有机结合,以满足特定的社会—文化环境下的需求的观点来看都是如此……在许多国家里,西方民主的政治体系——在这种体系中,民众的成员可以通过自己选出的地区性或全国性代表,对行政管理规章提出异议——是很难行得通的,原因就在于在这些国家,或者没有形成有组织的国家官员整体,或者其行政机构官员整体已经西方化了。"① 后者往往是更为常见的现象。因为,发展中国家在选取官员时,倾向于选择那些接受过良好西方教育的人。同时,为了保证引进的西方行政体系能够良好地运行,也会把大批官员送到西方培训。然而,这些官员无论出身如何,在受到政府重塑后,已经与他自己的父母乡亲不再属于同一类人,他们在思想和观念上都产生了巨大鸿沟,甚至会显得格格不入。这样一来,如果希望官员还拥有一颗为人民服务的心,那是根本不可能的,相反,由于官员在接受了完整的西化教育后失去了他所在民族、国家中的类的感情,失去了他所属于的那个种族的依托,变得极度自私,成为权欲和物欲的追逐者,甚至其一切行为都显得不可思议的非理性。这说明,行政官员被显性结构所形塑之后也就出现了异化,不再是他本来应当成为的那种人了。

  我们强烈感受到的是,许多后发展国家在引进西方行政管理模式后与其本国的实际需要不相适应,其原因就在于这些国家中存在着许多可以成为或转化为行政隐性结构的因素。正是因为存在着隐性结构,或者说,正是因为存在着会转化为隐性结构的因素,致使后发展国家在引进西方行政管理技术时会导致某种变异。因为,对于后发展国家来说,不可能在引进西方行政管理技术的时候也同时连同这些技术得以产生的环境也一起引进,即不可能将那些与技术联系在一起的隐性结构也引进来。因此,"其结果会严重地损害所引进的模式的意义和作为。这些变异有:行政管理结构的错位,意指该结构的协调与控制机制因原设计所要求的环境模式不复存在,故不起作用;行政管理功能的骤变,意指因为对行政管理在发展中所起的作用期望过高,致使行政管理常常成为权力之争中的猎取对象,有时甚至被视为最适合的'政治市场';官僚控制机构臃肿重叠,结果是国家每件事情都管,为每个人的福利操心,这会使民众陷入政治上和心理上的冷漠;由于集中了所有行

---

① [美]哈伊因等. 公共行政管理:对不同社会—文化环境的适应问题[M]. 史光远,译. 北京:农村读物出版社,1988:6-7.

政的、政治的和经济的权力,促使'国家资产阶级'增长,使得社会的不平等加剧。"① 在这种情况下,如果改革的行动还是定位于向西方学习的话,只能使整个社会变得更糟,直至陷入政治以及社会的全面危机之中。当然,在某种依附型发展的状态中,由于资源、廉价劳动力以及低端产品出口贸易等方面的优势,可以使一个国家一时获得迅速发展的假象,从而使社会矛盾以及危机不至于爆发。随着这些方面的优势逐渐消失,各种各样的问题也就会暴露出来,特别是积累起来的贫富悬殊和诸多矛盾,就会以激烈冲突的形式出现。此时,无论政府多么强大,也无法实现对整个社会的有效控制,甚至一些控制措施的应用会引起剧烈的反弹,以至于加剧社会的动荡。

总的说来,无论是公共行政的研究还是实践,一直是过多地将注意力集中在了公共行政的显性结构上,表现出对公共行政自身以及对象结构的关切。正如法默尔所指出的,现代主义公共行政"对认识对象的结构、对实用的和可预测的结构有着特别的偏爱——对现代性有着特别的偏爱。"② 这种对结构的偏爱一旦落实到建构行动中,就会去建构出一种刚性极强的组织结构。结果就是让结构失去弹性,在组织面对的问题复杂化的条件下,这种结构就会显现出僵化的一面。事实上,在整个现代化的过程中,也就是在工业社会这个历史阶段中,社会处在低度复杂性和低度不确定性的条件下,具有刚性特征的结构能够在实现以不变应万变的过程中成为坚定的依托,随着社会复杂性和不确定性程度的提升,这种刚性结构也就越来越不能适应组织职能实现的要求。所以,才会陷入危机事件的困扰之中。由此可见,在高度复杂性和高度不确定性的条件下,单就显性结构而言,都已经面临着巨大的问题,如果再去逃避对隐性结构的关注,将会使得社会治理与社会本身的要求相去十万里。

二、区分行政体系的双重结构

公共行政的显性结构与其隐性结构并不是截然对立的,也不是一种静态的并立,而是处在转化过程中的。比如,公平的问题作为一种社会要求和价

---

① [美]哈伊因等. 公共行政管理:对不同社会—文化环境的适应问题[M]. 史光远,译. 北京:农村读物出版社,1988:5-6

② [美]戴维·约翰·法默尔. 公共行政的语言——官僚制、现代性和后现代性[M]. 吴琼,译. 北京:中国人民大学出版社,2005:301

值观念是以隐性结构的形式出现的，但是，如果以政策安排以及公共行政的行动方案形式出现的话，就已经实现了向显性结构的转化。弗雷德里克森认为，"社会公平是一个包括一系列价值偏好、组织设计偏好以及管理风格偏好的短语。社会公平强调政府服务的平等，强调公共管理者决策和项目执行的责任，强调公共管理的变革，强调公民需求而非公共组织需求的回应，强调对公共行政研究与教育的探讨，公共行政不仅具有跨学科性和回应性，而且具有解决问题的特性和理论上的合理性。"① 然而，如果对所有这些安排进行追问的话，就会看到，未经整理的那种作为感性存在的公平其实是包含在公共行政的隐性结构之中的。当我们说公共行政应当维护公平和正义时，不是指它的显性结构中已经包含甚至实现了公平正义，而是指它的显性结构之外的某些要求向公共行政施加了压力。这种压力理所当然地是来自于社会，但是，如果公共行政体系与社会是对立的话，那么，社会也就不会将这种压力施与它。比如，社会不会要求一个黑社会组织主持和维护公平正义。社会向公共行政体系施加了要求其主持和维护公平正义的压力本身就证明，它是包含着这一重与社会要求相契合的部分的。然而，只有这部分中的极小一部分是在公共行政体系的显性结构中得到宣示的，更多的部分则存在于公共行政体系的隐性结构之中。

　　西方学者往往把组织的思维定式称作为组织隐喻。当我们从隐喻的角度来考察公共行政时，就会发现，公共行政的知识体系具有浓重的思维定式上的隐喻特征，它根据以往的经验去理解当下的事实并构想未来，所持的并不是一种客观地把握现实的态度，而是一种运用隐喻的方式解释现实的做法。这样做的结果是把现实纳入到了隐喻的框架中去，"大部分隐喻在强调概念的一些要素时会忽视另一些要素。就是这种选择性同时也导致了曲解和谬误。行政组织和其子系统的机械隐喻和功能隐喻显而易见地呈现了隐喻的这种局限性。某个管理者会过分地依赖特定的隐喻，他或她严格地把自己限定在这个隐喻的特定方面，以至于排斥其他观点和可供选择的感知方法。隐喻性框架的滥用往往把一个组织锁定在一种行为模式之中，从而压缩了它的选择范围，限制了它对机会和困难的回应能力。"②

---

① [美]弗雷德里克森. 新公共行政 [M]. 丁煌, 方兴, 译. 北京: 中国人民大学出版社, 2011: 4
② 全钟燮. 公共行政的社会建构: 解释与批判 [M]. 孙柏瑛, 译. 北京: 北京大学出版社, 2008: 59

我们认为，公共行政的研究者利用这种隐喻并不构成一个问题，而是当他们这样做的时候，并不知道隐喻属于公共行政的隐性结构的范畴，把隐性结构要素与显性结构要素相混同了，因而，也就不可能形成正确意见。组织隐喻对公共行政的影响是不确定的，可以发挥积极影响作用，也可以发挥消极影响作用。因而，从实践来看，为了抑制组织隐喻的消极影响，政府往往通过频繁地调换行政人员的职位来解决那些作为显性结构要素的规则无法解决的问题，事实也证明这是在行政管理中有效弥补规则体系规范功能不足的做法。但这样做也带来了另一个问题，那就是对政府官员行为的短期效应作出了激励，使他们不关注那些更重要的长期性公共利益。不过，我们从中看到的是，这种以人力资源调配的方式去改变组织隐喻的做法虽然没有在明确的关于组织隐性结构理论的指导下进行，却反映了一种领导智慧，这种做法所发挥的恰恰是抑制和削弱隐性结构消极影响的作用。

其实，在工业社会这一历史阶段中，不仅在公共行政领域，而且在整个社会的意义上，显性结构的存在都不是完全独立的，必然会受到隐性结构的影响。即使在社会治理的领域中，我们也看到，尽管工业社会的形式合理性追求要求"祛魅"，但当它依赖于统计法则的时候，就如法默尔所指出的，"在一个强调科学的社会里，数字常常带有情感价值；数字的这种特殊运用所具有的附加情感力量，是与……技术机器的巨大成功联系着的。"[1] 由于我们关注的重心是显性结构，我们往往忽视了或不承认情感因素于其中所发挥的作用。

如果要回答公共行政中的哪些因素是包含在隐性结构之中的，那么，我们可以大致举一些例子。

首先，对于公共行政而言，法律条文属于其显性结构的范畴，作为意识形态的法治精神和法治理念也是存在于公共行政的显性结构中的，但当法治精神和法治理念体现在和包含于行政人中的行为之中时，则属于隐喻的范畴，是隐性结构的构成要素。对于公共行政而言，法治精神和法治理念对行政行为的制约也显然要比严格的条文主义更为适宜。而且，法制在这里以法治精神和法治理念的形式出现时，已经突破了法律条文的机械性，而是在一定程度上包含了伦理的内涵。由此可见，工业社会的法制与后工业社会的德制并不是截然对立的，而是有着逻辑上和历史上的继承性，至多，德制是对

---

[1] [美]戴维·约翰·法默尔. 公共行政的语言：官僚制、现代性和后现代性 [M]. 吴琼，译. 北京：中国人民大学出版社，2005：264

法制的扬弃和超越，没有工业社会的法制所取得文明成就，德制的构想也是不可能被提出来的。同样，官僚制首先是作为一项行政技术和组织原则而存在的，在官僚制这一管理体制中，官僚是通过服从上级机构制定的规则和条例而证明下级对上级的服从，从根本上说，官僚并不是对上级官僚个人的服从，尽管在官僚制组织的运行中存在着大量的个人服从行为。官僚制的原则在组织体制和运行机制的安排中显现出了充分的形式合理性，但是，为什么官僚主义却如影随形地与它相伴？就是因为，我们在关于官僚制的认识以及对它作为一种组织模式的应用中一直只关注到它的显性结构，而没有看到它同时也包含着某种隐性结构。事实上，正是其隐性结构，决定了官僚主义成为挥之不去的梦魇。

其次，我们看到，效率是纯然存在于公共行政的显性结构中的，或者说，是包含在公共行政显性结构设计中的基本原则和目标，事实上，是在公共行政形式合理性之中产生的一项要求。但是，从20世纪公共行政的发展来看，效率追求也获得了某种文化特征。法默尔一再强调："效率这个概念是与一个重要的文化负载物结合在一起的；它是针对某一特殊的社会治理方式的规范的规则。文化或社会的态度构建了这一概念的形式——以及相关概念的形式，如浪费。"[①] 显然，效率与公平是公共行政的一个不解的难题，面对这个问题，弗雷德里克森表达了新公共行政的立场，突出强调新公共行政并不因为重视社会公平而忽视了效率。在弗雷德里克森看来，"任何一个组织都应尽可能地提高生产率，也就是说，提供与集体表达的需求相称的服务数量和服务质量同样也是公共行政的基本价值。"[②] 在某种意义上，追求效率是工业文明中最为核心的构成部分，也是人类社会无论发展到什么地步都需要加以无条件地继承的因素。因而，在服务型政府的构想中，也必须将这种追求引入。但是，这种引入是建立在对公共行政的显性结构和隐性结构进行了分析的基础上的。因为，如果像新公共行政那样仅仅在公共行政的显性结构中去讨论如何把效率与公平结合起来，是不可能取得令人满意的结果的。因为，效率与公平的矛盾在公共行政的显性结构中不可能找到调和的方案。可是，如果我们认识到了公共行政的显性结构与隐性结构的并存的话，

---

① [美] 戴维·约翰·法默尔. 公共行政的语言——官僚制、现代性和后现代性 [M]. 吴琼, 译. 北京：中国人民大学出版社，2005：264

② [美] 弗雷德里克森. 新公共行政 [M]. 丁煌，方兴，译. 北京：中国人民大学出版社，2011：13-14

就能够打通一个调和效率与公平的通道。那就是，首先去自觉地推动效率追求转化成一种文化，即形成效率文化，然后，在再度浮现到公共行政的显性结构中时，达到从属于公平的目的。应当说，在工业社会的效率追求中已经在很大程度上实现了塑造一种效率文化的成果，但在公共行政的实践中，却没有意识到这一点，而是更多地把效率追求寄托于公共行政显性结构的安排上了。也许正是由于专家以及行政实践人员都把注意力放置在了公共行政的显性结构上了，才引发了公共行政效率与公平的矛盾。

再其次，如果把社会治理体系中的责任分类为行政责任、法律责任和道德责任的话，我们就可以清楚地看到，行政责任是可以转嫁的。一般说来，领导往往向下属、上级往往向下级转嫁行政责任；法律责任是可以逃避的，政府中的推诿塞责就属于对法律责任的逃避。只有道德责任是不可转嫁、不可逃避的责任。为什么会出现这种状况，在公共行政的显性结构中，这种情况似乎是不可能发生的，然而在实践中，我们却看到这种情况是司空见惯的。这说明，正是公共行政中的隐性结构决定了行政责任可以转嫁和法律责任可以逃避。贝尔雷等人似乎意识到了这一问题，所以，他们在团队研究中区分了责任与职责两个概念，他们认为，"责任倾向于由外部的人强加给你，但职责是由于关注其他人的成功而强加给自身的。……个人职责包括对自身的期望，它强调良好的组织成员感，因为它会反映对价值观的承诺。"[1]当然，这是对"责任"一词所作的狭义上的理解，实际上所指的是组织体系中的行政责任。这种行政责任与法律责任有所不同，虽然它也是存在于显性结构中的一种设置，却是有着普遍化的空间的，是可以实现向职责的转化。一旦这种转化发生了，也就意味着其变成了隐性结构中的构成要素。或者说，职责的概念中更多地包含着作为隐性结构构成要素的特征，因而不同于显性结构中的那种刚性的设置。正是由于这一原因，当其发挥作用时更富有弹性，也更能够表现出积极作用。

最后，由于公共行政有着隐性结构，如果在反腐败的问题上仅仅从显性结构方面用功，就不可能收获预期效果。我们所看到的现实情况是，面对权力腐败的问题，有人以为通过更为严格的立法就能一劳永逸地根治。由于存在着隐性结构，使得这种想法显得极其天真。福克斯和米勒清楚地看到这种

---

[1] [美] 迈克尔·贝尔雷等. 超越团队：构建合作型组织的十大原则 [M]. 王晓玲，李琳莎，译. 北京：华夏出版社，2005：60

做法是不成功的:"在一些典型的欺诈事件和权谋中,选举官员的渎职和玩忽职守(如'水门事件')引发了象征性的亡羊补牢式的职业道德重建和公共服务改革。在道德转换时期所颁布的法规,在'水门事件'过后的岁月里,只不过是对官僚机构的从业人员强加的又一整套规范性法规,在预防接下来的'伊朗门事件'以及'基廷五人'储蓄贷款丑闻过程中当然是无效的。"[1] 不过,我们需要指出,如果囿于既定的社会治理模式去思考道德的补救,除了徒然无效地增加一些规范之外,是没有什么积极意义的。这是因为,希望通过增强反腐败立法去规范行政人员的行为,还只是在行政的显性结构中增添一些法律文本,而不是同时观照了行政以及权力运行中的隐性结构。

艾赅博和百里枫发现了"行政之恶",认为在政府中存在着某种行政之恶,这种行政之恶有的时候能够把整个政府导向反人类的方向上去。艾赅博和百里枫列举了行政之恶的各种形式以及得以产生的各种原因。艾赅博和百里枫甚至认为,这种行政之恶是不可避免的,他们特别指出,现代技术—理性系统中伦理行为假设与判别标准最终不能防止甚至缓和邪恶之发生,无论其以微妙的形式还是以更加明显的形式发生。单就这一问题而言,我们可以说,现代技术—理性系统恰恰是因为伦理标准的缺失才为行政之恶提供了赖以滋生的土壤。防止行政之恶的根本途径唯有引入伦理的标准,并对一切行政行为进行伦理考量。这样的话,我们就透过行政的显性结构而走进了行政的隐性结构之中了。也就是说,只有在行政的隐性结构中,我们才能够发现那种抑制行政之恶的伦理标准。

根据我们的看法,在近代社会的语境中,理性设计的政府及其体制应当说并不包含行政之恶,或者说,在行政的显性结构中是不存在行政之恶的。如果说艾赅博和百里枫发现的行政之恶是客观存在的话,应当说,那是存在于行政的隐性结构之中的。艾赅博和百里枫说,"通过行政之恶的道路虽然有时是由外部的有号召力的领导者所修筑,然而更多的时候则是从内向外衍生的,任何一位专业人士都有可能被连哄带骗地推上一条非常熟悉的不归之路,这条路让人先产生道德错位,然后成为反人道罪行的同谋犯。"[2] 艾赅

---

[1] [美]查尔斯·J·福克斯,休·T·米勒. 后现代公共行政——话语指向[M]. 楚艳红,译. 北京:中国人民大学出版社,2002:5
[2] [美]艾赅博,百里枫. 揭开行政之恶[M]. 白锐,译. 北京:中央编译出版社,2009:20

博所说的"从内向外衍生的",其实就是隐性结构显性化的过程,是隐性结构中的某些恶的因素浮到了表面,正如水下污泥中的沼气冒出了水面一样,有可能包含着夺人性命的毒素。

在公共行政的隐性结构要素向显性结构转化的过程中,极有可能出现某些非预期后果。比如,随着行政伦理以及组织伦理研究的兴起,人们开始关注组织成员的忠诚问题,而且组织管理的实践者也试图通过所谓组织文化建设的途径谋求组织成员的忠诚。如果说这种忠诚所指向的是组织而不是与组织直接相关的事业的话,那么,这种忠诚就会转化成对组织领导者的盲从,就会在组织中形成支持集权的氛围,并使组织变得封闭。由此看来,组织伦理如果把塑造组织成员的忠诚作为目标的话,那是极其狭隘的,正确的选择应当是倡导组织成员对与组织相关的或者组织所致力于承担的事业的忠诚。也就是说,在自觉地推动组织隐性结构要素向显性结构要素转化的过程中,需要从公共行政的显性结构中去发现那些可以作为明确的目标而予以确立起来的因素,而且保证所推动和实现的转化能够具有合目的性。

三、基于双重结构的改革设想

全钟燮相信,对于行政管理者而言,"在创造伦理对话,在尊重我们周围人的发言权,在理解我们假设和语言使用方式是如何决定相互关系和认同感的过程中,我们可以意识到和理解到自己的作用。"[①] 然而,在实践中,在行政管理者与权力结合到了一起的时候,这一点却是很难做到的。所以,权力对于行政管理者的腐蚀作用是非常明显的,而官僚制组织的结构以及全部规则体系都是支持行政管理者的权力的,在赋予行政管理者以权力时却无视权力对其的腐蚀作用。然而,也正是这一现象清楚地表明,公共行政的隐性结构在未实现自觉的时候,有可能发挥着非常消极的作用,甚至会以一种"行政之恶"的形式出现。

福克斯和米勒曾经设想,"一个值得信赖的、秩序良好的健全社会并不需要理性的、综合的社会科学。后者——作为启蒙运动所犯的错误——假定的不可能的全知的上帝之眼其实就相当于可预测的、理性的、利益最大化的

---

① [美] 全钟燮. 公共行政的社会建构:解释与批判 [M]. 孙柏瑛, 译. 北京:北京大学出版社, 2008: 157

个体和由此得来的消极自由。实践智慧的更为宽泛的但也更为现实的标准完全适合于社会公民做出一致决定的话语。"① 虽然对"实践智慧"的追求显得过于空泛和让人不得要领，但是，如果我们看到了处于近代科学视野之外的隐性结构的话，那么，对实践智慧就有了清晰的认识。因为，当科学放弃了对隐性结构的观察和研究时，人们在实践中就不得不接触和理解隐性结构，并将从中体悟到诸多补充智力的因素，即形成了某些智慧。所以，在公共行政的领域中，"实践智慧"一词将引导我们去认识和理解行政的隐性结构，而且可以相信，这对于改变行政模式和刷新行政行为都是非常有益的。

自 20 世纪 80 年代以来，公共行政的科学化、技术化受到广泛诟病，究竟是什么原因导致了公共行政的科学化、技术化？显然，从公共行政的发展史来看，正是因为公共行政的隐性结构长期受到忽视，才走上的科学化、技术化的发展方向，致使人的价值招致贬抑。对此，全钟燮不无过激地说："从 20 世纪 70 年代中期开始，无论是公共组织还是私人组织中，贬低人的价值，对理解以及化解冲突、解决问题和变化策略等，一种被动式的条件反射取向都日益普遍化。组织管理上的困难源自社会需求的不断增加、预算赤字、税收削减、政策方向混乱、生产力下降、公民不满和经济萧条以及其他一系列问题。"② 正是由于公共行政领域中存在着这些问题，后现代主义才被引入到这个领域中来，并要求把现代主义公共行政作为解构对象。不过，在很大程度上，它所要解构的却仅仅是公共行政的显性结构。所以，法默尔对后现代主义的解构也提出了质疑。

法默尔说，"我们可以用解构来探讨那些没有'现实'指涉且是通过影像凸显出来的叙事。问题在于，我们对表象未引起足够的重视；我们总是忽视它们，总想清扫它们，为的是获得所谓现实。没有对表象给以应有的重视，这不仅是现代公共行政理论的通病，也是其他学科的通病。"③ 表象往往是完整的，包含着未被阉割的内容。现代主义的理性被运用于公共行政的建构中来时，实际上是用理性阉割表象，使那些构成了行政隐性结构的因素

---

① ［美］查尔斯·J·福克斯，休·T·米勒. 后现代公共行政——话语指向［M］. 楚艳红，译. 北京：中国人民大学出版社，2002：34

② ［美］全钟燮. 公共行政的社会建构：解释与批判［M］. 孙柏瑛，译. 北京：北京大学出版社，2008：66

③ ［美］戴维·约翰·法默尔. 公共行政的语言——官僚制、现代性和后现代性［M］. 吴琼，译. 北京：中国人民大学出版社，2005：274

遭到排斥。后现代主义对现代公共行政的解构虽然停留在显性结构方面，却为我们认识行政的隐性结构提供了契机。也许是由于这个原因，法默尔看到，"解构具有游戏的品质，这与现代主义的楼下运作如公共行政的严密性不相吻合。"①"不同于阐释，解构不会承诺'真理'。它玩的是影像，要的是各式各样的洞见。"② 因此，我们认为，后现代主义的解构是有积极意义的。这是因为，如果说公共行政显性结构的任何一个方面的任何一种形式的松动都有可能为其隐性结构发挥作用开拓出空间的话，那么，对公共行政显性结构的解构，放弃对真理的承诺，在一定程度上对形式合理性的忽视，都有可能使得公共行政的隐性结构及其要素受到更少的束缚，从而在行政人员开展行动的时候能够使公共行政隐性结构中的一些要素发挥作用。如果在此过程中能够对行政人员作出相应的引导，提高他们行动的自觉性的话，那么，公共行政的隐性结构要素就会发挥着非常巨大的作用。

　　从行政发展的一般过程来看，在发生了社会变革时，当一种行政模式代替了另一种行政模式时，有许多因素会以行为习惯的形式被保留下来，而且，也有许多文化因素会长期发挥作用。一种新的行政模式建立起来，在很大程度上只是指那些直露于外的行政显性结构形成了，至于行为习惯以及诸多文化因素，则被深深地隐藏在行政的显性结构背后，并形成了一种隐性结构。另外，当一种行政模式建立起来后，经历过一段时间的运行，那些显性结构中也就会自然而然地生成某种与原先设计方案不一致的因素。这些因素在显性结构中找不到自己的位置，甚至受到排斥，从而隐性化，并在行政的隐性结构中沉淀下来，成为隐性结构中的构成要素。尽管这些因素与行政的显性结构之间是不相容的，却又是生成于这种结构之中的。因而，在行政发展进入一个新的阶段时，这些沉淀下来并构成了行政隐性结构的因素就会显现出其保守的特征，致使行政改革变得困难。

　　我们认为，行政改革的困难还不是根源于政府提出了什么样的目标、确定了什么样的方案，也不在于政府缺少什么样的足以支持改革的政治资源，而是来自社会的一种习惯性压力。一种行政模式生成后，社会也就养成了某种习惯，习惯于遇到什么样的问题到政府的什么样的机构和部门中去寻求帮助和寻找庇护，而且，会以一种习惯性的行为模式出现。根据近代以来责任

---

①② ［美］戴维·约翰·法默尔. 公共行政的语言——官僚制、现代性和后现代性 [M]. 吴琼，译. 北京：中国人民大学出版社，2005：276

政府的理念，对于来自社会中的这些要求，政府是无法拒绝的，结果，压力出现了，当政府希望寻求改革时，而社会则以实际行动表达对政府行政改革的反对。在政府与社会的关系中，社会无时无刻不表达对政府的抱怨，然而，一旦政府考虑到这些抱怨而谋求行政改革时，社会在口头上会笼统地表达赞同，一旦付诸行动和涉及具体的问题时，立即就会遭遇来自社会的阻力。所以，从实践来看，当政府试图启动任何一项行政改革的进程时，往往都需要首先为自己找到替身，只有当政府该方面的职能有了另一个（些）承担者的时候，才有可能使这项行政改革取得实质性的进展，才不会出现"改了之后再改过来"的问题。在总体上看问题，如果政府希望通过行政改革而使自己管得少一点，规模小一点，那么，就需要首先在培育非政府组织以及其他社会治理力量方面多花一些气力，只有这些非政府的社会治理力量成长壮大了起来，政府才能够从繁重的社会要求中脱身出来。对实践中的这一惯常做法，以结果出现的是显性结构的变动，而其原因和动力却是包含在隐性结构之中的。

谈到行政改革的问题，我们不同意把行政改革理解成朝着某个预设的伟大目标的前进过程，并不是根据这种目标而制定了某些具体的方案和行动步骤，然后付诸行动。行政改革作为一种理性的行动，应体现在每一项具体目标的实现过程中。"行政理性将会越来越不是意味着目的和目标的抽象概念，而是意味着就特定公共项目达成的一致协议。这将要求行政人员充分参与到选择的做出和规则过程之中。优秀的行政人员将会是规划者，而且规划和行政的过程将会浑然一体。行政人员将会知道利用组织可以做很多事情。但是，仅此尚不足以成为试图做每件事情的立论依据。关键是要了解应该做什么以及做其中的多少事情。"[①] 人们也许会说这是一种理想的行政改革形式，但在今天这样一个高度复杂性和高度不确定性条件下，如果行政改革仅仅盯住机构、体制等公共行政的显性结构的话，虽然做了大量的工作，而取得的成效往往并不明显，甚至会出现越改社会境况越糟的状况。之所以20世纪80年代以来的全球性行政改革并未像人们所期冀的那样取得预期成果，在很大程度上就是因为各种各样的行政改革方案都仅仅是在公共行政的显性结构上做文章。

政府的变革方案既可能指向公共行政的显性结构也可能指向组织隐喻

---

① [美] 弗雷德里克森. 新公共行政 [M]. 丁煌, 方兴, 译. 北京: 中国人民大学出版社, 2011: 73

的，但是，一旦一套方案出台并以变革措施的形式出现时，它就是公共行政显性结构中的因素，或者说，是促进显性结构变动的因素。比如，新公共管理的"民营化"所要解决的是政府内部机构复制的问题，这种内部机构复制并不是来源于某种刻意扩大政府规模的自觉行动，而是一种由组织隐喻推动的组织机构膨胀。但就"民营化"作为一个改革方案而言，在得到实施的过程中又会产生新的组织隐喻。如法默尔所说，"民营化——有目的地或附带地把某一职能转移给市场——既有有效的形式，也有无效的形式。"① 在这个问题上，可能要首先厘定政府职能，究竟是哪些事务或服务可以民营化，既然能够民营化，为什么会由政府承担这些事务或服务呢？其实，凡能民营化的事务或服务，在理论上，都是不应由政府来承担的。当然，在行政国家的状态下，政府把一些本来应由私人部门承担的事务或服务纳入公共行政中来了，这是一种不合理的状况，通过行政改革，应当把这些事务或服务还给私人部门，这才是正确的做法。然而，新公共管理却用"民营化"的方案来解决这类问题，表面上看来它是一个改革方案，实际上则是一种不愿意改革的做法。所以，"民营化"的做法因为在改革态度上的不彻底性而非常可疑，这个方案是建立在一个虚假的前提下的，那就是政府承担了本应由私人部门承担的事务和服务是天然合理的。当法默尔说"既有有效的形式，也有无效的形式"的时候，其实，也没有看到这一点，他也被新公共管理的民营化方案所迷惑了，这是一种反思不彻底的表现。

总之，如果我们看到公共行政存在着显性结构和隐性结构两个方面的话，就不再会仅仅停留在公共行政的显性结构上去开展行政改革，而是会将这两个方面都考虑进来，从而形成完整性的行政改革方案。所以，与法默尔所介绍的后现代主义无尽的解构相比，福克斯和米勒基于后现代主义对公共行政所进行的思考更具有现实性。因为，在他们这里，有着重新建构的愿望："在更大的文化和社会背景中的各种趋势——汇聚在后现代主义和后现代性的范畴之下——应该被考虑进来，以替代传统的治理模式。特别明显的是我们所谓的'现实'的隐居和超现实的产生。"② 也就是说，福克斯和米勒在一定程度上意识到了公共行政"现实的隐居和超现实"的方面，这决

---

① [美] 戴维·约翰·法默尔. 公共行政的语言——官僚制、现代性和后现代性 [M]. 吴琼, 译. 北京: 中国人民大学出版社，2005: 154
② [美] 查尔斯·J·福克斯，休·T·米勒. 后现代公共行政——话语指向 [M]. 楚艳红, 译. 北京: 中国人民大学出版社，2002: 7

定了他们能够在治理模式的意义上去思考问题，从而使后现代主义变得更加丰满，而不是仅仅满足于单薄的解构。

---------参考文献---------

[1][美]查尔斯·J. 福克斯，休·T. 米勒. 后现代公共行政——话语指向[M]. 楚艳红，译. 北京：中国人民大学出版社，2002

[2][美]哈伊因等. 公共行政管理：对不同社会—文化环境的适应问题[M]. 史光远，译. 北京：农村读物出版社，1988

[3][美]戴维·约翰·法默尔. 公共行政的语言：官僚制、现代性和后现代性[M]. 吴琼，译. 北京：中国人民大学出版社，2005

[4][美]弗雷德里克森. 新公共行政[M]. 丁煌，方兴，译. 北京：中国人民大学出版社，2011

[5][美]全钟燮. 公共行政的社会建构：解释与批判[M]. 孙柏瑛，译. 北京：北京大学出版社，2008

[6][美]迈克尔·贝尔雷等. 超越团队：构建合作型组织的十大原则[M]. 王晓玲，李琳莎，译. 北京：华夏出版社，2005

[7][美]艾赅博，百里枫. 揭开行政之恶[M]. 白锐，译. 北京：中央编译出版社，2009

---------代表作品---------

[1]张康之. 在全球化、后工业化中考察规则的功能[J]. 湘潭大学学报（哲学社会科学版），2018，42（1）

[2]张康之. 数据治理：认识与建构的向度[J]. 电子政务，2018（1）

[3]张康之. 在社会转型中思考社会治理的话语重建[J]. 学海，2018（1）

[4]张康之. 社会治理建构的反思性阐释[J]. 行政论坛，2018，25（2）

[5]张康之. 论合作制组织中的行为选择[J]. 探索，2018（3）

[6]张康之. 论社会组织化的过程及其走向[J]. 甘肃社会科学，2018（3）

[7]张康之. 公共管理学学科建构的过程与依据[J/OL]. 内蒙古社会科学（汉文版），2018（4）

[8]张康之. 论信息技术应用中的社会及其治理[J]. 武汉科技大学学报（社会科学版），2017，19（4）

[9]张康之. 论合作治理中行动者的非主体化[J]. 学术研究，2017（7）

[10]张康之. 论全球化、后工业化进程中的启蒙[J]. 学术界，2017（5）

网络空间全球治理的国家战略

李传军

摘 要：随着互联网逐步渗透到经济和社会生活中，各种网络犯罪、网络侵权现象也日益增多，对政治稳定、经济安全、社会和谐等诸多方面产生不利影响，国家主权介入网络空间成为迫切需要，许多国家都针对网络空间制定了国家层面的战略。习近平主席在第二届世界互联网大会上提出了推进全球互联网治理体系变革的原则和构建网络空间命运共同体的主张。网络空间全球治理的"中国方案"需要国际社会的协同配合，各国应同舟共济，共同致力于构建联合国框架下的网络空间全球治理模式。

关键词：网络空间；全球治理；国家战略；网络主权

一、网络空间全球治理问题的缘起

习近平总书记在党的十九大报告中指出，世界正处于大发展大变革大调整时期，和平与发展仍然是时代主题。同时，世界面临的不稳定性不确定性突出，其中网络安全作为一种非传统安全威胁持续蔓延，人类面临着共同挑战。[①] 网络安全直接关乎国家安全，因此，必须从国家战略的高度认识网络空间治理，使互联网及相关技术成为提升综合国力和保障国家安全的新利器，促进国家治理体系和治理能力现代化的新途径。互联网最基础的应用万维网（World Wide Web）是一个世界性的网络，因此，网络空间治理应具备全球视野，加强国际合作，构建联合国框架下的网络空间全球治理模式。

何为网络空间？要了解网络空间（cyberspace）的含义，首先要明确

[①] 习近平.决胜全面建成小康社会 夺取新时代中国特色社会主义伟大胜利——在中国共产党第十九次全国代表大会上的报告［EB/OL］. (2017-10-27) ［2018-01-21］. http://www.gov.cn/zhuanti/2017-10/27/content_5234876.htm.

"网络（cyber）"的概念。根据一般的认识，网络是用连接边将多个节点联结起来的互联系统。信息网络是将各个信息的生产者和消费者通过物理或虚拟链路连接在一起，使各端节点间通过交换节点进行载荷交换的系统。其中，载荷可以是电磁信号、光信号、量子信息或网络数据等。因此，网络包含四个构成要素，即端节点、交换节点、连接边和载荷。上述有关网络的定义表示，网络的外延非常广，不仅包括互联网，也包括电信网、广电网、物联网、传感网等。

目前，许多国家都针对网络空间制定了国家层面的战略，其中有关"网络空间"的概念界定大致有四类：（1）网络空间是指信息通信基础设施。以美国《第54号国家安全总统令（NSPD）/第23号国土安全总统令（HSPD）》为代表。（2）网络空间包含信息通信基础设施以及其所承载的数据。以意大利《2013国家网络空间安全战略框架》为代表。（3）网络空间涵盖人、设施和数据三个方面。以色列《3611号决议：推进国家网络空间能力》为其代表。（4）网络空间包含人、设施、数据与活动四个方面。《俄罗斯联邦网络安全的概念策略》为其代表。①

网络空间以互联网为基础，而互联网的形成和发展与信息技术密不可分。信息技术的发展是以几何级数方式呈现的。在信息技术领域有一条"摩尔定律"，即每隔18个月，芯片的集成度增加一倍，价格下降至原来的一半。后来，这条定律扩展至信息技术的其他领域。信息技术近几十年的发展，已经充分证明了这条定律的正确性。特别是进入21世纪以来，随着移动互联技术、大数据技术、云计算、物联网等技术的发展，构建了互联网发展的全新形态。政治、经济、文化、军事等诸多领域已与互联网高度嵌合，网络空间安全问题成为各国所共同关注的焦点。② 要破解网络空间安全这一难题，必须强化网络空间全球治理。

随着网络空间全球治理进程的推进，各国对于网络空间基本属性的认识越来越趋于一致，在网络空间治理方式和路径上的分歧进一步缩小。各国虽然存在政治制度、经济发展水平和文化传统等方面的差异，但是都共同认识到网络空间的互联、共享属性。这种属性要求各国摒弃画地为牢、以邻为壑的做法，特别是网络空间安全问题是各国政府、企业和社会所要致力达成的

---

① 方滨兴，邹鹏，朱诗兵. 网络空间主权研究 [J]. 中国工程科学，2016，18 (6): 1-7
② 侯云灏，王凤翔. 网络空间的全球治理及其"中国方案" [J]. 新闻与写作，2017 (1): 5-9

目标。任何一方都不能把自己的意志强加于他方,也不能忽视他方的利益而只强调自身的利益。习近平主席指出:"维护网络安全不应有双重标准,不能一个国家安全而其他国家不安全,一部分国家安全而另一部分国家不安全,更不能以牺牲别国安全谋求自身所谓绝对安全"。① 由此,国际社会充分认识到,没有哪一方可以单独主导网络空间全球治理的进程。

面对国际社会的重重压力,美国决定部分放弃互联网资源的直接控制权。2014年3月,美国宣布放弃对互联网名称与数字地址分配机构(ICANN)的控制,而交由所谓多利益攸关方,但明确拒绝由联合国或其他政府间组织接管。另外,联合国在网络空间全球治理中的地位和作用也得到了提升,这极大地促进了网络空间治理架构和规范的建设。2013年6月,联合国信息安全政府专家组(GGE)发布报告,明确国家主权和源自主权的国际规范及原则适用于国家进行的通信技术活动,国家有权管辖其领土内的通信技术基础设施,联合国宪章适用于网络空间。2015年7月,该专家组发布了关于网络空间国家行为准则的报告。该报告反映了各国在保护网络空间关键基础设施、建立信任措施、国际合作等领域所达成的共识。

网络空间全球治理是一个多元主体参与的过程,这些主体包括主权国家和非国家行为体。其中,政府与非国家行为体的博弈表现为多个层次。在处理政府与其他行为体的关系上,各方更加务实,均意识到应依据网络空间的不同问题来划分政府与非国家行为体的职责。对于多利益攸关方治理模式,各方均认识到政府、企业和社会各自有参与网络空间治理的职能。网络发展中国家加大了建章立制的步伐,巴西、中国先后建立了网络空间多利益攸关方会议和世界互联网大会机制,就网络与国家安全、网络主权等问题展开探讨,表达网络发展中国家的诉求。

在网络空间全球治理进程中,网络发展中国家与网络发达国家博弈的本质是互联网治理与网络空间治理两种理念的冲突。互联网治理更多涉及技术层面,因此其治理主体是由非政府行为体主导的多利益攸关方。互联网治理被理解为一个由所有者、运营商、开发者和用户共同参与的过程,主要涉及技术标准和网络协议、互联网资源的分配等。而网络空间治理则从互联网治理的技术领域拓展至更为广泛的政治、经济和安全领域。由此,政府和政府

---

① 习近平. 在第二届世界互联网大会开幕式上的讲话. [EB/OL]. (2015-12-16) [2017-07-10]. http://news.xinhuanet.com/world/2015-12/16/c_1117481089.htm

间组织在网络空间治理中的地位和作用得以彰显。这一理念认为网络空间是一个复杂的构成,包括但不限于互联网,此外还包括网络中传输的数据、用户以及虚拟社会与现实社会的交互等。网络空间治理的议题更加多元,比如数字鸿沟问题、网络恐怖主义等。

随着网络空间全球治理进程的推进,上述两种理念也有融合的趋势。网络空间治理机制中的多元构成中也包含互联网治理;后者主要聚焦于技术领域,是网络空间治理的一个必要构成部分。针对网络空间中的复杂问题,应根据问题的类型,构建不同的机制,以使不同的行为主体发挥各自的作用。两种治理理念的融合也表现为对多利益攸关方治理模式的逐步认可。ICANN所主导的就是一种多利益攸关方治理模式,主张限制政府的作用,而更强调由下而上的决策过程。最初,很多网络发展中国家反对多利益攸关方治理模式,而主张网络空间治理的主体应当是政府以及政府间组织,然而,随着治理进程的推进,网络发展中国家也日益认识到企业和社会的作用。政府、企业和社会根据各自的职能来参与网络空间治理,网络空间治理日益体现为一种多元主体合作治理的状态。[①]

二、网络空间全球治理面临的困境

从本质上来讲,网络空间治理的困境源于互联网的特性。网络空间是基于互联网构建的虚拟与现实的交互空间,是一个产生于现实,但又区别于现实的另一个空间。网络空间不是实体社会的简单镜像,而是在实体社会的基础上以倍增方式所构建的复杂的社会关系。[②] 而互联网的虚拟空间属性和全球互联属性,要求人们在进行网络空间治理时首先要回答两个问题:一是网络空间能否脱离国家主权的管辖;二是网络空间治理是否需要国际合作。[③]

互联网是现代社会的伟大发明,是信息沟通的重大技术突破,它把世界缩小为一个"地球村"。自互联网诞生后,国际社会的各种联系越来越紧密,从而成为一个命运共同体。特别是20世纪90年代以来,互联网不断为

[①] 鲁传颖. 网络空间治理的力量博弈、理念演变与中国战略 [J]. 国际展望, 2016 (1): 117-134.
[②] 李传军. 论网络空间的合作治理 [J]. 广东行政学院学报, 2015, 27 (4): 5-10.
[③] 张晓君. 网络空间国际治理的困境与出路——基于全球混合场域治理机制之构建 [J]. 法学评论, 2015 (4): 50-61.

经济社会的全面发展注入新鲜血液,提供巨大的动力,各国纷纷把发展互联网作为本国谋求竞争优势的重大战略。然而,科技是一把"双刃剑"。从人类历史发展来看,每一次的技术进步在带给人类福祉的同时,也产生了各种安全问题,这就决定了人们在充分利用互联网的同时,必须强化网络空间的治理和规范。鉴于互联网的运作平台是跨越国界的,因此,网络空间治理必须强化国际合作。[①] 正是在这个意义上,我们认为"网络空间全球治理"是"网络空间治理"的同义语。

互联网最初发源于用于军事目的的 APPANET(美国高等研究计划署网络)。这项技术到 20 世纪 80 年代开始运用于商业目的和科学研究领域,并正式命名为 Internet(因特网)。互联网初期的治理模式是自我管理模式。这一模式认为互联网社区具有自我管理能力,当然不需要任何国内法和国际法的约束。持这种观点的专家认为互联网不存在疆界,可以在互联网上建构一个全球社区,法律规范和国家管辖权不能介入网络空间的管理。

随着互联网逐步渗透到经济和社会生活中,各国政府日益关注网络空间治理问题。这一过程有人称其为"再主权化"。虽然有技术专家支持网络空间可以免于国家主权的管辖,但从实际运作来看,互联网的架构不可能脱离国家而独立存在。互联网物理层中的信息基础设施都是财产权利,需要国家主权的保护。在互联网的规则层,ICANN 最初由美国建立并运营,后来成为非营利组织,但依然受到美国的资助,因此,互联网的规则层也不可能脱离国家而存在。互联网的内容层中的大量信息对现实社会产生重大影响,影响国计民生、国家安全,因此,国家主权同样要对此进行有效的管辖。

无论从技术方面,还是从实践方面,各国现在都认为一个国家无法对网络空间实现单边管辖,网络空间治理的国际合作势在必行。信息技术革命彻底改变了国家对本国内外资源实施排他性管辖的状况,因为互联网不同于土地、人口等资源,它是一种信息借助网络在全球的流动状态。从理论上讲,除非一国彻底断开与国际的互联网接口,要从技术上杜绝信息的国际流动是不可能的。当然,信息在全球自由流动所导致的网络空间难以受到国家完全管辖的状况,会给国家安全带来一定的隐患。而国家和政府管理的惯性,则会将对实体社会管理的做法移植到网络空间。很多国家都试图将本国法律适用于网络空间,这些法律不可避免地会同时对网络上的本国公民和他国公民

[①] 侯云灏,王凤翔. 网络空间的全球治理及其"中国方案"[J]. 新闻与写作,2017(1):5-9

产生限制,由此造成了网络空间治理中单边主义的法律适用的正当性和合法性问题。显然,这些问题的解决需要国际合作。① 在全球化、网络化条件下,单靠一个国家实现网络空间的有效治理是不可能的。②

从公共管理的角度来看,强化网络空间全球治理首先要正确认识互联网的物品属性。有一种观点认为互联网构成了全球公域,即网络空间是一种全球性的公共物品。虽然对全球公域的概念尚无统一的认识,但大体上可以理解为海洋、外层空间、南极洲等处于国家管辖之外的区域和资产。也就是说,全球公域是指那些非某一国或某一国家集团所能控制的,面向全球国家、组织和个人开放的领域。全球公域突破了国家主权的管辖范围,对此约束需通过国际条约或协定。

通过分析,我们发现,虽然网络空间在某些方面与全球公域有相似之处,但是互联网并不具有全球公域的全部特征。因为网络基础设施是由私人企业或国家运营的,如果完全脱离国家主权的管辖,是不可想象的。在实践中,越来越多的国家都运用互联网过滤技术来实现对网络空间的监管,即便是大力宣扬互联网是"全球公域"的美国,也会对网络空间进行审查和监管。2018 年 1 月 19 日,美国总统特朗普签署法案,批准将《涉外情报监视法》702 条款延长 6 年。这意味着美国情报机构将能继续在没有授权的情况下,监控美国境外目标的电邮和短信等通信。

由于网络空间既非完全的国内私域,又非典型的全球公域,有学者认为网络空间是国内私域与全球公域的混合场域,类似于公共池塘资源。然而,公共池塘资源不具有排他性,但网络空间却具有部分的排他性,比如国家对其本国的信息基础设施可以实施有效的管辖。正是由于对网络空间的物品属性定义不清,才产生了网络空间治理的难题。

综上所述,网络空间应认定为国内私域与全球公域的混合场域,如果单纯把网络空间确定为国内私域或全球公域均不妥当。因此,网络空间不完全属于国内私域,但如果只看到网络空间的部分全球公域属性而拒绝承认国家对网络空间的管辖权,那也是与实际不符的。尽管有人认为网络空间突破了国家的疆域边界,甚至宣称网络空间终结了国家主权,但这种说法是不

---

① 张晓君. 网络空间国际治理的困境与出路——基于全球混合场域治理机制之构建 [J]. 法学评论, 2015 (4): 50 – 61.
② 李传军. 论网络空间全球治理中的国际合作 [J]. 广东行政学院学报, 2017, 29 (5): 19 – 24.

正确的。

从技术上来看，互联网通信是从一个固定节点向另一个固定节点的信息传递，虽然信息传递的路径（信道）可以有多条，但是信源和信宿则是固定的。2011年"阿拉伯之春"运动中，埃及和利比亚都通过关闭本国的互联网准入端口而实现了信息阻隔。当前，技术上已经比较成熟的信息过滤技术事实上在网络空间营造了电子疆域。在这种情况下，网络空间必然会存在主权的冲突与合作问题。因此，在网络空间治理中，一国主权可以实现排他性管辖的区域为国内私域，而一国主权无法实现排他性管辖的区域为全球性公域。在立法实践中，各国通过立法确定了本国可以实现排他性管辖的区域，但同时也承认有些区域属一国主权管辖之外。①

三、网络空间全球治理的理论阐释

"信息及其技术正在改造着我们的社会，甚至可以说已经改造了我们的社会。"② 信息及其技术的发展所造就的网络空间是一个有机统一的整体。当"地球村"的概念与互联网技术的发展深度融合之后，网络空间治理问题就不仅仅是一个国家内部的事情。对于每一个国家来说，固守信息边疆有一定的意义，但是与实体的疆域不同，网络空间是一种虚拟空间。如果说在传统时代，一个国家的入侵表现为对于他国主权范围内国土的强行进入，那么，在互联网时代，一个国家的渗透则是无形的，而且是无孔不入的。网络空间的发展，一方面弥合了全球国家之间的缝隙，但另一方面，也可能因信息鸿沟的存在而加深国家之间的裂痕。在网络空间中，各种利益主体的分化与整合，形成了国际关系中的各种阵营。现在，从国际范围来看，网络空间治理处于一种无序、失衡状态，加剧了国际上自冷战开始以来的紧张关系。如何从网络空间治理的角度，厘清纷繁复杂的国际关系，值得我们深入探究。

近年来，"全球治理"成为一个全新的学术概念和解决国际问题的一种崭新途径。全球治理倡导在国际事务中个人和机构以各种方式的共同参与。

---

① 张晓君. 网络空间国际治理的困境与出路——基于全球混合场域治理机制之构建［J］. 法学评论, 2015 (4): 50-61.

② 张康之. 论基于信息的社会治理［J］. 中共杭州市委党校学报, 2017, 1 (2): 4-12.

网络空间作为一种国际事务自然可以引入全球治理的思维。就互联网超越国界的性质来看，网络空间的全球治理是必要的，因为网络空间治理已经完全超出了一个主权国家的能力和范围。因此，如何建立一个繁荣、可持续发展的网络空间并维护国家利益，就成为世界各国共同关注的话题。

关于网络空间治理，有一种理论叫自治论，是指网络应当独立于国家管制之外，完全依靠网络社区的"公民"实现自我管理。在网络发展的初期，这种自治论有相当大的市场，人们认为网络应当是一个完全自由的空间。由于网络初期的匿名制，每一个网民都自我感觉是盖世英雄，从网民的角度来看，自治论的主张深得人心。从技术层面来看，由于互联网并不存在一个中心，信息传播是发散式的、多点并发的，控制信息确实相当困难。网络空间是一种虚拟存在，也是网民可以逃离现实的"乌托邦"和"世外桃源"。网民天然地反感任何权威主体对网络空间的任何管制。从互联网的发展来看，网民、研究团队、科学家团体的自愿行动起到了很大的作用。当然，互联网发展的后期，互联网企业和国家信息基础设施投入的推动作用更为明显。但从初期发展来看，人们更加倾向于认为互联网是一个技术联合体。

综上所述，网络空间自治论在互联网发展初期是居于主导地位的。直至今日，仍有相当数量的技术专家认为互联网应当是完全自由和开放的纯技术领域。不过，就其本质而言，网络空间属于公共物品的范畴，如果没有国家和政府的介入，"公地悲剧"难以避免。近年来的网络乱象，如网络暴力、恐怖事件、网络犯罪等频繁发生，凸显了政府干预的必要性。同时，从有利于维护国家统治的角度来看，国家和政府也越来越表现出对网络空间治理的热情。互联网发展之初的参与主体主要是用户和私营部门，但随着电子政务的发展，政府越来越多地介入网络空间。不仅如此，作为纯粹私人领域在网络空间延伸的电子商务，也同实体社会一样要受到政府的管理。

网络空间虽然是一个虚拟的空间，但并不是虚幻的存在，它与现实社会是相对应的。[①] 网络空间到底是一个有机统一的整体，还是一个由各种利益动机驱使的众多子集的结合？从国家、市场、社会在网络空间互动的情况来看，后一种观点更接近网络空间的现实状况。网络空间由一个不受任何限制，没有边界的"地球村"，在各种利益主体的主导下，逐步演变为一个受到各种规则制约的空间。这与人类社会早期原始社会向国家过渡所展现的形

---

① 李传军. 论网络空间的合作治理 [J]. 广东行政学院学报，2015，27（4）：5-10

态相类似。在这个过程中,国家势必要借助其主权概念和传统的权力对网络空间施加影响,网络边界或网络边疆、网络主权的概念日益受到人们的关注。当然,在网络空间中,各种市场主体如网络服务提供商掌控着大量的商业数据和个人数据。在大数据时代,这些数据本身就是重要的战略资源,国家对于网络空间治理必须高度关注,既要防止国外公司大量收集本国数据,又要重视大数据资源的开发利用。从技术角度来讲,国家职能难以具体延伸到对网络具体行为的管控。由此,类似网民身份认证、网络社会秩序维护等传统的国家职能就由网络市场主体来承担了。除此之外,由于互联网全球互联互通的属性和使用的便捷性,也必然导致"全球社会"的出现。在"全球社会"中,各种非政府组织以及其他网民组织在网络空间中所发挥的作用同样不可小觑。[1]

在诸多网络行为主体中,毫无疑问,国家和政府是最重要的利益相关者。从国家利益的角度来看,网络空间治理要受到越来越多的政府管制。政府对网络管控的手段包括网络审查机制的建立、网络秩序的规范。由此,由市场主导的自由放任的网络空间越来越多地受到国家的管控。

随着信息过滤技术的日益成熟,政府对网络审查逐步成为可能。在网络发展初期,曾被人们认为不正常的网络管控越来越成为常态。现实中,网络实名制和网络信息过滤已非常普遍。尽管有些国家可能不愿意承认自己对网络信息进行过滤或对某些网站进行查封,但是,这些国家都在法律层面明确了政府具有对网络空间进行管控的权力。

信息边疆理论认为,主权国家在网络空间也应有相应的边界。因此,运用国家防火墙对出入本国互联网的信息进行监控就十分必要了。事实上,一些西方发达国家如英国、加拿大等,也对网络信息进行管控,特别是对一些涉及政治的信息进行过滤。至于表面上倡导网络自由最甚的美国,也因"棱镜门"事件而揭露了其对信息管控的真实面目。

国家对网络空间管制的动因有三个:信息流动的全球化、国际政治竞争以及网络空间自身存在的问题。

在互联网产生之前,信息主要是在本国内部流动的。无论是出版物还是广播、电视等媒体的影响范围主要是在一个国家内部。但是,互联网出现,

---

[1] 蔡翠红. 国家-市场-社会互动中网络空间的全球治理[J]. 世界经济与政治,2013(9):90-112

信息自由跨越国界，对一个国家的主权造成现实的冲击。由西方国家所推动的"颜色革命"充分证明了这一点。互联网的出现，加剧了国际范围内的政治动荡局面。这也是主权国家加强网络空间管控的重要原因。从技术发展的历史来看，一项新的技术产生之初，对其管控手段往往是欠缺的。但是，随着技术发展的成熟，与之相应的管控手段也就发展起来。比如导弹发明之初，并没有反导系统，但是随着导弹技术的成熟，反导系统也被研发出来一样。在互联网发展之初，由于网络自身的匿名性特征和网络信息多点并发、多渠道传递的特征，人们曾经认为网络是不可控的，但现在互联网及相关技术已日益被纳入国家和政府管控的范围之中。

国家对网络空间管控的另一个重要原因就是国际政治竞争。第二次世界大战以来形成的冷战格局随着苏联解体而被打破，新的国际政治格局正处于激剧变动之中。在这样的背景下，国际政治竞争尤为激烈。现在，国际政治竞争不是仅仅通过军备竞赛的方式，而是更多地通过互联网进行文化和意识形态的渗透。有充分的事实证明，美国作为互联网发源地利用其技术先发优势和国家实力对其他国家，尤其是非盟友通过互联网进行渗透。如果不对网络空间进行管控，无异于开门揖盗。现代战争已经由传统战争升级为高科技战争，而高科技战争所借助的主要是互联网，以至于现在人们认为国家战争的表现形态主要是网络战争。各国对待网络战争往往是先发制人，对敌方发动网络攻击，这也是造成国际政治竞争加剧的重要原因。网络空间的重要性日益受到关注，人们对其的依赖性也逐步加深。网络空间是一种重要的公共资源，对于很多人来说，步入世界的重要途径就是通过互联网，而随着移动互联技术的发展，人们可以随时随地与世界同步。由此，各国从战略高度来认识网络空间。因为得人心者得天下，在网络空间塑造形象、影响受众是国际政治竞争的重要手段。随着全球化时代的到来，互联网在经济贸易、文化交流方面的正面作用日益得到人们的重视，但不可否认，网络间谍甚至在战争中利用互联网对敌人实施打击，则将网络安全的重要性上升到国家战略高度。

国家对网络空间管控的第三个原因就是互联网自身存在的诸多问题。比如网络安全问题所引发的纠纷，特别是对国家安全的威胁。互联网在发展之初，是作为一种科学研究的手段，后来随着其运用领域的逐步扩展，互联网对国家安全的影响越来越明显。其他方面如网络恐怖主义、网络诈骗、网络色情等问题均要求国家对网络空间进行管控。另外，网络作为信息传播的重要途径，也使许多国家认识到通过网络管控可以促进民族认同、监测社会舆情、维护社会稳定。

四、网络主权与网络空间全球治理

"网络主权"亦称"网络空间主权"或"互联网主权"。"网络主权"是中国最早提出并倡导的一项国家主权观。2010年6月中国国务院新闻办发布的《中国互联网状况》白皮书指出，互联网是国家的重要基础设施，中国境内的互联网属于我国主权管辖范围，中国的互联网主权应受到尊重和维护。[①] 2015年7月1日正式实施的《中华人民共和国国家安全法》明确提出了"网络空间主权"的概念。2015年12月16日，习近平主席在第二届世界互联网大会上提出了全球互联网治理应遵循的四项原则，其中"尊重网络主权"是这四项原则的核心。2016年6月25日，中俄两国发表《关于协作推进信息网络空间发展的联合声明》，明确了网络空间主权的国际法意义。2017年6月1日正式实施的《中华人民共和国网络安全法》在第1条就阐明了"维护网络空间主权"的立法宗旨。

目前，网络空间主权已经成为我国处理网络空间事务的重要原则。但是，学术界对网络空间的意涵和理论基础的探讨尚有待深入，一般认为网络空间主权是国家主权在网络空间的自然延伸，这种观点有一定的道理，但是并未明晰虚拟空间与现实空间的区别，从而难以有效地回应国际上有关否定网络空间主权存在的主张。

网络空间主权（Cyberspace Sovereignty）这一概念并非我国的首创，而是来自美国学者吴修铭。他在1997年的一篇文章《网络空间主权？——互联网与国际体系》中首次使用了这一概念。此后，其他学者也开始使用这一概念。

作为互联网源头的美国，因占据了技术和资源优势，将网络空间与海洋、国际空域、太空相提并论，认为网络空间属于全球公域，并非由单一国家的主权所管辖，主张建立所谓的"多利益攸关方"治理模式。很明显，美国试图把控网络空间的主导权，力图将已有的互联网技术优势转化为其政治优势和战略优势。但是，所谓网络空间全球公域论的主张，受到了网络发展中国家的反对，特别是2013年的"棱镜门事件"更加剧了网络空间属性

---

① 李传军，李怀阳. 网络空间全球治理问题刍议［J］. 电子政务，2017（8）：24-31

的争论。①

一般认为,网络空间主权是国家主权的重要组成部分,是一国对其领土范围内的信息通信基础设施所承载的网络空间排他性的最高管辖权力。具体来说,网络空间主权意味着一国可以对本国范围内的网络空间中的网络虚拟角色所进行的信息通信活动、信息通信系统及其数据等拥有主权。

一国的网络空间主权建立于其领网之上,其作用边界即为领网的边界,在领网范围内一国拥有网络空间主权,各国在国际网络空间中平等参与治理,位于某国的信息通信基础设施不受他国的干预,国家可以依靠其军事能力保卫本国网络空间主权不受侵犯,各国应相互尊重他国的网络空间主权,承诺不侵犯他国的网络空间,互不干涉他国网络空间的事务,各国在参与国际网络空间事务方面拥有平等地位。

从实践来看,网络空间主权已经客观存在于各国。各国事实上都在行使着网络空间主权,即便是坚持所谓由"多利益攸关方"来主导互联网的国家,目的也是为了干预他国网络主权。

国家主权有四个要素,即领土、人口、资源与政权。四项基本权力,即独立权、平等权、自卫权和管辖权。四条基本原则:尊重主权、互不侵犯、互不干涉内政、主权平等。网络空间主权作为国家主权的延伸和重要构成,自然具有国家主权的上述特征。

网络空间有四个基本要素,即领网、虚拟角色、数据、活动规则。其中,领网相当于国家的领土,网络中的虚拟角色相当于人口,数据相当于资源,活动规则相当于政权。

与国家主权所具有的基本权力相对应,网络空间主权也有四项基本权力,分别是网络空间独立权、网络空间平等权、网络空间自卫权和网络空间管辖权。

网络空间独立权是国家主权在网络空间的重要表现。一个国家的网络系统,不能受制于其他国家或组织。但是,现有的互联网依赖于根域名解析,从而影响了网络独立权。解决方式有:(1)将根域名解析系统的管辖权转交给由主权国家所组成的国际组织;(2)采取"基于国家联盟的自治根域名解析体系",即构造一个"域名对等扩散"的方法,让各个顶级域名所有

---

① 张新宝,许可. 网络空间主权的治理模式及其制度构建[J]. 中国社会科学,2016(8):139-158

者不仅仅向原根服务器报告，还向其他国家级根域名掌控者报告自身的地址信息，从而不再唯一受制于根域名服务器。

网络空间平等权是独立权的自然延伸。网络空间平等权使得各个国家在网络之间能够平等地实现互联互通。因网络发展水平的不同，各国在网络基础设施和网络资源占有方面存在着事实上的差距，但这种差距不应当成为政治上不平等的前提。各国不分大小，在参与网络空间事务方面均有平等的权利。

网络空间自卫权是指国家有权保护本国网络不受他国侵犯的权力。这种权力应当以一定的军事能力为保障。要通过加强网络边防来保卫领网，防范来自他国的网络攻击。另外，要明确军队在保卫国家信息基础设施方面的职责，特别是战争期间，现代化战争已经是信息战争，与信息密不可分，因此保卫信息基础设施关乎国家的生死存亡。

网络空间管辖权是指一国对本国网络及数据进行管辖的权力。界定网络空间管辖权的前提是明确领网的边界。一个国家可以自主地决定本国网络空间管理的制度以及本国境内网络经营主体的经营模式和经营内容。

尊重网络主权，本质上就是要尊重一个国家的网络独立权。互不侵犯，即不对他国网络实施攻击。互不干涉内政，即尊重他国对本国网络事务的管辖权。网络主权平等，即各主权国家均有参与国际网络事务的平等权利，而不是实行网络霸权主义，由某些网络发达国家把控国际网络空间的决定权。

以美国为首的网络发达国家强调网络空间治理的技术主导，认为信息应当自由流动，不认可网络空间主权，而以中国、俄罗斯为代表的网络发展中国家则强调政府拥有对网络进行监管的权力，主张网络空间主权。

支持网络空间主权存在的，不仅仅是中国、俄罗斯等网络发展中国家，在西方国家，也有学者认同网络空间主权。即便有反对网络空间主权存在的声音，也主要是由于认识的片面性所致。

从实效来看，网络空间全球治理仅仅依靠所谓的"多利益攸关方"是无法解决问题的。

与电信网的发展途径不同，互联网起源于美国，然后邀请其他国家加入，后加入的国家只能被动地接受美国所提出的标准。美国拥有了最大的话语权，其他国家只能跟随，几乎没有话语权，即使美国放弃对 ICANN 的管辖权而交由所谓的"多利益攸关方"，实质上也只是一种形式上的让步。

目前，ICANN 掌控互联网核心资源的分配权。以其中的 IP 地址分配为例，虽然该组织强调申请优先的原则，但由于网络发展中国家信息化起步较晚，申请优先原则无法保证国家之间的平等，只有由主权国家组成的组织才能更好地代表网络发展中国家的利益。

"多利益攸关方"在处置国际互联网领域的应急事项方面也有不足。国际上现行的计算机安全应急响应组织是由所谓"多利益攸关方"组成的非政府组织，但因其为非政府组织，只能处理一些简单的事项，而难以进行深入的溯源、查证等工作。长此以往，国际互联网领域必然成为犯罪分子的天堂。因此，只有通过国际合作，成立政府间的组织才能胜任这一工作。

当前，在国际网络空间出现了国家利益的分歧，甚至是利益冲突。这些冲突涉及电子商务中的身份管理、互联网资源的分配等问题。故而，在网络空间治理中必须强调国家主权的作用。

其一，网络空间主权观有助于强化网络时代国家的国际法地位，建立网络空间的共治机制。互联网的普及，扩大了网络空间的参与主体，从而淡化了国家代表政府参与网络空间治理的地位，使"多利益攸关方"借助其技术优势成为主导网络空间的主要角色。而众所周知的原因，所谓"多利益攸关方"背后的力量是以美国为首的网络发达国家，因此，只有强调网络空间主权观，才能让网络发展中国家有话语权，也才能够更好地发挥互联网在增进全人类福祉、构建人类命运共同体方面的作用。

其二，网络空间主权观有助于提升我国在网络空间全球治理中的国际话语权。中国作为最大的发展中国家，要扮演好一个负责任的大国的角色，就必须强化自身在网络空间全球治理中的国际话语权。网络空间主权观的确立，有助于国家主权在网络空间得到确认，有助于主权国家平等地参与网络空间国际事务。

其三，网络空间主权观有助于维护政权稳定。政权稳定是社会和谐、经济发展、文化繁荣的前提条件。这也是任何国家所要追求的目标。但是，在网络空间，国家主权的地域性与网络空间的跨国界性之间存在着矛盾，强化网络空间的主权观，使政府能够有力地维护国家主权，对网络信息的输入、输出进行有效的管控。

其四，网络空间主权观有助于保护国家的基础数据资源。在大数据时代，数据是一种重要的资源，特别是关乎国计民生的重要数据、地理测绘信息等数据都是重要的基础数据资源，对此应当进行有效的控制。但是，对网络上以电子数据形式存在的各种重要基础数据资源，如果不能通过网络空间主权进行有效的保护，就会对国家安全造成重大的威胁。

其五，网络空间主权观有助于网络安全基础的建立。网络空间主权观为网络安全建设指明了方向，有利于统一网络安全认识，强化网络安全对于国家安全的重要意义，并通过制定相关的法律法规来保障网络安全，奠定网络安全的重要基础。

其六，网络空间主权观还有助于依法治网，为国家网络空间治理提供重要的法律依据，促进网络空间的健康、有序发展。

其七，网络空间主权观有助于强化军队在保障网络信息基础设施安全方面的作用，使军队承担起保卫国家网络边疆的重要职责。[①]

五、网络空间全球治理的国际合作

网络空间全球治理必须通过国际合作才能真正实现。然而，当前网络空间全球治理中却面临着国家网络空间主权、网络空间法律适用以及不同意识形态之间的差异等难题。网络空间全球治理缺乏有效的国际合作对网络发展中国家产生诸多不利，直接损害了网络发展中国家的形象，纵容了网络国际犯罪。在网络空间国际合作治理方面，有效的机制和框架尚未形成。究其原因，主要是由于各国利益不同，从而在法律制度以及对国家主权和人权方面存在认识分歧。网络犯罪往往是跨越国界的，这导致网络犯罪行为在法律适用方面存在较大的困惑，也使网络犯罪分子往往逍遥法外，以致网络犯罪难以根除。网络空间，尤其是互联网具有虚拟性和跨越国界的性质，导致网络行为具有隐蔽性和无界性。这一特点给惩治网络犯罪带来了较大的困难。如果网络犯罪行为实施地和侵害地分离而发生于两个以上的国家，法律适用就是一个难题。

在全球化、网络化条件下，单靠一个国家实现网络空间的有效治理是不可能的，它客观上要求国际社会在网络空间全球治理方面采取合作行为，将网络空间视为人类共生共在的空间，世界各国应建立一个统一联动的网络空间全球治理机制和合作框架。

在网络由各国分而治之的情况下，网络空间主权是必然存在的，而且它也应当成为当代国家主权的重要构成部分。但是，网络发达国家和网络发展

---

① 方滨兴，邹鹏，朱诗兵．网络空间主权研究［J］．中国工程科学，2016，18（6）：1－7．

中国家在网络空间主权存在与否问题上有较大的分歧。前者认为网络空间是"全球公域",不愿认同后者主张的网络空间有主权属性。以美国为代表的网络发达国家对一些网络发展中国家的网络管制行为横加指责。然而,对于广大的网络发展中国家来说,由于社会现代化水平较低,公众的理性水平也较低,因此,如果任由自由主义或无政府主义等思想肆意在网络上泛滥,在某些特定的情况下,就会引发一些群体性事件。如果与国外敌对势力结合,这种状况将可能危及政治稳定。另外,由于网络发展中国家并未掌握核心信息技术,如果网络空间主权不能得到保障,实质上是敞开大门任由他国进入,对于国家安全是极其不利的。

由于互联网技术垄断的特征,当前国际网络体系中获益最大的是美国等少数网络发达国家。网络发展中国家有网络空间主权的诉求,但是,这些国家的构成极为复杂,由于这些国家经济发展水平、社会、制度、文化等方面的巨大差异,在网络空间主权所涵盖的范围方面也存在分歧。这些国家都认可网络空间主权的存在,但是对国家应在网络空间全球治理方面发挥什么作用、治理哪些内容、以何种方式治理网络空间等问题,难以达成一致意见。

如果各主权国家在网络空间全球治理方面适用的制度不同,就必然会在网络空间全球治理国际合作方面存在分歧,因为一旦一个主权国家允许其他国家的制度在本国适用,就可能造成对本国主权的侵害。这样,为了维护本国主权,必然会对他国制度加以排斥。然而,网络空间全球治理必须通过国家之间的合作才能实现,而合作则意味着采取统一的行动,这就要求有相互衔接或相同的制度作为保障。

当前,各主权国家网络空间全球治理的现状是:一方面,各国在网络空间全球治理制度设计方面并未达成一致,甚至难以说有合作的诚意,因而这些国家为了自身的利益和意识形态的一致性而刻意保持本国制度的特殊性,这必然延缓网络空间全球治理国际合作的进程。另一方面,从主权国家意识形态借助网络传递在国家间的效用不同来说,信息传播必然涉及意识形态的价值判断,所以人们通过网络传播的信息必然带有意识形态的内容。信息通过网络传播,信息受众潜移默化地受到意识形态的影响。一般来说,网络发达国家由于在经济、技术等方面占有优势,因而这些国家通过网络传播他们的政治主张和价值观也占据了优势地位。这一过程持续达一定程度,就会对其他国家统治的合法性和社会稳定产生不利影响。然而,由于网络的国际化特征,这些信息输入国无法制约信息传播者,而只能通过一定的技术手段

（如防火墙）对自身网络进行管控，这也是这些国家主张网络空间主权的重要原因。当然，这种对网络信息的屏蔽也应有一个度，即不能使自身完全独立于世界网络体系之外，否则，就等同于闭关锁国。即使这些国家的政府可以这样做，也会招致本国公民的批判甚至强烈反抗，而通过技术手段"翻墙"，这样反而不利于其网络空间全球治理目标的实现。综上可见，现行的国际网络体系对于各国的效能是不同的，对网络发达国家有利而对网络发展中国家不利。

造成网络空间全球治理国际合作难以实现的根本原因，就在于国家利益的不同，各国在网络空间全球治理的合作方面目标迥异，都主张维护本国利益。网络空间主权是重要的国家利益，关于网络空间主权的分歧本质上是各国对自己所主张意识形态的坚守。意识形态的稳定性与本国政治社会秩序的稳定性密切关联。因此，一国政府当然不希望本国公民改变意识形态信仰，而是通过各种方式强化意识形态的稳定性。在前网络时代，各国交往不多，意识形态的冲突更多地体现在国家整体层面。但是，网络时代信息沟通交流的便利，造成各国意识形态的分歧在网络空间呈现出来。

第二次世界大战结束后，西方国家依靠军事强势所建立的殖民体系土崩瓦解了。但是，早就尝到殖民主义甜头的西方国家当然不希望永久失去他们的"天堂"，因此，在网络时代会致力于借助网络形成新的殖民体系，从而维护其历史上已经形成的"中心—边缘"结构，继续从处于边缘的国家汲取超额利润。网络信息技术的发展为西方国家提供了先机和主导权，从而在网络空间推行殖民主义的做法。网络发展中国家由于技术上的落后而不得不受制于网络发达国家，从而在经济资源上受到网络发达国家的掠夺。当前，无论是软件技术，还是硬件设施，都由网络发达国家所垄断，网络发展中国家为此要支付高昂的成本。另外，在意识形态方面受到网络发达国家的渗透，从而最终丧失网络话语权。

在各主权国家从现行网络治理体系中获益不等的情况下，要求网络发展中国家放弃网络空间主权，而进行网络治理的国际合作，实质上意味着向网络发达国家缴械投降。这种合作要求网络发展中国家全盘接受网络发达国家所制定的网络治理规则以及对网络发达国家有利的网络空间体系和秩序，其结果将损害网络发展中国家的利益。显然，不改变现行的网络空间体系，网络发展中国家不会以放弃网络空间主权为代价而达成网络空间全球治理的国际合作。

网络空间全球治理的国际合作必须以各主权国家地位平等为前提。这种合作的理想状态应当是，各主权国家都拥有自己的核心技术，可以完全独立自主地建构自身的网络体系，而非受制于某个网络发达国家。不过，这样一来，"中心—边缘"结构将被扁平结构所取代，原来处于中心的国家就无法继续获得垄断利润，因而，网络空间全球治理国际合作最大的阻力还是来自网络发达国家，他们要竭力维持现有的网络治理体系和秩序。也就是说，如果网络发展中国家没有基于自身拥有核心技术为前提的话语权，那么网络空间全球治理的国际合作就难以达成。①

六、我国网络空间全球治理的战略

在全球化背景下，国与国之间密不可分，人类已成为一个命运共同体。互联网的发展是与全球化同步的，甚至可以说，互联网已经成为全球化的推进器。全球化所产生的全球性的公共问题需要各国携手面对，即要建立全球公共问题的国际治理机制。当然，解决跨国家层面的问题或全球公共问题首先要明确国内私域和全球公域的边界，其次要区别二者的治理方式。

现阶段网络空间治理仍然以少数网络发达国家作为中心，而在网络发达国家与网络发展中国家和网络欠发达国家之间形成了数字鸿沟。信息社会世界峰会倡导，网络空间治理需要各国在政治、经济、技术、文化等领域展开合作，而且要秉持多元利益共同体主义，使政府、企业、社会组织、公民等均可享受网络发展的权利。

首先，要明确主权国家在网络空间治理中的作用。现存的国际秩序是基于主权国家之间的关系形成的，网络空间治理同样离不开主权国家。《联合国宪章》明确了国家主权平等的原则，主权平等是展开国际合作的前提和基础，公平是构建网络空间国际秩序的重要内容。然而，当前网络发达国家利用其经济和技术优势对数据、信息等实施单边控制，从而损害了广大网络发展中国家的利益，导致网络空间的无序状态。要实现网络空间沟通有序，必然要求各主权国家平等地参与国际决策和合作，任何试图超越主权国家治理网络空间的主张或者由少数网络发达国家主导网络空间治理的机制，都是

---

① 杨嵘均. 论网络空间治理国际合作面临的难题及其应对策略[J]. 南京工业大学学报（社会科学版），2014（4）：78-90.

与《联合国宪章》所确立的主权平等原则相背离的。

其次,要明确网络空间中国内私域与全球公域的边界。网络空间治理首先要明晰互联网及其基础设施的产权,这是化解冲突的前提。网络管理方面,国家已具有对其域内网络进行监管的能力和条件,同时,还可以通过互联网的入口和出口进行信息控制。从技术层面来讲,国家也可以定位网络客户端和服务器端,以辨别网络使用者的具体位置。从上述意义上来看,网络空间是存在电子边界的。从互联网的各个层次来看,构成互联网基础设施的物理层,如根服务器、数据交换中心等,均属于国际公域的范畴,这需要建立在国际合作基础之上的全球治理,而不应依靠某一个国家进行控制。各个国家连接互联网的各种设施均属于国内私域的范围。互联网的规则层,涉及互联网的基本秩序和发展方向,应属于国际公域的范畴,必须保证各国家均能够平等地参与治理。互联网的内容层,要明晰各个国家管辖权的边界,其治理难点是如何在保障国家主权与保护全人类利益之间达到平衡。

网络空间全球公域的治理涉及所有国家的利益,特别应给予网络发展中国家更多的发言权。以主权国家为基础构建的网络空间全球治理机制应当在联合国的框架下,建立网络空间行为规范。[①]

习近平主席在第二届世界互联网大会上所提出的推进全球互联网治理体系变革的原则和构建网络空间命运共同体的主张,成为网络空间全球治理的"中国方案"。[②]

网络空间全球治理的"中国方案"主要包括五个方面的内容:

一是政府主导。网络空间全球治理体系是一个有机统一的整体,要确保信息的互联互通、自由流动,必须打破国家和地域的限制,而实现跨国、跨界的流动。然而,主权国家的网络空间主权也应得到尊重,国家安全应当能够得到有效的维护,网络空间治理应当由世界各国共同掌握。在这种情况下,如果脱离政府主导而侈谈网络空间全球治理,网络安全是根本无法得到保障的。

二是多方参与。网络空间全球治理是一种公共事务,应当发挥国家、社会组织、企业、公民等各个方面的积极性。要平衡各方利益,不搞单边主

[①] 张晓君. 网络空间国际治理的困境与出路——基于全球混合场域治理机制之构建[J]. 法学评论,2015(4):50-61

[②] 习近平. 在第二届世界互联网大会开幕式上的讲话. [EB/OL]. (2015-12-16) [2017-07-10]. http://news.xinhuanet.com/world/2015-12/16/c_1117481089.htm

义，更不能以大欺小、以强凌弱，实行网络霸权主义。

三是公开透明、平等合作。世界各国无论大小均应相互尊重、相互信任，在平等对话的基础上展开有效的合作。

四是发挥互联网企业的作用。互联网企业应当强化自身的社会责任，不断推动技术创新，加强网络安全管理，促进网络空间持续、健康发展。

五是共享共治。网络空间全球治理既要尊重各利益攸关方的利益，也要打破以美国为首的网络发达国家的网络霸权。中国所主张的网络空间全球治理，并非推翻既有的网络空间治理体系，而是要求不断改善既有体系，构建网络空间共享共治的人类命运共同体。

网络空间全球治理的"中国方案"需要国际社会的协同配合。具体来说：

第一，要推动国际社会对网络空间主权的认可与尊重。《联合国宪章》所确立的主权平等原则已成为国际关系的基础准则，这一准则同样应当成为网络空间全球治理的基本依据，即任何国家均应尊重他国的网络空间主权，尊重他国自主选择网络发展道路、网络管理模式的权利，不得利用自身技术优势对他国实施网络霸权和干涉他国内政。

第二，规范网络空间秩序是网络空间治理的前提。秩序和自由是矛盾统一体，自由是秩序的最终目标，而秩序是达成自由的必要前提和基本保障。网络技术日新月异的发展，网络空间的风险也随着社会风险的增多而呈现放大效应。因此，网络空间治理首先要建立和维护网络空间的基本秩序，积极推动国际社会合作参与网络空间全球治理，防范和打击网络犯罪。

第三，建立高效透明的国际网络空间治理机制。要推进国际网络空间治理机制的变革，构建人类网络空间的命运共同体。当前迫切需要建立高效透明的国际网络空间治理机制。要在联合国框架内，发挥各主权国家在网络空间治理中的主导作用，要体现多边、民主的要求，充分吸纳各种专业技术组织的意见，考虑互联网企业、民间组织、公民等利益攸关方的关切，形成"政府主导、多边参与、共享共治"的机制。

第四，各国共同制定网络空间规则。目前，网络空间规则缺失是网络空间全球治理难以有效实现的主要障碍。虽然各国对网络空间规则的必要性已经初步达成共识，但是对规则的内涵仍存在较大的分歧。由于网络空间治理理念和根本利益不同，各国对于制定网络空间规则的心态也不同。然而，世界各国对网络的高度依赖以及网络空间所存在的矛盾冲突，已使得网络空间规则的制定成为迫在眉睫的任务。各国应秉持合作的态度，推动国际网络规则的早日建立和完善。

第五，积极构建网络空间命运共同体。网络空间存在的巨大风险，需要由世界各国共同面对与分担，没有任何一国可以独善其身，因此，推动网络空间的普惠发展，促进经济增长，消除数字鸿沟，应当成为各国的共同行动。世界各国只有坚持对话与合作，才能构建合作共治、和谐安全的网络空间命运共同体，推动网络空间全球治理体系的变革。①

------------参考文献------------

［1］习近平．决胜全面建成小康社会　夺取新时代中国特色社会主义伟大胜利——在中国共产党第十九次全国代表大会上的报告［EB/OL］．（2017-10-27）［2018-01-21］．http：//www.gov.cn/zhuanti/2017-10/27/content_5234876.htm

［2］方滨兴，邹鹏，朱诗兵．网络空间主权研究［J］．中国工程科学，2016，18（6）：1-7

［3］侯云灏，王凤翔．网络空间的全球治理及其"中国方案"［J］．新闻与写作，2017（1）：5-9

［4］习近平．在第二届世界互联网大会开幕式上的讲话．［EB/OL］．（2015-12-16）［2017-07-10］．http：//news.xinhuanet.com/world/2015-12/16/c_1117481089.htm

［5］鲁传颖．网络空间治理的力量博弈、理念演变与中国战略［J］．国际展望，2016（1）：117-134

［6］李传军．论网络空间的合作治理［J］．广东行政学院学报，2015，27（4）：5-10

［7］张晓君．网络空间国际治理的困境与出路——基于全球混合场域治理机制之构建［J］．法学评论，2015（4）：50-61

［8］侯云灏，王凤翔．网络空间的全球治理及其"中国方案"［J］．新闻与写作，2017（1）：5-9

［9］张晓君．网络空间国际治理的困境与出路——基于全球混合场域治理机制之构建［J］．法学评论，2015（4）：50-61

［10］张康之．论基于信息的社会治理［J］．中共杭州市委党校学报，2017，1（2）：4-12

［11］蔡翠红．国家—市场—社会互动中网络空间的全球治理［J］．世界经济与政

---

① 侯云灏，王凤翔．网络空间的全球治理及其"中国方案"［J］．新闻与写作，2017（1）：5-9

治，2013（9）：90－112

［12］张新宝，许可. 网络空间主权的治理模式及其制度构建［J］. 中国社会科学，2016（8）：139－158

［13］方滨兴，邹鹏，朱诗兵. 网络空间主权研究［J］. 中国工程科学，2016，18（6）：1－7

［14］杨嵘均. 论网络空间治理国际合作面临的难题及其应对策略？［J］. 南京工业大学学报（社会科学版），2014（4）：78－90

---------------------------------- 代表作品 ----------------------------------

［1］李传军. 电子政务［M］. 上海：复旦大学出版社，2011

［2］李传军. 电子政府管理［M］. 北京：对外经济贸易大学出版社，2014

［3］李传军. 信息技术发展对公共行政的影响［J］. 中国行政管理，2000，8（08）

［4］李传军. 电子政府的实现方式及其问题探析［J］. 求索，2001（6）

［5］李传军. 电子政府的十大理念［J］. 湖南行政学院学报，2002（1）：23－26.

［6］李传军. 社会治理变革中的网络舆情与网络民主［J］. 学习论坛，2010，26（7）：41－44.

［7］李传军. 论网络空间全球治理中的国际合作［J］. 广东行政学院学报，2017，29（5）：19－24

［8］李传军. 大数据技术与智慧城市建设——基于技术与管理的双重视角［J］. 天津行政学院学报，2015（4）：39－45

［9］李传军. 社会治理转型中的网络公共领域［J］. 广东行政学院学报，2016，28（4）

［10］李传军. 国家战略视角下的网络空间全球治理［J］. 广东行政学院学报，2018（3）

［11］李传军，李怀阳. 基于网络空间主权的互联网全球治理［J］. 电子政务，2018（5）

［12］李传军，李怀阳. 网络空间全球治理问题刍议［J］. 电子政务，2017（8）

心灵治理：公共管理学的新边疆
——基于需求溢出理论和传统中国心灵治理范式的分析[*]

刘太刚

> **摘 要**：心灵治理是通过非物质手段和非强制手段影响人的思维过程的公共管理路径，它通过培养人的社会性需求和影响人对需求的价值认知而使其自愿降低或抑制个人的特定需求，以此来解决公共问题。心灵治理路径具有物质治理路径所不具备的比较优势，有助于降低公共管理对物质资源的依赖和消耗。心灵治理的基本典范主要有四种，即意识形态范式、伦理范式、宗教范式和科学理性范式。当今以西方经验为背景的公共管理学一直漠视甚至无视心灵治理。我国的公共管理学应破除机械唯物论的符咒，重续传统中国注重心灵治理的传统，开拓公共管理学的新边疆。
>
> **关键词**：心灵治理；需求溢出；公共管理；意识形态；社会治理

在需求溢出理论看来，[①] 人类社会的任何公共问题或公共事务都应该是个人的需求溢出问题，即个人需求超出其本人及家庭的满足能力的问题；而作为一个以解决公共问题（或称处理公共事务）为主旨的实践领域，公共管理在解决需求溢出问题（即公共问题）方面存在着两条路径：一条是物质治理的路径，即以物质资源满足人的溢出需求或以物质手段强令其接受需求溢出状态；另一条是心灵治理的路径，即通过非物质手段和非强制手段影响人的思维过程，使其自愿抑制或强化个人的特定需求，进而消除其需求溢出问题或使其安于需求溢出的状态。

---

[*] 本文发表于《中国行政管理》2016 年第 10 期。
[①] 需求溢出理论是笔者提出的一套以孔孟之道为核心逻辑的公共管理学基础理论。有关需求溢出理论的逻辑体系和主要观点，参见笔者 2011 年以来发表的二十多篇关于需求溢出理论的文章。

一、心灵治理在解决公共问题上的作用机理

无论对公共问题或公共事务做何种界定，可以肯定的是，人类社会的任何公共问题或公共事务在本质上都是人的需求问题；而以解决公共问题为主旨的公共管理，其落脚点实际上是对人的行为的管理。同时，人的所有行为都是需求驱动的行为。由此，我们可以从"需求—行为"入手，探究心灵治理在解决公共问题上的作用机理。

1. 心灵治理的作用机制：通过影响人的思维过程来实现对人的行为的管理

从生物学及生理学的角度看，人的任何需求都是通过人脑形成并输出需求信号。同时，作为人的需求信号的形成地和输出地的人脑，不仅是人的需求信号的中枢器官，而且还是人的各种有意识的行为的支配器官。人脑在对各种需求信号进行综合处理的基础上，决定着人要做出何种行为（包括不作为）来与人的需求相匹配。而人脑对各种需求信号进行综合处理的过程以及决定人采取何种行为与其需求相匹配的过程，实际上也就是人脑的思维过程。而对于人的主思维的器官，中国古人误称之为"心"——孟子云："心之官则思"（《孟子·告子上》），朱熹弟子蔡沈云："心者，人之知觉主于中而应于外者也"。因此，心灵治理实际上就是通过对人脑的思维过程的干预而实现的行为管理。

对人脑的思维过程的干预何以能实现对人的行为的管理？这是因为人的行为都是基于人脑发出的指令而做出的；而人脑从接收各种信息到发出行为指令的活动，实际上正是人脑的思维过程。这样，对人脑的思维过程的干预，就能够影响到人脑最终发出什么样的行为指令，从而实现对人的行为管理。

2. 心灵治理的两种实现方式：通过培养人的社会性需求和影响人对需求价值的认知来实现对人的思维过程的干预

对任何生物有机体而言，需求都是其行为的最初推动力。对于人而言，需求信号实际上是行为指令的思维起点。人脑正是在对各种需求信号进行综合处理的基础上才会形成行为指令并对相应的肢体或器官发出该指令，从而导致人的肢体及器官活动——人的行为（包括语言行为）。

就需求的内容及因源而言，人的需求可分为两类：一类是人作为一种有

机体而产生的自然需求,即人的生物性需求,例如人对食物和水的需求、性需求、安全需求、保暖或避暑的需求,等等。这类需求来自人作为生物或有机体的自然属性或本能,因此笔者也称之为内生型需求。另一类是人在与同类的社会交往中产生的需求,笔者称之为人的社会性需求,例如审美的需求、受尊重的需求、表达交流的需求等。这类需求产生于人所处的社会环境,是人之外的社会环境作用于人的结果,因此属于外植型需求。

心灵治理作为对人脑思维过程的干预,一方面可以通过培养人的社会性需求来实现,即通过对人注入外植型需求来制约平衡其本能的生物性需求,或者通过对人注入外植型需求来制约平衡其已有的社会性需求。例如,伯夷叔齐饿死不食周粟的故事,就突出地体现出社会性需求(忠于商朝的道义需求)对生物性需求(饥饿求食)的制约或平衡,也极端地体现出对人注入社会性需求之后其行为方式所受到的影响——宁愿饿死也不食周粟。另一方面,心灵治理作为对人脑思维过程的干预,还可以通过影响或改变人对不同需求的价值认知来实现,即通过改变人对不同需求的价值排序来实现。显然,在前述饿死不食周粟的事例中,伯夷叔齐只有把忠于商朝的道义需求排在饥饿求食的生物性需求之上,才会做出饿死不食周粟的极端行为。如果把他们心中对这两种需求价值的排序颠倒过来,其行为方式也必然会做出改变。因此,影响或改变人对不同需求价值的认知,同样也是心灵治理的实现方式。

二、心灵治理的比较优势:心灵治理何以不可或缺

作为公共管理的一条基本路径,心灵治理在公共管理中的价值是由其相对于物质治理路径的比较优势决定的。换言之,正是由于心灵治理能够弥补物质治理路径的不足,才使心灵治理为公共管理所不可或缺。

从人类社会公共管理的历史实践上看,物质治理路径有其局限性,无法全部解决社会中亟待解决的所有需求溢出问题。具体表现为:

1. 物质治理所依赖的物质资源及物质手段受制于物质资源的刚性约束,且物质资源及物质手段的开发利用永远滞后于需求的增长

如前所述,物质治理是以物质资源满足人的需求或以物质手段强制人安于需求溢出状态的治理路径。但一方面,人的需求源自人的欲望,而欲望几乎是个无底洞,可以无限量增长,正如中国成语"欲壑难填""人心不足蛇吞象"所揭示的那样;另一方面,满足人的需求的物质资源的开发生产却

受到自然条件（如天气、地质、水文、区位、自然资源存量）等诸多客观因素的制约，强制人安于需求溢出的状态的物质手段也要受物质资源（包括物力、财力、人力资源）的制约。这样，一方面是可以无限量增长的需求，另一方面是受刚性约束的物质资源及物质手段的开发，仅仅依靠后者显然无法解决一个社会亟待解决的需求溢出问题。

2. 需求的绝对溢出现象的存在，使物质治理存在功能盲区

所谓需求的绝对溢出，是指人的需求不仅超出了其本人及家庭的满足能力，而且还超出了全社会的满足能力。换言之，在现有条件下无论如何都无法满足的需求就是绝对溢出的需求，如万寿无疆的需求、终生无灾无病的需求，等等。对于绝对溢出的需求，任何物质资源的配置都难以满足其需求，都难以避免或消除其需求溢出的状态。也就是说，对于绝对溢出的需求而言，物质治理根本不起作用，这就是物质治理的功能盲区。

3. 物质治理中的强制手段违背管理对象的意愿，会引发管理者与管理对象之间的博弈，须以有效监管为前提，从而使公共管理要付出高昂的监管成本

公共管理者所惯用的强制手段，即所谓的硬手段，无论是针对人身的强制手段和针对财产的强制手段，还是惩戒性的强制手段（处罚）和非惩戒性的强制手段，都是物质治理非常倚重的手段。中国法家的代表人物韩非，甚至把惩戒性的强制手段作为君王治国的手段之一。

公共管理者的强制手段通常都会违背管理对象的意愿，否则就无须强制了。其结果，通常会导致管理对象与管理者展开猫捉老鼠之类的博弈——欺骗和反制成为管理对象对付管理者的常用手段。正如孔子所指出的那样："道之以政，齐之以刑，民免而无耻。"（《论语·为政》）因此，强制手段的有效实施，必须以对管理对象的有效监管为前提。而且这种监管往往是全程监管，而不能仅仅是结果监管——不这样不足以应对管理对象的欺骗和反制，对食品安全的监管就是典型例证。由于猫鼠博弈的存在，会导致监管难度越来越大，监管成本越来越高，从而使社会的公共管理成本越来越高，甚至最终不堪重负，难以为继。

4. 物质治理中的强制手段使用不当会招致并累积民怨，甚至可能导致管理对象以死抗争，从而不仅使强制手段彻底失去效用，甚至还会为公共管理体制招致灭顶之灾

公共管理中的强制手段通常会产生立竿见影的效果。但这种强制手段施用不当，其负效应也非常明显——很容易激起相关人的怨恨和报复，从而为公共管理体制积累系统性风险。而现实生活中，公共管理中的强制手段施用不当的情形并不鲜见。其结果，迷信硬手段的公共管理尽管能产生一时之效，但最终会得不偿失，甚至招致灭顶之灾。信奉韩非法家思想的秦帝国迅速走向灭亡，就是一个典型例证。

即便从短期效应来说，公共管理有时也会面临硬手段失灵的情况。朱元璋对贪官剥皮实草，也难以禁绝贪腐之风。正如老子所言："民不畏死，奈何以死惧之。"（《老子·七十四》）。对于那些不惜一死的管理对象而言，再硬的强制手段也无济于事。

相对于物质治理路径的上述局限，心灵治理有以下比较优势。

其一，心灵治理对物质资源的依赖度（或消耗量）远低于物质治理，因而较少受物质资源刚性约束的制约。

心灵治理是通过影响人的思维过程来影响人的行为，从而使人自愿降低其需求以消除其需求溢出的状态或自愿安于需求溢出的状态。与物质治理不同，心灵治理的主旨不是倾向于满足人的物质性需求，而是倾向于抑制人的物质性需求；不是倾向于用物质手段强行抑制人的某种需求，而是倾向于用非物质手段引导人自愿抑制其某种需求。这样，心灵治理尽管也需要某些物质资源（如倡导道德、宗教或意识形态的人力资源、书刊等），但其对物质资源的依存度远低于物质治理。例如，满足一个基督徒对一座三层别墅的需求，至少需要100多平方米的土地、50吨水泥、近10吨钢材及上万小时的人工投入，但若让其打消对别墅的需求往往只需要一个他信得过的牧师和他的一次谈话。前者是物质治理，后者是心灵治理，二者对物质资源的消耗有天壤之别。即便同样是使人安于需求溢出的状态，物质治理所需的物质资源（强制人安于需求溢出状态的强制手段所需的物质资源）也远远超出心灵治理所需的物质资源——引导人自愿接受需求溢出状态所需的物质资源。西人有谚，"多建一间教堂，可少建一座监狱"，蕴含着同样的道理。

其二，心灵治理对于需求的绝对溢出现象有治理功效，能够弥补物质治理在此方面存在的功能盲区。

对于对溢出的需求而言，物质治理完全失效，但心灵治理却往往能够彰显奇效。例如，人必有一死，因此永生的需求就属于绝对溢出的需求。无论是富有一国的独裁者还是富可敌国的超级富豪，都无法摆脱终有一死的宿命。物质治理既无法让人获得永生，也无法让人安然面对即将到来死亡；而心灵治理虽然也不能让人获得永生，却可以让人安然面对死亡。在这方面，宗教的显著功效就是心灵治理功效的例证。

其三，心灵治理顺应管理对象的意愿施治，不会引发管理者和管理对象之间的猫鼠博弈，因而不会产生物质治理那样高昂的监管成本。

心灵治理是通过管理对象的自觉自愿来实现公共管理的目标，属于顺心施治而非逆心施治。在此情境下，管理对象无须与管理者展开猫鼠博弈，无须以欺骗和反制手段来对付管理者。这自然会大大降低管理者的监管成本。孔子云："为政以德，譬如北辰，居其所而众星拱之。""道之以德，齐之以礼，有耻且格。"（《论语·为政》）就是同样的道理。

其四，心灵治理摒弃了物质治理中的强制手段，因而不会激起或积起民怨，从而有助于降低因管理对象的反抗而产生的公共管理成本。

心灵治理主要采用知识传播、行为示范、价值引导等软性的教化手段，以培养人的社会性需求或影响人对不同需求的价值认知，进而让人自觉地约束其行为。心灵治理的作用目标是直接针对人的心灵，而不是直接针对人的行为，因而不会采用逆人心而用强的强制手段，所以不会激起或积起管理对象的怨恨，也就不会产生因管理对象的反抗或报复而增加的公共管理成本。

毋庸讳言，心灵治理也同样有其功能盲区。人作为一类历经漫长进化过程的生物有机体，基本的物质需求的满足是其得以生存的前提。食品、水、药品及防灾救灾的设施及工具，都是满足人的基本需求所必不可少的物质资源；通过配置这些物质资源来满足人的基本需求（进而解决人的需求溢出问题），正是物质治理的具体表现。就此而言，心灵治理无论如何都替代不了物质治理。但物质治理所存在的功能盲区及心灵治理相对于物质治理的比较优势，使心灵治理能够和物质治理相互弥补——二者同为公共管理不可或缺，同为公共管理的车之两轮、鸟之双翼。

值得注意的是，越是在物质资源匮乏的年代，心灵治理的功效越是显著，公共管理对心灵治理的倚重程度就越高。中世纪欧洲对宗教的倚重、当今朝鲜对意识形态的强化，都是例证。之所以如此，主要是因为物质资源是公共管理的物质治理途径所赖以实现的基础，物质资源的匮乏则必然导致物质治理途径的治理效果在深度（解决某种需求溢出问题的彻底程度）和广度（解决不同的需求溢出问题的范围）两方面都受到制约。在此情况下，强化心灵治理，是公共管理的不二选择。

三、心灵治理的四种典范

迄今为止，人类社会的心灵治理实践存在着四种典型范式：宗教范式、伦理范式、意识形态范式和科学理性范式。这四种范式尽管在构成要素上可能会互有包含，但其各自的主要特征却使之成为一个独特的心灵治理范式。例如，尽管中世纪欧洲的宗教范式也包含和重视伦理道德的治理作用，而传统中国的伦理范式也包含和重视宗教的治理作用，但从总体上看，中世纪欧洲和西汉以来传统中国的心灵治理范式仍有显著的不同，前者属于宗教范式，而后者则属于伦理范式。

1. 心灵治理之宗教范式

宗教是以神主崇拜为核心的信仰体系。无论何种宗教，都主张存在着一个与现实世界（即尘世生活、下界或此岸世界）相分离的神主世界（即上界或彼岸世界），而且现实世界从属于神主世界，受神主世界的主宰。

宗教正是通过将现实世界与彼岸世界的分离、将人生活的现实世界降格为彼岸世界的创造物，从而将现实世界中的人及其需求卑微化——这可以从宗教仪式的功能中得到验证，因为几乎任何宗教的任何仪式，都是在显示人在神主面前的卑微。

从公共管理的角度看，宗教将现实世界中的人及其需求卑微化之后，就能够引导人不必执着于其现实需求的满足，因为得不到满足的现实需求将会在彼岸世界中得到满足，这有利于人对需求的自我抑制，进而通过降低需求来防止或减少其需求的溢出；同时又有助于使人在现实世界中接受需求溢出的状态或安于需求溢出的状态，从而避免因现实需求得不到满足而使行为失范。这样，宗教通过创造出一个高于现实世界的彼岸世界，实现了与公共管理目标的殊途同归或不谋而合——解决现实世界中人的需求溢出问题。

2. 心灵治理之伦理范式

伦理道德是基于人的价值观而形成的行为准则。从本质上看，人的价值观实际上是对人的各种需求的价值排序。例如，饿死不食嗟来之食的道德观念，反映的是人对生存需求和尊严需求之间的价值排序；不乱扔垃圾的道德观念，反映的是人对随时抛弃无用之物的自由需求与公众对环境整洁卫生需求之间的价值排序；不插队购物的道德观念，反映的是人对自己的购物需求与先来排队的人的购物需求之间的价值排序。

心灵治理之伦理范式，是指借助伦理道德来实施心灵治理的范式。其作用机制是，公共管理者通过伦理道德观念的塑造和传播，使人对需求的价值排序能够自觉地与公共管理者对需求的价值排序相吻合，从而使人能够自觉地按照公共管理者的价值排序来满足自己的需求。这样，通过伦理范式的心灵治理，公共管理者无须动用物质资源（即无须通过物质治理的途径）就能够使人自觉地按照公共管理者的意愿（即价值观）来管控自己的行为，从而实现社会的管理。

3. 心灵治理之意识形态范式

作为一种观念的集合，意识形态是指一个社会中基于特定的世界观和价值观而形成的政治、法律、经济、文化等方面的各种思想意识的有机整体。正是基于特定的世界观和价值观，信奉某种意识形态的人对各种社会现象的看法都有明确的指向性。可以说，意识形态的精髓在于其各种思想意识背后的世界观和价值观。各种意识形态的根本差异实际上也就是其背后的世界观、价值观的差异。

心灵治理之意识形态范式，是指借助于意识形态来实现心灵治理的范式。其实现机制是指公共管理者通过意识形态的塑造和传播，使人对需求的价值排序能够自觉地与公共管理者对需求的价值排序相吻合，从而使人能够自觉地按照公共管理者的价值排序来满足自己的需求。这样，和伦理范式的心灵治理一样，通过意识形态范式的心灵治理，公共管理者也能够使人自觉地按照公共管理者的意愿（即价值观）来管控自己的行为，从而实现公共管理的目标。

4. 心灵治理之科学理性范式

心灵治理之科学理性范式，是指通过培养人的科学理性思维来实现的心灵治理范式。而培养人的科学理性思维之所以能够成为公共管理的心灵治理途径的一种范式，是因为解决人的需求问题必须遵循科学规律，包括对不同需求之间的价值排序及解决需求问题的方式方法都必须符合自然和社会的客观规律——科学规律，而现实生活中人往往因为对自然和社会的客观规律的认识局限而排错需求的价值顺序或选错解决需求问题的方式方法，从而导致更为严重的需求溢出。例如，为发展经济而牺牲生态环境，因求助巫医神汉治疗疾病而延误治疗，因不了解艾滋病的传播规律而导致对艾滋病人的歧视等等。这样，公共管理者通过普及科学知识能够使人自觉地避免或减少上述因违背自然或社会规律而人为制造的社会问题（需求溢出问题），从而实现公共管理的目标。

从心灵治理的四种典范可知，心灵治理在人类的公共管理实践中并不是一个新鲜事物。从历史上看，中世纪的欧洲和伊斯兰国家把心灵治理的宗教范式用到了极致，古代中国把心灵治理的伦理范式用到了极致，以苏联为核心的社会主义国家把心灵治理的意识形态范式用到了极致，而心灵治理的科学理性范式则伴随着工业革命和启蒙运动的浪潮在数百年间传遍全球。可以说，五四运动中我国知识界所呼唤的赛先生，实际上就是心灵治理的科学理性范式的人格化称谓。

应当指出的是，心灵治理的上述四种典范各有其灵验领域及适用对象，即各有优劣。譬如，在临终关怀及重大灾难后的心灵抚慰方面，心灵治理的宗教范式最为灵验；在协调日常生活中的人际交往方面，心灵治理的伦理范式效用最为显著；在引导人们的政治倾向及政治活动方面，心灵治理的意识形态范式最有针对性；在避免人们因愚昧无知而导致的社会问题方面，心灵治理的科学理性范式则最为有效。就其适应对象而言，心灵治理的科学理性范式对于无神论者效果最明显，而心灵治理的宗教范式对于宗教信众则效果更佳。认识到心灵治理的上述四种范式的局限及其比较优势，公共管理者就能够避其所短、用其所长，充分发挥其在心灵治理方面的独特功效。

四、心灵治理的中国传统

传统中国有着数千年心灵治理的实践，加之中国先哲对心灵治理实践的总结，形成了具有鲜明特色的心灵治理的中国传统，并成为传统中国对世界公共管理学的宝贵贡献。但遗憾的是，传统中国在公共管理实践及理论方面的杰出成就，在当代却一直被以西方经验为背景的正统公共管理学学者所忽视甚至无视。

1. 上古中国的心灵治理范式：以天观念和祖先崇拜为核心内容的准宗教范式

作为我国流传至今最早的一部官方文献汇编，《尚书》是后人了解中国上古时期公共管理的最权威的资料。从《尚书》看，上古中国的心灵治理范式主要是准宗教范式，即主要依靠上古时期官民秉持的类似于宗教的信仰来对管理者及管理对象实施心灵治理。这种类似于宗教的信仰主要包含两部分核心内容，即天观念和敬祖传宗观念。

（1）天观念。

传统中国人的天观念，近似于把天视为一种高高在上、全知全能的自然神来崇拜，也可以说是一种天迷信的观念。它主要包含三方面对天的认识，即天命观、天德观和天人感应观。

首先，天命观——天主下界，定国命人运。即天决定着下至个人上至王朝的气数运道。成语"天命难违"及孔子说的"生死有命，富贵在天"，就是这种天命观的典型表现。《尚书》中反映这种天命观的文字比比皆是，例如《尚书》中记载商末名臣劝谏商纣王的君臣对话——《西伯戡黎》："天既讫我殷命。""王曰：'呜呼！我生不有命在天？'祖伊反曰：'呜呼！乃罪多，参在上，乃能责命于天？'"

其次，天德观——天有德性，惩恶扬善。即天拥有君子一样的德性，喜善厌恶，因此会奖善惩恶，也就是《尚书》中《汤诰》所说的"天道福善祸淫"。《尚书》中多处出现的天锡、天赐皆为上天奖善的代名词，而天罚、天殛则为上天惩恶的代名词。例如，《尚书》中记载夏商之交商汤讨伐夏桀的战前誓词——《汤誓》云："有夏多罪，天命殛之。"

最后，天人感应观——天人相通。即人的所作所为都能上达于天，而天则通过降灾、降命等祸福来回应人的所作所为。例如，《尚书》的《酒诰》这样解释商朝亡国的原因："弗惟德馨香、祀登闻于天，诞惟民怨。庶群自酒，腥闻在上；故天降丧于殷，罔爱于殷：惟逸。天非虐，惟民自速辜。"

天观念既是重大社会变革的合法性基础，又是使当权者有所敬畏的内在力量，同时也是使民众安于现行秩序、保持心理平衡的思维逻辑。总之，作为一种准宗教信仰，天观念是上古中国一种非常有效的心灵治理的工具。

（2）敬祖传宗观念。

上古中国的敬祖传宗观念包含两部分内容：一是敬祖，即祖先崇拜的观念；二是传宗，即传宗接代的观念。

具体而言，上古中国的敬祖观念包含以下四方面对祖宗的认识：

其一，祖宗灵魂不灭。《尚书》中的《金縢》记载了周公因武王病重而向祖先（三王，即太王、王季、文王）祈祷之事，表明当时人们普遍相信祖先虽死但灵魂不灭的观念。

其二，祖宗对后代全能，能定后人生死荣辱。例如，《尚书》中的《金縢》记载了周公为武王的健康而向祖宗祈祷，而"王翼日乃瘳"（武王第二天就病好了）。

其三，祖宗关爱后代。例如，《尚书》中的《西伯戡黎》记载，祖伊在告诫商纣王商朝将亡时说："非先王不相我后人，惟王淫戏用自绝。故天弃我，不有康食。"这表明在当时人们的观念中，祖宗（先王）关爱后代（"相我后人"）乃常理常情。

其四，祖宗须敬。祖宗须敬的观念一方面表现为对祖先的祭祀供养，另一方面表现为对祖训祖制的恪守。对于前一方面，《左传》曰："国之大事，在祀与戎"，其中的"祀"，就包括对祖先的祭祀。对于后一方面，《尚书》中记载夏朝国王太康（大禹之孙）失位教训的《五子之歌》体现的最为典型，因为在太康的五个兄弟分别总结的五条教训中，有四条都将太康失位的教训归结为太康违背祖训祖制。

与敬祖观念密切相连的是上古中国人的传宗观念。一方面，敬祖观念中的祖宗关爱后代的观念即含有传宗的观念——如无后代来传宗接代，祖宗对后代的关爱就会落空；另一方面，祖宗需要祭祀供养的观念也包含传宗的观念——如无后代来传宗接代，对祖宗的祭祀供养就会断绝。正因如此，《五子之歌》（其四）才发出了"荒坠厥绪，覆宗绝祀"的悲叹。

实际上，正是上古中国人敬祖观念和传宗观念的融合，才产生了后来作为中国人核心价值观的孝观念。孟子所说的"不孝有三，无后为大"（《孟子·离娄上》），更凸显了敬祖观念和传宗观念的一体性。

上古中国这种以天观念和敬祖传宗观念为核心的意识形态在心灵治理方面的现实意义主要体现在以下方面：

首先，为王朝更替提供一种合法性的理论，既从心理上瓦解旧王朝的支持力量，又从心理层面上动员和激励新王朝的支持力量。如《尚书》中记载商汤罚夏的《汤誓》、记载周武伐商《牧誓》都是用天命观来为其征伐活动提供合法性依据。

其次，为公共管理的重大决策提供理论支持，从心理上消除人们对该公共决策的反对和阻碍。如《尚书》中的《盘庚》就记载了盘庚王如何利用以天命观和敬祖传宗观念为核心的意识形态来说服反对者支持其迁都的决定。

最后，为重大灾变异象提供逻辑解释，并由此生发出对最高管理者的行为指南。如《尚书》中的《高宗肜日》记载了商朝贤臣祖己用天观念对"越有雊雉"（野鸡落在祭器上鸣叫）这一不详现象的解释，并由此劝谏商王"正厥事"（改正做事）——"典祀无丰于昵"（对父王的祭奠不要太过丰盛）。

2. 西汉以来传统中国的心灵治理范式：以儒家思想为核心的伦理范式

如果说上古中国的心灵治理主要依赖于准宗教范式的话，经过孔孟、董仲舒等儒家先哲的理论总结及春秋战国至西汉之初的实践检验，以儒家思想为核心的伦理范式开始成为此后两千年来传统中国心灵治理的主流范式。

（1）儒家思想的核心价值。

儒家思想的核心价值在于仁和义。作为儒家学派的创始人，孔子梳理和继承上古中国从尧舜禹汤至文武周公的治道传统，开创了以仁为核心价值的儒家伦理思想体系。其后，亚圣孟子又将义的观念注入儒家的思想体系，从而形成了以仁义为核心价值的儒家思想。这种儒家思想自西汉武帝时期被汉家王朝定于一尊以来，成为其后传统中国历朝历代君臣秉持的伦理准则。

（2）儒家核心价值的心灵治理效用机制。

从需求溢出理论的视角来看，以仁义为核心价值的儒家伦理体系之所以能够产生心灵治理的作用，原因在于儒家的伦理体系能够让人自觉地服从甚至服务于社会的公共管理目标——防范或解决个人的需求溢出问题。这种让人心悦诚服、甚至日用而不觉地服从服务于社会公共管理目标的作用机制，也就是儒家核心价值的心灵治理的效用机制。

首先，就仁而言，低标准的仁即不害人——"苟志于仁矣，无恶也。"（《论语·里仁》）是要求一个人不要成为别人需求溢出的因源；高标准的仁即"爱人"（《论语·颜渊》），亦即"夫仁者，己欲立而立人，己欲达而达人"（《论语·雍也》），则是要求一个人要主动地帮助他人防范或解决其需求溢出问题。这样，做到了仁的要求，就等于从自身做起减少或解决了公共管理所要面对的社会问题——个人的需求溢出问题。

其次，对于义而言，义是以仁为导向的对不同需求的价值排序准则，是在需求冲突的情况下实现仁的必由之路，即孟子所谓的"居仁由义"。从需求溢出理论的角度看，义是在需求冲突的情况下对需求的取舍准则，这种准则实际上是人对不同需求的价值排序准则。孟子以鱼与熊掌不可得兼之喻引出的舍生取义思想就暗含了对义的这种诠释：

"生亦我所欲也，义亦我所欲也；二者不可得兼，舍生而取义者也。生亦我所欲，所欲有甚于生者，故不为苟得也；死亦我所恶，所恶有甚于死者，故患有所不辟也。"《孟子·告子上》

这样，一个人只要做到了义的要求，其所作所为就会有助于实现公共管理的目标。而在义的伦理规范的熏陶下，人们会自觉地见利思义、居仁由义、行义以达其道，从而成为公共管理的正能量。

（3）儒家心灵治理的路线图。

实际上，儒家经典《大学》中的八条目，就是传统中国通过心灵治理实现社会治理（公共管理）的路线图：

"古之欲明明德于天下者，先治其国；欲治其国者，先齐其家；欲齐其家者，先修其身；欲修其身者，先正其心；欲正其心者，先诚其意；欲诚其意者，先致其知；致知在格物。物格而后知至；知至而后意诚；意诚而后心正；心正而后身修；身修而后家齐；家齐而后国治；国治而后天下平。"

其中，格物—致知—诚意—正心，正是心灵治理的内在逻辑顺序；而修身—齐家—治国—平天下，则是在心灵治理的基础上对人的外在行为的要求。经由心灵治理实现行为管理，最终达到公共管理的最终目标，这儒家八条目无疑描绘出一幅清晰的心灵治理路线图。

五、当代公共管理学对心灵治理的漠视和无视

无论古今中外，公共管理实践对心灵治理的重视都概莫能外。就中国而言，从上古中国以天观念和敬祖传宗观念为核心的意识形态范式，到西汉以后传统中国以儒家思想为核心的伦理范式，再到近现代及当代中国以某种主义为核心的意识形态范式（包括1949年前以救亡为核心的国家主义意识形态范式和1949年以后以马列主义为核心的意识形态范式），心灵治理在中国的公共管理实践中一直发挥着极为显著的作用。就西方而言，欧洲中世纪以基督教为核心的宗教范式、欧美近现代以自由民主为核心理念的意识形态范式，都是心灵治理在西方公共管理领域发挥作用的主流范式。

与公共管理实践对心灵治理的重视形成鲜明反差的是，肇始于威尔逊政治与行政二分思想的公共行政/公共管理学始终对心灵治理抱有一种漠视和无视的态度。可以说，无论中外，心灵治理在当今的公共管理学界基本处于"上无片瓦下无立锥之地"的境况。这种境况产生的主要根源，一方面是近现代科学发展导致的唯物论当道，另一方面是学科细分导致的学科知识的画地为牢。而当今公共管理学对心灵治理的漠视和无视，反映出当今公共管理学与公共管理实践的显著脱节。

以当前中国为例，公共管理学对心灵治理的漠视和无视主要表现在以下方面：

第一，所有版本的公共管理学/行政学教材对于心灵治理都未有专论，而公共管理学界的学术论文虽对意识形态、宗教、伦理道德有所涉及，但数量少且被边缘化，属于典型的非主流。

第二，公共管理学界的学者对心灵治理的四种典范普遍抱有排斥或蔑视的态度：排斥对意识形态和宗教的研究和运用——认为其分别属于政治学和宗教学的专属领域，甚至认为其与西方公共管理学所倡导的科学理性背道而驰；不屑于对伦理道德的研究和运用——认为其手段太软、效果太缓、技术性太弱，且太过人格化，与注重非人格化和技术化的西方主流公共管理研究旨趣格格不入；无视培养科学理性思维的科普工作在公共管理中的心灵治理作用，想当然地认为其与公共管理之间的关系过于遥远。

第三，当前中国的公共管理学普遍忽视甚至排斥对心灵治理的公共管理实践的研究——这在意识形态范式的心灵治理实践和宗教范式的心灵治理实践方面表现得最为明显。一方面，公共管理学界因主管意识形态的职能部门（宣传部）属于执政党的组织系统，将该领域的实践——意识形态范式的心灵治理实践排除于公共管理学的研究视野之外，因为源于西方的公共管理学（公共行政学）传统是只关注行政系统（政府）而无视执政党；另一方面，尽管宗教管理部门因其属于行政系统而被纳入当前我国公共管理/行政学的研究领域，但该部门的职能导向主要是管控和限制宗教的发展，而非弘扬和促进宗教的发展，因而当前我国公共管理/行政学对宗教管理部门的组织及职能的研究导向并不是如何开展宗教范式的心灵治理，而是如何管控和限制宗教范式的心灵治理——这实际上是一种反心灵治理的导向。

第四，无论是对于公共管理主体内的管理对象（公务人员）还是对于公共管理主体外的管理对象（民众），当前我国的公共管理/行政学都过于注重物质强制和物质激励的治理手段，而忽视非物质的心灵治理手段。其结果，以倚重物质治理手段为学科特色的经济学、法学、管理学等学科的理论在公共管理学中大行其道，而以注重非物质治理手段为特色的伦理学、宗教学等学科成果在公共管理学中却鲜见引入。

第五，公共管理学对心灵治理的伦理范式的研究过于狭隘——只注重对公务人员的伦理研究，而忽视对公务人员之外的管理对象的伦理研究，即只关注行政伦理在公共管理中的效用，而忽视公共伦理或社会伦理对公共管理的效用。

综上所述，公共管理学对心灵治理的漠视和无视表明，公共管理学在心灵治理领域的研究，不仅远远落后于当前公共管理实践对心灵治理的现实需求，而且还远远落后于当前我国公共管理中的心灵治理实践。可以说，在心灵治理方面，公共管理学完全没有担负起为公共管理实践提供理论指导和智力支持的学科使命。

六、结语：破除机械唯物论的符咒，重续传统中国注重心灵治理的传统，开拓公共管理学的新边疆

实际上，重视心灵治理是传统中国数千年公共管理的一贯传统。当孟子在其王霸之辩中力倡王道政治时，其所说的"以德服人者，中心悦而诚服也"（《孟子·公孙丑上》），实际上就是心灵治理的体现。如前所述，《大学》所说的格物、致知、诚意、正心，正是心灵治理的内在逻辑顺序；而修身、齐家、治国、平天下，则是在心灵治理的基础上对人的外在行为的要求。经由心灵治理实现行为管理，最终达到明明德、亲民、止于至善的和谐社会之境，反映出传统中国公共管理学（学界惯常称其为政治哲学）完整清晰的治理逻辑。

传统中国的公共管理对心灵治理的重视，至程朱理学的兴起而发展到一个新的高峰。朱熹弟子蔡沈在其《书集传》序言中有言：

"二帝三王之治本于道，二帝三王之道本于心。得其心，则道与治固可得而言矣。何者？精一执中，尧舜禹相授之心法也。建中建极，商汤、周武相传之心法也。曰德曰仁，曰敬曰诚，言言虽殊而理则一，无非所以明此心之妙也。至于言天，则严此心之所自出；言民，则谨其心之所由施。礼乐教化，心之发也；典章文物，心之著也；家齐国治而天下平，心之推也。心之德，其盛矣乎！二帝三王，存此心者也；夏桀、商纣，忘此心者也；太甲、成王，困而存此心者也。存则治，亡则乱。治乱之分，顾此心存不存如何耳。后世人主有志于二帝三王之治，不可不求其道；有志于二帝三王之道，不可不求其心。求心之要，舍是书何以哉？"[①]

如果说程朱理学及其传人对心灵治理的重视还仅仅是传统中国知识分子的理论构建的话，后世帝王对程朱理学的推崇则确切无疑地展现出传统中国公共管理实践对心灵治理的重视。被誉为千古一帝的康熙甚至将心灵治理之

---

① 蔡沉. 书集传 [M]. 南京：凤凰出版社，2010：1

"心法"提到了"治道之升降分焉,天命之去留系焉"的高度:

"治天下之法,见于虞夏商周之书——盖有心法以为治法之本焉,所谓敬也、诚也、中也——心法之存亡,治道之升降分焉,天命之去留系焉。"①

不幸的是,随着近代清廷崩溃及西学东渐,传统中国以儒家伦理范式为主的心灵治理传统竟至断绝。中华人民共和国成立以来,马克思的唯物主义哲学、生产力决定生产关系、经济基础决定上层建筑的理论完全掌控了中国公共管理者及公共管理学人的思维,加之改革开放以来政府和公共管理学界对市场、法治及经济发展的追捧,使中国的公共管理学仿佛中了机械唯物论的符咒:一方面片面强调社会问题背后的物质性成因,习惯性地从经济视角审视公共管理所面对的公共问题;另一方面过于迷恋物质性的治理方式,包括强制性的硬手段和软性的经济手段,自觉或不自觉地夸大硬手段和经济手段在解决公共问题方面的作用以及法治和经济发展对社会发展的推动作用。正是在这种机械唯物论符咒的影响下,心灵治理成为当前我国公共管理学疆域之外的荒原。

最近 10 多年来,机械唯物论主导的中国公共管理实践及公共管理学理论已呈现出种种系统性恶果。资源的过度消耗、生态环境的急剧恶化、腐败、群体性事件及个人恐怖主义事件频发,都表明机械唯物论主导的中国公共管理实践及公共管理学理论存在着致命的结构性缺陷。由此,破除机械唯物论的符咒,重续传统中国注重心灵治理的传统,以心灵治理弥补物质性治理的缺陷,无疑是中国公共管理学引领公共管理实践走出当前治理困局的一条出路。

----------参考文献----------

[1] 蔡沉. 书集传 [M]. 南京:凤凰出版社,2010
[2] [清] 朱彝尊. 经义考新校 [M]. 林庆彰,等,上海:上海古籍出版社,2010

----------代表作品----------

[1] 刘太刚. 公共管理学重述:需求溢出理论的逻辑思路及基本观点 [J]. 中国行

---

① [清] 朱彝尊. 经义考新校 [M]. 林庆彰,等,上海:上海古籍出版社,2010.

政管理，2012（8）

[2] 刘太刚．公共物品理论的反思——兼论需求溢出理论下的民生政策思路［J］．中国行政管理，2011（9）

[3] 刘太刚．公共利益法治论——基于需求溢出理论的分析［J］．法学家，2011（6）

[4] 刘太刚．需求溢出理论与公共管理学基础理论的构建［J］．北京行政学院学报，2012（3）

[5] 刘太刚．公共管理之器、术、道——需求溢出理论的公共管理资源论及公共管理学知识体系论［J］．江苏行政学院学报，2013（6）

[6] 刘太刚．为公共管理立心：公共性、需求正义及传宗人理性——需求溢出理论的公共管理价值基准论［J］．江苏行政学院学报，2014（5）

[7] 刘太刚．心灵治理：公共管理学的新边疆——基于需求溢出理论和传统中国心灵治理范式的分析［J］．中国行政管理，2016（10）

[8] 刘太刚．对公共事务概念的主流观点的商榷——兼论需求溢出理论的双层公共事务观［J］．政治学研究，2016（1）

[9] 刘太刚．人类组织化生存：动因、图景与未来——需求溢出理论的广义社会组织论［J］．求索，2017（1）

[10] 刘太刚．公共管理视角下的财政本质与财政公共性——需求溢出理论的公权保障论［J］．中国行政管理，2018（4）

理解、解释和推进政府创新

马 亮

摘 要：变革和创新是政府绩效提升的关键途径，而如何促进政府创新就成为至关重要的一项课题。在公共政策、公共管理、公共服务、电子政务等领域，创新的生成与扩散是一个普遍现象，对其加以刻画和解释，是该领域的重要研究方向。政府创新是改革开放不变的旋律，但是在新时期也面临许多值得关注的问题与挑战。近些年来，学者们针对中国政府创新的生成与扩散进行了大量研究，有必要对其总结和评估。本文结合中国政府创新的研究进展，总结了当前研究的主要发现，并提炼了创新生成与政策扩散的主要机制。在此基础上，提出了推进政府创新的政策建议，以及进一步深化理论研究的方向。

关键词：政府创新；政策扩散；府际关系；组织学习；政策实验

一、引言

2018年是中国改革开放40周年，这为我们审视公共管理的变革与创新提供了一个难得的历史契机。1978年迄今的改革开放，使中国经济、政治与社会发生了翻天覆地的巨变。在改革开放的过程中，各级政府部门既是变革与创新的推动者，也是被推动者。在许多领域的重大体制改革和机制创新，都离不开政治精英和政府部门的首创和果敢。与此同时，经济改革和社会发展对公共管理提出了新的要求，反过来也在倒逼政府部门的变革和创新。因此，改革开放的过程在很大程度上同政府创新的动态变化密不可分。

变革和创新是政府绩效提升的关键途径，而如何促进政府创新就成为至关重要的一项课题。党的十九大报告提出要全面增强八大执政本领，其中特别提到要增强改革创新本领："增强改革创新本领，保持锐意进取的精神风貌，善于结合实际创造性推动工作，善于运用互联网技术和信息化手段开展工作。"这是因为,"中国特色社会主义进入新时代,我国社会主要矛盾已经转化为人民日益增长的美好生活需要和不平衡不充分的发展之间的矛盾。"在这种情况下,只有改革创新才能满足人民日益增长的期望。与此同时,随着改革开放的逐步推进和深化,许多领域的改革都进入了"深水区",需要全面深化改革。"深水区"的改革创新难度更大、要求更高,也意味着要全面增强改革创新本领。

在公共政策、公共管理和公共服务领域,创新的生成与扩散是一个普遍现象,对其加以刻画和解释,是该领域的重要研究方向。近些年来,学者们针对中国政府创新的生成与扩散进行了大量研究,有必要对其总结和评估。本文结合中国政府创新研究,总结了当前研究的主要发现,并提炼了创新生成与政策扩散的主要机制。在此基础上,提出了推进政府创新的政策建议,以及进一步深化理论研究的方向。

二、政府创新的挑战与问题

(一) 政府创新的动力不足

从创新的实质而言,创新本身往往同风险和失败并存。创新、创业的失败风险较高,往往是九死一生。因此,创新天然是动力不足的,需要通过一定的制度安排和环境设计而加以激励和保障。

官僚制本身具有路径依赖与官僚惰性,这会让改革难以推进。官僚制的本性在于按部就班,要想让公务员走出"安乐窝"的难度很大。当前改革创新的动力不足,集中表现为官员激励在从"邀功"转向"避责"(倪星、王锐,2017)。此外,高度问责和不能容忍错误的组织文化也会抑制创新,因为对错误和失败"一棍子打死"的风气令潜在创新者不敢轻举妄动。所以,我们会看到许多"太平官",他们认为"只要不出事,宁愿不干事"。

从政府创新的发展情况来看,近些年来政府创新的热度有降低的风险。以北京大学等机构自 2001 年发起的"中国地方政府创新奖"为例,其申报项目数量在近几年逐年递减。该奖项每隔两年评选一次,2001~2009 年分别有 325 个、245 个、283 个、337 个和 358 个项目申报,但是从 2011 年以来,申报项目数量则下降为 213 个、132 个和 119 个。2015 年,该奖项更名为"中国政府创新最佳实践",此后未按计划征集。导致政府创新动力不足的原因是多方面的，既有改革进入"深水区"而风险陡增有关，也同包容创新的氛围不够有关。①

与此同时，基于"中国地方政府创新奖"申报数量的地理分布，我们看到中国各地的政府创新差异较大。在沿海地区和西部一些省份（如四川省和重庆市），政府创新的热情高涨。而在另一些地区，政府创新则乏善可陈（Chen & Göbel, 2016）。具体到不同行政层级、政策领域和职能部门，政府创新的积极性也差别较大。为什么各地区、各部门的创新如此不同？显然，这同政府创新的动力差别有很大关系。

特别是党的十八大以来的反腐风暴，令许多政府官员抱持着"不求有功但求无过"的消极心态，不作为的倾向较强。与此同时，政府创新也从自发自主走向授权试验，观望等待的情绪较浓（郁建兴、黄飚，2017）。这同中央政府提出的顶层设计有一定关系，即地方政府对顶层设计有一定的误解，认为地方自治创新可能受到挤压。

（二）政府创新的能力有待提升

在政府创新方面，我们既看到一些部门缺乏创新的动力，也发现了改革创新的"空心化"。比如，一些所谓的假创新、伪创新、政策空转、跟风模仿甚嚣尘上，它们往往打着创新的旗号，但却只不过是新瓶装旧酒，甚至有违创新的初衷。

与此同时，改革创新的主体缺位，过去的改革猛将与创新明星越来越少。值得注意的是，政府创新同政策企业家的推动不无关系，因为有调查显示近六成的政府创新都是由"某位有见识的领导率先提出"（陈雪莲、杨雪冬，2009）。如果我们的政策环境不能容忍这些带有一点特立独行色彩的政策企业家，那么就很难指望政府创新可以遍地开花。

（三）政府创新的环境

政府创新所处的环境也在变化，这同国际环境、政治氛围、社会舆论和经济发展都有很大关系。改革创新的环境更趋复杂，特别是社交媒体戾气与政民互信缺失在影响政府创新。与过去官方媒体垄断的舆论环境不同，社交

---

① 吴天适．"地方政府创新奖"十六年　回望"地方创新"如何持续［N］. 南方周末，2016 - 11 - 7．

媒体使信息更畅通、互动更多元，也对政府创新的社会氛围产生了影响。一些带有新意但尚未取得共识的创新，在这种舆论环境下往往很难生存，可能很快就因为网民的"口水战"而不得不过早收场。这使一些政府部门"只做不说"，避免创新在一开始不受民众的理解而夭折。

政府绩效考核和行政问责方面的变化，也在影响政府创新的动力。过去政府绩效考核推动政绩竞赛，而现在则是但求无过。以 GDP 为核心的政绩考核尽管有其弊端，但在激发增长热情方面却毋庸置疑是成功的。各地政府想方设法地谋求经济增长，而这会激发他们去创新和变革，借此改善投资环境并提升政府绩效。随着各地对环境保护等领域的绩效考核日趋重视，过去以经济增长为核心绩效指标的考核在发生微妙的变化，并直接或间接地影响着政府官员的创新动力。

三、政府创新的相关理论

政策创新、管理创新、服务创新等都是政府创新的表现形式，但是对政府创新的研究却分散在公共管理、公共政策和电子政务三个领域，彼此之间的交集并不多。比如，三个领域对创新的类型、创新的阶段和影响因素都有不同的侧重，彼此之间的对话也很少，这使我们对政府创新的理解往往是碎片化的（de Vries，Tummers & Bekkers，2018）。本节对政府创新的内涵、政府创新的影响因素、政策扩散理论等进行综述，为下面综述相关研究文献提供理论基础。

（一）理解政府创新

从概念上来看，创新（innovation）与改革（reform）、发明（invention）、再造（reinvention）有一些微妙的差别（马亮，2015）。改革意味着改变＋革新，即要破旧立新，这使其所诱发的利益冲突程度较强。创新是相对于其采用者而言的某种新东西，如新的概念、事物、技术、政策或实践（Rogers，2003）。经济学者熊彼特曾指出，创新意味着"实现了新的组合"，是一种"创造性毁灭"，因为新产品会取代旧产品，而行业新进入者会威胁在位者。但是，创新不同于发明，发明指创造一种此前未曾有过的全新事物，而创新的"新"是相对于其采用者而言的，并非对所有人都是全新的。值得注意的是，创新在其扩散过程中会被使用者调整或改变，这往往是为了适应采用者的需求或对创新本身的缺陷进行修正。

就政府创新而言，它指政府部门出台新政策、推行新服务、引入新技术等，其所指的内容非常宽泛。那么，如何评价政府创新？政府创新奖的衡量标准为我们提供了参考。美国政府创新奖的标准包括四个方向：新颖（novelty）、重要（significance）、有效性（effectiveness）、可复制性（transferability）。中国地方政府创新奖的评价标准包括六个方面：创新、参与、效益、重要、节约、推广。总结而言，政府创新需要满足如下标准：（1）重要性：是否解决的是重要问题；（2）新颖性：提出新问题、开发新方案；（3）有效性：是否解决了问题并提高了成效；（4）可复制性：是否可以移植和推广；（5）可持续性：避免人亡政息、朝令夕改。

（二）政府创新的影响因素

政府创新会受到许多因素的影响，而识别这些因素并加以干预，就为促进政府创新提供了可能。对政府创新的研究大量借鉴组织理论，特别是企业创新的研究文献（Crossan & Apaydin，2010）。这方面的研究主要关注组织内部的结构、管理和流程对创新的作用。比如，组织的规模、结构、技术、任务属性、领导风格、组织文化等因素。当然，这些研究也不会忽视外部环境的影响，只不过环境因素往往被视为内部因素影响创新的调节变量。与此同时，组织创新研究还会从个体、事业部和组织等层面去探究其影响因素，因为创新既可以是自上而下地推动，也可以是自上而下地涌现。

相似地，对政府创新的研究主要从组织内外两个方面加以研究（Walker，2014）。从内部来看，这些研究关注的变量同企业创新研究相似，主要涉及组织领导、结构、流程和文化。从外部来看，则会更复杂，因为政府的利益相关者会更多，特别是来自政治机构的影响最为明显。此外，也有一些研究探讨政府官员或公务员个体层面的创造力，以及领导特征和风格对政府创新的影响。总体来说，这些研究都是从微观个体或中观组织的角度予以研究，从宏观环境或系统的层面进行研究的较少。

（三）政策扩散理论

政策扩散的研究最早发轫于杰克·沃克（Jack Walker）在1969年关于美国州政策扩散的一篇论文，此后一发不可收拾，相关研究迅速拓展到比较政治、国际关系和公共管理等领域。扩散意味着"一项对于采用它的州来说是新的计划或政策，而不管这项计划有多久远或有多少州已经采用它"。

扩散研究关注"新计划采用的相对速度和空间格局，而不是其发明或创造。"（Walker，1969）

与政策扩散相近的概念包括政策转移（policy transfer）、政策趋同（policy convergence）、政策学习（policy learning）、经验习得（lesson drawing）等。这些研究都在关注为什么政府会采纳相似的政策，以及这些政策创新传播的过程和机制。尽管有一些研究是进行案例剖析，但更多的研究采用事件史分析，追踪政策扩散的影响因素及其作用机制。在这方面，Berry-Berry 的内外结合模型是政策创新研究的主要模型。该理论认为，政策扩散受到内外两个方面的因素影响，其中内部影响因素包括动机、资源和障碍，而外部影响因素则包括上级推动、竞争和学习（Berry & Berry，2017）。

与组织创新的"内向"视角不同，政策扩散研究更注重"外向"视角。这是因为，政府在生成和采纳一项新政策时，不仅出于自身的利益考量，而且会受到外部利益相关者的影响。特别是纵向和横向的府际关系，对政策扩散有至关重要的作用（马亮，2011）。从新制度主义来看，政策扩散主要借鉴的是制度同形化（isomorphism）的研究，即考虑如下扩散机制：强制性（coercive），即资源依赖会使政府"投其所好"地出现；模仿性（mimetic），即政府会有从众和追星的倾向，往往会效仿创新明星；规范性（normative），即学术和专家的观念引领；认知性（cognitive），即认同与归属。

四、政府创新的研究进展

有关创新的研究汗牛充栋，目前很难再有一本像罗杰斯这样集大成的综述性著作（Rogers，2003）。不过，就中国政府创新的研究而言，仍然可以勾勒其基本发展脉络。本节旨在对中国政府创新的研究状况进行简要总结，特别是从笔者触及的研究视角加以概括，以期凝练该领域的研究进展及未来方向。

（一）基于中国地方政府创新奖的研究

尽管政府创新遍地开花，但是要想爬梳和探究政府创新的特征，仍然要费一番工夫。这是因为，对于如何定义和判定政府创新仍然存有争议，更何况对当事人进行深入访谈。所幸"中国地方政府创新奖"所积累的案例库，为我们研究政府创新提供了绝佳的素材。虽然该奖项目前已不再延续，但是其所积累的案例库却仍然有进一步挖掘的价值。与此同时，一些非营利组织和地方政府部门也在各自领域和地区开展政府创新奖的评选，为开展类似研究提供了案例。

针对该案例库，已有大量论文和著作出版，但往往是个案分析，缺少多案例的比较研究。笔者同合作者对这个案例库进行了长期的追踪，并先后发表多篇论文，试图勾勒政府创新的特征（吴建南、马亮、杨宇谦，2007；吴建南等，2011；吴建南、黄艳茹、马亮，2015；Wu、Ma、Yang，2013）。

在这些研究中，我们获得申报和获奖项目的申报材料、实地考察报告和媒体报道等二手数据，然后按照统一的编码簿进行编码和统计分析，并据此勾勒政府创新的特征。在这些研究中，我们特别感兴趣的是政府创新的类型和特征，以及其地理、层级和部门的分布情况。这些研究有别于案例研究，而是希望通过有代表性和典型性的众多案例来参透政府创新的整体态势。

需要说明的是，这种研究的不足也是不言自明的。因为申报和获奖项目都可以说是成功的政府创新，这会导致选择性偏误，特别是"生存偏误"，即我们只看到了成功的政府创新，而那些昙花一现或半路夭折的政府创新则并未进入我们的研究视野。与此同时，文本资料可能未必真实反映政府创新背后的故事，而这些需要同当事人进行深度访谈后才能获知。

值得注意的是，除了就案例论案例以外，另一种研究方式是将政府创新奖的申报和获奖项目用于衡量政府创新性，并对其加以解释。这是笔者利用美国政府创新奖所开展的研究，目前已完成州政府创新性的衡量和解释（Ma，2017a），正在开展城市政府创新性的类似研究。这类似于通过专利数量和质量来衡量企业研发和创新一样，通过政府创新奖的申报量和获奖量，可以较为客观和可比地衡量政府创新性，从而为研究其影响因素提供了实证基础。

（二）政策扩散研究

中国庞大的体量、复杂的结构、千差万别的各地情况和身处转轨期等这些特征，使政策实验和扩散无时无刻不在发生，并为我们理解和解释政策扩散提供了大量研究素材。各级、各地和各部门，都会首创一些新政策，也会学习、采用和调整其他地方的政策，而理解其背后的驱动力和作用机制就显得至关重要。但是，过去的研究都只是局限于各个政策领域的探讨，缺乏从政策扩散理论出发进行实证分析。

笔者在国内较早介绍政策扩散理论（马亮，2011），并针对电子政务（马亮，2012b）、政务微博（马亮，2012a，2013，2018c；Ma，2013；2014）、社交媒体（马亮，2014b）、城市公共自行车计划（马亮，2015a）、移动政务（郑跃平、马亮、孙宗锋，2018）等公共服务创新在不同地区之间的扩散进行实证研究。这些研究引入事件史分析法，并结合中国实际构造变量，对政府创新的扩散进行解释。这些研究所使用的变量和方法，也得到了后来许多相关研究的应用。

与此同时，对政策扩散的研究也越来越多，并在许多方面深化了我们对政策扩散的理解。例如，对府际学习（林雪霏，2015）、扩散机制（刘伟，2012）、政策属性（朱亚鹏、丁淑娟，2016）、政策企业家（张克，2015）、多级府际关系（朱旭峰、赵慧，2016）、政策变异（周志忍、李倩，2014）等的研究，都提出了有别于其他国家的理论和概念，为我们理解中国场域下的政策扩散提供了经验依据。

值得注意的是，尽管政策扩散的研究越来越多，但是如何形成对话和共识，并通过多案例研究去揭示政策扩散的不同路径和机制，是未来值得关注的重要方向。目前多数研究都只涉及一个政策或一个领域，缺少针对多个政策和领域的比较研究。如果可以对多项政策进行比较，识别不同领域的政策特征（如利益冲突、政绩诉求、路径清晰等），那么可以研究每种扩散机制的作用强度和方向，有利于说明理论解释的适用范围。

与此同时，今年是改革开放40周年，但是大量的政策扩散案例都是最近20年的。如果政策扩散是有阶段性特征的话，比如改革开放伊始的"摸着石头过河"，现在的"顶层设计"，抑或是其他方面的特征，那么就有必要提炼一个分阶段理论，刻画政策扩散的阶段特征。此外，目前对政策扩散的讨论，得出的结论在政策建议方面还比较薄弱。许多可以解释政策扩散的变量，重在刻画和解释政策扩散本身，却很难在现实中加以干预，一定程度上影响了研究的现实关乎和政策意涵。

（三）信息技术与电子政务研究

过去30年的政府创新，有许多都是同信息技术的引入不无关系的。无论是网站、社交媒体还是大数据技术，都在为政府创新提供无限可能的技术机会（马亮，2012c）。因此，电子政务和数字治理是研究政府创新所绕不开的一个重点领域，尽管它同政策创新的差别较大。比如，政策创新往往需要通过正式的法律法规或规范性文件而颁布，而电子政务则主要是技术应用。与一般的政策创新相比，信息技术的更新换代很快，其扩散路径和影响因素也不尽相同。

针对电子政务，笔者除了从政策扩散角度对政府网站、政务微博等进行研究以外，着重研究了大数据技术（马亮，2016a；2017a）、智慧城市（马亮，2017c）、移动政务（马亮，2018b）等的引入对政府创新的意义，以及其背后的驱动因素。这些研究将电子政务视为政府创新的一个具体场域，并对已有的理论框架进行检验和丰富。与此同时，笔者还针对共享出行等共享经济的监管创新进行研究，修正政策扩散、政策变异等理论模型，并利用中国城市的监管政策数据进行实证解释（马亮、李延伟，2018）。

当前对电子政务的研究主要集中在评价和使用方面，即评价电子政务的发展阶段或成熟度，并研究用户为什么和如何使用电子政务。相对来说，对电子政务的采用和实施过程还缺乏深入研究，特别是在电子政务引入后其对组织流程和公务员行为的影响（谭海波、孟庆国、张楠，2015）。比如，微博、微信等信息技术的引入，如何改变了组织内部决策和执行的过程，又对公务员的态度和行为产生了什么影响？这些方面的研究值得未来加以探讨，以期让我们理解电子政务的"黑箱"。

五、推进政府创新的政策建议

当前政府创新所面临的挑战，既有创新本身固有的难题，也有新时期政治、经济和社会环境所造成的新问题。前面的理论回顾和研究综述使我们得以理解和解释政府创新，而这些研究发现为推进政府创新提供了政策启示。因此，要想推动政府创新，需要在以下方面有所行动。

1. 动力问题：容错纠错与激励兼容

增强创新动力的解决之道在于建立容错纠错的激励兼容机制，即要鼓励"犯错"，容许失败。习近平提出"三个区分开来"，指出"要把干部在推进改革中因缺乏经验、先行先试出现的失误和错误，同明知故犯的违纪违法行为区分开来；把上级尚无明确限制的探索性试验中的失误和错误，同上级明令禁止后依然我行我素的违纪违法行为区分开来；把为推动发展的无意过失，同为谋取私利的违纪违法行为区分开来。"比如，深圳等地建立创新免责清单，对于主观上是为了创新而客观上发生失败的情况予以免责。与此同时，把改革创新纳入政绩考评和干部任用，如杭州市"重大改革创新事项加分项"、北京市"我为改革献一策"等都是典型做法。此外，要营造容错文化，领导以身作则、率先垂范，推动人们敢于和愿意试错。因此，对于实施容错纠错机制而言，至关重要的是说到做到，而不只是停留在纸面上。

2. 主体问题："异地交流、挂职锻炼与培训

在提升公务员的改革创新能力方面，可以考虑以下两个方面。首先，加强异地交流与挂职锻炼，因为政策往往跟着官员走。比如，官员本地升迁的话，创新会在本地更高层级推广；官员异地调任的话，会将本地政策引入异地。其次，要授权赋能：让公务员动起来！要为公务员提供考察、学习和培训的机会，使其开阔眼界、发现创意、提升能力。要为公务员创造一块"试验田"和"自留地"，使其可以试点、修正和推广创新。改革创新需要的"创意"来自许多方面，要加强跨界学习与相互交流（Ma，2017b）。

3. 体制问题：加强循证决策和政策实验

新政策的创意越来越多地来自科学研究，新政策能否奏效也需要基于证据的评估。这使循证决策日益普及，并越来越广泛地应用于政策创新。在促进政府创新的体制方面，要注意到日益兴起的政策实验室。目前全球迄今已有上百个政策实验室，其中大约有 65 个在欧盟成员方。这些政策实验室是专门用于创意的孵化和试验的，为政府创新提供了温床和平台。随着助推、行为科学与循证政策的崛起，以英国行为洞见团队为代表的政策实验室，为政府创新提供了体制保障（马亮，2016b）。这意味着政府创新有了更强的证据基础，既有利于更加科学有效地推进创新，也有助于获得民众的支持。

4. 工具问题："互联网＋政务服务"、大数据

政府创新有许多类型，既有管理创新和服务创新，也有技术创新或流程创新。创新需要技术机遇，而政府创新在应用信息技术方面有很大的空间。随着"互联网＋政务服务"的提出，越来越多的政府创新呈现为"互联网＋政府创新"的态势（马亮，2018d）。比如，国务院提出"一号一窗一网"办理业务，让数据多"跑腿"、让群众少跑腿。浙江等地提出"最多跑一次"，江苏推动不见面审批，湖北倡导网上办、马上办，而广东则发展移动政务。这些方面的可喜进展，都在表明信息技术在日趋成为政府创新的主要工具和手段。如何善用社交媒体、大数据、云计算、物联网、区块链等新兴信息技术，将是考验政府创新能力的重要维度之一。

5. 平台问题：透明公开与数据开放

在推动政府创新方面，除了政府亲力而为以外，更为重要的是政府同其他利益相关者协力创新。在这方面，公开透明可以促进改革创新，因为"阳光是最好的防腐剂"，不仅有利于抑制腐败，而且为创新提供了广阔的空间（马亮，2014a）。值得注意的是，开放数据是更高一级的信息公开，意味着政府公开的数据是可机读、可自由下载、可匹配、可叠加的，从而为进一步的开发和利用提供了契机。为此，要促进部门间信息共享，并通过数据开放推动商业创新。试想，如果政府部门开放公交车和停车场数据，那么会有什么结果？显然，许多企业会看到商机，而基于此开发的商业应用则会提升公共交通质量。

6. 环境问题：公众参与和众筹众创

政府创新至关重要的是问计于民，因为"群众的眼睛是雪亮的"，政策问题的答案往往在民间（马亮，2017b）。比如，公众诉求和抱怨看似是负面的政府评价，但却提供了政府创新的线索。在这方面，"12345"市民服务热线等既是公共服务反馈的主要渠道，也是政府创新的创意之源。三个臭皮匠赛过诸葛亮，公众建言常常能够提供创新想法（马亮，2018a）。

目前，共同生产（coproduction）、共同创造（cocreation）等概念越来越流行，旨在推动政府与公众合力创新并提供公共服务。比如，政府部门如何发现路面不平或坑洞？过去依靠巡查员定期检查，但是费时费力。最近，美国一个城市开发了 Street Bump 的手机应用程序，使用手机的加速器和 GPS 这两个感应器，用于探测路面不平或坑洞。驾驶员如果在同一地点有三个或以上的震动发生，政府部门就会勘察路况并进行快速维修，或者记录位置并用于长期维修计划。① 诸如此类的公众参与，特别是"痛客"与开放数据大赛等活动，对于政府创新而言值得尝试和推广。

7. 机制问题：跨部门合作（非营利组织和企业）

改革需要整体政府，创新需要跨界合作，为此需要推动跨部门合作创新。目前许多政策问题都同政府部门之间推诿扯皮和踢皮球有关，也同部门之间信息不畅和数据不共享不无关系。因此，需要推动政府部门之间合作，加强辖区政府之间合作，探索政府与社会资本合作（PPP）、政府与非营利组织（NGO）合作。

"互联网＋政务服务"的许多应用场景都是以跨部门信息共享为前提的，因为只有整体政府的设计理念才能满足民众对公共服务的更广需求和期

---

① 参见：http：www.streetbump.org/about。

望。与此同时，当越来越多的互联网企业崛起为各个行业或领域的"独角兽"时，政府部门需要同其合作才能实现公共服务的革命性创新。比如，微信和支付宝等推出的"互联网+城市服务"，就是一套跨部门合作的系统设计。政府部门通过这些第三方平台提供在线政务和移动服务，解决了过去碎片化政府的治理难题（马亮，2018b）。

六、结论

随着改革开放进入下一个40年，全面深化改革所面临的任务和挑战可谓道阻且艰。如何使改革开放更进一步，在很大程度上取决于各级政府部门的创新意愿和能力。本文梳理了政府创新面临的挑战与问题，综述了政府创新的相关理论与研究进展，并提出了推进政府创新的政策建议。对于政府创新而言，需要加强创新管理，从多个方面激发动力、提升能力、创造机会并营造环境（陈永杰、曹伟，2016）。与此同时，我们对政府创新的理解和解释也需要进一步加强，通过更多的实证研究去探知政府创新的动力、过程和影响，并使政府创新得到更大更好的发展。

参考文献

[1] 陈雪莲，杨雪冬．地方政府创新的驱动模式——地方政府干部视角的考察 [J]．公共管理学报，2009，6（3）：1-11

[2] 陈永杰，曹伟．从政府创新到政府创新管理：一个分析框架 [J]．中国行政管理，2016（2）：40-44

林雪霏．政府间组织学习与政策再生产：政策扩散的微观机制——以"城市网格化管理"政策为例 [J]．公共管理学报，2015（1）：11-23

[3] 刘伟．国际公共政策的扩散机制与路径研究 [J]．世界经济与政治，2012（4）：40-58

[4] 倪星，王锐．从邀功到避责：基层政府官员行为变化研究 [J]．政治学研究，2017（2）：42-51

[5] 谭海波，孟庆国，张楠．信息技术应用中的政府运作机制研究——以J市政府网上行政服务系统建设为例 [J]．社会学研究，2015（6）：73-98

[6] 吴建南，黄艳茹，马亮．政府创新的稳定性研究——基于两届中国地方政府创新案例的比较 [J]．软科学，2015，29（5）：22-26

[7] 吴建南，马亮，苏婷，等. 政府创新的类型与特征——基于"中国地方政府创新奖"获奖项目的多案例研究 [J]. 公共管理学报，2011, 8 (1)：94 - 103

[8] 吴建南，马亮，杨宇谦. 中国地方政府创新的动因、特征与绩效——基于"中国地方政府创新奖"的多案例文本分析 [J]. 管理世界，2007 (8)：43 - 51

[9] 郁建兴，黄飚. 当代中国地方政府创新的新进展——兼论纵向政府间关系的重构 [J]. 政治学研究，2017 (5)：88 - 103

[10] 张克. 地方主官异地交流与政策扩散：以"多规合一"改革为例 [J]. 公共行政评论，2015, 8 (3)：79 - 102

[11] 郑跃平，马亮，孙宗锋. 移动政务的发展和扩散——基于空间视角的解释与分析 [J]. 公共管理学报，2018 (2)

[12] 周志忍，李倩. 政策扩散中的变异及其发生机理研究——基于北京市东城区和 S 市 J 区网格化管理的比较 [J]. 上海行政学院学报，2014, 15 (3)：36 - 46

[13] 朱旭峰，赵慧. 政府间关系视角下的社会政策扩散——以城市低保制度为例 (1993～1999) [J]. 中国社会科学，2016 (8)：95 - 116

[14] 朱亚鹏，丁淑娟. 政策属性与中国社会政策创新的扩散研究 [J]. 社会学研究，2016 (5)：88 - 113.

[15] Berry FS, Berry WD. Innovations and Diffusion Models in Policy Research [J]. Theories of the Policy Process. UK. Oxford：Routledge，2017

[16] Chen X, Göbel C. Regulations against revolution：mapping policy innovations in China [J]. Journal of Chinese Governance，2016, 1 (1)：78 - 98

[17] Crossan MM, Apaydin M. A Multi - Dimensional Framework of Organizational Innovation：A Systematic Review of the Literature [J]. Journal of Management Studies，2010, 47 (6)：1154 - 1191

[18] de Vries H, Tummers L, Bekkers V. The Diffusion and Adoption of Public Sector Innovations：A Meta - Synthesis of the Literature [J]. Perspectives on Public Management and Governance，2018, 1 (3)：159 - 176

[19] Ma L. Diffusion and Assimilation of Government Microblogging：Evidence from Chinese Cities [J]. Public Management Review，2014, 16 (2)：274 - 295

[20] Ma L. Political Ideology, Social Capital, and Government Innovativeness：Evidence from the US States [J]. Public Management Review，2017, 19 (2)：114 - 133

[21] Ma L. Site Visits, Policy Learning, and the Diffusion of Policy Innovation：Evidence from Public Bicycle Programs in China [J]. Journal of Chinese Political Science，2017, 22 (4)：581 - 599

[22] Ma L. The Diffusion of Government Microblogging：Evidence from Chinese Municipal Police Bureaus [J]. Public Management Review，2013, 15 (2)：288 - 309

[23] Rogers EM. Diffusion of Innovations [M]. New York: Free Press, 2003

[24] Walker JL. The Diffusion of Innovations among the American States [J]. The American Political Science Review, 1969, 63 (3): 880-899

[25] Walker RM. Internal and External Antecedents of Process Innovation: A review and extension [J]. Public Management Review, 2014, 16 (1): 21-44

[26] Wu J, Ma L, Yang Y. Innovation in the Chinese Public Sector: Typology and Distribution [J]. Public Administration, 2013, 91 (2): 347-365

---------------------------代表作品---------------------------

[1] 马亮,李延伟. 政府如何监管共享经济:中国城市网约车政策的实证研究 [J]. 电子政务,2018 (4)

[2] 马亮. 大数据治理:地方政府准备好了吗? [J]. 电子政务,2017 (1):77-86

[3] 马亮. 府际关系与政府创新扩散:一个文献综述 [J]. 甘肃行政学院学报,2011 (6):33-41

[4] 马亮. 公安微博的扩散研究:中国地级市的实证研究 [J]. 甘肃行政学院学报,2012 (6):4-14

[5] 马亮. 公共部门大数据应用的动机、能力与绩效:理论述评与研究展望 [J]. 电子政务,2016 (4):62-74

[6] 马亮. 公共服务创新的扩散:中国城市公共自行车计划的实证分析 [J]. 公共行政评论,2015,8 (3):51-78

[7] 马亮. 公众参与的政府绩效评估是否奏效:基于中国部分城市的多层分析 [J]. 经济社会体制比较,2018 (3)

[8] 马亮. 行为科学与循证治理:治国理政的创新之道 [J]. 经济社会体制比较,2016 (6):9-13

[9] 马亮. 信息公开、行政问责与政府廉洁:来自中国城市的实证研究 [J]. 经济社会体制比较,2014 (4):141-154

[10] 马亮. 需求驱动、政府能力与移动政务合作提供:中国地级市的实证研究 [J]. 公共管理评论,2018 (1):25-45

[11] 马亮. 政府2.0的扩散及其影响因素——一项跨国实证研究 [J]. 公共管理学报,2014 (1):127-136

[12] 马亮. 政府创新的众筹众创之道 [J]. 秘书工作,2017 (1):67-69

[13] 马亮. 政府创新扩散视角下的电子政务发展——基于中国省级政府的实证研究 [J]. 图书情报工作,2012,56 (7):117-124

[14] 马亮. 政府信息技术创新的扩散机理研究：来自中国地级市的证据［M］. 德国，萨尔布吕肯期：金琅学术出版社

[15] 马亮. 政府信息技术创新的扩散机理研究［J］. 公共行政评论，2012，5(5)：161-177

[16] 马亮：政务微博的绩效及其影响因素——中国地级市的实证研究［G］//郑跃平. 数字治理评论［M］. 北京：社会科学文献出版社，2018：26-45

[17] 马亮. 政务微博的扩散：中国地级市的实证研究［J］. 复旦公共行政评论，2013 (2)：169-191

[18] 马亮. 智慧城市如何治理创新？——面向城市"痛点"的系统设计［J］. 电子政务，2017 (6)：38-46

[19] 马亮. 中国农村的"互联网+政务服务"：现状、问题与前景［J］. 电子政务，2018 (5)：74-84

政府监管研究：理论综述、分类框架与能力评估

刘 鹏

> **摘 要：** 政府监管是市场经济条件下现代国家的重要职能，监管型国家在全球范围内的兴起已经形成了全球监管革命，在大力推行放管服改革的当代中国，更需要加强对政府监管行为和规律的系统研究，形成具有中国特色的监管科学体系。本文首先对政府监管的基本概念进行系统整理，进而结合西方学者的已有研究，将政府监管理论归纳为五大理论体系。其次，结合中国监管改革的实际情况，本文确立了对中国监管改革的分类框架，并对当代中国中央政府监管机构的全貌进行了分析。最后，本文有针对性地借鉴经济合作与发展组织（OECD）成员的监管能力评估框架，并结合中国监管改革的具体国情，对中央政府八个社会性监管机构的监管能力进行了定性评估，由此为推进中国政府监管能力研究提供了初步尝试。
>
> **关键词：** 政府监管；经济性监管；社会性监管；监管改革；监管能力

一、基本背景和概念

近年来，中文世界中有关监管研究的盛况，并没有自动带来监管理论研究的突破，其一个重要原因在于因缺乏对西方监管理论的系统梳理而缺少参照体系。在中文世界中，由于受到外来著作翻译的影响，加之不同研究者的研究重点差异，因此对于英文 regulation 存在四种不同的译法，但所指向的客观实体基本一致。因而本文不做深究，统一沿用"监管"的

译法①。早期的监管研究主要限于经济性监管（economic regulation）范畴，即主要指"政府运用一系列惩治性手段，采取强制性措施，以期达到修正个人与企业经济行为的目标"②。在某些学者看来，早期监管型国家的雏形可以一直追溯到 19 世纪甚至更远的时期③，例如学者安东尼·奥格斯（Anthony Ogus）就发现早在英国的都铎王朝时期，当时的王室就曾颁布了超过 300 部法令法规，对贸易、雇用、农业发展以及土地使用等经济事务进行规范管理④，从某种意义上，这种有别于古典自由放任（laisser-faire）的经济治理模式已经可以被视为现代监管型国家的滥觞。

从 19 世纪末 20 世纪初开始，随着古典自由放任式的经济发展模式逐渐暴露出了寡头垄断、外部性明显等负效应，而传统的立法和司法机构对于日益专业、复杂的经济和社会事务也显得力不从心，因此美国政府开始逐渐通过建立一系列的独立、专业的监管机构来干预市场经济，早期的监管型国家在美国得以建立，由此引发了西方社会科学界对于监管问题的研究热潮。正如美国芝加哥大学的埃瑞克·波斯纳（Eric A. Posner）教授所指出的：在美国，没有哪一个主题的研究能够像监管这个领域一样，引发了经济学家、法学家和政治学家的高度关注⑤，有关的研究文献也是汗牛充栋，浩如烟海，

---

① 从中文翻译来看，regulation 目前有四种不同的译法，一般而言，政府管理部门和行政学家们多称为"监管"，意在强调政府的监督作用而非直接行政命令；自由派经济学家们则偏爱"管制"，突出 regulation 对于自由市场经济运行的影响；法学家们则习惯称为"规制"，他们更加看重 regulation 必须以法律法规作为其正当性和合法性的来源，我国香港和台湾地区则更倾向于使用"监管"，中国台湾地区的早期译著甚至将 capitalist regulatory state 译为"资本主义纪律导向国家"（参见詹鹡著，姜雪影、李定健合译：《推动日本奇迹的手——通产省》，中国台北：经济与生活出版事业股份有限公司 1985 年版）。在笔者看来，"管制"的译法不够准确，在中文的语境下，这一名词很容易让人联想到计划经济和全能国家时代下的全面控制，而当下中国政府管理社会经济事务的方式显然已经发生了很大的变化，"规制"的译法不太符合汉语的习惯表达，而且使用范围十分有限。相对而言，"监管"的译法更加能够反映出 regulation 一词的最本质特征，即根据规则进行管理约束，它是一种介于完全禁止与自由放任之间的中间类型。

② Margot Priest, W. T. Stanbury, Fred Thompson. On the Definition of Economic Regulation//W. T. Stanbury. Government Regulation: Scope, Growth, Process. Monetreal: Institute for Research on Public Policy, 1980: 5

③ P. W. J. Bartrip. State Intervention in Mid – Nineteenth Century Britian—Fact or Fiction. The Journal of British Studies, 1983, 11 (23): 63 – 83; H. W. Arthus. Without the Law: Administrative Justice and Legal Pluralism in Nineteenth Century. Toronto: University of Toronto, 1985

④ A. I. Ogus †. Regulatory law: some lessons from the past [J]. Legal Studies, 2010, 12 (1): 1 – 19

⑤ Matthew D. Alder and Eric A. Posner. Cost-benefit Analysis: Legal, Economic, and Philosophical Perspectives. Illinois, Chicago: University of Chicago Press, 2001

但综合起来看,监管型国家的特征主要包括以下几个方面:政府的目标在于纠正市场失灵,维护有效竞争;政府不直接介入经济过程,而运用政策工具进行调控;政府与产业的关系相对独立,呈现出多元主义特征;政府成为市场经济的裁判员,而不再是运动员;政府监管机构的运作不同于传统意义上的立法、司法和行政机构,具有更强的独立性、专业性和科学性;该国国内市场逐渐对外开放,对国外产业竞争者也实行国民待遇[①]。而到了 20 世纪 60 年代,美国政府的监管政策发生了重大的变化,传统的以反垄断、确保有效竞争的经济性监管(economic regulation)政策逐渐式微,而以维护公共健康、公共安全,保障基本人权以及增进社会福利的社会性监管(social regulation)逐渐兴起,使得学者对这两种不同的监管形式进行了进一步区分(见表1)。

表1　　　　　　　　经济性监管与社会性监管的差异比较[②]

相关要素	经济性监管	社会性监管
理论基础	纠正市场失灵	克服传统法制过于机械的缺陷
政策目标	确保竞争性的市场条件	限制可能危害到公共健康、公共安全或社会福利的行为
政策工具	市场准入控制;价格调控;产量调控	制度设置;确立标准;奖惩机制;执行系统
政策对象	公司企业行为	个人、公司企业以及基层地方政府行为
案例	电信、航空、邮政等网络型产业	药品食品安全、控制环境污染;生产和交通安全

---

① 主要参考文献包括:Christopher Hood and Oliver James. Regulation Inside British Government: The Inner Face of the Regulatory State. London: Department of Government, London School of Economics, Discussion Paper, 1996, 11; Majone G. From the Positive to the Regulatory State: Causes and Consequences of Changes in the Mode of Governance [J]. Journal of Public Policy, 1997, 17 (2): 139 – 167; Braithwaite J. The New Regulatory State and the Transformation of Criminology [J]. British Journal of Criminology, 2000, 40 (2): 222 – 238; Moran, Michael. Review Article: Understanding the Regulatory State. British Journal of Political Science, 2001 (32): 411 – 12; Jordana, Jacint. The politics of regulation: [M]. E. Elgar, 2004: 8 – 9.

② Lester M. Salamon, The Tools of Government: A Guide to the New Governance [M]. New York: Oxford University Press, 2002: 117 – 186. 值得注意的是,还有的学者认为除了监管风险之外,社会性监管的内容还应当包括对社会公平的监管(fairness regulation)以及民族性建设的监管(nation-building regulation),参见 Peter N. Nemetz, W. T. Stanbury and Fred Thompson, Social Regulation in Canada: An Overview and Comparison with the American Model [J]. Political Studies Journal, 1986, 6 (4): 580 – 603.

二、理论综述

由于学科视野存在一定的差异,不同学科的学者对监管的研究角度也存在一定的区别。相对而言,经济学家更关注监管与市场的关系及效率比较,法学家则喜欢探讨监管政策的正当性和合法性,政治学家则对监管政策的议程设定(agenda-setting)以及政治利益交换过程更感兴趣,然而,无论是从哪个学科的研究角度出发,学者们关注的问题都具有某些共通之处:政府监管从何而来?政府监管的基本目标是什么?在监管过程中,不同的相关利益主体是如何互动的?对于市场经济而言,政府监管是否真的是不可缺少的?相对于自由市场经济和国有化控制,监管型国家是否是一种新型的社会经济治理模式?围绕着这些基本的问题,不同的学者给出了不同的答案,也产生了一些精彩的学术争论。基于对有关文献的阅读与分析,笔者将有关监管的研究区分为以下五类,即公共利益理论、利益集团理论、监管政治理论、制度主义理论以及观念推动理论。

(一)公共利益理论(public interest theory)

由于监管型国家最初发轫于对自由放任主义的弥补,因此一些学者认为政府监管能够有效地通过纠正市场失灵(market failure),维护社会公共利益,这也是监管型国家能够存在的正当性所在。[①] 在他们看来,市场经济在三个方面存在巨大的缺陷,即市场垄断、外部性以及信息不对称,而这些缺陷不是仅仅依靠市场本身所能克服的。

例如,由于技术原因而导致的自然垄断型产业在某种程度上扭曲了市场竞争的基本原则,使得资源配置无法达到帕累托最优(pareto efficiency),并导致消费者强行承担不必要的成本和风险,市场竞争对于改善这种状况无

---

① Barry Mitnick. The Political Economy of Regulation [M]. New York: Columbia University Press, 1980; Stephen Breyer. Regulation and Its Reform [M]. Cambridge: Harvard University Press, 1982; Thomas K. McCraw. Prophets of Regulation [M]. Cambridge: Harvard University Press, 1986; Ernest Gellhorn and Richard J. Pierce Jr. Regulated Industries in a Nutshell [M]. St. Paul: West Publishing Company, 1987; Roger Sherman, The Regulation of Monopoly [M]. Cambridge: Cambridge University Press, 1989; Cass Sunstein. After the Rights Revolution: Reconceiving the Regulatory State [M]. Cambridge: Harvard University Press, 1990; Anthony Ogus. Regulations: Legal Form and Economic Theory [M]. Oxford: Oxford University Press.

能为力①，必须借助于公共权力来防止垄断，优化竞争，这就是所谓的"推动竞争的监管"（pro-competition regulation）；其次，由于市场竞争所带来的外部性（externalities）或溢出性（spillovers）无法在市场条件下内在化②，市场价格无法将外部性所带来的正效应或负效应体现出来，因而也需要借助于政府力量来讲外部性内在化；最后，古典经济学所设定的交易双方完全出于信息对等的理想状态，在现实生活中几乎是不存在的，尤其是对于像食品药品安全、医疗服务质量等一些专业性很强的领域，消费者几乎处于完全的信息不对称状态③，因此政府可以作为独立于商人和消费者之外的第三方机构，强化对交易中信息拥有处于弱势地位的群体的信息转移，从而缓解因信息严重不对称（asymmetric information）而带来的社会经济问题。

公共利益理论对于监管的兴起具有一定的解释力度，特别是对于一些社会性监管（social regulation）领域的改革具有很大的启发，然而公共利益理论没有提供一个有关公共利益的确切概念，也没有解释清楚为什么政府会将公共利益而非其他的目标置于政策议程的优先地位，特别是在一些社会公众与政客缺乏健全的委托—代理关系的发展中国家，是什么机制推动政府监管在为实现公共利益而前进。此外，政府监管并非解决市场失灵的唯一途径，一方面市场可以通过自身的调整来最大限度地修复其失灵所带来的缺陷，另一方面政府监管本身也是需要成本，并担负一定风险的。换而言之，公共利益理论并没有向我们确切地证明，为什么政府监管是纠正市场失灵的最佳方式。

（二）利益集团理论（interest group theory）

从19世纪末到20世纪中叶，公共利益理论都一直主导着监管领域的研究，直到20世纪70年代，以美国芝加哥经济学派（chicago school）、弗吉尼亚学派（virginian school）为代表的一批学者开始对公共利益理论的基本

---

① Roger Sherman. The Regulation of Monopoly [M]. Cambridge：Cambridge University Press，1989：3
② Stephen Breyer. Regulation and Its Reform [M]. Ambridge：Harvard University Press，1982：23 - 26
③ Michael R. Darby and Edi Karni. Free Competition and the Optimal Amount of Fraud [M]. Journal of Law and Economics，1973，4（16）：67 - 88；Jill J. McCluskey. Game Theoretic Approach to Organic Foods：An Analysis of Asymmetric Information and Policy [J]. Agricultural and Resource Economics Review 29，2000：1 - 9

假设提出一系列质疑,他们认为,作为监管对象的企业对于政府监管有着强大的影响力,而作为监管者的政府本身也是具有自利动机的,因此他们预言,所有的政府监管都是基于利益集团对于监管的需求而产生的,而存在自利动机的监管机构也迟早会被利益集团所控制或俘获[1],因此这种利益集团理论也被称为"监管的俘获理论"(capture thoery of regulation)。

1971 年,经济学家乔治·施蒂格勒(George Stigler)发表了一篇题为《经济监管的理论》的论文,一针见血地指出"运用公共权力或资源能够提升某些经济集团(例如产业组织或行业协会)的经济地位,这正是政府监管的需求来源,而政府也能够通过政治过程赋予利益集团获得相关的监管政策,这就是政府监管的供给过程""经济监管理论的核心使命就是发现监管过程的受益者或受害者,政府监管的具体形式以及对社会资源分配的影响"[2],他甚至把政府监管视为政府与产业利益集团的一种利益交换过程,这种观点奠定了利益集团理论的基本框架和基调,但没有解释利益集团俘获监管者的具体原因和机制。

利益集团理论的进一步发展是由另一名芝加哥学派的经济学家佩尔兹曼(Sam Peltzmann)完成的。他在 1976 年发表的一篇论文中强调,被监管产业之所以具有俘获监管者的强大动力,根源于监管者拥有如何分配垄断利润的权力,因此相关的利益集团具有巨大的利益动机去影响垄断利润的分配,此外作为监管者的政府也可以通过各种形式参与这个分配过程。如果被监管企业之间的利益分化越严重,竞争越激烈,它们与监管者进行谈判的合力就越弱,因此必须通过建立各种产业组织和行业协会机构来与政府进行分利协商[3]。他的论证将关注点由监管政策的结果转向监管政策的过程,进一步深化了利益集团理论的理论解释。此外,一些学者还进一步发展出了一些变相的俘获学说,例如"生命周期理论"(life-cycle theory)认为监管机构就如同生物体的生命周期一样,在建立初期往往能够比较独立地行使监管权力,而到后期则逐渐被利益集团所俘获。所有的监管机构都无一例外,很难摆脱

---

[1] W. Viscusi Kip, John M. Vernon, Joseph E. Harrington, Jr. [M]. Economics of Regulation and Antitrust. Boston: The MIT Press, 1995: 34

[2] George J. Stigler. The Theory of Economic Regulation [J]. Bell Journal of Economics, 1971 (2): 3

[3] Peltzman S. Toward a More General Theory of Regulation [J]. Journal of Law & Economics, 1976, 19 (2): 241 – 244

这样的命运怪圈①;"合谋理论"(conspiracy theory)则假定政府监管机构自建立开始就是与某些利益集团进行合谋,监管机构与利益集团是相互利用、相互增益,因此监管机构被俘获不是从政策执行,而是从政策制定阶段就已经开始②等。

相形之下,利益集团理论的优势十分明显,它打破了原有的"监管者无私论"的幼稚假设,并能够比较好地解释不同社会经济系统下监管失灵(regulatory failure)的现象,然而这个理论并非无懈可击。首先,它将政府监管机构假设成为一个几乎完全被动接受产业集团游说的组织,忽视了政府相对于利益集团而言的自主性和主动性;其次,它几乎将政府利益完全等同于与货币相关的经济利益,并用相关的数据来自圆其说,存在以偏概全之嫌,实际上政府的自利逻辑是多个层面的,包括权力巩固、公共权威、选票最大化以及国际竞争等;最后,按照利益集团理论的解释逻辑,既然监管对于监管者和监管对象都是有益的,那么双方都应该支持加大监管力度,然而从20世纪开始许多国家都进行了一场以"放松监管"(de-regulation)的改革运动,即政府与产业集团都希望能够减少不必要的监管,这似乎与该理论的自利性假设存在一定的冲突。此外,一些学者还批评该理论缺乏实证研究的支撑,例如著名的法律经济学家理查德·波斯纳(Richard A. Posner)就曾经撰文批评利益集团理论的六大不足,例如解释范围过于宽泛、经验研究的非系统性、经济性监管的效果难以界定、相关的数据并不能很好地适用于成本—收益分析等③。

(三) 监管政治理论 (regulatory politics theory)

虽然公共利益理论与利益集团理论对于监管起源的解释大相径庭,但是他们却在一个问题上有着惊人的一致:无论是为公共利益服务,还是为利益集团所俘获,作为监管者的政府本身似乎只是一个被动的角色,至多是实现

---

① Eckert R D. The Life Cycle of Regulatory Commissioners [J]. Journal of Law & Economics, 1981, 24 (1): 113 – 120; Martimort D. The Life Cycle of Regulatory Agencies: Dynamic Capture and Transaction Costs [J]. Review of Economic Studies, 2010, 66 (4): 929 – 947

② Westfield F M. Regulation and Conspiracy [J]. J. reprints Antitrust L. & Econ, 1965, 55 (3): 424 – 443; Wilson G W. Railroads and Regulation, 1877 – 1916, by Gabriel Kolko [J]. Journal of Southern History, 1965, 20 (1): 230 – 242

③ Posner R A. Theories of Economic Regulation [J]. Bell Journal of Economics & Management Science, 1974, 5 (2): 335 – 358

其他行动者利益的舞台和工具。这种假设过于简化了国家在监管过程中的角色和功能，引发了一些政治学和公共行政学者对监管政策过程中国家定位的重新反思，一种旨在突出国家自主性并调和公共利益理论和利益集团理论的监管政治理论应运而生。

与前两种理论不同的是，监管政治理论认为国家在监管过程中能够保持其相对的自主性和独立性，政府监管既不是单纯服务于纯粹的公共利益，也不会完全被利益集团所俘获，而是在公共利益、利益集团以及自身利益之间寻求某种策略性平衡（strategic balance），监管会随着成本与收益在不同利益之间的分配状况而呈现出不同的类型。例如，美国著名的政治学者詹姆斯·威耳孙（James Wilson）就曾经根据监管政策的成本与收益在不同利益群体之间的分布状况，将监管政治区分为四种类型即多数主义政治（majoritarian politics）、利益集团政治（interest group politics）、代理人政治（client politics）以及企业家政治（entrepreneurial politics）（见表2）。在他看来，利益集团学说描述的只不过是其中的一种类型而已。此外，他还提醒我们，除了公众和利益集团之外，一些其他的利益主体如政治家、官僚以及技术专家也对监管过程有着十分重要的影响[1]。

表2　　　　　　　　　监管政治的四种不同类型

成本—收益分布状况	监管政治类型
两者均分散分布	多数主义政治
两者均集中分布	利益集团政治
成本分散分布、收益集中分布	代理人政治
成本集中分布、收益分散分布	企业家政治

除了规范研究之外，另外一些学者还通过实证研究也发现了国家自主性在监管政策过程中的作用。例如，罗尔（Marc T. Law）和利伯坎（Gary Libecap）两位学者就曾经以美国《1906年纯食品药物管理法案》的立法过程为个案，发现联邦政府意图通过建立监管体系来增加自身的预算、编制以及

---

[1] James Q. Wilson. The Politics of Regulation [M]. New York: Basic Books, 1980: 357-94.

权威方面资源的逐利要求对该法案的通过起到了很大的作用①；而学者沃戈尔（David Vogel）则通过对日本的电信产业监管改革的研究发现，"政府主体从来就没有从一个中立的角度来进行社会利益的仲裁""它们在监管过程中明显带来意识形态倾向和政治考量""在满足相关利益集团诉求的同时，他们也在盘算着自己的政策议程"②。这些实证研究都充分证明监管政策在本质上就是国家政治逻辑的行动体现。

监管政治理论的提出，启发着我们对另一些问题的思考：国家在监管政策过程中究竟发挥了怎样的作用？为什么同一个政府在不同领域的监管政策存在很大的差别？政府是如何将所谓的公共利益换算成自身利益的？在怎样的条件下，国家能够真正扮演一个协调相互冲突的社会利益关系的中立力量？所有的这些问题，对于研究监管的本质都具有十分重要的意义。然而，持监管政治理论的人，必须对如下的几个问题提供比较清晰的答案，才有可能成为一种比较具有解释力的理论：在一个国家系统内部，究竟谁能够代表国家利益或政府利益，立法、行政、司法机构，还是相对独立的监管机构？如果说它们其中的任何一个都能够代表，那么政府利益与官僚利益又有何区别？监管过程中的成本与收益分布的集中度或分散度如何准确衡量？即使我们承认政府在很多时候是不会被利益集团所俘获的，那又如何让我们信服政府始终能够在众多的利益集团的游说面前保持自主性？换而言之，在有效地克服了公共利益理论和利益集团理论的极端走向之后，监管政治理论似乎给我们提供了一个更为模糊不清、琢磨不定的答案，其对经验现象的解释力和预测力显得更为孱弱，如何更为明确和清晰地界定和分析监管政治过程中的策略性平衡，是监管政治理论走向进一步完善的方向。

（四）制度主义理论（institutionalism theory）

无论是利益集团理论，还是监管政治理论，他们在方法论上都具有鲜明的理性选择（rational choice）主义色彩，而从20世纪80年代开始，随着新制度主义（neo-institutionalism）的逐渐兴起，一些学者开始对这种基于化约主义（reductionism）之上的理性选择方法提出挑战，他们更倾向于把政治

---

① Marc T. Law & Gary Libecap. The Determinants of Progressive Era Reform: The Pure Food and Drugs Act of 1906 ［EB/OL］. 2004 ［2008 - 09 - 25］http：//www.nber.com/books/corruption/law-libecap4 - 1 - 05. pdf

② Steven Kent. Freer Markets, More Rules ［M］. NY: Corneu Universrty Press, 1998

行为看作是个体与制度互动的结果。在新制度主义者看来,作为一种政治行为的政府监管,既不是由单纯的公共利益观所推动,也不是不同集团之间利益谈判的结果,而是特定制度环境下的必然产物,各个行动主体的偏好都是由一定的制度环境所塑造出来的[1]。因此,研究政府监管的起因及过程,正式的制度安排、组织结构以及非正式的文化观念、历史传统等,都必须成为不可或缺的考察因素。

例如,学者汉切(Leigh Hancher)和墨郎(Michael Moran)就曾经在一篇关于经济性监管研究的论文中提出,我们不能简单地根据对公共利益以及私人利益的人为区分来研究监管,而应当从一个制度化的视角出发,对各种各样行为主体在制度化的"监管空间"(regulatory space)中的相对位置进行研究。从某种意义上看,包含着制度安排、组织资源、价值观念以及历史传统等要素在内的"监管空间",是制约着监管行为过程的根本因素[2]。他们指出,"监管空间不仅仅聚焦于那些介入监管活动的行为主体,更看重那些推动利益网络出现和发展,以及有助于建立主体间制度性联系的结构性因素"。该理论提出之后,一批政治学者、社会学者以及法学者都运用该理论来分析一些监管改革的经验现象[3]。一些学者虽然明确指出了该理论的一些局限,但对其分析监管政策的过程和本质的效度仍然予以充分肯定[4]。

除此以外,学者谢尔林(Cliffor D. Shearing)也提出除了传统的理性选择视野之外,人们还应当以一种更为结构性的构造主义(constitutive percep-

---

[1] James G. March and Johan P. Olsen. The New Institutionalism: Organzational Factors in Political Life [J]. American Political Science Review, 1984, 11 (78): 734 – 749; Brian Levy and Pablo T. Spiller. Regulations, Institutions, and Commitment: Comparative Studies of Telecommunications [M]. Cambridge: Cambridge University Press, 1996; Black J. New Institutionalism and Naturalism in Socio – Legal Analysis: Institutionalist Approaches to Regulatory Decision Making [J]. Law & Policy, 2010, 19 (1): 51 – 93

[2] Hancher, Leigh. Capitalism, culture, and economic regulation [M]. Clarendon Press, 1989, 292

[3] Doern G B, Wilks S. Regulatory Institutions in N. A [M]: University of Toronto Press, 1998; Clifford D. Shearing. A Constitutive Conception of Regulation [G]//P. Grabosky, J. Braithwaite. Business Regulation and Australia's Future. Canberra, ACT: Australian Institute of Criminology: 67 – 79; Glenn Morgan & Lars Engwall. Regulation and Organizations: International Perspectives [M]. London, New York: Routledge, 1999

[4] Colin Scott. Analysing Regulatory Space: Fragmented Resources and Institutional Design [J]. Public Law, 2001: 329 – 353

tion）的观念来看待监管的概念和过程[1]；马奇（G. Majone）、乌鲁克（Stephen Woolcock）则以监管型国家在欧盟的兴起的经验研究表明，除了国内的制度因素之外，国际之间的监管竞争（regulatory competition）也会成为影响监管改革的结构性变量[2]；而还有一些学者则用历史制度主义（historical institutionalism）的方法，将监管过程中的法律规章视为一种具有自我完善性的系统（autopoietic system）加以研究[3]。

制度主义监管理论启发我们将眼光转移到对各种行为主体背后的结构性因素的考察，赋予监管行为之外的宏观制度环境以自变量含义，极大地扩充和丰富了监管理论研究的内容。但是，如同新制度主义理论本身一样，制度主义监管理论也受到了来自多方面的批评，例如"制度环境决定监管"的论调不能解释为什么在相类似的制度因素影响下，监管改革仍然呈现出很大的差异性，欧盟不同国家的监管改革比较就是生动的明证；过分强调将宏观的社会制度环境作为分析对象，忽视了对个体组织或微观制度机制（mechanism）的分析，使得制度主义理论学解释监管创新上缺乏较有说服力的论证；此外，制度主义理论无法为一些诱发监管改革的偶然性危机事件因素提供合理的位置，因而使得其难以解释一些突变性的监管改革[4]。

---

[1] Clifford D. Shearing. A Constitutive Conception of Regulation [G]//P. Grabosky, J. Braithwaite. Business Regulation and Australia's Future, Canberra, ACT: Australian Institute of Criminology, 1993

[2] G. Majone. Regulating Europe [M]. London: Routldge, Stephen Woolock. Competition among Rules in the Single European Market [G]//William Bratton. International Regulatory Competition and Coordination: Perspectives on Economic Regulation in Europe and the United States. New York: Oxford University Press, 1996: 289 - 322

[3] Gunther Teubner. Autopoietic Law: A New Approach to Law and Society [J]. Berlin: Walter de Gruyter, 1987; W. H. Clune. Implementation as An Autopoietic Interaction of Autopoietic Organizations [G]// Gunther Teubner A. Febbrajo. State, Law and Economy as Autopoietic Systems: Regulation and Autonomy in New Perspectives, European Yearbook in the Sociology of Law. Milan: Giuffre, 1992; Michael King (1993), Michael King. The 'Truth' about Autopoiesis [J]. Journal of Law & Society, 1993, 20 (2): 218 - 236

[4] 例如，在美国社会性监管的发展历史上，药品安全监管就是体现危机事件触发监管改革的最好例证之一。1937 年发生的导致 105 人死亡、248 人受到严重伤害的"万灵磺胺"（elixir sulfanilamide）药中毒事件直接推动了 1938 年《联邦食品、药物和化妆品法案》（The Federal Food, Drug and Cosmetic Act of 1938）的通过；1962 年国会通过的《柯弗瓦 - 哈里斯药物修正案》（The Kefauver - Harris Drug Amendments）也是直接受到了当年发生在欧洲的反应停药害事件（thalidomide event）的影响。参见 P Wax PM. Elixirs, diluents, and the passage of the 1938 Federal Food, Drug and Cosmetic Act. [J]. Annals of Internal Medicine, 1995, 122 (6): 456 - 61; McFadyen RE (1976), Thalidomide in America: A Brush with Tragedy, Clio Medica, Vol. 11, Issue 2, pp. 79 - 93

（五） 观念推动理论 （idea force theory）

从整体上看，前面四种理论都具有浓厚的结构功能主义色彩，都没有将思想性的价值观念纳入研究的考察范围，而 20 世纪 80 年代以后许多西方国家开始发起的一场放松监管的改革运动，促使人们对监管有了更进一步的思考，一些学者提出这场监管改革运动与其说是由一系列的结构因素决定的，不如看作是源自知识阶层的一系列价值观念所触发的[1]。例如，有学者研究发现，美国里根政府时代的放松监管改革并不是相关利益集团游说的结果，而是一些经济学家和知识分子提出的以牺牲少数生产商利益来使得广大消费者群体获益的经济理性主义（economic rationalism）所引发的[2]，而欧洲国家的改革也不例外，新古典主义经济思想的复兴起到了很大的作用[3]。他们坚持认为，虽然政客官僚能够对这些思想观念进行某种程度的重塑，但他们至少在公共场合运用大众媒体，用这些思想观念来为自己政策的合理性进行辩护[4]。

当大部分学者都把眼光盯着理性选择、制度约束等结构性因素的时候，观念推动理论的学者们则另辟蹊径，将监管过程中的意识观念因素挖掘出来，让人觉得耳目一新，它的贡献和价值显而易见，启发人们对意识观念因素在监管改革中所起的软性作用予以更多的重视和关注。然而，该理论最致命的缺陷则在于很难证明意识观念因素的自足性，即如何证明意识形态观念相对于利益选择、制度规范等因素而所具有的相对独立性；而且，该理论不能解释为什么有些意识观念能够开花结果，变成现实的政策，而另一些意识观念则只能被束之高阁，无法兑现为政策选择。

表 3 将以上所清理出来的五种监管理论的主要观点以及不足之处进行了列举。值得注意的是，以上五种理论都只是有关监管研究领域中的宏观理

---

[1] Hood C. Explaining economic policy reversals [J]. Open University Press Howard Michael, 1994: 19 – 36; Richard A. Harris & Sidney M. Milkis. The Politics of Regulatory Change: A Tale of Two Agencies. New York: Oxford University Press, 1996: 18

[2] Martha Derthick & Paul J. Quirk, The Politics of Deregulation, Washington D. C. : Brookings Institution, 1985, 237 – 259

[3] Helen Wallace, William Wallace, Policy-making in the European Union. Oxford: Oxford University Press, 1996: 22 – 24

[4] Peter A. Hall, The Political Power of Economic Ideas: Keynesianism across Nations. Princeton, N. J: Princeton University Press, 1989: 361 – 391

论，是对有关监管现象最一般意义上的理论探讨，而更多的中观或微观理论，例如公共选择理论、第三方风险理论以及私有化黑洞理论等，则主要是对某一国家或产业的实证研究的产物，因此并没有一一列出。可以看出，监管理论的内容体系，就如同监管活动本身一样繁杂多样，我们也同样期待着植根于当代中国监管改革、具有鲜明的中国本土化色彩的监管理论能够早日诞生。

表3　　　　　　　　　　五种监管理论的比较

监管理论类型	主要的观点	存在的问题
公共利益理论	政府监管是弥补市场失灵，实现公共利益的一种有效的政策选择。	(1) 对公共利益的界定缺乏共识； (2) 很难证明监管者为什么要将公共利益置于优先； (3) 很难证明监管是克服市场失灵的最佳途径。
利益集团理论	政府监管是由一些相关的利益集团主导形成，并为利益集团服务或俘获。	(1) 忽略了相对于利益集团的政府自主性的考量； (2) 将监管者的利益缩窄为商业货币利益而非政治利益； (3) 很难解释20世纪80年代以来许多国家所发生的放松监管（de-regulation）的运动。
监管政治理论	政府监管既不是为了实现公共利益，也不是为利益集团所俘获，而是一种在公共利益、利益集团和自身利益之间的平衡妥协。	(1) 很难界定代表政府利益的主体究竟是谁； (2) 很难将政府利益与官僚利益区分开来； (3) 很难衡量监管过程中的成本及收益分布的分散度。
制度主义理论	正式的制度安排、组织结构以及非正式的文化观念、历史传统等，都必须成为不可或缺的考察因素。	(1) 无法解释在相同的制度环境下监管改革存在的差异； (2) 忽视了对个体组织或微观制度机制的分析； (3) 无法解释由一些危机事件导致的突发性监管改革。
观念推动理论	政府监管是监管者和知识分子观念塑造的结果，相关利益集团的压力并非至关重要。	(1) 很难将经济利益与观念推动的作用区分开来； (2) 很难证明是观念塑造，还是制度推动； (3) 不能解释不同的意识观念的不同命运和遭遇。

三、分类框架

按照国内学者马英娟的总结，中国目前承担监管职能的机构主要有四类：①国务院组成部门，例如工业和信息化部、卫生健康委、生态环境部等；②国务院部委管理的国家局，如国家邮政局、国家药品监督管理局等；③国务院直属机构，如国家市场监督管理总局、国家广播电视总局；④国务院事业单位，如证监会、银保监会等[①]。其中第一、第二类带有较强的历史痕迹，而第三、第四类则具有更多的独立性、专业性、科学性等一些现代监管机构的特征。

然而，如果从严格意义上的监管的角度来分析，马英娟的这种分类是存在一定问题的，如果把政企合一且处于国家垄断地位的机构也归入监管部门的行列，在事实上将监管与一般意义上的国家管理混为一谈，并且抹杀了作为一种独特政经治理模式的监管的特征。

笔者认为，结合上述有关监管的经验理论，区分某一行业的治理模式是否已经采用监管模式的标准主要有两个：第一，该行业是否已经民营化，或者已经向民间资本开放，而非国有资本完全垄断；第二，该行业的主管机构是否与企业已经实现体制上的分离，即政企脱钩。第一个标准实际上是与一些学者所提出的"国家所有"相对应，第二个标准则是与东亚和拉美国家模式中的"发展型国家"相对应。因此，如果我们从广义角度理解监管的概念，以上两种条件符合任意一种，即可被视为监管；而如果从狭义角度来看待监管，一个行业的管理模式必须同时符合以上两种特征，才可以当作监管。

按照以上的分类标准，笔者把中国目前各种行业的政经治理模式分为以下四种类型（见表4）：一是既没有民营化，也没有实现政企分离的行业，这类行业是旧有指令型和发展型模式惯性最为强大的行业，也是关系到中国国家安全、国民经济和政府税收的重要产业，例如广播电视、军工、烟草等。二是已经引入民间资本，但仍然没有实现政企分离的行业，这类行业通常一方面是国家仍然力图控制的行业，另一方面单靠国有资金供给可能会导致效率不高的行业，例如邮政、医疗服务等。由于受到开放度有限和民营资本自身的局限性影响，这类行业国有资金仍然处于绝对优

---

① 马英娟. 政府监管机构研究[M]. 北京：北京大学出版社，2007：241

势地位。三是没有引入民间资本，但却已经实现政企分开的行业，这类行业的主要特征在于政府已经意识到政企合一体制所带来的种种弊端，但考虑产业的战略性以及民营资本自身的局限性而无法实现民营资本的进入。例如电信产业，2005年2月国务院颁布了《关于鼓励支持和引导个体私营等非公有制经济发展的若干意见》，已经解决了民营资本进入电力、电信、民航等领域的准入问题，但由于民营资本的有限性与长期风险考虑，在事实上仍然无法实现进入。四是既已经引入民间资本，且已经实现政企分开的行业，目前中国大部分的行业都已经实现了这两种转变，而笔者也更倾向于从狭义的角度来理解监管，即只有这一类行业的管理模式方可以称为监管。从表4的内容可以看出，除了少数国有垄断或政企合一的产业之外，中国目前大部分的行业都已经引入民营资本，同时实现政府与国有企业在体制上的分离，这也是为什么本人认为现阶段的中国已经正在向监管型政府转变的理由。

表4　　　　　　　　中国现阶段产业政经治理结构分类

政企分开	民营化	是否已经引入民间资本	
		是	否
是否已经实现政企分开	是	其他大部分产业	电信、铁路、盐业
	否	邮政、医疗、教育	广播电视、军工、烟草

机构类型	机构名称	成立时间	主要的监管职能	行业是否民营化	政企是否分离	
					中央	地方
传统的部委	工业和信息化部	2008年3月	对电信和信息服务市场依法进行监管	民营资本进入电信行业在法律上已经没有限制	√	局部地区仍然存在政企合一的电信局
	人力资源和社会保障部	2008年3月	依法行使劳动和社会保险的监督检查职权，监督相关企业执行国家劳动和社会保障政策的情况	√	√	√

续表

机构类型	机构名称	成立时间	主要的监管职能	行业是否民营化	政企是否分离 中央	政企是否分离 地方
传统的部委	文化和旅游部	2018年3月	监管文化和旅游市场	√	√	√
传统的部委	住房和城乡建设部	2008年3月	监督管理建筑市场、建筑安全和房地产市场	√	√	√
传统的部委	生态环境部	2018年3月	防治污染，对生态环境保护政策的执行进行监管		√	√
国家部委管理的国家局	国家药品监督管理局（由国家市场监管总局管理）	2018年3月	负责药品、医疗器械、化妆品质量监管	√	√	√
国家部委管理的国家局	国家民航管理局	2008年3月（由交通运输部管理）	审批颁发或吊销民航企业的经营许可证；对全国民航公司的飞行安全、服务质量、航班正常进行监管；调查处理飞行事故	√	√	√
国家部委管理的国家局	国家能源局（归国家发改委管理）	2008年3月	提出能源发展战略和重大政策；研究拟订能源发展规划、提出体制改革的建议；实施对石油、天然气、煤炭、电力等行业的管理	除核电之外，其他能源行业已经部分引入民营资本	√	√
国务院直属机构	国家市场监督管理总局	2018年3月	负责市场综合监督管理、反垄断、监管市场秩序、产品质量安全监管、特种设备安全监管、食品安全监管等	√	√	√
国务院直属机构	国家广播电视总局	2018年3月	负责广播电视、网络视听节目的行业监管	√	√	√
国务院直属机构	中国证券监督管理委员会	1998年3月	依法对证券市场及证券业务活动进行监管	√	√	√
国务院直属机构	中国银行保险监督委员会	2018年3月	依法对商业银行、保险市场以及保险机构的经营行为进行监管	√	√	√

四、能力评估

(一) 指标体系的借鉴与应用

虽然关于监管能力内容及其构成要素的研究比较多,但从目前的文献来看,比较系统地提出政府监管质量提升框架的是经济合作与发展组织(OECD)。该组织于1995年公布的《改善政府监管质量建议》提出了监管活动应当包含机构运作、工具采用和政策制定三个要素[1],而2002年发布的《OECD国家的监管政策:从干预主义到监管治理》报告则明确指出上述三个要素是监管行为的基本组成要素[2],2012年OECD再次发布了《监管政策和治理建议》,指出监管机构、监管工具和监管政策应当被视为一个整体,同时对监管工具的内容进行了更新,特别提出了监管影响评估(RIA)的使用。这些都有效证明,虽然20多年来政府监管理论和实践确实经历了很多的发展,但这些理论的发展并没有影响和改变OECD报告中对监管行为要素及其内容框架的界定,只是在后续的报告中不断加以完善。

在实际应用中,OECD利用该框架的三个要素对本组织成员方的监管能力进行了测量,但遗憾的是这一测量是以国家为单位的,没有进行具体部门的测量[3]。本研究认为,监管机构、监管工具和监管政策三个要素不仅适用于国家层面比较对监管活动的定义,同样也适用于部门之间的监管活动定义,因为组织视角下的监管行为也同样包括这三种要素,只不过在具体内容上比国家维度更加微观一些而已,甚至国家层面这三种要素的评估只不过是由组织层面的评估来具体组成的。因此,本文认为这一比较框架可以适用于部门视角的评估与比较。基于此,本文的监管能力测量基础框架将在充分借鉴这一框架的基础上,侧重于中国现实,以这三个要素为基础来加以制定,并开展我国社会性监管部门的分部门测量。

---

[1] OECD. Recommendation of the Council of the OECD on Improving the Quality of Government Regulation [R]. Paris: OECD/GD, 1995: 8

[2] OECD. Regulatory Policies in OECD Countries: From Interventionism to Regulatory Governance. OECD Publishing: Paris. 2002

[3] OECD. Responses to the Survey on Regulatory Capacities in OECD countries. OECD Pubilshing: Paris. 2000

需要说明的是，OECD 国家与中国在政治体制、政府职能、发展阶段等方面有诸多差异，因此监管能力评价的框架不能简单照搬照抄。本研究也已经注意到 OECD 国家和中国在相关方面的差异，本文对于监管能力框架的建构在一级指标方面虽然接受了 OECD 报告的标准，但是在具体二级指标的构建中考虑到了中国国情，进行了适当的修订。

监管机构建设的测量包含三个方面，首先是机构性质，主要关注本机构在政府框架中的位置，次级指标由机构类型、级别和独立性构成；而根据结构功能主义中"以功能体现社会结构现实"[①]的基本观点，机构的职能也是测量指标的重要组成，其由机构职能的集中性和权力的混合性组成；最后则是机构控制，由机构的纵向监管信息收集与横向内部监督两者组成[②]。

监管工具使用的测量基于政策工具的种类和使用的频率，其被科学设计和正确应用就是顺利实现政策目标的基本保证[③]。为此，本部分测量基本参考 OECD 国家较为通用的监管工具名录，主要有政策评估工具、透明度与公众参与、监管替代方案、行政简化和行政问责制五项主要工具。本研究确实较多采用了 OECD 的标准，原因在于这些工具在中国实践中是可以实现的，有些中国政府已经大范围推广，例如"一站式"服务、电子政务等，从这些内容来分析，中国的监管工具使用实践与 OECD 国家已经基本一致，因此该监管工具名录在中国也具有适用性。

监管政策质量的测量则分为监管政策的外部实施环境和文本内容两个部分。外部实施环境由政治支持度和物质支持度两个次级指标构成；而政策文本内容则从政策的可修正性和回应性来衡量。这部分和 OECD 报告相比，增加了物质支持度这一次级维度，该处完善一方面是基于学者对中国监管领域的研究，另一方面则是考虑到中国的财政与行政关系的实际情况。此外本部分更重视对政策本身科学性的分析，特别强调了对于公众的回应性。

基于上述分析构建出我国社会性监管机构监管能力指标体系，该体系共计 3 个一级指标、10 个二级指标和 22 个三级指标，如表 5 所示。

---

① Spencer Herbert. The Principle of Sociology [M]. New York：D. Appleton Company，1925（1）：412－423

② Anthony Downs. Inside Bureaucracy [M]. Boston：Little Brown，1967：43－44

③ 顾建光．公共政策工具研究的意义、基础与层面 [J]．公共管理学报，2006（10）：58－61

表 5　　我国社会性监管机构监管能力指标体系

一级指标	二级指标	三级指标	测量标准	数据来源
监管机构	机构性质	机构级别	国务院机构类型	国务院机构设置通知
		机构独立性	行政处罚是否需要得到其他部门同意、权力来源、正式文件对企业的辩护或者指责的数量	机构"三定"方案、相关行政法规、新闻报道
	机构职能	职能集中性	是否该监管领域的相关职能全部同一部门	机构"三定"方案、新闻报道
		权力混合性	是否立法、行政、司法权力集中由该部门行使	机构"三定"方案、新闻报道
	机构运作	信息收集	是否建立了地方监管信息直报制度	网站信息
		内部监督	机构内部有无内部监督机构	机构"三定方案"
监管工具	政策评估工具	监管政策分析	是否在政策评估过程中使用了如监管影响分析在内专属监管领域的工具	新闻报道、机构公开文件、网站信息等
		其他政策分析	是否在政策评估过程中使用了一般性的政策评估工具	新闻报道、机构公开文件、网站信息等
	透明度与公众参与	监管方案宣传	是否开展了相关活动	新闻报道、机构公开文件、网站信息等
		非正式咨询		
		听证制度		
		顾问机构的设立		
	监管替代方案	经济手段	是否采用了税收、补贴、排污权交易等其他手段	新闻报道、官方网站信息
		信息手段	是否采用了监管信息共享、教育等其他手段	
		合作手段	是否采用了行业自律等其他手段	
	行政简化	"一站式"服务	是否在行政许可等面向公众的行政流程上采取"一站式"服务	新闻报道、官方网站信息
		电子政府	信息公开数量,特别是依申请公开的回复比例	机构信息公开工作年度报告
	行政问责制	追责率	该领域年内重大事故发生数和相关责任人受到追责的事故数量比例	各领域分年鉴、新闻报道

续表

一级指标	二级指标	三级指标	测量标准	数据来源
监管政策	外部实施环境	政治支持	中央高层领导人对该领域作出指示的数量	新闻报道
		物质支持	机构年内财政收入和人员编制	各机构部门决算、"三定"方案
	政策文本内容	可修正性	机构政策是否在政策执行的过程中对政策进行调整	新闻报道、官方网站消息
		回应性	政策是否关注政策窗口事件	

（二）相关数据与文本信息来源

我国目前主要承担政府监管职能的中央政府部门（机构）主要有工业与信息化部等17个部门（机构）①，而完全承担或主要承担社会性监管的中央政府部门（机构）则有8个，分别是环境保护部、国家食品药品安全监督管理总局（以下简称"食药总局"）、国家质量监督检验检疫总局（以下简称"质检总局"）、国家安全生产监督管理总局（以下简称"安监总局"）、国家中医药管理局、中国民用航空局（以下简称"民航局"）、国家粮食局和国家卫生计生委卫生和计划生育监督中心。由于总体本身有限，以上8个机构全部为本研究的研究对象，测量2013年8个机构的监管能力。

本研究的主要数据和分析文本来源由以下几个方面组成：（1）《宪法》《国务院组织法》等法律；（2）各部门主要职责内设机构和人员编制的规定等政府文件；（3）各部门有关方面报告，如部门决算报告、信息公开年度报告；（4）各部门官方网站信息和新华网、人民网等中央媒体相关的新闻报道；（5）相关年份《中国统计年鉴》和相关行业领域专门年鉴。由此可见，本测评所采用的数据和文本均来自公开的、官方的数据资料库或者文件，可以保证测评的信度。

（三）操作方法及测量结果

本研究根据各部门的机构建设、工具使用和政策质量各衡量指标进行测

---

① 刘鹏. 中国监管型政府建设：一个分类框架 [J]. 公共行政评论, 2011 (2): 51–69

评，分为"高""较高""中""较低""低"五级。限于客观条件，本指标体系不进行权重赋值，最终的结果不进行标准化操作，只进行评估排序和分析。因而本指标体系的测量结果只是针对分级变量的测量，而非连续变量的测量。为方便最终结果呈现，由低到高赋值"1~5"最后对每个部门的相关评级分数进行机械加总，直观地看出各机构的监管能力强弱，即使用的是定性分级的评估方法。

需要明确的是，本文所赋值的"高""较高""中""较低""低"兼具绝对性和相对性，以绝对性为主，具体评分主要基于根据相关文件和数据分析而成，其来源文中已有说明，以下将逐一说明各具体维度得分的赋值理由。本说明中的关键词不一定完全穷尽，为寻找相关文本数据中的主要词句。

1. 监管机构基本情况

（1）机构级别：本部分由综合机构类型和级别共同判定，无论是类型还是级别下降一级，该项的得分均下降一级。类型一列从高到低依次排列为"国务院组成部门""国务院直属机构""部委管理局""部内直属机构"；级别一列从高到低依次排列为"正部级""副部级""正厅级""副厅级"。因此，理论上，最高的为"国务院组成部门"+"正部级"的组合，最低的为"部内直属机构"+"副厅级"。而实践中卫生监督中心级别不明，但由于其是唯一一个"部内直属机构"，其级别最高可能为"正厅级"，即便如此，其得分也是最低的。判定依据来自国务院组织机构介绍。如表6所示。

表6　　　　　监管机构测量关键词、句一览

项目	关键词、句举例
监管独立性	联合执法、联合行动
行业独立性	批评、谴责、反对
职能集中性	负责、主要负责
	与其他部门的有关职责分工
规章制定权	起草、制定、拟订
行政执法权	监督执法、行政执法
司法权	行政诉讼、应诉

（2）机构独立性：本部分由监管独立性、行业独立性和权力来源三者共同判定，同理，这三者无论哪一部分的情况下降一级，该项得分均下降一级。监管独立性一列从高到低依次排列为"单独开展监管活动"和"需要其他部门配合"两级；行业独立性维度，"宣传"与"辩护"两项若均为"无"，则得分最高；一个"有"一个"无"次之；均为"有"得分最低。权力来源一项，行政首长任命权从高到低为"全国人大""国务院""具体部委"；机构职责决定权从高到低为"全国人大""国务院"。

（3）机构职能。机构职能集中性：本部分由"是否承担该领域主要职能"和"是否单独承担该领域相关职能"共同判定。同上理，最高得分为两者均为"是"，最低得分为两者均为"否"。机构权力混合性：本部分由"规章制定权""行政执法权""司法权"共同判定，各部分最高得分为"有"，其次为"有限"，最后为"无"。

（4）信息控制：外部控制由"是否有常态化各地监管信息直报"和"涵盖最低级别"判定，前者为"是""否"，后者从高到低分别为省级、地市级、县级。内部控制由是否专门监督机构和监督机构是否为机构领导成员组成。最高得分为两者均为"是"，其次为一个"是"一个"否"，最低为均为"否"。

判定依据为各部门官方网站显示的各部门特有监管信息，如环保部为空气、水等质量监测信息，安监部门为各地发生的安全生产事故。有无专门监督机构则通过"三定"方案可知，关键字为"纪检"或"纪律检查"等，其机构领导成员也可以从官方网站公布的领导简介中得知。

2. 各机构使用监管工具

各类工具的数量均来自各机构官方网站中的相关新闻报道数量。根据数量高低评出"高""较高""中""较低""低"，数量大致相同的评级一致，大致相同的范围为1到该项最高值的10%。如表7所示。

表7　　　　　　　　监管工具测量关键词、句一览

项目	关键词、句
专家咨询	评价、政策评估、专家意见、学者意见、学术研讨
相关主体表达	交流、意见、建议、申诉、抗辩、复议
参考国际标准	引入、接轨、同步

续表

项目	关键词、句
基于事实调查	调研、蹲点、经验汇报
监管方案宣传	监管宣传、宣传日、知悉、了解
非正式咨询	座谈会、听证会、咨询会
设立顾问机构	顾问、委员会
经济手段	交易权、税收、财政收入、处罚、罚款
信息手段	信息共享、教育、宣传、信息报告
合作手段	行业自律、合作、协作、互助、共同体

行政简化和行政问责制的得分则基于各官方网站的信息公开报告和相关行业统计年鉴，依据具体测评项目得出。

3. 监管政策情况

本部分得分外部支持和可修正性由相关数量高低进行排序，回应性由回应的措施和效果综合评定，回应措施最高的为制定法规政策，其次为采取具体的监管活动，再次为采用一系列的技术创新。安监总局由于其采用多种措施，且有明显的结果数据，故直接采用结果数据为测量依据。如表8所示。

表8　　　　　　　　监管政策测量关键词、句一览

项目	关键词、句
政治支持	指示、批示、指出
	相关领域词语
可修正性	修改、修订

回应性的测量主要是相关部门是否采取措施，包括制定法律法规，开展一系列的监管活动应对热点问题。由于中医药管理局、民航局、粮食局和卫生监督中心所对应的市场活动在2013年没有发生全社会关注的焦点问题，故无法测量其回应性情况。

此外，监管能力的指标构建可能不同角度会得出不同的监管能力组成，这一点笔者在文献收集的过程中也已经发现。但是本研究的指标体系是基于OECD已经公开发布的监管质量框架，综合了现有国内外文献对于监管能力的指标体系，以尽可能地提高指标的科学性和效度。但与一般问卷调查的问

题框架相比，本研究监管能力指标体系因为研究对象的特殊，样本有限而无法通过预调查来定量检验，其信度略显不足。本研究的信度检验更多的是通过内容分析法所提出的编码框架，选择了多名不同评判者，按照同一的分析维度，对同一材料独立进行评判分析，对他们各自的评判结果使用信度公式进行信度系数计算，然后重复评判过程，直到取得可接受的信度为止。

第一，监管机构。首先用机构的类型和级别进行衡量，各部门的机构和级别类型如表9所示。

表9　　　　　　　　　　各机构性质一览

机构名称	类型	级别
环保部	国务院组成部门	正部级
食药总局	国务院直属机构	正部级
质检总局	国务院直属机构	正部级
安监总局	国务院直属机构	正部级
中医药管理局	部委管理局	副部级
民航局	部委管理局	副部级
粮食局	部委管理局	副部级
卫生监督中心	部内直属机构	—

其次是机构的独立性，即机构独立性越强，监管能力越强。主要体现在监管独立性、行业独立性和权力来源上，见表10。

表10　　　　　　　　　　各机构独立性一览

机构名称	监管独立性	行业独立性 宣传	行业独立性 辩护	权力来源 行政首长任命权	权力来源 机构职责决定权
环保部	单独进行监管活动	无	无	全国人大	全国人大及其常委会
食药总局	部分需要工商、质检部门配合	有	有①	国务院	国务院

---

① 参见国家食品药品监督管理总局．国内首家保健食品行业电子商务导购平台广东保健食品商汇正式上线［EB/OL］．(2013－08－28)［2014－08－31］http：//www.sda.gov.cn/WS01/CL0050/83569.html

续表

机构名称	监管独立性	行业独立性 宣传	行业独立性 辩护	权力来源 行政首长任命权	权力来源 机构职责决定权
质检总局	单独进行监管活动	无	无	国务院	国务院
安监总局	单独进行监管活动	无	无	国务院	国务院
中医药管理局	部分需要食药部门配合	有①	无	卫计委	国务院
民航局	单独进行监管活动	无	无	交通部	国务院
粮食局	部分需要食药、安监、质检部门配合	无	无	发改委	国务院
卫生监督中心	大部分需要食药、卫生部门配合	无	无	卫计委	国务院

机构职能一项，分为职能的统一性和权力的混合性。职能越集中行使，其监管能力越高。权力混合程度越高的，其监管可运用的资源就越高，体现了较强的监管能力，见表11。

表11　　　　　　　各机构职权一览

机构名称	职能集中性 是否承担该领域主要职能	职能集中性 是否单独承担该领域相关职能	权力混合性 规章制定权	权力混合性 行政执法权	权力混合性 司法权
环保部	是	否	有	有	无
食药总局	是	否	有	有	无
质检总局	是	否	有	有	无
安监总局	是	是	有	有	无

---

① 参加国家中医药管理局．关于表彰第四批全国老中医药专家学术经验继承工作、第二批全国优秀中医临床人才研修项目先进单位和优秀个人的决定［EB/OL］．2013［2014-09-01］．http://www.satcm.gov.cn/e/action/ShowInfo.php?classid=158&id=16917

续表

机构名称	职能集中性		权力混合性		
	是否承担该领域主要职能	是否单独承担该领域相关职能	规章制定权	行政执法权	司法权
中医药管理局	否	否	有限	有限	无
民航局	是	否	有	有	无
粮食局	是	是	有	有限	无
卫生监督中心	否	否	无	有限	无

机构控制分为内外控制，外部控制则采取对于各地方的监管信息获取情况，内部控制则基于机构是否设立了内部监督机构，见表12。

表12　　　　　　各机构内外控制情况一览

机构名称	外部控制		内部控制	
	是否有常态化各地监管信息直报	涵盖最低行政级别	是否有专门内部监督① 机构	监督机构领导是否为机构领导成员
环保部	是	地市级	是	否
食药总局	是	省级	否	否
质检总局	是	监测口岸②	是	否
安监总局	是	县区级	是	是
中医药管理局	否	—	否	否
民航局	是	省级	否	否
粮食局	否	—	是	否
卫生监督中心	否	—	否	—

第二，监管工具。本部分对与监管工具的衡量比较简单，主要体现在监

---

① 中纪委驻派机构不纳入考察范围。
② 因质检总局监管信息直报主要为各海关针对进出口相关信息的报告，故没有行政级别。

管工具使用数量和强度上，此外行政问责制体现在重大事故发生后的追责比率上。

政策评估工具①。各部门一般性监管工具使用情况见表13。

表13　　　　各机构监管政策评估工具使用情况一览②

机构名称	专家咨询	相关主体表达	参考国际标准	基于事实调查	总计
环保部	2	46	1	0	49
食药总局	2	54	0	0	56
质检总局	0	26	3	0	29
安监总局	5	73	9	0	87
中医药管理局	1	21	0	0	22
民航局	0	4	11	0	15
粮食局	0	17	0	0	17
卫生监督中心	4	26	0	0	30

遗憾的是，除了环境保护部所采用的环境影响评价工具以外，各个部门均没有引入以监管影响分析（RIA）为代表的专属监管政策的分析工具。2013年环境保护部使用该项工具共502次，不包含核与辐射的项目。

透明度与公众参与③。2013年总体来说，各部门该类工具的使用的数量还是较少，我国监管政策制定的透明度和公众参与度还有待提高。见图1。监管替代方案④。2013年总体来说，监管替代方案质检总局使用最多，安监总局其次，粮食局和环保部以及民航局再次，食药总局和卫生监督中心较少，中医药管理局2013年没有采用监管替代方案。见图2。行政简化工具是各部门在各个监管工具中所使用程度最高的工具，八个部门对于行政审批的"一站式"服务基本上可以确保流程规则清晰，材料提交一次即可。电子政府的回应性则有差异，见表14。

---

　①　资料来源：各机构网站。
　②　本表数据均来自公开的网站信息，专家咨询部分重点强调召开公开的专家咨询会评估政策，参与课题等形式的专家咨询由于难以通过公开的信息查阅到，故不在本数据统计之。
　③④　资料来源：同②，各机构网站。

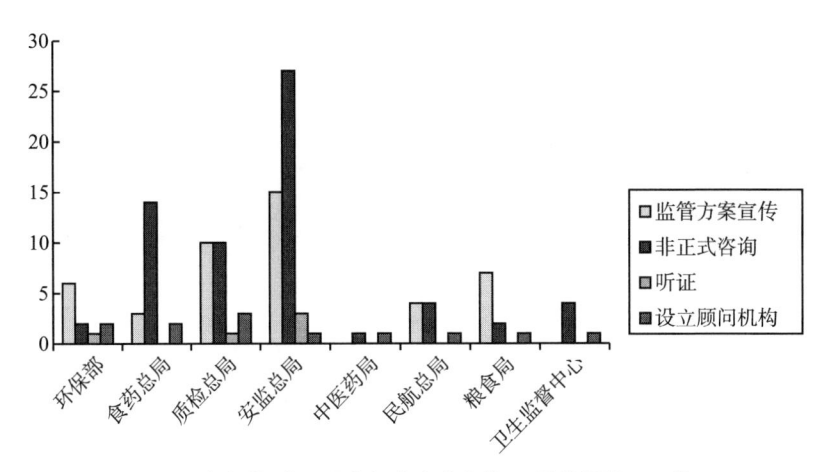

政府监管研究：理论综述、分类框架与能力评估 | 139

图1　各机构"透明度与公众参与"工具使用情况一览

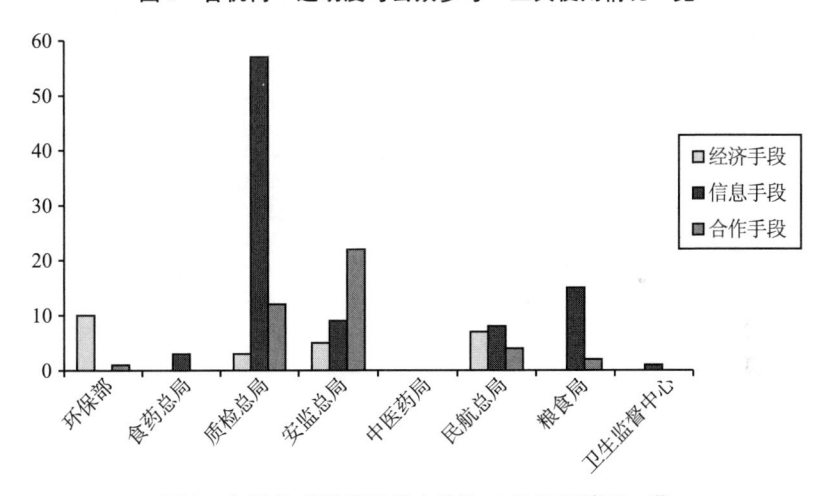

图2　各机构"监管替代方案"工具使用情况一览

表14　各机构政府信息公开情况①

机构名称	公布信息数	主动发布公文公告数	收到信息公开申请数	按规答复信息公开申请数
环保部	约12000	632	1076	1076
食药总局	4686	216	158	143
质检总局	7609	196	243	243

① 资料来源：各部门2013年政府信息公开工作年度报告。

续表

机构名称	公布信息数	主动发布公文公告数	收到信息公开申请数	按规答复信息公开申请数
安监总局	21211	337	50	32
中医药管理局	2057	250	2	2
民航局	1960	137	32	32
粮食局	2981	—	12	10
卫生监督中心	—	3	—	—

除了官方网站发布的信息外，质检总局还组织每月例行新闻发布会 12 次，专题新闻发布会 4 次，发布信息 80 篇；安监总局也举办了 2 场新闻发布会；卫生监督中心没有直接接收信息公开申请的权限。

行政问责制如表 15 所示。

表 15　　　　　各机构行政问责情况一览[①]

机构名称	整体事件数	重大（全国性）事件数	追责率
环保部	712[②]	15	100%
食药总局	—	33	100%
质检总局	—	0	—
安监总局	—	49	94%[③]（追责 46 起）
中医药管理局	—	0	—
民航局	10[④]	—	—
粮食局	—	4[⑤]	100%
卫生监督中心	22460	—	94%（追责 21125 起）[⑥]

---

① 本部分因各部门统计口径问题，只比较各自统计口径内的追责情况。
② 资料来源：2014 年环境统计公报。
③ 资料来源：2013 年全国安全生产工作情况。
④ 资料来源：2013 年民航业发展统计公报．通用安全事故。
⑤ 资料来源：新华网、人民网和中央电视台的相关报道。
⑥ 资料来源：中国卫生和计划生育年鉴 2014。

第三，监管政策。外部实施环境包括政治和物质支持层面。政治支持层面，采用高层关注频率和程度来进行衡量。① 而物质支持层面最为核心的是获得的财政支持和人力资源的支持，见表16。

表16　　　　　各机构监管政策外部实施环境一览

机构名称	政治支持②		财政收入③（亿元）	人员编制④（人）
	政治局成员作指示次数	党和国家领导人关注次数		
环保部	2	4	66.06	311
国家食药总局	7	10	24.74	345
质检总局	1	1	154.96	379
安监总局	8	13	49.04	208
中医药管理局	3	3	75.75	76
民航局	0	0	182.47	301
粮食局	7	7	5.93	75
卫生监督中心	0	0	17.63	—

政策文本内容。首先是可修正性，测量部门政策是否在政策执行的过程中对政策进行调整。其次是回应性，采用政策是否回应了当前的热点问题，改善了监管活动。如表17、表18所示。

表17　　　　　各机构法律法规政策修改一览

机构名称	法律法规	一般政策
环保部	2	0
食药总局	3	0
质检总局	4	0
安监总局	1	0
中医药管理局	0	0

---

①② 资料来源：新华网、人民网和中央电视台的相关报道。
③ 参见2013年度各部门决算。
④ 参见各机构主要职责内设机构和人员编制的规定（"三定"方案）。

续表

机构名称	法律法规	一般政策
民航局	0	0
粮食局	0	0
卫生监督中心	—	—

表18　　各机构回应性一览①

机构名称	2012~2013年焦点问题	回应措施
环保部	雾霾天气	《大气污染防治行动计划》等19条与大气污染防治相关的政策
食药总局	乳制品安全和添加剂使用	乳制品安全：无添加剂使用：2条
质检总局	H7N9输入性动植物疫病	检测技术更新
安监总局	煤炭安全生产	全国煤矿事故起数、死亡人数，下降22.5%和22.9%；煤矿百万吨死亡率，下降23%②
中医药管理局	无	—
民航局	无	—
粮食局	无	—
卫生监督中心	无	—

综合以上分析，八个机构各个指标的得分如表19所示。

表19　　我国社会性监管机构监管能力比较

一级指标	二级指标	三级指标	环保部	食药总局	质检总局	安监总局	中医药局	民航局	国家粮食局	卫生监督中心
机构建设	机构性质	机构级别	5	4	4	4	4	3	3	1
		机构独立性	5	2	4	4	2	3	3	1
	机构职能	职能集中性	4	4	3	5	2	4	5	1
		权力混合性	4	4	4	4	2	4	4	1
	机构运作	信息收集	4	3	3	5	1	3	3	1
		内部监督	3	2	3	5	2	2	3	1

---

① 回应性的测量主要是相关部门是否采取措施，包括制定法律法规，开展一系列的监管活动应对热点问题。由于中医药管理局、民航局、粮食局和卫生监督中心所对应的市场活动在2013年没有发生全社会关注的焦点问题，故无法测量其回应性情况。

② 资料来源：2013年全国煤矿安全生产情况。

续表

一级指标	二级指标	三级指标	环保部	食药总局	质检总局	安监总局	中医药局	民航局	国家粮食局	卫生监督中心
工具使用	政策评估工具	监管政策工具	5	1	1	1	1	1	1	1
		一般政策工具	4	5	3	5	2	1	1	3
	透明度与公众参与	监管方案宣传	3	2	4	5	1	3	2	1
		非正式咨询	1	4	3	5	1	2	1	1
		听证制度	2	1	2	3	1	1	1	1
		顾问机构设立	4	4	5	3	3	3	3	3
	监管替代方案	经济手段	5	1	2	3	1	4	1	1
		信息手段	1	2	5	3	1	3	4	2
		合作手段	2	1	4	5	1	2	2	1
	行政简化	一站式服务	5	5	5	5	5	5	5	5
		电子政府	5	3	4	2	3	3	2	1
	行政问责制	追责率	5	5		3			5	5
政策质量	外部实施环境	政治支持	2	4	2	5	2	3	3	1
		物质支持	4	3	5	4	3	5	1	2
	政策文本内容	可修正性	3	4	5	2	1	1	1	1
		回应性	5	3	4	2	—	—	—	—
总评			81	67	75	86	39	54	51	35

因此，从整体来看，国家安监总局的监管能力在所有中央社会性监管部门中最强，其次是环保部和国家质检总局，食药总局和国家民航局的监管能力在八个部门中属于中间水平，而国家粮食局和中医药管理局的监管能力则较低，卫生监督中心的监管能力较之国家粮食局更低。

基于上述研究，针对我国当前市场经济发展现状，特别是市场要素在资源配置中起到"决定性"作用，更需要加强监管以促进市场良性运作，防止市场失灵，维护人类健康、安全、环境等社会性监管价值和目标，因此监管部门在机构建设、工具使用和政策质量三个方面均应发挥历史路径的正效应，也需要利用外部"政策窗口"时机。只有如此，才能从根本上提升我国的社会性监管机构的监管能力，提高社会性监管体系的运行质量。

第一，监管机构能力建设受到其历史传统的重要影响，这启示我们以后在组建新的社会性监管机构，或者推广新的监管工具使用的时候，要特别注重对既有社会性监管机构历史发展传统的尊重与研究，做到在尊重不同监管机构的发展历史和监管文化的基础上，精细化、有差别地树立新的监管理念与文化。在组建新的社会性监管机构时，中央政府对这一机构的历史起点确定要有充分的认识，例如在建立之初就要考虑其行政级别和资源配备，否则到后面来调整就会存在一定的困难。

第二，在受到历史传统和外部环境影响的基础上，监管机构能力建设在本质上是由监管机构人员的理性选择逻辑来决定的，这也启示我们在加强社会性监管机构能力建设方面，需要充分了解和掌握监管部门的利益动机，并自觉地将这种利益动机纳入监管改革方案中予以考虑，同时聚焦于对监管部门人员的激励结构的有效设计上，使监管机构的部门利益选择，以及监管人员的利益动机能够在最大程度上与国家的整体公共利益相符合。

第三，监管机构能力建设与外部"政策之窗"所提供的政策机遇和环境密不可分，这启发我们在加强社会性监管机构的能力建设方面，需要善于利用正面或负面的政策之窗机遇，尤其是对于那些长期能力比较弱化的监管机构，更加需要通过利用已有的政策之窗，甚至人为创造的政策之窗来推动其能力建设的进程。当前我国社会性监管领域热点事件很多，社会民众也高度关注，这样的"政策之窗"机会角度，需要加以充分借用。

受到公开数据与研究时间的限制，本文研究的局限性也是十分明显的，所选取的数据主要是来自 2013 年的截面数据，其他年份的数据搜集尚存在一定困难或者空白，因此尚没有办法形成时间序列分析，需要在以后的研究中通过挖掘更多年份的数据来加以解决。同时，本研究对于公开资料的编码和分值计算结果的信度仍然有待提高，未来的研究可以在本文的基础上继续细化评估指标设置，从定性评估走向定量分析，科学设置指标权重，并扩展至对地方社会性监管能力的评估。

------参考文献------

[1] Margot Priest, W. T. Stanbury, Fred Thompson. On the Definition of Economic Regulation//W. T. Stanbury. Government Regulation: Scope, Growth, Process. Monetreal: Institute

for Research on Public Policy, 1980: 5

[2] P. W. J. Bartrip. State Intervention in Mid – Nineteenth Century Britian—Fact or Fiction. The Journal of British Studies, 1983, 11 (23): 63 – 83

[3] H. W. Arthus. Without the Law: Administrative Justice and Legal Pluralism in Nineteenth Century. Toronto: University of Toronto, 1985

[4] A. I. Ogus †. Regulatory law: some lessons from the past [J]. Legal Studies, 2010, 12 (1): 1 – 19

[5] Matthew D. Alder and Eric A. Posner. Cost-benefit Analysis: Legal, Economic, and Philosophical Perspectives. Illinois , Chicago: University of Chicago Press, 2001

[6] Christopher Hood and Oliver James. Regulation Inside British Government: The Inner Face of the Regulatory State. London: Department of Government, London School of Economics, Discussion Paper , 1996 (11)

[7] Majone G. From the Positive to the Regulatory State: Causes and Consequences of Changes in the Mode of Governance [J]. Journal of Public Policy, 1997, 17 (2): 139 – 167

[8] Braithwaite J. The New Regulatory State and the Transformation of Criminology [J]. British Journal of Criminology, 2000, 40 (2): 222 – 238

[9] Moran, Michael. Review Article: Understanding the Regulatory State. British Journal of Political Science, 2001 (32): 411 – 412

[10] Jordana, Jacint. The Politics of Regulation: [M]. E. Elgar, 2004: 8 – 9

[11] Lester M. Salamon, The Tools of Government: A Guide to the New Governance. [M]. New York: Oxford University Press, 2002: 117 – 186

[12] Peter N. Nemetz, W. T. Stanbury and Fred Thompson , Social Regulation in Canada: An Overview and Comparison with the American Model [J]. Political Studies Journal, 1986, 6 (4): 580 – 603

[13] Barry Mitnick. The Political Economy of Regulation [M]. New York: Columbia University Press, 1980

[14] Stephen Breyer. Regulation and Its Reform [M]. Cambridge: Harvard University Press, 1982

[15] Thomas K. McCraw. Prophets of Regulation [M]. Cambridge: Harvard University Press, 1986

[16] Ernest Gellhorn and Richard J. Pierce Jr. Regulated Industries in a Nutshell [M]. St. Paul: West Publishing Company, 1987

[17] Roger Sherman, The Regulation of Monopoly [M]. Cambridge: Cambridge University Press, 1989

[18] Cass Sunstein. After the Rights Revolution: Reconceiving the Regulatory State [M].

Cambridge: Harvard University Press, 1990

[19] Anthony Ogus. Regulations: Legal Form and Economic Theory [M]. Oxford: Oxford University Press, 2004

[20] Roger Sherman. The Regulation of Monopoly [M]. ambridge: Cambridge University Press, 1989: 3

[21] Stephen Breyer. Regulation and Its Reform [M]. Cambridge: Harvard University Press, 1982: 23 - 26

[22] Michael R. Darby and Edi Karni. Free Competition and the Optimal Amount of Fraud [M]. Journal of Law and Economics, 1973, 4 (16): 67 - 88

[23] Jill J. McCluskey. Game Theoretic Approach to Organic Foods: An Analysis of Asymmetric Information and Policy [J]. Agricultural and Resource Economics Review 29, 2000: 1 - 9

[24] W. Viscusi Kip, John M. Vernon, Joseph E. Harrington, Jr. [M]. Economics of Regulation and Antitrust. Boston: The MIT Press, 1995: 34

[25] George J. Stigler. The Theory of Economic Regulation [J]. Bell Journal of Economics, 1971 (2): 3

[26] Peltzman S. Toward a More General Theory of Regulation [J]. Journal of Law & Economics, 1976, 19 (2): 241 - 244

[27] Eckert R D. The Life Cycle of Regulatory Commissioners [J]. Journal of Law & Economics, 1981, 24 (1): 113 - 120

[28] Martimort D. The Life Cycle of Regulatory Agencies: Dynamic Capture and Transaction Costs [J]. Review of Economic Studies, 2010, 66 (4): 929 - 947

[29] Westfield F M. Regulation and Conspiracy [J]. J. Reprints Antitrust L. & Econ, 1965, 55 (3): 424 - 443

[30] Wilson G W. Railroads and Regulation, 1877 - 1916, by Gabriel Kolko [J]. Journal of Southern History, 1965, 20 (1): 230 - 242

[31] Posner R A. Theories of Economic Regulation [J]. Bell Journal of Economics & Management Science, 1974, 5 (2): 335 - 358

[32] James Q. Wilson. The Politics of Regulation [M]. New York: Basic Books, 1980: 357 - 394

[33] Marc T. Law & Gary Libecap. The Determinants of Progressive Era Reform: The Pure Food and Drugs Act of 1906, [EB/OL], 2004 [2008 - 09 - 25] http: //www. nber. com/books/corruption/law-libecap4 - 1 - 05. pdf

[34] Steven Kent. Freer Markets, More Rules [J]. 1998: 268

[35] James G. March and Johan P. Olsen. The New Institutionalism: Organzational Factors

in Political Life [J]. American Political Science Review, 1984, 11 (78): 734 - 749

[36] Brian Levy and Pablo T. Spiller. Regulations, Institutions, and Commitment: Comparative Studies of Telecommunications [M]. Cambridge: Cambridge University Press, 1996

[37] Black J. New Institutionalism and Naturalism in Socio - Legal Analysis: Institutionalist Approaches to Regulatory Decision Making [J]. Law & Policy, 2010, 19 (1): 51 - 93

[38] Hancher, Leigh. Capitalism, Culture, and Economic Regulation/ [M]. Clarendon Press, 1989: 292

[39] Doern G B, Wilks S. Regulatory Institutions in N. A [M]: University of Toronto Press, 1998

[40] Clifford D. Shearing. A Constitutive Conception of Regulation [G]//P. Grabosky, J. Braithwaite. Business Regulation and Australia's Future. Canberra, ACT: Australian Institute of Criminology: 67 - 79

[41] Glenn Morgan & Lars Engwall. Regulation and Organizations: International Perspectives [M]. London, New York: Routledge, 1999

[42] Colin Scott. Analysing Regulatory Space: Fragmented Resources and Institutional Design [J]. Public Law, 2001: 329 - 353

[43] Clifford D. Shearing. A Constitutive Conception of Regulation [G]//P. Grabosky, J. Braithwaite. Business Regulation and Australia's Future, Canberra, ACT: Australian Institute of Criminology, 1993

[44] G. Majone. Regulating Europe [M]. London: Routldge, Stephen Woolock. Competition among Rules in the Single European Market [G]//William Bratton. International Regulatory Competition and Coordination: Perspectives on Economic Regulation in Europe and the United States. New York: Oxford University Press, 1996: 289 - 322

[45] Gunther Teubner. Autopoietic Law: A New Approach to Law and Society [J]. Berlin: Walter de Gruyter, 1987

[46] W. H. Clune. Implementation as an Autopoietic Interaction of Autopoietic Organizations [G]//Gunther Teubner A. Febbrajo. State, Law and Economy as Autopoietic Systems: Regulation and Autonomy in New Perspectives, European Yearbook in the Sociology of Law. Milan: Giuffre, 1992

[47] Michael King (1993), Michael King. The 'Truth' about Autopoiesis [J]. Journal of Law & Society, 1993, 20 (2): 218 - 236

[48] P Wax PM. Elixirs, diluents, and the passage of the 1938 Federal Food, Drug and Cosmetic Act. [J]. Annals of Internal Medicine, 1995, 122 (6): 456 - 461

[49] McFadyen RE, Thalidomide in America: A Brush with Tragedy, Clio Medica, Vol. 11, Issue 2, 1976: 79 - 93

［50］Hood C. Explaining Economic Policy Reversals ［J］. Open University Press Howard Michael，1994：19 – 36；Richard A. Harris & Sidney M. Milkis. The Politics of Regulatory Change：A Tale of Two Agencies. New York：Oxford University Press，1996：18

［51］Martha Derthick & Paul J. Quirk，The Politics of Deregulation，Washington D. C.：Brookings Institution，1985：237 – 259

［52］Helen Wallace，William Wallace，Policy-making in the European Union. Oxford：Oxford University Press，1996：22 – 24

［53］Peter A. Hall，The Political Power of Economic Ideas：Keynesianism across Nations. Princeton，N. J：Princeton University Press：361 – 391

［54］马英娟. 政府监管机构研究 ［M］. 北京：北京大学出版社，2007：241

［55］OECD. Recommendation of the Council of the OECD on Improving the Quality of Government Regulation ［R］. Paris：OECD/GD，1995：8

［56］OECD. Regulatory Policies in OECD Countries：From Interventionism to Regulatory Governance. OECD Publishing：Paris，2002

［57］OECD. Responses to the Survey on Regulatory Capacities in OECD countries. OECD Pubilshing：Paris，2000

［58］Spencer Herbert. The Principle of Sociology ［M］. New York：D. Appleton Company，1925（1）：412 – 423

［59］Anthony Downs. Inside Bureaucracy ［M］. Boston：Little Brown，1967：43 – 44

［60］顾建光. 公共政策工具研究的意义、基础与层面 ［J］. 公共管理学报，2006（10）：58 – 61

［61］国家食品药品监督管理总局. 国内首家保健食品行业电子商务导购平台广东保健食品商汇正式上线 ［EB/OL］.（2013 – 08 – 28）［2014 – 08 – 31］http：//www. sda. gov. cn/WS01/CL0050/83569. html

［62］参加国家中医药管理局. 关于表彰第四批全国老中医药专家学术经验继承工作、第二批全国优秀中医临床人才研修项目先进单位和优秀个人的决定 ［EB/OL］，2013 ［2014 – 09 – 01］. http：//www. satcm. gov. cn/e/action/ShowInfo. php？classid = 158&id = 16917

--代表作品--

［1］刘鹏. 比较公共行政视野下的监管型国家建设 ［J］. 中国人民大学学报，2009，23（5）

［2］刘鹏. 西方监管理论：文献综述和理论清理 ［J］. 中国行政管理，2009（9）

［3］刘鹏. 中国食品安全监管——基于体制变迁与绩效评估的实证研究 ［J］. 公共管理学报，2010，7（2）

［4］刘鹏. 中国监管型政府建设：一个分析框架［J］. 公共行政评论，2011，4 (2)

［5］刘鹏. 从分类控制走向嵌入型监管：地方政府社会组织管理政策创新［J］. 中国人民大学学报，2011，V (5)

［6］刘鹏. 运动式监管与监管型国家建设：基于对食品安全专项整治行动的案例研究［J］. 中国行政管理，2015 (12)

［7］刘鹏，刘志鹏. 社会性监管机构的能力差异及原因——基于八个中央机构的定性评估［J］. 公共管理学报，2017 (1)

［8］刘鹏. 中国市场经济监管体系改革：发展脉络与现实挑战［J］. 中国行政管理，2017 (11)

［9］Liu P, Mcguire W. One Regulatory State, Two Regulatory Regimes: understanding dual regimes in China's regulatory state building through food safety［J］. Journal of Contemporary China，2015，24 (91): 119-136

［10］MA, Liang & Peng Liu, The missing links between regulatory resources and risk concerns: Evidence from the case of food safety in China［J］. Regulation & Governance，2017，07. https://doi.org/10.1111/rego.12160

迈向全面整合的政府绩效管理
——我国政府绩效管理制度的考察与反思

张 璋

> **摘 要:** 我国政府绩效管理包括对干部和公务员的政绩考核制度、对政府(部门)等机构的绩效管理、专项活动(政策)绩效管理和特定资源(财政)绩效管理等四类。随着时代的发展,在目标管理制度的基础上,一种新的全面性、全过程和全方位的政府绩效管理正在浮现。当前,我国政府绩效管理的模式主要有内控模式和外控模式。两种模式各有其优劣之处。为整合资源、综合两种模式优势,应建立全面整合的政府绩效管理制度。
>
> **关键词:** 政府绩效管理;绩效管理模式;内控;外控

建立高绩效的政府一直是政府组织管理的目标。在一定程度上,政府组织管理理论和实践的历史可以视为绩效管理的历史。自从20世纪70年代以后,由于社会复杂性增加带来的不可治理性,各国政府的公信力开始下降,政府的合法性受到质疑[1]。政府绩效的实现及其证明,更被视为其合法性建设的基本策略。是故,在综合行为主义和结构功能主义研究的基础上,绩效管理开始成为一项专门制度,而得以开发、探索,并最终在世界各国政府管理中兴盛起来。在当代,政府绩效管理被视为实施政府战略目标、实现有效控制、诊断政府运作状况、证明政府工作成效的利器,成为各国政府管理改革和创新的重要策略。

我国政府向来重视政府绩效工作。早在1942年,毛泽东在《抗日时期的经济问题和财政问题》的著名报告中,就提出精兵简政和统一指挥,以

---

[1] 周志忍. 当代国外行政改革比较研究[M]. 北京:国家行政学院出版社,1998:16

提高政府工作效能①。中华人民共和国成立后,"精简""效能""统一"成为我国政府组织管理的基本原则,贯穿于政府组织和人员管理的各个方面。改革开放以来,高效的政府机构一直是历届政府机构改革的基本目标。1999年,国务院第一次专门就行政效率改进问题下发了文件。2007年党的十七大及2008年党的十七届二中全会,明确提出了"推行政府绩效管理""建立科学合理的政府绩效评估指标体系和评估机制"的要求。2011年,国家在监察部设立绩效管理监察室,专门负责全国的政府绩效管理工作。同年,中央决定在农业部和北京市等部分中央部委、地方省市推行绩效管理试点工作。到目前为止,全国已有29个省(市、区)和新疆建设兵团开展了绩效管理工作。政府绩效管理已成为新时期政府自身改革和创新的新亮点,也成为公共管理及相关学科的热门议题。

本文的目的,在于总结我国政府绩效管理的范围、历程和特点,分析其当前面临的理论和实践问题,思考我国政府绩效管理未来发展方向。

一、我国政府绩效管理的基本范畴

探讨政府绩效管理,首先要弄清楚其基本范畴和表现。令人遗憾的是,"绩效"一词在我国政府管理领域具有广泛的应用,然而其意涵一直不甚明了。在理论上,政府绩效管理中的"绩效"究竟为何,目前尚未形成基本共识②。许多文献在探讨绩效管理时,均采用具有浓厚行为主义色彩的"performance management"一词,但一旦涉及中国政府的实际,大多将其与"目标管理"(management by objectives)混用。在实践中,虽然"政府绩效管理"越来越多地出现在党和政府的文件中,但对于其中的"绩效",一直缺乏规范的界定,绩效与"效能""效率"在很大程度上被交替使用(与绩效相关的词语还有"质量""效益""成效""效果"等)。

在一个高度重视意识形态的环境中,政府管理中语词的变迁本身就是一篇大文章,因为它可能意味着政府工作理念和价值、制度和模式、程序和步骤的重大转型。在本文中,我们无意进行这种探索,而将"绩效"一词流

---

① 毛泽东. 毛泽东选集(第3卷)[M]. 北京:人民出版社,1991,6(3)
② 杨杰,方俐洛,凌文铨. 关于绩效评价若干基本问题的思考[J]. 自然辩证法通讯,2001(2)

行的原因,归功于它与"效能""目标"或"效率"之类的词相比,更具有包容性和代表性。也就是说,我们现今所谓的政府"绩效",实际上是一个包含了"效能""目标"或"效率"等词语的意涵的综合性术语。它反映的是政府及其工作的各方面的状况,既包括组织又包括人员,既涉及能力又涉及活动,既涵盖过程又涵盖结果。"政府绩效"实际上是对"政府干得怎么样"的问题的总回答。

换言之,政府绩效指涉对政府及其工作状况的全面考察。这种全面考察,从实际操作来看,毕竟要分为各个层面、领域或环节才能够实现。从实践(而非逻辑)上看,政府绩效的管理工作主要分为以下几个领域:一是对政府机构的绩效管理工作。又可分为综合性绩效管理和专门性绩效管理,前者主要指的是一级政府对下一级政府或本级政府部门实施的较为全面的绩效管理,如对一级政府或部门的在推进经济社会发展绩效的管理;后者指的是由专门的机关对一级政府或部门的实施的个案式的绩效管理,如监察部门进行的效能监察。二是对政府人员的绩效管理,包括对领导班子、领导人员和一般工作人员的绩效管理。三是对政府专项活动(政策/项目)的绩效管理,如节能减排、移民、计划生育、扶贫、义务教育、信访等方面工作建立的绩效管理制度。四是对政府组织特定资源运用的绩效管理。其典型包括对财政、信息资源的管理。将上述绩效领域分类与政府体制结合起来,我们基本上可以得出政府绩效管理的主要类型(见表1)。

表1 我国政府绩效管理的主要类型

绩效管理类型		管理主体	管理对象	绩效领域	绩效目标
机构绩效管理	综合绩效管理	上级政府	下级政府	政府职责	经济社会发展(全面)
		本级政府	政府部门	部门职责	
	专门绩效管理	监察部门	一级政府或部门	部门职责	经济社会发展(个案)
人员绩效管理	领导绩效管理	领导干部管理部门	领导班子	机构职责和党务	经济社会发展(全面)与班子建设
			领导班子成员	工作职责	德能勤绩廉
	人员绩效管理	人事管理部门	一般工作人员	工作职责	德能勤绩廉

续表

绩效管理类型		管理主体	管理对象	绩效领域	绩效目标
专项活动绩效管理		职能部门	一级政府或部门	专项职能	政策目标
特定资源绩效管理	预算绩效管理	人民代表大会	一级政府	预算执行	预算执行情况
	财务绩效管理	审计部门	一级政府或部门	财务活动	财务资源使用的合法性和有效性
	财政支出绩效管理	财政部门	一级政府或部门	财政支出	财政支出产出和效果

二、我国政府绩效管理发展历程及现状

前述我国绩效管理的各项制度，分别在不同时期因不同机缘建立起来。例如，各级人民代表大会对政府财政预算的审查和预算执行情况的审议，在20世纪50年代我国建立人民代表大会制度开始即已实施。1982年《宪法》出台后，各级人民代表大会对本级人民政府的预算管理做到了制度化、常规化。进入21世纪后，随着民主法治的发展和人民代表大会制度的完善，对预算及其执行情况的审查越来越精细化、严格化。在财务绩效管理方面，1982年，国家建立审计署，各级政府也成立了相应的审计机构，负责对本级政府机关及其管理的企事业单位的财政支出活动及其他重要的财务活动进行审计，目前已形成了一般财政支出审计、专项审计和领导干部离职经济活动审计等绩效审计的基本框架。20世纪90年代以后，借鉴国外的政府绩效审计经验，审计部门开始探讨政府绩效审计，在国家治理的大框架下研究如何开展绩效审计工作。与此相适应，国家财政部门在21世纪初也开始探索实施财政支出绩效管理，对各级各类财政拨款单位的财政支出绩效管理的制度、内容、程序等进行了系统化和规范化管理。在人员绩效方面，党委组织部门和政府人事部门，根据各自职责管辖范围，对政府领导班子、领导成员以及一般工作人员进行了工作绩效考核。对于班子，已形成了以中组部"一个《意见》、三个《办法》"为基础的考核体系；对于领导干部和工作人员，形成了以"德、能、勤、绩、廉"为主要内容的考核办法，以及包括任职考核、平时考核、年度考核在内的一整套等考核程序。

在我国绩效管理历史实践中，最引人关注的莫过于当前国务院强调建立的综合性的"政府绩效管理"。这种目前尚处在试点阶段的制度，是在20世纪80年代地方各级人民政府实施的目标管理（考核）制度和各级监察机关实施的效能监察的基础上发展起来的。

（一）目标管理制度

目标管理（management by objectives，MBO）最早起源于企业管理领域。1954年，美国学者德鲁克（Peter F. Drucker）发表名著《管理的实践》，提出"结果导向的管理"的主张，并提出将目标作为指导和执行企业管理的手段。德鲁克的目标管理因其实用、简单，在短短的几十年间，已经被世界许多国家的政府、社会组织、企业等组织和部门广泛采纳和普遍使用，在整个管理领域产生了具有深远意义的影响。

在中国，目标管理作为一种管理实践的方法由来已久（计划经济时代的各种经济和社会发展规划和计划，实际上都可视为一种工作目标），但真正作为一种系统的管理模式而得以应用，却是在改革开放以后。从20世纪80年代后期以来，在"经济建设为中心"和"发展是硬道理"的旗帜下，国家开始了以"放权"和"让利"为主要内容的中央和地方关系、上级和下级政府关系的改革。在这种大刀阔斧的改革中，以前由中央（及其部门）或上级政府把握的经济和社会管理的权力（如物资权、规划权、建设管理权、户籍管理权、人事管理权、财政权、价格权等），被下放给地方和下级政府行使。同时，为了督促地方和下级的权力在经济社会发展中发挥作用，上级政府在经济社会各种发展目标的基础上，以一定时间（主要是年度）为单位，制定各级地方经济社会发展的具体指标，将其作为下一级政府或部门的责任，在特定阶段（主要是年度，也有半年或季度）对指标完成情况进行考核，并将考核结果与下级政府或部门领导干部的管理结合起来。这就是中国政府在最近的30年里实施的闻名遐迩的目标责任制。

目标责任制在我国政府管理中普遍实施，其范围涵盖省级及以下各级政府以及县级以上政府部门。从形式上看，目标责任制既包括领导任期责任制，也包括政府及部门年度工作目标责任制；既包括涵盖一级政府或部门所有职责范围内工作的责任制度，也包括某些专项工作（如植树造林、节能减排等）的责任制度。在当前的中国，政府如果想某项工作取得实效，最为基本的做法就是实行目标责任制，由上级和下级签订责任书的方式来予以保障。如果政府想宣示某些工作的重要性，最为常见的说法就是"将其纳入目标考核"之中。

目标责任制为何在中国政府管理中如此普及？其主要条件和原因在于：一是有意识形态的支持。邓小平同志所言的"不管白猫黑猫，抓住老鼠就是好猫"中所体现的现实功利主义，与目标责任制中的"以成败论英雄"的逻辑是一致的。二是有传统做基础。20世纪80年代初期，我国即在农村和城市工厂中实施了承包制。在某种意义上，目标责任制度只不过是承包制在政府管理中的翻版和改良。所不同的是，农村和工厂承包者的动力来自上缴剩余的经济利益，而目标责任制中领导的动力来自人事升迁上的奖赏。三是符合国际潮流。改革开放后，我国不仅注意吸收外来的资金和技术，也注意引进外面的"先进"管理。而目标管理恰恰在70年代和80年代于西方企业乃至公共部门中流行。四是目标管理简单易用，同时受到上级和下级的欢迎。它对管理者的要求不高，只要实现下达指标、然后考察即可；同时，由于将目标管理具体实施的权力下放给了下级，相对于全面计划管理时期而言下级具有了空前的权力空间，因而具有积极性。五是有相关制度的配合。尤其是90年代后我国干部人事制度的改革，在对公务人员"德、能、勤、绩、廉"五项内容的考核中，强调"以绩为主"，为目标责任制的实施提供了强大的动力机制。

目标管理制的实施，为政府管理的层级控制提供了一个总开关。各级各类政府部门的真正关切和工作内容，全部都围绕着目标的实现。因而，目标管理也是我们了解改革开放后我国政府机关运作的关键。然而，目标管理并不是解决一切问题的灵丹妙药。事实上，理论界长期存有一种观点，认为政府工作本身就具"非生产性"，从而天生的与目标管理相冲突。这种观点的具体论据包括：

（1）政府工作受财政上的"软预算"约束，没有成本底线；
（2）政府工作产出具有长期性、多样性和无形性，有时无法测量；
（3）政府工作受程序、法规的制约大，有时以效率牺牲作为前提；
（4）政府工作是以分部化方式实施的，部门工作目标难以体现；
（5）政府工作受民主、公平、仁爱等价值主导，存在多种目标；
（6）政府工作以日常职能履行为基础，目标可能很模糊。

这些观点并非吹毛求疵。在实践中，我们发现目标管理并不一定适用于所有政府部门的所有工作。当目标责任制度作为基本制度在政府部门实施后，就会出现以短期目标取代长期目标、以部分目标取代整体目标、以显性目标取代隐性目标、以经济目标取代社会目标等现象。调查中发现，对当前政府或部门工作的一些偏差，如政绩工程、破坏环境、轻视发展可持续性、忽视人民幸福等，其实政府或部门首长和工作人员的认识是非常深入、清楚的。但目标责任就是指挥棒，社会发展中那些重要的但又表现为长期的、潜在的、全面的和无形的方面，基本上无法纳入政府目标责任体系之中，所以大家也就"明知故犯"了。

需要指出的是，目标责任制在我国政府中普遍实施，已有 30 余年。对其中存在的弊端，相关方面也做出一些改进措施。厄其要者有三：一是改进目标责任体制中考核指标的设计理念，以科学发展观和服务型政府、依法行政等理念统领考核内容及其权重的设计，增加绿色 GDP、居民收入、社会稳定乃至人们感受等方面的内容和比重。二是改变考核方法，增加了群众评议政府的新方式。群众评议政府最早来源于 20 世纪 90 年代山东省烟台市实施的社会服务承诺制度。这种借鉴英国"公民宪章运动"的制度，在 1996 年开始在全国范围和多个行业推开。受此影响，1998 年，沈阳市开展了"市民评议政府"，随后，珠海、杭州等地先后开展了类似活动。2001 年，南京市组织的"万人评议政府"活动，直接对得分靠后的部门负责人进行诫勉谈话，标志着群众评议政府正式成为政府目标管理的内容。这种方式，将数量化的指标考核与民主测评和民意测评结合起来，将客观的业绩与群众的主观感受结合起来，增加目标考核中"人"的成分。三是将目标责任考核的期限拉长，如将年度考核结果与三年内的考核综合起来平均，以防止工作的短期效应等。所有这些，在一定程度上改进了目标管理的质量。但鉴于政府工作的规范性和"非生产性"，目标责任制在政府管理中的一些限制并未根本上消除，除非从根本上改变它。

（二）效能监察制度

"效能监察"的概念是在 20 世纪 80 年代才提出来的。1986 年 12 月第六届全国人民代表大会常务委员会决定恢复行政监察体制，组建监察部。当时行政监察的职能主要定位在廉政监察，具体工作方式是查办经济工作中的大案要案。在此后的几年中，时任监察部领导的尉健行同志借鉴东欧社会主义国家监督检查政府工作效率的一些经验，根据我国政府管理中的"效能"

概念，提出了"效能监察"这一概念。1990 年，我国《行政监察法》出台，第一次将提高效能作为行政监察工作的目标①。由此，效能监察开始成为监察机关的主要职责，与廉政监察置于同等重要的地位。

所谓效能监察，指的是国家监察机关对国家行政机关及其工作人员，以及由行政机关管理的其他企事业单位及其工作人员的工作的成效实施的监察。效能监察的立足点是国家行政机关效能，但从实践看，由于行政机关的"非生产性"，其效能表现具有长期性、多样性和模糊性，很难进行界定。因而，我国的行政效能监察主要从企业效能监察汲取经验，将行政机关的效能监察集中于那些经济性较强、经济效果比较突出的行政活动。通过对行政决策和管理活动的经济成效的考察，来发现行政机关违反法规制度的线索，通过案件查处的方式对当事机关和人员进行处理，通过效能监察建议书的方式对行政机关的效能改进提供建议。

效能监察的最突出特点主要体现在以下方面：（1）效能监察主要以案件查处的方式进行，具有强大的威慑力，从而形成行政机关优化管理、提升绩效的强大动力机制。（2）效能监察属于事后管理，其对行政机关的促进作用主要体现在事后的纪律处理所形成的倒逼机制。（3）效能监察以个案的方式进行。由于监察机关的精力所限，国家监察机关往往根据国家的年度工作重心和其他要求，对重点机关（人员）的主要工作事项进行效能监察，绩效监察尚不能达到普遍化、常规化和全覆盖。（4）效能监察属于外部管理，是专门监察机关依据行政监察权进行的。而我们一般所谓的绩效管理，主要是依据一般管理权进行的内部管理行为。

经过二十多年的发展，行政效能监察取得了丰硕成果：效能监察的概念深入人心，大案要案的处理极大地促进了重点单位和重点工作绩效的提高，效能监察也初步形成了制度体系。然而，行政机关绩效的特殊表现形式以及监察机关特定的职权及其履行方式，制约着行政效能监察的成效。主要是：（1）行政效能监察属于事后管理，案件即使查处，有时也难以挽回损失。因而，客观上需要将管理的关口前移。（2）行政效能监察属于行政监督行为，客观上面临着与机关内部的业务工作之关系的处理问题。这使得行政效能监察很难做到日常化和全覆盖。（3）行政机关的效能具有长期性、无形

---

① 在我国的法律中，提到行政效能的还有：《公务员法》第一条："提高工作效能"，《行政许可法》第二十五条："根据精简、统一、效能的原则"。

性和多样性，使得行政效能监察只能抓住那些效能易于表现的部门和工作。对于大量常规性工作，行政效能监察很难奏效。（4）对具体行政机关而言，行政效能监察属于外部监督，机关内部往往会形成"抵制监察"的文化，从而抵消行政效能监察的效果。

针对这些问题，国家监察部门也做了一些有益的探索和尝试。突出的有三个方面：一是福建省在 20 世纪 90 年代开始，探索将在监察的基础上实施行政效能建设，在行政监察机关内部设立行政效能投诉处理机制，以公民、企业的效能投诉为突破口，发现行政机关效能问题，并用监察的手段予以处理。目前，福建的经验已经推广到全国。效能投诉处理成为新时期行政效能监察的重要组成部分。二是监察部门委托部分学者对效能监察的新形势进行研究和探索。其中，中国人民大学课题组采用全面质量管理的有关原理，创造性地提出了"行政效能保障体系"的概念，试图通过一整套管理措施来保障行政效能的水平，并为行政效能监察提供事前监察的依据。该课题组的成果曾在山东省济宁市和河南的南阳油田试行，但全国并未推广。三是运用新技术改进监察效果。典型事例就是深圳市运用现代 IT 技术，将行政部门的审批和服务事项处理过程上网，监察部门通过网络对其处理过程进行监督。

上述探索，在一定程度上改进了行政效能监察的方式和效果，但整体而言，内容和标准难以确定、难以实现常规化和全覆盖、难以将事后监察与事前和事中的管理结合起来这些，这些行政效能监察的难题并未从根本上得以解决。

（三）政府绩效管理制度

前述分析表明，中华人民共和国成立以来，尤其是改革开放以后，我国实际上存在着不同类型的绩效管理制度。1998 年以后，我国政府改革进入了一个新的阶段。政府的工作理念、职能定位、组织机构和人员队伍建设出现了新局面，原有的管理模式不再适应时代的需要。新的政府绩效管理开始浮现。

促成政府绩效管理出现的关键因素，首先，科学发展观理论统领下政府工作新理念的提出。党的十六大以来的中央领导集体提出的科学发展观，将我国社会主义事业发展战略由"又快又好"改为"又好又快"，为我们反思之前我国包括政府工作在内的各项工作偏差提供了新的坐标。在其参照下，既有的目标责任制、效能监察制、财政支出和财务绩效管理中强调经济和发展速度、忽视社会全面长远健康发展的限制凸显。其次，科学发展观也为政府在经济社会发展中的角色定位提供了新的方向。在其指导下，有限政府、服务政府、责任政府、法治政府等一些新的政府目标模式被提出，公共服务和社会管理方面的职能空前得以强化。这在客观上要求我们在管理上开发出一种新的工作"抓手"，来推动政府模式的成功转型。最后，政府自身管理内部开始转型。1998年国务院机构改革，提出了"建立办事高效、运转协调、行为规范的政府行政管理体系。完善国家公务员制度，建设高素质的专业化行政管理队伍"的新目标。此后的2003年和2008年两届政府机构改革，一直坚持机构和人员队伍建设这两个方面的目标。这意味着，与以前"发展是硬道理"逻辑下的强调政府产出的管理相比，我国政府管理开始"向内看"，重视通过优化自身管理、强化组织和人员队伍建设来为高绩效的产出提供组织和过程上的保障。

正是在这种背景下，一种新的我们称之为"政府绩效管理"的管理模式开始出现。据考，"绩效"一词在中央政府文件中最早出现于2004年国务院颁布的《全面推进依法行政实施纲要》中："要积极探索行政执法绩效评估和奖惩办法"。2005年，国务院在《2005年工作要点》中提出要"探索建立科学的政府绩效评估体系和经济社会发展综合评价体系"，绩效评估开成为各级政府的正式工作内容。需要注意的是，国务院将"绩效评估体系"与"经济社会发展综合评价体系"并列，这意味着当时中央管理层尚将政府绩效管理与目标责任制视为两种不同的管理制度。到了2008年2月，中共七届二中全会做出的《关于深化行政管理体制改革的意见》中明确指出，要"推行政府绩效管理和行政问责制度。建立科学合理的政府绩效评估指标体系和评估机制。"这里面，就没有再提"经济社会发展综合评价体系"，表明"政府绩效管理"已成为新时期政府关于绩效方面的基本管理制度。

作为新时期政府管理的基本制度，政府绩效管理实际上综合了以往实施的目标管理、干部绩效考核和行政效能监察等方面的有益成分，同时避免其他制度的弊端。根据现有的学术研究和实践探索（尤其是2011~2012年全国绩效试点工作的整体安排），政府绩效管理的意涵应主要包括以下几个方面：

其一，政府绩效管理是全面性的管理框架。所谓"全面性"，指的是政府绩效管理制度囊括所有的政府及其部门的所有人员的所有活动。以前政府机构、人员、职责履行、财政资源等方面的分项绩效管理，现在在政府战略目标的指导下，按照"政府绩效管理"的大制度框架，各司其职，相互配合，以实现全面保障和提升政府绩效的目的。

其二，政府绩效管理是一个全过程的管理框架。正如前面界定的，"绩效"反映的是政府及其工作的全面情况。因而，它既包括政府机构的素质和能力准备，也包括工作的过程（包括各项资源的运用），还包括政府工作的产出和成果。就此意义而言，政府绩效管理的哲学基础不仅要体现"结果导向"，还要体现"过程导向"；政府绩效指标的内容，不仅包括预定目标的达成，也要包括为实现目标所做的组织准备和管理活动过程；政府绩效考核结果，不能"以成败论英雄"，还要体现"付出就有回报"的激励原则。

其三，政府绩效管理是一个全方位的管理框架。所谓"全方位"，指的是政府绩效管理要能全面体现政府工作的价值基础和战略目标。绩效管理的目的，不仅要能持续不断地提升政府绩效，还要让这种绩效能真正能体现政府服务对象福利的增加。就此而言，政府绩效管理不仅仅是一种内部控制行为，还要将其所应担负的外部责任嵌于其中。借此，政府体制外的社会行动者（如人民群众、公共舆论、企业、社会组织等）也应在政府绩效管理中具有相应的地位，发挥一定的作用。

三、当前我国政府绩效管理的主要模式

作为一种新的政府管理制度，政府绩效管理在中央层面受到重视仅仅是近些年的事情。从全国范围上看，我国政府绩效管理制度目前尚处于试点阶段，因而，现在探讨所谓的"绩效管理模式"的问题可能为时尚早。然而，正如我国其他领域的改革一样，在中央正式开展之前，一些部门、一些地区早就进行了绩效管理的实践探索，在对政府绩效管理规律之正确认识的基础上，形成了具有鲜明特色的成果。这些成果对于今后我国政府全面展开绩效管理，具有重要的经验借鉴意义。然而，是不是所有的实践成果都能概括成"模式"，对此要提出大大的疑问。

关于政府绩效管理模式的问题，有学者进行过较为深入的研究，并提出了如"福建模式""青岛模式""杭州模式""甘肃模式""厦门模式""珠

海模式"等典型①。本文认为,研究政府绩效管理的"模式",首先仍当明确"模式"的标准。综合前述学者的论述和做法,我们认为,所谓政府绩效管理模式,应当符合以下几个标准:一是具有坚实的理论基础和鲜明的理念指导。"模式"的特点是具有规律性,是各个要素和环节的特定组合。这种组合之所以能够以此种而非彼种方式组合起来,最为重要的是它受某些特定价值观的指导。在某种意义上而言,一种模式就是要实现一种主观要求而创建的工具。因而,能够称之为"模式"的政府绩效管理活动,一定在价值理念之鲜明旗帜的指导之下。同时,这种组合也应当能够符合理论上的因果链条,符合理论所揭示的事物之间的本质联系,故能得到理论的解释和支持。二是体现绩效管理的本质和要求。诚如学者所言,政府机关的任何活动,都将绩效作为自己的追求,但不能反过来认为政府机关的任何活动都是绩效管理活动。我们所言的绩效管理,是一个特定的范畴,有其特定的因素(如管理主体、管理对象和管理方式)、特定的环节(如绩效战略和目标、绩效计划、绩效指标、绩效实施、绩效评估和评估结果运用)和特定的技术手段(如战略制定、测量技术、绩效沟通等)。能够称得上"模式"的绩效管理制度,应当具有这些基本的要件。三是具有实践上的独创性、持久性和影响力。这是"模式"的实践要件。舍此,模式就无创建、总结的必要。

从上述三个标准出发,纵观地方政府和中央部门绩效管理的实践活动,我们认为,当前我国政府绩效管理模式主要有内部管理模式和外部管理模式两种。其中,内部管理模式的主要立足点是政府组织体系内部,为了实现政府组织运转的高效,由内部具有管理权的当局发起,将一个阶段的政府组织战略目标分解成主要的工作目标,按照组织内的纵向等级和横向部门的职责分工体系,确定各个机构的阶段性工作目标以及指标体系,然后由发起单位组织对各机构工作目标的实现情况进行考核,在考核结果基础上采取财政或人事上的激励约束措施,从而促进各个机构不断改进和提升工作绩效。外部

---

① 包国宪,董静. 甘肃模式——第三方评价政府绩效的实践探索 [A]. "构建和谐社会与深化行政管理体制改革"研讨会暨中国行政管理学会 2007 年年会论文集 [C]. 2007. 周志忍. 我国政府绩效管理研究的回顾与反思 [J]. 公共行政评论, 2009, 2 (1): 34-57;周志忍. 效能建设:绩效管理的福建模式及其启示 [J]. 中国行政管理, 2008 (11): 42-47;蓝志勇,胡税根. 中国政府绩效评估:理论与实践 [J]. 政治学研究, 2008 (3): 106-115;吉鹏,王跃. 地方政府绩效的外部评价——南京市万人评议政府模式的研究 [J]. 云南行政学院学报, 2006, 8 (6): 81-83.

管理模式的主要立足点是政府组织体系外部，为了保证政府工作的社会效果，各个机构按照规范要求，确定自己的服务对象、领域和标准，由其服务对象对各机构的服务过程和效果进行评价，形成外部舆论压力，促使各个机构不断改进和提升工作绩效。

两种模式的基本特点如表2所示。

表2　　　　　　　　　　绩效管理的两种模式

相关要素	内部管理模式	外部管理模式
管理理念	办事高效的政府	人民满意的政府
理论基础	科层制理论	委托—代理理论
主导者	内部	外部
权利/权力依据	管理权	参与权、监督权
绩效目标	战略目标	需求满足
绩效领域	职责履行	公共服务
动力机制	人事/财政资源分配	公共舆论
实践典型	国家农业部	甘肃市、厦门市、北京市顺义区

区分内部管理模式和外部管理模式，最重要的有三点：一是在施政理念上，内部管理模式的目标在于优化政府自身管理，提高其工作绩效。其着眼点在于政府绩效本身；而外部管理模式的宗旨则在于提升政府工作对公众福利的增进效果，将焦点置于政府绩效的社会分配效应。就此而言，内部管理模式遵循的是工具理性，强调高绩效的政府如何得以实现；外部管理模式则依据价值理性，强调政府绩效在满足多元社会价值过程中的积极作用。二是在理论和体制上，内部管理模式在现代政府循环式民主的假设前提下，以科层制理论为基础，由内部领导机构按照管理权限对所属单位和人员实施绩效管理；而外部管理模式则以政府管理实际存在"委托—代理"问题为前提，强调由政府的委托人直接对政府绩效进行管理。三是在动力机制上，内部管理模式依据的是政府组织管理权，其最终必然通过差异性的资源分配政策来调动机构的积极性；外部管理模式依据的是对政府工作的参与权和监督权，其对机构绩效改进的动力则依靠舆论、投诉、表扬以及由此引起的政治压力来实现。

在理论上，两种模式各有优劣：内部模式在信息的获取、权力保障、绩效偏差的纠正等方面具有优势，但在立场的偏差、动力的维持等方面会存在一定的问题；外部模式在立场的公正性、价值和观点的多元性以及绩效管理的社会效果方面具有优势，但在信息不对称、损坏行政工作专业性等方面会存在一定问题。一般而言，越是处于政府/社会接触面的行政机关及其工作（尤其是服务窗口单位），外部模式的效力越强；而那些层级较高、政治职能强且与社会接触较少的机关，内部模式可能更加适合。

在实践中，国外政府绩效管理内部模式的典型是克林顿政府时期美国联邦政府机构的绩效管理，外部管理模式的典型是英国撒切尔时期以"公民宪章"为代表的政府绩效管理。在我国，由于我国政府绩效管理较西方起步稍晚，因而，在开展绩效管理工作时同时学习了英国和美国的做法，所以在绩效管理模式上具有一定的综合性。大多数政府及部门在实施以目标责任制为代表的内部绩效管理模式过程中，也逐渐介入了群众评议机制。但是，从整体特征看，仍然可以提炼出两种模式的典型代表。

其中，内部管理模式的代表以农业部最为突出。农业部是中央政府组成部门之一，2010年开始实施绩效管理。虽然起步较晚，但发展较快，具有"高起点、快步走"的特征。在部主要领导的推动下，农业部党组成立绩效管理工作领导小组，由部党组副书记兼副部长任组长，成员包括部分其他部领导、办公厅主任、人事司长、机关党委书记、驻监察局局长等。领导小组下设办公室，具体负责绩效管理工作的组织、实施。在部属各个司局，也成立相应的机构，负责本司局的绩效工作。部领导小组成立后的第一件事，就是研究制定了《农业部绩效管理办法（试行）》以及相应的细则，作为农业部绩效管理工作的基本规则。按照《农业部绩效管理办法（试行）》及其相关规则，农业部建立了包括"绩效计划—绩效实施—绩效考核—绩效结果运用—绩效报告"等环节的完整的绩效管理流程，采用了一套以部门履职为主体，涵盖党务、监察、依法行政等方面工作的绩效目标和指标体系，采取了以客观数量化评分为主，领导、司局自身和专家评分相结合的评估方式，详细规定了绩效考核结果在人事管理等方面的运用。农业部绩效管理的特色还在于坚持将绩效改进作为绩效管理的重心：要求各司局每年确定一至三个管理中的难点、重点或热点，分析风险，明确改进措施，并将其结果纳入绩效考核体系；在绩效管理过程中，注重领导小组与司局单位的沟通，以帮助司局在绩效实施中不断解决问题；注重绩效报告的写作与分析，强调绩效报告在绩效改进中的指导作用。农业部的绩效管理工作体现了现代绩效管理的全面性、全过程和全方位等特征，具有规范化、科学化和精细化的特征，开展后很快就成绩斐然，获得了中央的认同和表彰。

与内部管理模式相比，外部管理模式的代表不甚突出。其中，南京市、福建省和甘肃市的做法分别体现了外部管理模式的特色。南京市在绩效管理中，将政府系统以外的社会群体（人大和政协代表、人民群众、企业代表）作为绩效评估的主体，由其直接对政府部门进行打分，并将各部门的得分与部门领导的任职结合起来，具有显著的效力。福建省的做法是将民众对政府工作的投诉作为绩效管理的重要组成部分，以解决群众投诉为契机，行政监察部门对政府及其部门工作的绩效问题及其改进进行干预，对行政机关绩效的实质性改进具有显著成效。甘肃市的做法是由社会专门性组织对政府绩效进行评价，并由政府按照管理权限在社会评价的基础上进行相应的管理和督促。

四、建立全面整合的政府绩效管理模式

综上所述，政府绩效管理是新形势下政府管理现代化的重要组成部分，是一个全面性、全过程和全方位的管理框架。我国政府绩效管理，在历史发展过程中，依据政府管理体制，形成了一个既包括综合性机构绩效管理又包括专项性的人员、机构和项目绩效管理；既包括强调机关管理权的内部绩效管理又包括强调公众外部监督权的外部绩效管理；既包括涵盖一般性工作的普适性绩效管理又包括涵盖特定工作的个案式绩效管理。这种局面，在理论上是多元、互补因而是有效的，但在实践中则可能由于各自实施的机关体制不同、强调的宗旨和标准不同，以及运用的程序和要求不同，彼此之间可能会产生歧义、冲突，从而产生不好的效果。为此，应当在国家统一要求建立政府绩效评估制度并建立了统一的领导和工作机构之际，利用好政策要求和工作机制这两个有效平台，对我国政府绩效管理制度进行整合、充实和改进。

第一，应做好顶层设计，搭构好我国政府绩效管理的制度平台。我国是单一制国家，在行政上具有较强的集中、统一管理的传统。应当发挥这个体制优势，在全国政府绩效管理部际联席会议以及监察部绩效管理监察室的领

导和组织管理下，深入研究现代政府绩效管理的一般规律，探索建立我国政府绩效管理的通用框架，制定我国政府绩效管理的基本制度、法规体系，并自上而下地建立组织和工作机制。以政府绩效管理的大框架，来整合和改进当前的目标管理、效能监察、政府审计、干部人事管理和财政管理等方面的绩效工作。

第二，做好体制调整，解决目前存在的各自为政、配合不够问题。当前，最需要整合的：一是针对机构的绩效管理与针对人员的绩效管理的范围问题（根据干部管理的有关制度，"绩"只是干部考核的一项制度而已）。二是针对机构全面职责和针对专项政策/项目管理的政府绩效管理范围问题。三是注重全过程和一般事项的绩效管理与注重事后和个案的绩效管理（尤其是政府审计和行政效能监察）。四是对机构人员的绩效管理和针对财政资源的绩效管理之间的协调问题。

第三，根据现代管理理论和实践发展规律，切实解决好目前政府绩效管理实施中的一些偏差。具体包括：一是应改变政府绩效管理中重视结果、忽视过程，重视有形目标、忽视全面结果，注重短期成效、忽视长远发展的局面；二是应改变绩效管理中重视机关内部管理、忽视外部管理的做法，根据机关的特点和工作规律，适当地将外部管理和内部管理结合起来；三是应改变政府绩效管理中重视自上而下的权力运用、忽视自下而上的绩效动机，重视绩效管理活动、忽视绩效改进文化，重视考核及其结果运用、忽视实施以及不断改进的做法，促成行政机关持续改进和提升绩效的制度建设、文化建设。

参考文献

[1] 周志忍. 当代国外行政改革比较研究 [M]. 北京：国家行政学院出版社，1999：16

[2] 毛泽东. 毛泽东选集. 第3卷 [M]. 北京：人民出版社，1991，6 (3)

[3] 杨杰，方俐洛，凌文铨. 关于绩效评价若干基本问题的思考 [J]. 自然辩证法通讯，2001 (2)

[4] 包国宪，董静. 甘肃模式——第三方评价政府绩效的实践探索 [C]// "构建和谐社会与深化行政管理体制改革"研讨会暨中国行政管理学会2007年年会. 2007：1576 – 1577 – 1578 – 1579 – 1580

[5] 周志忍. 我国政府绩效管理研究的回顾与反思 [J]. 公共行政评论，2009，2

(1): 34-57.

[6] 周志忍. 效能建设: 绩效管理的福建模式及其启示 [J]. 中国行政管理, 2008 (11): 42-47.

[7] 蓝志勇, 胡税根. 中国政府绩效评估: 理论与实践 [J]. 政治学研究, 2008 (3): 106-115.

[8] 吉鹏, 王跃. 地方政府绩效的外部评价——南京市万人评议政府模式的研究 [J]. 云南行政学院学报, 2006, 8 (6): 81-83.

---------------------------------代表作品---------------------------------

[1] 张璋. 政府绩效评估的元设计理论: 两种模式及其批判 [J]. 中国行政管理, 2000 (6): 46-49.

[2] 武玉英, 张璋. 我国政府绩效指标设计的几个基本取向 [J]. 中国行政管理, 2007 (5): 35-37.

[3] 张璋. 复合官僚制: 中国政府治理的微观基础 [J]. 公共管理与政策评论, 2015, 4 (4).

[4] 段刚, 武玉英, 魏晓明, 等. 结果导向的公务员绩效考核——以北京市规划委员会昌平分局为例 [J]. 第一资源, 2014 (5).

[5] 张璋. 基于央地关系分析大国治理的制度逻辑 [J]. 中国人民大学学报, 2017, 31 (4): 89-98.

社会公共安全的属性分析和治理策略

唐 钧

> **摘 要**：全球的社会公共安全治理普遍面临危机突发、危机异化、危机固化的困境。改革开放40年的经验和成果表明：为应对上述困境，社会公共安全应实施基于三重属性的全方位治理策略：针对危机突发，明确目标、灾前预防、灾后处突，践行基于风险属性的"危机防治"；针对危机异化，"上游"确权定责、"中游"监管调解、"下游"秩序管理，优化基于公共属性的"危机善治"；针对危机固化，整体上构建国家战略、局部中布局区域规划、节点里落实制度环境，完善基于社会属性的"危机根治"。
>
> **关键词**：社会公共安全；风险治理；风险防控；总体国家安全

改革开放40年间，我国的社会公共安全治理实践，经历了从主要应对人财损失向全面治理人财损失、秩序破坏、负面影响的转变，从事后被动应急向事前主动防范风险的转变，从重点关注自然灾害向全方位治理自然灾害、人为损害、社会环境等风险因素的转变。到今天，面临全球普遍存在的难防难控致危机突然爆发、人为灾难致危机异于常态、难以根除致危机顽固频发的三重困境，社会公共安全应在改革开放40年的经验和成果基础上，从属性分析的视角深化研究，并在问题的实质性层面落实全方位的治理方略。

一、社会公共安全的危机突发、风险属性与危机防治

社会公共安全的不确定性易导致"危机突发"；但社会公共安全具有风险属性，风险源的生成、危机的兑现、演变的连锁反应等具有风险规律，可就此开展全方位的危机防治。

(一) 社会公共安全的"危机突发"

社会公共安全的"危机突发"是指：由于社会公共安全风险具有不确定性，即变动性和相应的"不可预知性"和"不可控性"，导致一定程度上的难识别和难应对，因而呈现出危机突然爆发和难防难控的局面。

社会公共安全的"危机突发"源于风险的不确定性，具体表现为三种特征：一是风险源繁多、动态变化、交互融合，具有复杂性与变动性；二是风险演变的速度快、势头猛、机理多、路径复杂，具有连锁反应和难以干预控制的特点；三是风险的消除、降级、阻止升级等风险应对的任务繁重，具有艰巨性和长期性。

社会公共安全的"危机突发"，主要表现为两种状况：一是特定风险源演变的不确定性，导致未被识别或监测存在误差的风险，突然转变为危机；二是风险升级的不确定性，中低危风险突发升级为高危风险，导致危机突然爆发。

表1表明：近年来全国以地震灾害为代表的自然灾害呈现出易发多发、不确定性强等"危机突发"特征，几乎逐年均有爆发且导致严重的人员死伤和财产损失，给社会公共安全的治理带来挑战。

表1　　　　近年来我国地震灾害的官方统计情况

年份	地震灾害次数（次）	5.0~5.9级地震灾害次数（次）	6.0~6.9级地震灾害次数（次）	7.0级以上地震灾害次数（次）	地震灾害人员伤亡（人）	地震灾害死亡人数（人）	地震灾害直接经济损失（万元）
2016	16	8	4		104	1	668692.9
2015	14	13	1		1192	30	1791918
2014	20	14	4	1	3666	623	3326078
2013	14	10	3	1	15965	294	9953631
2012	12	8	3		1279	86	828756.9
2011	18	11	2	1	540	32	6020873
2010	12	4		1	13795	2705	2361077.1
2009	8	5	2		407	3	273782.1
2008	17	6	4	2	446293	69283	85949594.4
2007	3	1	1		422	3	201922.1

续表

年份	地震灾害次数（次）	5.0~5.9级地震灾害次数（次）	6.0~6.9级地震灾害次数（次）	7.0级以上地震灾害次数（次）	地震灾害人员伤亡（人）	地震灾害死亡人数（人）	地震灾害直接经济损失（万元）
2006	10	9			229	25	79961.7
2005	13	9	2		882	15	262810.8
2004	11	8	1		696	8	94959.3

注：数据来源于国家统计局，1978~2003年数据、2017~2018年数据和表中其他年份部分数据处于缺省状态。

（二）社会公共安全的风险属性

社会公共安全的风险属性，表现为社会公共安全风险及其演变具有规律性和可防控性；基于此，可结合风险规律，开展社会公共安全的"危机防治"，以应对"危机突发"。

第一，分类分级，可明确风控对象。社会公共安全风险的分类和分级，一方面可以缩小防控范围，另一方面可以突出管理重点，进而明确风控目标。在分类分级的过程中，设定评估标准是关键。根据国情和实地情况，应综合研判：可依据易导致较大规模人员死伤或财产损失、主体负有全责或主要责任、易产生连锁反应或引发系统风险、涉众型违法犯罪、涉及弱势群体利益、易引发恶劣社会负面影响等多项指标，来划定风险管理的范围。

第二，总结风险规律，有利于制定应对方略。对已发生的危机现象，可归纳出周期性、关联性、交融性等风险规律，从而抵消一定程度上的不确定性，并制定有针对性的风险应对方略。应重点开展风险爆发为危机的转变规律、风险产生连锁反应的路径规律、风险演变恶化的升级规律等问题的研究，为制定科学的应对方案提供理论支撑。

第三，提升风险承受能力，可对冲危机。各国的实践表明：可通过提升风险承受能力，相应地降低风险等级，形成"对冲效应"，减轻损失或降低危害。在提升承受力的过程中，社会公共安全风险治理的"最短板效应"应予以高度重视；只有克服"最短板效应"，方能切实提升真实的承受能力。

表2表明：改革开放40年来，以北京市应急预案为代表的社会公共安全治理制度的更新，既促进了突发公共危机事件的动态化界定和精细化分类，也见证了政府对社会公共安全风险属性和风险规律的总结提炼和动态更新。

表2 近年来北京市应急预案对突发公共危机事件的动态化界定和精细化分类操作

预案版本	突发公共危机事件的"类"数	突发公共危机事件的"种"数及其变化	突发公共危机事件的"项"数及其变化
2004年版和2005年版（两个版本内容一致，故在此表中合并）	共计4类，包括：（1）自然灾害；（2）事故灾难；（3）公共卫生事件；（4）社会安全事件	共计13种，包括：（1）自然灾害类：水旱灾害、地震灾害、地质灾害、气象灾害、森林火灾；（2）事故灾难类：安全事故、环境污染和生态破坏突发事件；（3）公共卫生事件类：重特大传染病疫情、重特大动植物疫情、食品安全与职业危害；（4）社会安全事件类：重特大群体性事件、重特大刑事案件、涉外突发公共事件	共计34项，包括：洪涝、干旱、破坏性地震、泥石流、滑坡、采矿塌陷、大风及沙尘暴；浓雾、冰雪天气、暴雨、雷电天气、森林火灾、危险化学品事故、矿山事故、特种设备事故、轨道交通运营突发公共事件、道路突发事故、桥梁突发事故、道路交通事故、人防工程事故、火灾事故、建筑施工突发事故、公共供水突发公共事件、公共排水突发公共事件、城市地下管线突发公共事件、重特大电力突发公共事件、燃气事故、供热事故、环境污染和生态破坏突发事故、鼠疫、炭疽、霍乱、SARS、流感等、口蹄疫、高致病性禽流感等、职业中毒事件、食物中毒事件、影响校园安全稳定事件、重特大群体性上访事件、公共场所滋事事件、民族宗教群体性突发公共事件、重大恐怖事件和刑事案件
2010年版	共计4类，包括：（1）自然灾害；（2）事故灾难；（3）公共卫生事件；（4）社会安全事件	共计23种，与上一版（2005年版）相比，变化如下：（1）自然灾害类增加生物灾害；（2）事故灾难类调整为工矿商贸企业等安全事故、火灾事故、交通运输事故、公共设施和设备事故、公共设施和设备事故，增加核事件与辐射事故、环境污染和生态破坏事件；（3）公共卫生事件类调整为传染病疫情、食品安全和职业危害、动物疫情，增加群体性不明原因疾病、其他严重影响公众健康和生命安全的事件；（4）社会安全事件类调整为刑事案件、涉外突发公共事件、群体性事件，增加恐怖袭击事件、经济安全事件、其他	共计51项，与上一版（2005年版）相比，变化如下：增加突发林木有害生物事件、外来生物入侵、民用航空器飞行事故、网络与信息安全事件（公网、专网、无线电）、辐射事故、核事件、重污染天气、群体性不明原因疾病、药品安全事件、恐怖袭击事件、生活必需品供给事件、粮食供给事件、能源资源供给事件、金融突发公共事件、涉外突发公共事件、新闻舆论事件、旅游突发公共事件

续表

预案版本	突发公共危机事件的"类"数	突发公共危机事件的"种"数及其变化	突发公共危机事件的"项"数及其变化
2016年版	共计4类，包括： (1) 自然灾害； (2) 事故灾难； (3) 公共卫生事件； (4) 社会安全事件	共计23种，与上一版（2010年版）保持一致	共计52项，与上一版（2010年版）相比，变化如下：将"涉外突发公共事件"细分为"京内涉外突发公共事件"和"境外涉及本市突发公共事件"

注：数据来源于《北京市人民政府关于印发北京市突发公共事件总体应急预案的通知》（京政发〔2004〕32号）《关于实施北京市突发公共事件总体应急预案的决定》（京政发〔2005〕17号）《北京市突发公共事件总体应急预案（2010年修订）》《北京市突发公共事件总体应急预案（2016年修订）》。

（三）社会公共安全的"危机防治"

为有效应对社会公共安全的"危机突发"，社会公共安全的治理可应用风险属性、利用风险规律，在安全管理的基础上，开展全方位的"危机防治"。

第一，实时研判防治对象，全面识别高危风险。危机防治以高危风险的全面识别和实时研判为前提，具体包括两方面工作。一方面，全面识别风险，掌握实时的风险状况：一要全面，适应信息"爆炸"的局面，从多渠道收集有价值的信息；二要准确，应用高新科技手段，尽力克服"信息干扰""信息噪音"等问题，抓取关键性风险；三要动态，针对新生风险、风险新动态、风险环境新变化等，持续调整"风险清单"。另一方面，实时研判与动态定级，及时确定高危风险：一是专项研判和定级，针对事件或风险项进行"静态"定级；二是动态定级，在持续监测中分析风险变化，更改等级；三是"一票否决"式定级，对"不能容忍"或"不能承受"的风险，直接设定为高危风险。

第二，灾前全面防控，力争危机不发生。危机防治以危机发生之前的风险降级、风险预警、危机干预等防控工作为关键，其重要环节包括：一是从源头上消除高危风险，清除危机根源；二是阻止升级，防止风险恶化；三是启动预警，做足防御。

第三，灾后快速和科学的应急处突，争取危害最小化。危机防治以危机发生后的影响控制、科学应急处突、恢复重建等为保障，其核心要领包括：

一是遏制"连锁反应",防止危机的影响范围扩散;二是以民众生命为中心,以损害最小化为导向,科学应急处突;三是维护秩序,确保安全稳定的社会环境秩序、新闻舆论秩序、生产生活秩序等;四是提升"可逆"水平(Disaster Reversible),通过灾后重建能快速恢复到灾前状况。

表3表明:改革开放40年来,针对水旱灾害、风雹灾害、冷冻灾害等对农业发展产生负面影响的自然灾害,我国以灌溉、修建水库、除涝、治水等多种方式开展全方位危机防治,在过去的40年间投入大量人力、物力、财力,"危机防治"能力不断增强。

表3　改革开放40年我国灌溉、水库、除涝、治水的官方统计情况

年份	灌区有效灌溉面积（千公顷）	水库数（座）	大型水库数（座）	水库容量（亿立方米）	大型水库容量（亿立方米）	节水灌溉面积（千公顷）	除涝面积（千公顷）	水土流失治理面积（千公顷）	堤防长度（万公里）	堤防保护面积（千公顷）
2016	33046	98461	721	8993	7192	32847	23067	120412	30	41087
2015	29902	97988	707	8581	6812	31060	22713	115547	29	40844
2014	30216	97735	697	8396	6618	29019	22369	111609	28	42794
2013	30216	97721	687	8298	6529	27109	21943	106892	28	40317
2012	30191	97543	683	8255	6493	31217	21857	102953	28	42597
2011	29748	88605	567	7201	5602	29179	21722	109664	30	45956
2010	29415	87873	552	7162	5594	27314	21692	106800	29	46831
2009	29562	87151	544	7064	5506	25755	21584	104540	29	46547
2008	29440	86353	529	6924	5386	24436	21425	101587	29	45712
2007	28340	85412	493	6345	4836	23489	21419	99871	28	45518
2006	28021	85849	482	5842	4379	22426	21376	97491	28	45486
2005	26419	85108	470	5624	4197	21338	21339	94650	28	44120
2004	25506	85160	460	5542	4147	20346	21198	92000	28	43934
2003	25244	85153	453	5658	4278	19443	21139	89710	28	43875
2002	25030	85288	445	5595	4229	18627	21097	85410	27	42862

续表

年份	灌区有效灌溉面积（千公顷）	水库数（座）	大型水库数（座）	水库容量（亿立方米）	大型水库容量（亿立方米）	节水灌溉面积（千公顷）	除涝面积（千公顷）	水土流失治理面积（千公顷）	堤防长度（万公里）	堤防保护面积（千公顷）
2001	24766	85136	433	5281	3927	1745	21021	81539	27	40671
2000	24493	85120	420	5184	3842	16389	20989	80960	27	39600
1999	53158	84944		4924			20681	75022		
1998	22746	84994	403	4924	3597	1524	20681	75022	26	36290
1997	22495	84837	397	4583	3267		20526	72242	25	34146
1996		84905	394	4571	3260		20279	69321	25	32686
1995	22499	84775	387	4797	3493		20065	66900	25	30609
1994		84558		4751			19979	64100		
1993	24483	84614	374	4717	3425		19883	61300	25	30885
1992	23632	84130	369	4688	3407		19771	58600	24	29565
1991	23292	83793	367	4248	3400		19580	55800	23	32100
1990	21231	83387	366	4660	3397		19337	53000	22	32000
1989	21177	82848	358	4617	3357		19229	52200	22	31966
1988	21075	82937	355	4504	3252		19058	51300	20	32330
1987	21144	82870	353	4475	3233		18958	49500	20	32204
1986	20869	82716	350	4432	3199		18761	47900	19	31666
1985	20777	83219	340	4301	3076		18584	46400	18	31060

注：数据来源于国家统计局，1978~1984年数据、2017~2018年数据和表中其他年份部分数据处于缺省状态。

综上，社会公共安全"危机防治"的本质在于：针对"危机突发"，通过对风险属性的预判，识别高危风险，强化灾前防御，提升应急和承受能力。党的十九大报告专门提出要"增强驾驭风险本领，健全各方面风险防控机制，善于处理各种复杂矛盾"，这也正是针对全球公共安全的风险规律而提出的迫切任务，是践行"总体国家安全观"和保障社会公共安全的重要基础。

二、社会公共安全的危机异化、公共属性与危机善治

改革开放40年的实践表明：危机防治无法全面应对社会公共安全风险；人为因素导致了危机"异化"，亟待重视社会公共安全的公共属性，同时多元主体的公共治理有规律可循，可施行危机善治的对策。

（一）社会公共安全的"危机异化"

社会公共安全的"危机异化"是指：由于社会公共安全风险存在人为因素，即涉及多元主体和多种利益立场而具有主观能动性，因而在风险管理的视角呈现出更错综复杂的致灾路径，易导致难以预测和防御等局面。

社会公共安全的"危机异化"源于风险的人为因素，具体表现为三类原因：一是政策制定或执行存在瑕疵，导致极个别群众的社会保障等权益问题，引发极端行为；二是决策方案或执行存有失误，导致极个别群众误认为私利受损，引发冲突行为；三是利益规则或调解存在争议，导致多方主体未达成规则共识，利益诉求和风险沟通不充分，利益补偿和矛盾调解无效果等，引发无序维权，甚至演变为社会骚乱、群体性事件、恐怖袭击等恶性事件。

社会公共安全的"危机异化"，从全球实践来看主要有两类表现：一类是个体的人为肇事，个体因私利或私愤，实施带有主观故意的违法违规行为；另一类是集群的群体行为，具有相同诉求的群体，开展抗议、施压，甚至违法犯罪活动。

表4表明：近年来在工业化和城镇化推进过程中，人为因素所导致的突发事件关联性、衍生性、复合性和非常规性不断增强，跨区域和国际化趋势日益明显，危害性越来越大；与此同时，随着网络新媒体快速发展，突发事件网上网下呼应，信息快速传播，加大了应急处置难度。以刑事案件为例，社会利益关系错综复杂，诱发违法犯罪行为的因素较多，社会公共安全的"危机异化"风险日益增加。

社会公共安全的属性分析和治理策略

表 4　　近年来我国公安机关立案的刑事案件官方统计情况　　单位：起

年份	刑事案件合计	杀人刑事案件	伤害刑事案件	抢劫刑事案件	强奸刑事案件	拐卖妇女儿童刑事案件	盗窃刑事案件	诈骗刑事案件	走私刑事案件	伪造、变造货币出售、购买、运输、持有、使用假币刑事案件	其他刑事案件
2016	6427533	8634	123818	61428	27767	7121	4304321	979956	2407	1163	910918
2015	7174037	9200	132242	86747	29948	9150	4875561	1049841	2199	992	978157
2014	6539692	10083	140709	111187	33417	16483	4435984	785306	2083	899	1003541
2013	6598247	10640	161910	146193	34102	20735	4506414	676771	1853	768	1038861
2012	6551440	11286	163620	180159	33835	18532	4284670	555823	1575	2194	1299746
2011	6004951	12015	165097	202623	33336	13964	4259484	484813	1350	688	831581
2010	5969892	13410	174990	237258	33696	10082	4228369	457350	1105	1565	812067
2009	5579915	14667	172840	283243	33286	6513	3888579	381432	1200	4758	793397
2008	4884960	14811	160429	276372	30248	2566	3399600	273763	1042	1345	724784
2007	4807517	16119	167207	292549	31883	2378	3268670	239698	1107	1755	786151
2006	4744136	17973	162458	315682	32553	2565	3216293	218726	974	1814	775098
2005	4648401	20770	155056	332196	33710	2884	3158763	203083	925	1858	739156
2004	4718122	24711	148623	341908	36175	3343	3212822	205844	955	2315	741426
2003	4393893	24393	145485	340077	40088	3721	2940598	193665	1178	3151	701537
2002	4337036	26276	141825	354926	38209	5684	2861727	191188	1149	5238	710814
2001	4457579	27501	138100	352216	40600	7008	2924512	190854	1784	5780	769224
2000	3637307	28429	120778	309818	35819	23163	2373696	152614	1993	15863	575134
1999	2249319	27426	92772	198607	39435	7257	1447390	93192	1205	10047	331988
1998	1986068	27670	80862	175116	40967	6513	1296988	83080	2301	6654	265917
1997	1613629	26070	69071	141514	40699	6425	1058110	78284	1133	5422	186901
1996	1600716	25411	68992	151147	42820	8290	1043982	69688	1147	5128	184111
1995	1621003	27356	72259	164478	41823	10670	1132789	64047	1119	5237	101225

注：数据来源于国家统计局，均为公安机关立案的刑事案件数量，1978~1994年数据、2017~2018年数据处于缺省状态。

(二) 社会公共安全的公共属性

社会公共安全的公共属性，是指社会公共安全具有公共利益、公共责任、公共规则等特性；基于此，可结合责任管理，开展社会公共安全的"危机善治"，以应对"危机异化"。

第一，明确风险所有权是社会公共安全的基础。厘清社会公共安全的风险所有权，是落实风险治理责任的基础。社会公共安全的确权，实质上是明确所有权主体和各主体的责任，便于考核、监督、问责、追责；既保护民众的合法权益，又可减少由于责任模糊而产生的社会公共安全问题。

社会公共安全的风险所有权若不明确，易导致责任归属不明，出现所有权"缺位""重叠""脱节"一系列等问题，必然导致治理漏洞和社会公共安全危机。因此，社会公共安全的风险治理过程中，必须厘清各主体的所有权，形成所有权"无缝链接"的责任管理状况。

第二，维护民众的合法权益是社会公共安全的重要责任。保护民众的合法权益，是落实风险治理责任的关键。社会公共安全视角的合法权益保护，既是履行法律赋予民众的正当权利，也是避免极端行为和减少社会公共安全事件的"抓手"。社会公共安全的风险治理应设置维护民众合法权益的公共治理规则，既要保障极少数弱势群体和贫困人群的生存发展权，还要满足多方利益相关主体的合法合理诉求，更要确保全体民众的权益免受非法侵害；形成民众合法权益有"兜底"、能保障的责任管理局面。

第三，公共秩序是社会公共安全的坚实保障。维护公共秩序，是落实风险治理责任的保障。良好的公共秩序是公共治理规则得以实施的基石，也是捍卫民众免于非法侵害的屏障。若公共秩序受到破坏，则相关当事人可能遭受权益侵害；虽然破坏秩序者也必被法律惩处，但整个过程是对社会公共安全提出了挑战。因此，从社会公共安全的风险治理的视角，应达成全社会共同遵守的公共秩序，各主体承担公共秩序和社会公共安全的责任，形成治理规则和公共秩序良性运行的责任管理格局。

表5表明：改革开放40年来，我国通过社会救助、优抚安置、民政医疗救助、残疾人救助等一系列社会保障措施，为弱势群体和贫困人群提供生存救济，维护普通民众的生存权，力图做好社会公共安全的"兜底"工作。

表5 改革开放40年我国部分社会保障措施及其成效的官方统计情况

单位：万人

年份	城市居民最低生活保障人数	农村居民最低生活保障人数	国家重点优抚对象	国家重点优抚对象定期抚恤人数	国家重点优抚对象定期补助人数	国家重点优抚对象伤残人员	接收军队离退休人员人数	城镇残疾人当安排就业人数	城镇残疾职工参加社会保险人数	城市医疗救助资助参加医疗保险	农村医疗救助资助参加合作医疗
2016	1480.2	4586.5						896.1	2370.6		
2015	1701.1	4903.6	897	26.5	796.8	73.7	1.9	26.3		1666.14	4546.87
2014	1877	5207	917.3	31.1	809.6	76.6	2.8	27.8	282.8	1701.99	5021.73
2013	2064	5388	950.5	36.6	832.6	81.2	3.9	36.9	296.7	1490.09	4868.74
2012	2143.5	5344.5	944.4	41.2	818.4	84.9	1.9	32.9	280.9	1387.1	4490.4
2011	2276.8	5305.7	852.5	42.2	724.4	85.9	1.5	31.8	299.3	1549.81	4825.3
2010	2310.5	5214	625	44.8	493.5	86.7	1.3	32.4	283.2	1461.25	4615.42
2009	2345.6	4760	630.7	45.9	497.7	87.2	1.9	35	287.6	1095.89	4059.14
2008	2334.8	4305.5	633.2	47.9	498.2	87.2	2.1	36.8	297.6	642.6	3432.4
2007	2272.1	3566.3	622.4	48.9	487.1	86.5	2.8	39.2	260.8		2517.34
2006	2240.1	1593.1					3.2	36.2			1317.1
2005	2234.2	825					1.9	39.1			654.9
2004	2205	488						37.8			
2003	2246.8	367.1						32.7			
2002	2064.7	407.8						30.2			
2001	1170.7	304.6						27.5			
2000	402.6	300.2						26.6			
1999	256.9	265.8						26.1			
1998	184.1							24.9			
1997	87.9							16.1			
1996	84.9							16.2			

注：数据来源于国家统计局，1978~1995年数据、2017~2018年数据和表中其他年份部分数据处于缺省状态。

（三）社会公共安全的"危机善治"

为科学防范社会公共安全的"危机异化"，社会公共安全的治理可应用公共属性，在责任管理的基础上，开展应对人为风险的"危机善治"。

第一，善治在风险"上游"的关键是确权定责。在社会公共安全风险治理的"上游"环节，应做好确权定责，规范社会公共安全风险主体的所有权，规范其权利与义务。一是确保风险所有权人的权责对等，防止"责任越位"或"责任缺位"；二是前置评估，针对直接关系民众切身利益且涉及面广的决策、事项、活动等实施风险评估，提前防范涉及公共安全、社会秩序、社会稳定等问题的风险；三是强化风险所有权人的义务履行，群防群治。

第二，善治在风险"中游"的重点是监管调解。在社会公共安全风险治理的"中游"环节，应健全监管机制、完善调解规则，防范易造成非法侵害的人为风险。一方面，加强监管，及时干预：一是加强内部风险督察，通过绩效考核、责任倒查等制度，形成严密的内部监管；二是健全外部社会监督，发挥社会组织、新闻舆论、人民群众的优势，形成主动的外部监管；三是重视对跨领域、跨部门、跨区域的风险监管，避免"责任真空"和治理漏洞。另一方面，设定调解规则，从源头上减少由于利益矛盾导致的社会冲突或社会危机：一是稳妥处理多主体间的利益关系，通过设定公认的利益协调规则等方法，提高沟通协商的成效；二是对直接利益相关主体的调解，在合法前提下，可通过物质赔偿和精神补偿等多措并举，满足其合法合理的诉求，避免极端行为的风险；三是对间接利益相关主体的调解，在合法合理的基础上，妥善回应其知情权、建议权等诉求，满足其免于被非法侵害和加强整改等合理诉求，避免发生集群事件。

第三，善治在风险"下游"的要务是秩序管理。在社会公共安全风险治理的"下游"环节，应加强秩序管理，确保民众免于因公共秩序失控而遭受损害。一是保障民众有序参与的合法渠道，引导民众有序表达利益诉求、有序参与权益维护。二是依法依规维护公共秩序，必要时强制维序，并确保执法过程合法合理且全程无责。

改革开放 40 年来，以人民调解制度为代表的矛盾调解工作，在应对人为风险的"危机善治"过程中发挥了重要作用。人民调解是民间调解的一种，是为宪法、法律法规所确认的一项基层社会组织调解的社会主义民主法律制度。我国专门成立《人民调解法》，同时《宪法》《民事诉讼法》《村民委员会组织法》《居民委员会组织法》《继承法》《婚姻法》等法律对人民调解均有明确规定。人民调解制度由于宪法、基本法和许多实体法律的规范，使其享有较高的法律地位，成为独具中国特色的社会主义民主法律制度。人民调解制度的演变归功于新民主主义革命时期中国共产党领导人民在革命根据地创建的依靠群众解决民间纠纷、实行群众自治的制度，1954年《人民调解委员会暂行组织通则》的颁布施行标志着人民调解制度在中国正式确立。1978年十一届三中全会以后，人民调解制度得以重新焕发生机。1980年，全国人大常委会重新公布《人民调解委员会暂行组织通则》，人民调解组织的建立被重新纳入法制化轨道。1982年《中华人民共和国民事诉讼法（试行）》重申人民调解委员会作为调解民间纠纷的群众性组织，受基层人民政府和基层人民法院的指导。1982年第五届全国人民代表大会通过的第四部《中华人民共和国宪法》规定居民委员会、村民委员会等基层群众自治组织下设人民调解委员会，首次以国家根本大法的形式确定人民调解制度在我国政治、社会生活中的作用。1989年国务院正式发布《人民调解委员会组织条例》，提出加强人民调解委员会建设的工作要求。2002年最高人民法院和司法部依据法律分别出台了《关于审理涉及人民调解协议的民事案件的若干规定》和《人民调解工作若干规定》，对人民调解制度作出进一步完善。2010年颁布的《中华人民共和国人民调解法》，是我国第一部全面、系统地规定人民调解制度及工作方法的法律，标志着人民调解工作走上法制化道路。2018年3月中央全面深化改革委员会发布的《关于加强人民调解员队伍建设的意见》，进一步体现党中央对人民调解工作的高度重视和对广大人民调解员的亲切关怀。人民调解不仅以法律和政策为依据，还将情理、公共道德和习俗应用到纠纷的调解中，不收取任何费用且在操作上具备简便、及时、经济、亲和的特点；人民调解是在继承和发扬我国民间调解优良传统基础上发展起来的一项具有中国特色的法律制度，是公共法律服务体系的重要组成部分，在矛盾纠纷多元化解机制中发挥着基础性作用，也是我国在改革开放道路中应对人为风险的重要危机善治之道。

综上，社会公共安全"危机善治"的实质是：针对"危机异化"，通过对公共安全主体和相关利益群体的社会规律分析，厘清风险所有权、优化调处化解、维护社会秩序，从而在最大程度上保障各方合法权益和社会公共安全。党的十九大报告专门强调"维护国家安全是全国各族人民根本利益所在""加强预防和化解社会矛盾机制建设,正确处理人民内部矛盾""健全公共安全体系""加快社会治安防控体系建设"等要点,也正是从善治层面,创新性地提出社会公共安全的解决之道。

三、社会公共安全的危机固化、社会属性与危机根治

联合国"与风险共存"(living with risk)的倡议提出:人类面临和承受的风险是多重环境因素共同作用的结果。对风险项的防治和人为因素的善治,能对维护社会公共安全起到较好的功效,但仍难以实现根源治理;社会公共安全的环境反制导致了危机固化,要求我们注重社会公共安全的社会属性,同时社会环境与公共安全具有相互作用的特性,可施行危机根治的对策。

(一)社会公共安全的"危机固化"

社会公共安全的"危机固化"是指:由于社会公共安全的环境反制特征,基于传统"人定胜天"的风险防治思路并不完全适用于根植于社会环境中的安全风险,并且社会环境有可能"反制"风险防控,反过来助长风险升级甚至导致危机爆发。

社会公共安全的"危机固化"源于环境反制特征,主要原因有三个方面:一是特定阶段的路径依赖,在特定的阶段,受到生产方式、生活习惯、文化习俗等环境因素的影响,社会公共安全危机遵循某种路径而重复发生的状况;二是特定区域的风险累积,特定区域的自然环境、区域规划、文明冲突等因素,导致某些社会公共安全风险难以消除;三是特定行业的风险沉淀,特定行业的发展水平、生态环境、风险关联传导等因素,导致某些社会公共安全风险被沉淀下来。

社会公共安全的"危机固化",通常有三种主要表现形式:第一种形式是社会环境中的风险源难以根除而导致"风险固化",由于环境因素的客观存在,某些社会公共安全风险形成固化且难以根治;第二种形式是"全球环境气候"治理困难引发"危机顽疾",社会公共安全风险具有全球性的"传导效应"和"渗透效应",打破国别界限和有形保卫,给风险防控带来挑战;第三种形式是风险环境催生"风险变种效应",社会环境若未被根治,风险源将长期存在,甚至可能导致风险变种,引发新生风险或风险

新变化。

表6表明：近年来，为防范和应对地质灾害带来的损失，党和国家投入大量人力、物力、财力，但由于地理位置、自然环境、生产方式、区域规划、发展水平等特定的环境反制因素存在，从全国来看，地质灾害仍呈现出分布地域广、造成损失重、救灾难度大的固化特征，为社会公共安全的根源治理带来压力。

表6　近年来我国地质灾害和防治的官方统计情况

年份	发生地质灾害起数（次）	发生滑坡灾害起数（次）	发生崩塌灾害起数（次）	发生泥石流灾害起数（次）	发生地面塌陷灾害起数（次）	地质灾害人员伤亡（人）	地质灾害死亡人数（人）	地质灾害直接经济损失（万元）	地质灾害防治项目数（个）	地质灾害防治投资（万元）
2016	10997	8194	1905	652	225	593	362	354290	28190	1360234
2015	8355	5668	1870	483	292	422	226	250528	26289	1762663
2014	10937	8149	1860	554	307	637	360	567027	32019	1634039
2013	15374	9832	3288	1547	385	929	482	1043568	36984	1235363
2012	14675	11112	2152	952	364	636	293	625253	26882	1024183
2011	15804	11504	2445	1356	386	413	244	413151	20871	928085
2010	30670	22250	5688	1981	478	3445	2244	638509	28106	1159813
2009	10580	6310	2378	1442	326	845	331	190109	28061	542368
2008	26580	13450	8080	843	454	1598	656	326936	5325	529939
2007	25364	15478	7722	1215	578	1123	598	247528	3492	244885
2006	102804	88523	13160	417	398	1227	663	431590	2914	193570
2005	17751	9367	7654	566	137	1223	578	357678	3179	166860
2004	13555	9130	2593	1157	445	1407	734	408828	2247	175231

注：数据来源于国家统计局，1978~1995年数据、2017~2018年数据处于缺省状态。

（二）社会公共安全的社会属性

社会公共安全的社会属性，是指社会环境与公共安全具有相互作用的特性。基于此，可结合战略管理，开展社会公共安全的"危机根治"，以应对

"危机固化"。

第一，社会环境可决定危机的系统格局。社会环境在纵向上决定着生产力、生产关系等当前社会发展阶段特征，在横向上囊括了经济、政治、民族、宗教、文化等综合因素。社会公共安全，实质上是社会环境中的一个组成部分。正因为如此，社会环境在一定程度上决定着社会公共安全的系统格局：既决定了现阶段的危机类型，还关系到危机的演变和关联因素，甚至影响着危机造成的损失和后果。因此，社会公共安全的治理，应高度重视社会环境的系统影响。

第二，"危机根治"应适配具体的风险类型。社会公共安全的治理中，"危机根治"的实质并非消除所有的危机源，而是依据社会属性，根据社会公共安全的风险类型，合理适配应对方案，从而避免危机爆发或带来损害。国际标准化组织发布的国际标准《风险管理原则与指南 Risk management - Principles and guidelines》（ISO31000—2009）中指出，可通过"消除风险"（removing the risk）、"规避风险"（avoiding the risk）、或干预以"改变风险后果或发生可能性"（changing the likelihood or consequences），来治理风险。具体而言，在社会公共安全的治理中，对于"可消除"的社会公共安全风险，应适配消除风险源等应对方案；对于"可干预"的社会公共安全风险，应适配阻止升级、干预危机爆发等应对方案；对于"可规避"社会公共安全风险，应适配躲避风险源、避免遭受其损害等应对方案。

第三，社会环境的整改要靠战略规划。社会环境的整改，要靠战略规划的整体统筹；从而通过对社会环境的综合整改，来实现对社会公共安全的系统治理。为了国家的社会公共安全，必须科学实施战略规划。建议适配社会环境，结合历史发展阶段、生产力与生产关系状况、外交、经济、文化、民族、宗教、文化等综合因素，短中长期结合，宏观微观兼顾，既要回应历史，还要直面现实，更要继往开来，以此开展社会公共安全的国家战略和区域规划。

改革开放40年的危机根治探索中，我国逐渐形成了综合应用"风险规避→风险消除→风险干预"的"三重过滤式"集成路径：若能规避，则努力规避风险，免于受灾；若能消除，尽量排查和清除隐患，实现风险消除；若难规避也难根除，则尽力干预风险，阻止其转变为危机。2017年8月8日，四川九寨沟县发生7.0级地震。这次地震的震级大，也给当地造成严重的经济损失，但人员伤亡程度却相对比较轻，究其原因是防治地震危机的

"风险规避→风险消除→风险干预"策略。

一是风险规避策略，搬离地质隐患地带。距离九寨沟地震震中几公里的漳扎镇甘海子村居民，原本居住在 公里外的老村子里。"5·12"汶川地震之后，九寨沟县附近地区均按8度进行抗震设防。地震部门和专家在巡查时发现村里的隐患：（1）该地区与周边山地距离过近，存在地质滑坡的危险；（2）该地区所处地带的地基差，存在向河中心滑坡的风险；（3）该地区处于8度抗震设防区，但房子仅用矸石堆砌，没有主体结构，远达不到8度抗震设防的要求。因此，当地政府要求全村搬迁，并通过向村民提供贷款、规划发展民宿旅游等方式，解决村民搬家建新房的成本和搬家后的收入问题，让所有村民在2009年搬迁到新地址，在九寨沟地震中规避了高强度地震和滑坡泥石流等风险。

二是风险消除策略，提升房屋抗震设防水平。地震风险致人员死伤和财产损失的风险源主要在于房屋抗震设防水平不合格，不仅未起到保护效果，反导致居住在房屋内的居民伤亡和财产受损。对此，在暂无须搬迁的情况下，提升房屋建筑的抗震设防水平，确保房屋能够起到抵御地震和保护人员财产的作用。九寨沟地震发生时，漳扎镇甘海子村里的民宿客栈全部客满，而在符合抗震设防要求的房屋保护下，没有造成一人伤亡。震后，村里的房屋只是轻度或中度受损，结构没有毁坏，修复之后可以继续居住。这样的结果源于村子里的建筑真正做到"八度设防"，面临"八度破坏"时坏而不倒。

三是风险干预策略，给予科学指导的救灾。在地震到来之后，通过科学救灾，尽可能减轻人员伤亡和财产损失。例如，九寨沟地震之后，四川省地震局第一时间公布了地震烈度图，直观展示地震灾害的范围和最大破坏程度；这张图有助于掌握重灾区和救援重点，为救援及重建工作提供了科学依据。再如，九寨沟全县对突发事件应对法和防震减灾法的贯彻到位，在旅游行业系统设置了专项应急预案。九寨沟当地的游客较多，而在地震来临时，不到24小时的时间里疏散并转移6.1万多名游客，在最大程度上减少了余震或次生灾害可能带来的危险。再如，在应急救援启动以后进行了交通管制，避免了社会无序救援造成爱心拥堵现象，使得九寨沟的救灾有序、有效、高效。

（三）社会公共安全的"危机根治"

为从根源治理社会公共安全的"危机固化"，社会公共安全的治理可应用社会属性,在战略管理的基础上,开展应对社会系统风险的危机根治。

第一,整体上,要构建"总体安全"的国家战略。"总体安全"的国家战略是从整体上、宏观上部署适应当前社会环境的战略,并能引领社会环境向着有益于国家安全的方向发展,从而防范和治理系统性的社会公共安全问题。各国在社会公共安全国家战略方面的实践从未间断,通常会根据国际安全形势,依据本国国内的社会环境,结合历史发展阶段特征、生产力与生产关系,考量当前的国情国力,针对政治、经济、文化等因素与社会公共安全方向的交互融合状况;通过制定与实施国家战略,通过部署来防范风险的发生:(1)更新和优化生产方式以减少或规避安全生产事故;(2)促进失业安置和提高就业率以降低潜在的犯罪隐患;(3)普及法制教育以减少犯罪率等。

改革开放40年至今,已处于转型期和全球化的时代,社会公共安全范畴扩大,国家应急能力亟待提升。党的十九大报告指出,"国内外形势正在发生深刻复杂变化,我国发展仍处于重要战略机遇期,前景十分光明,挑战也十分严峻"。内部面临经济转型和改革创新的环境,外部面临全方位全球化和合作竞争并存的环境,"内部安全"和"外部安全"、"传统安全"和"非传统安全",均亟待加强重视和应对。基于此,习总书记提出以"总体国家安全观"[①]为指导,拓展安全范畴,构建集政治安全、国土安全、军事安全、经济安全、文化安全、社会安全、科技安全、信息安全、生态安全、资源安全、核安全等于一体的国家安全体系。与此同时,在应急管理部的职责设定中,高度重视国家应急能力,提出"应加强和优化国家应急能力建设,构建统一领导、权责一致、权威高效的国家应急能力体系,推动形成统一指挥、专常兼备、反应灵敏、上下联动、平战结合的中国特色应急管理体制"。

第二,局部中,要布局"结构安全"的区域规划。"结构安全"的区域规划是在国家战略的基础上,在局部实施更加精细化的规划,力求在社会环境的结构上达成确保社会公共安全的布局。各国在社会公共安全的区域规划方面日益严格,通常会根据该区域的整体发展状况与安全风险点的分布,科学部署,运用功能分区、空间布局等方法,加强对社会公共安全高危风险的

---

① 习近平总书记阐述"总体国家安全观"时指出,"既重视外部安全,又重视内部安全;既重视国土安全,又重视国民安全;既重视传统安全,又重视非传统安全,构建集政治安全、国土安全、军事安全、经济安全、文化安全、社会安全、科技安全、信息安全、生态安全、资源安全、核安全等于一体的国家安全体系"。

隔离防护,并及时调整区域结构,从根源上消除"结构性"的社会公共安全风险。

改革开放40年至今,随着我国城市化进程明显加快,城市人口、功能和规模不断扩大,发展方式、产业结构和区域布局发生了深刻变化,一些城市甚至大型城市相继发生重特大生产安全事故,给人民群众生命财产安全造成重大损失,暴露出城市安全管理存在不少漏洞和短板。为强化城市运行安全保障,有效防范事故发生,2018年1月中办国办印发了《关于推进城市安全发展的意见》,要求促进建立以安全生产为基础的综合性、全方位、系统化的城市安全发展体系,全面提高城市安全保障水平,加快建成以中心城区为基础、带动周边、辐射县乡、惠及民生的安全发展型城市,从城市的内部区域、功能区、产业方式等多个层面布局"结构安全"。

第三,节点里,要落实"制度安全"的系统整改。"制度安全"的系统整改,是争取在所有的社会公共安全的节点,施行以安全制度切实保障安全的做法。各国在社会公共安全的制度安全方面越发重视,在危机事件后的整改过程中,不仅就事论事,更会深入到制度层面进行系统整改,通过改变社会环境,确保同类危机不再重复发生。

改革开放40年至今,我国在多领域积累了通过系统整改来提升"制度安全"的经验。例如:2003年"非典"事件后,党中央和国务院成立相应工作小组,重点推动并逐步形成应急预案编制和应急管理体制、机制、法制建设的"一案三制"工作;2008年南方低温雨雪冰冻灾害和汶川"5·12"地震事件后,基层应急能力和第一响应能力逐步提升,会商联动机制、社会参与机制受到重视,民众公共安全意识和自救互助能力也逐渐提高;2014年的上海外滩"12·31"踩踏事故、"东方之星"号客轮翻沉事件、天津港"8·12"火灾爆炸事故后,公共安全的风险评估和事前防控、责任落实和安全管理、监测预警和专业处置等方面得到重视反省和整改提升。

综上,社会公共安全"危机根治"的本质是:针对"危机固化",对社会环境因素作用于公共安全的机理深入分析,根据不同的社会环境和风险特质,选择性地应用消除风险源、干预风险兑现、规避不可抗力风险等风险管理战略,从而避免危机或使损害最小化。党的十九大报告在"新时代中国特色社会主义思想和基本方略"中再次强调"坚持总体国家安全观",并专门指出"统筹发展和安全""以人民安全为宗旨,以政治安全为根本,统筹外部安全和内部安全、国土安全和国民安全、传统安全和非传统安全、自身安全和共同安全，完善国家安全制度体系，加强国家安全能力建设，坚决维护国家主权、安全、发展利益"等重大原则，这也正是从根本上、系统性地创新了社会公共安全的根治之道。

总之，改革开放40年的实践表明：社会公共安全在客观上面临着单纯的风险管理技术很难有效防控的局面。因此，需要在40年经验和成果的基础上，继往开来，以习近平总书记提出的"总体国家安全观"、党的十九大报告提出的"国家安全能力建设"要求、应急管理部全面深化"国家应急能力建设"目标、国家突发事件应急体系建设"十三五"规划等为指导，基于社会公共安全的风险属性、公共属性、社会属性的三重属性，实施社会公共安全的防治、善治、根治的三重策略；与此同时，强化安全管理、落实责任管理、优化战略管理，从而有效回应全球公共安全的风险格局、达成社会公共安全的有效治理和长治久安。

----------代表作品----------

［1］唐钧. 新媒体时代的应急管理与危机公关［M］. 北京：中国人民大学出版社，2018

［2］唐钧. 风险评估与危机预警报告2015～2016［M］. 北京：社会科学文献出版社，2016

［3］唐钧. 社会稳定风险评估与管理［M］. 北京：北京大学出版社，2015

［4］唐钧. 政府风险管理：风险社会中的应急管理升级与社会治理转型［M］. 北京：中国人民大学出版社，2015

［5］唐钧. 形象危机应对研究报告（2013～2014）［M］. 北京：社会科学文献出版社，2014

［6］唐钧. 形象危机应对研究报告（2012）［M］. 北京：社会科学文献出版社，2012

［7］唐钧. 社会公共安全的治理研究［J］. 中国人民大学学报，2018，V32（1）

［8］唐钧. 公共安全与政府责任［J］. 中国党政干部论坛，2017（5）：12-15

［9］唐钧. 论政府风险管理——基于国内外政府风险管理实践的评述［J］. 中国行政管理，2015（4）

［10］唐钧. 社会维稳的风险治理研究［J］. 教学与研究，2010，V（5）

走向共治：我国城市基层社会治理的现代转型

孙柏瑛

> **摘　要**：改革开放后，快速城市化、工业化进程以及市场经济体系建立，深刻地改变了城市社会结构，塑造了新的城市权力关系。一方面，城市群体分化、原子化、异质性加剧，居民的权利观念和利益诉求不断提升；另一方面，"总体性"时代城市管理、统合的组织系统已经衰减，甚至瓦解。社会变化给城市基层社会治理带来很大冲击，迫切要求治理模式转型。本文围绕"因何转"、"转什么"以及"如何转"三个问题，在厘清当下城市基层治理面对的主要问题基础上，总结城市基层治理转型的基本路径及其局限性，指出走向合作共治的前景。
>
> **关键词**：基层社会治理；治理转型；合作共治；城市

一、问题的提出

基层社会治理并非公共管理的新议题。在一个泱泱大国里，国家统治形式与民间社会秩序之间如何关联，以至社会何以稳定，国家何以长治久安，一直是考验大国治理能力与智慧的重大问题。斗转星移，世事变迁，在中华文明演进的不同时代，大国治理面对环境变化及经济、社会治理问题的出现，寻求适应与改变之策，以获得维护政权的基础，其间形成了国家—社会关系格局的历史性、时代性的特征，在不同历史条件下塑造了国家嵌入社会与民间社会自我运行机制的多种模式，对当今基层社会治理改革路径选择产生深刻的影响。

当下城市基层社会治理（以下简称"基层治理"）模式变迁是在中国改革开放40年间经济、社会结构全面转型的大场景下发生的。它伴随着工业化和城市化进程，围绕社会阶层结构变化及其社会利益关系调整问题，力图解答如何突破"行政一元化"管理结构,重构社会治理秩序,[1] 才能适应并回应由日益分化的群体及其需求带来的多样性、异质性和复杂性的现实挑战,从而确立走向治理现代化中国基层治理的观念、制度与行动。我们看到,城市基层治理是解决一系列社会发展转型问题乃至冲突,诸如基层权力结构、稳定安全、利益(权利)分配及纷争、民生保障、社会组织化的过程;但在深层观念和制度层面,则折射出公共利益和公共价值的取向、准则和分配逻辑,是对自由民主、公平正义、法治秩序、威权统合等多元价值的排序、权衡和抉择。

本文讨论以下问题:我国当下城市基层治理转型指向什么?转型的核心议题为何?转型之困在哪里?治理转型的方向和制度选择是什么?

二、城市基层治理的问题识别与关键政策议题

改革开放之后,国家选择工业化、城市化的现代化之路,致力建立社会主义市场经济体系,这极大改变了中国社会的基本结构乃至人们生活、互动的方式。伴随快速城市化进程,城市日益成为吸纳人口聚集、展示多样性、诠释权力结构变化乃至信息技术应用最重要的经济、政治空间。然而,与城市发展同生共存的,还有一系列前所未见的城市治理问题,出现在基层社会运行中,给传统社会治理模式及其政策工具带来了冲击。[2]

城市基层治理核心问题是从国家控制的"总体性"社会结构[3]向原子化、权利型社会结构,从"行政一元化"管理向"多元主体介入"的转型中,原有治理组织系统及治理工具与走向原子化、多样化、利益权利型、信息化社会形态之间的存在张力及其调适、变革的关系。人口流动、住房商品化、单位体制衰微、两新组织发展、居民自主权利意识形成与表达以及围绕权利分配的维权冲突等因素,拷问基层治理体制机制的适应能力。正如高尔所说,"与过去的单位体制相比,在全新的市场环境下,社区党组织既没有

---

[1] 徐勇. 中国农村村民自治 [M]. 武汉:华中师范大学出版社,1997:32;杨念群. 中层理论:东西方思想会通下的中国史研究 [M]. 北京:北京师范大学出版社,2016:32

[2] 何增科. 中国社会管理体制改革总论 [M]. 何增科. 中国社会管理体制改革路线图. 北京:国家行政学院出版社,2009:1-3

[3] 孙立平,王汉生,王思斌,等. 改革以来中国社会结构的变迁 [J]. 中国社会科学,1994 (2):47-62

过去单位党组织所具有的准行政化权力的支撑，又没有对工作机会、社会福利等工作生活资源所具有的垄断性权力，但却要面对由匿名化、原子化、市场化和流动化的个人所构成的一个松散的共同体。"① 城市基层治理面对的社会问题，成为治理的关键政策议题。

（一）流动性、人口结构变化与城市基层治理中的社会融合问题

近 20 年快速城镇化进程，将城乡统筹发展和城镇开发作为国家现代化战略，20 世纪 90 年代中后叶，城镇化率快速攀升。1996 年之前，我国城市化率一直在 30% 以下，1995 年为 29.04%，城镇常住人口为 34752 万人；② 到 2015 年城市化率达到 56.1%，城镇常住人口为 77116 万人，乡村常住人口 60346 万人，比 2014 年减少 1520 万人。③ 迅猛的城镇化形成了"紧密嵌入城市"的经济、社会结构，④ 在"虹吸效应"的作用下，还形成了大量外来人口向城市，尤其是向产业、机会与资源密集的发达地区大型城市流动、聚集的态势，这大大提升了人口在城乡之间、区域之间的流动性，彻底改变了城市原有以户籍和单位体制为基础的稳定的人口结构。图 1 以国家统计局每 5 年 1% 人口普查数据，显示了我国六个超大城市流动人口和人户分离数量变化状况。

流动性增加了城市治理的多元性和复杂性。其一，对城市基层治理的基础信息采集和动态实时监测提出高要求。伴随行政性地缘控制纽带逐步打破，外来人口进入和本地人口区域间迁移，原有信息采集方式导致人口分布及其业态分布的信息不完整，给城市社会问题研判、政府公共服务提供和公共安全风险控制带来阻碍。其二，考验城市基层公共服务供给及其市民化包容、融合能力。城市基本公共服务需求持续增加，需要基层公共服务供给者洞察服务需求，针对日趋差异化的需求，提供基础公共服务项目。同时要求服务供给者超越属地的偏狭，以公平、公正准则对待为城市作出贡献的外来

---

① Gore L. The Chinese Communist Party and China's Capitalist Revolution：Its Origin，Mechanism and Results [J]. European Journal of Sociology，2010，25（2）：118

② 佚名. 中国城镇化率统计（1949～2013 年）[M/OL]. [2017-01-25]. http://wenku. baidu. com/link? url = 2XkbimhI4DBgHVQb1CNjaf_A2Cr – HhhPCvX_hJsuoj1wRDcPQVIRdPQObZI – AEX7rjExC0xIQO5sKg_Hd7ooDYURQ6z – 4mYENjtthqMCeVe

③ 新浪财经. 国家统计局：2015 年中国城镇化率为 56.1% [N/OL]. [2017-01-25]. http://finance. sina. com. cn/roll/2016 – 01 – 19/doc-ifxnqrkc6642982. shtml

④ 李友梅等. 城市社会治理 [M]. 北京：社会科学文献出版社，2014：3

人口。这将考验城市公共资源分配的价值排序,即如何对稀缺的公共服务资源(如教育、医疗、出行等)在不同社会群体中进行分配并保障其基本权利。

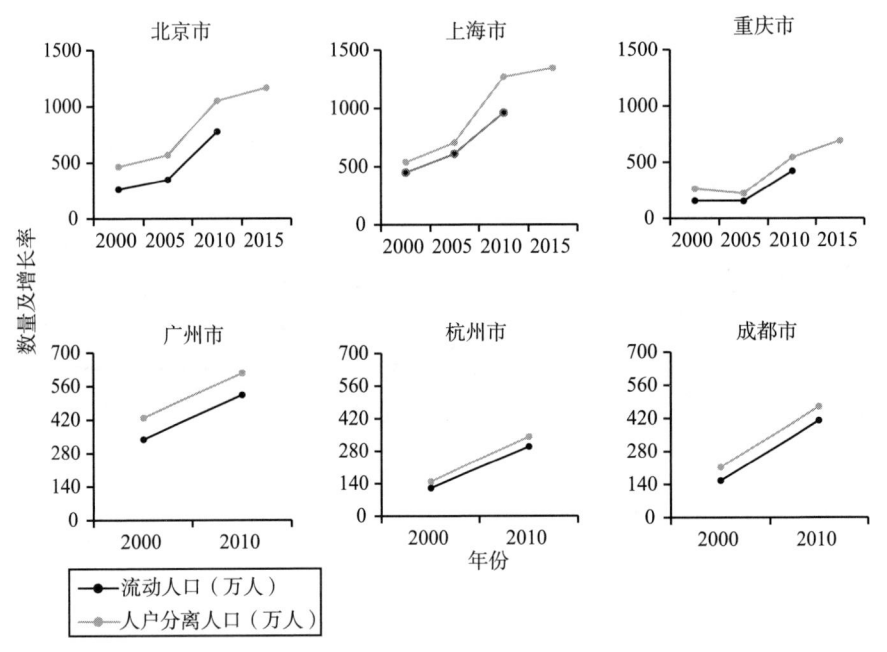

图1 几个特(超)大城市 2000~2015 年流动人口、人户分离数量及增长

资料来源:国家统计局 5 年全国 1% 人口抽样调查数据,人口普查公报 http://www.stats.gov.cn/tjsj/tjgb/rkpcgb/。

(二) 社会分化与城市基层治理利益调适与公共利益形成问题

中国城市社会发展进程具有"时空压缩"特征。① 一方面,城市快速开发及其强制性的经济、社会转型,区位发展不均衡,导致不同社会发展阶段的物质与文化特征同时浮现,各种文化价值观并存;另一方面,在市场化转轨过程中,社会个体和组织摆脱了原有体制的束缚,获得了一定决策和发展的权利,社会新生力量诞生。计划经济时代以"工农"为主体的社会结构逐步被不断分化出来的社会阶层和利益群体替代,社会权力格局发生深刻变

---

① 唐亚林、李瑞昌、朱春等. 社会多元、社会矛盾与公共治理 [M]. 上海:上海人民出版社,2015:10

化。[1] 由此,我国社会结构呈现出明显的多元化和多样性趋势。

分化和差异以多种形式表现:第一,利益需求差异化。居民职业、收入、所属阶层地位不同,对社区提供服务的偏好和价值排序不同,在社区日常生活中所表达的利益诉求以及实现利益的手段都不同。第二,价值观念多元化。在利益多元背后是潜在的多元价值观的紧张,居民对涉及个人权利与责任、国家和政府、社区生活规则等从大到小的观念问题缺少共同的认知,对制定共同体规则的准则也没有太多的认同。第三,社会矛盾多元化。利益博弈的矛盾源头不同,形成了各种各样的社会矛盾,在城市,基层发生矛盾集中在收入分配、土地征用、房屋拆迁、空气污染、劳资关系、干群关系、群体福利、邻里关系等方面,涉及不同的利益主体。第四,行动主体多元化。随着社会新生力量的产生及其独立、自主意识的加强,多元的社会行动主体必将围绕公共事务政策制定的权利和利益分配,在政策问题建构中争夺话语权和施加影响力。[2] 在城市基层公共事务管理和公共资源分配场域,谁来建构政策问题,谁主导权力并控制资源,如何解决基层社会矛盾是基层政治与治理的关键。

(三)"原子化""去组织化"与城市基层社会网络的"再组织"路径问题

计划经济时代基层社会管理结构依靠三个国家管制要素,形成"三位一体"结构:一是以户籍制度限制人口流动,保证城市基层社会人口构成的稳定性和同质性,提高国家可控基层的概率;二是以位于国家和基层"中间"的"单位体制"重组社会关系、组织关系和治理关系,构筑广泛的城市"公共与个人连接系统",形成国家—单位"双重治理结构",[3] 将社会个体吸纳到单位体系中加以整合,国家实现"间接治理";三是以国家强大的意识形态规范,维系社会个体遵从国家的道德要求,在整体上实现国家对分散社会的管控。然而,经济、社会改革抽取了原有基层社会管理制度的根基,面对着分化、原子化的社会群体。

基层社会离散性表现为:第一,陌生人社会+日趋"原子化"的个体。

---

[1] Touraine, A. The Post Industrial Society, Tomorrow's Social History: Class, Conflicts and Culture in the Programmed Society [M]. New York: Random House, 1971: 14

[2] 张康之,向玉琼. 政策问题建构权演进的历史轨迹 [J]. 西北师大学报(社会科学版),2014 (4): 241

[3] 张静. 中国基层社会治理为何失效?[J]. 文化纵横,2016 (5): 30 – 34

一方面,绝大部分城市居民以小型核心家庭为社区生活的基本单位,居住在社区相对独立封闭的单元空间中,从业者忙于工作,早出晚归,邻里不相往来,缺少基本信任,人们互动"脱嵌于"社区,是典型的陌生人社会;另一方面,人们日益强调个体生活本位,重视个人权利张扬,追求个体的利益满足,导致日常生活离散状态和共同体生活的缺乏。第二,"去组织化"过程与"中间层塌陷"。单位体制衰落,国家借以维系基层社会组织化的"中间结构"断裂,人们完成从"单位人"身份向"社会人"身份转换,该由怎样的社会资本和组织力量,通过怎样的途径将松散的社会个体有机组织起来,成为国家和社会、政府和人民之间的缓冲地带,一方面自下而上吸纳利益,进行利益表达,将差异、分散的利益有序输入公共政策管道;另一方面自上而下地传导公共政策,在"最后一公里"执行并实现政策,成为基层治理重大问题。第三,底层社会"碎片化"格局。由于社会权利不平等和基层社会缺乏"组织化"过程,底层社会民众多元、分散甚至是相互冲突的利益无法得到有效的表达、调适和整合,出现了"断裂",分化加剧。[1]呈现为底层利益结构"碎片化"和个体化的维权抗争,利益相关者相互排斥,甚至采取极端暴力方式侵害或互害群体成员,撕裂了底层社会。

(四)利益型社会矛盾频发与城市基层治理的利益协调及纠纷化解问题

总体上,民众利益需求增长速度远远快于国家法律对权利、义务确立的速度,快于国家对利益分配机制调整的速度。此外,国家在宏观上协调政府、市场、公民利益关系的公正性和中立性有待提高,造成民众利益要求与国家利益吸纳、利益纠偏与利益调适能力之间存在不对称、不平衡,使得利益分配机制扭曲,社会收入差距扩大,加剧了社会矛盾。

据《中国法治发展报告 No. 12(2014)》统计,2000 年 1 月 1 日~2013 年 9 月 30 日间,全国发生 100 人规模以上的群体性事件 871 起,从 2006 年起呈现快速上扬、逐年递增,2013 年略有下降的趋势。由事件规模可见,参与者 100 人及之内的事件 590 起,占 67.7%[2];参与者在 101~1000 人之间的事件 271 起,占比 31.1%;规模 1001 人及以上的实践 10 起,占 1.1%。

---

[1] 孙立平. 博弈:断裂社会的利益冲突与和谐 [M]. 北京:社会科学文献出版社,2006:271
[2] 李林,田禾. 中国法治发展报告 2014 [M]. 北京:社会科学文献出版社,2015:15-17

走向共治：我国城市基层社会治理的现代转型 | 193

这其中，维权性质的事件479件，占55%；泄愤类事件37件；纠纷类17件；混合类群体事件321件，占比37%。

如图2、图3显示，2003年起，我国群体性事件数量开始上升，2007～2012年间进入快速攀升阶段，年度增长率非常高。按照事件类型看，劳资纠纷事件数量居首，说明国有企业转制中劳工围绕经济、福利保障展开的维权行动，成为诱发群体事件的重要原因。基层政府执法不公正和执法方式不当、征地拆迁中民众与政商冲突事件也是群体事件高发原因，表现在市场化、城市化转型过程中，执法公正、利益冲突成为社会矛盾集中爆发的区域。

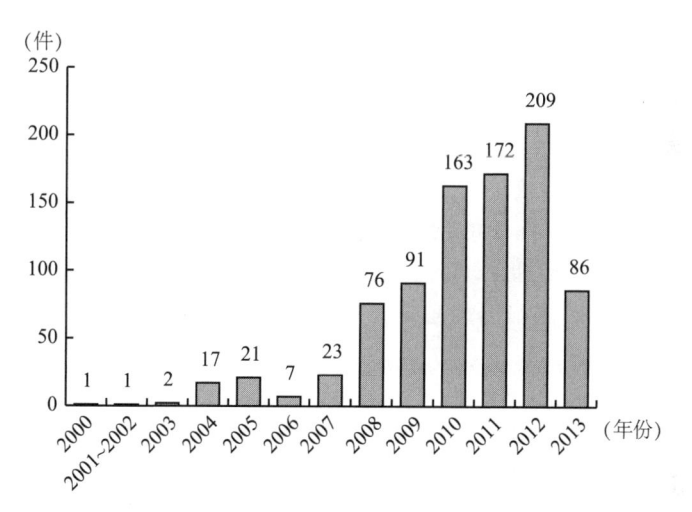

图2 2000～2013年我国群体性事件年度数量

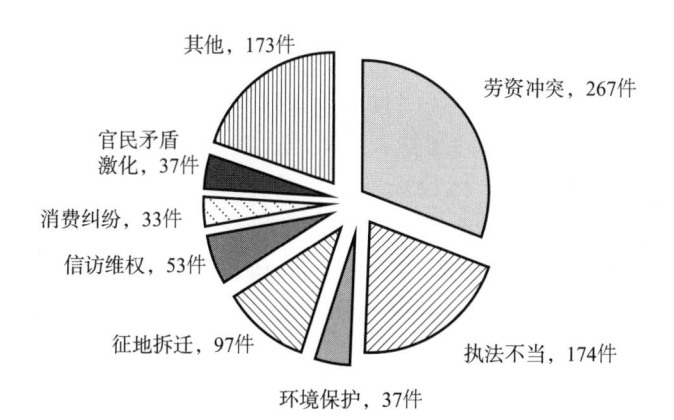

图3 2000～2013年我国群体性事件诱因类型与数量

基层社会是利益纠纷和矛盾的发生地和聚集地，折射矛盾的属性与特征，追溯制度潜在的问题。第一，社会矛盾多直接起于某些方面的利益冲突。翻阅基层调解、信访台账发现，绝大多数社会矛盾源自直接的利益诉求和纷争，属于经济性和社会性的权利要求，主要是共有资源的权属性质定义及其分配规则。例如，房屋拆迁中住户与开发商或政府机关冲突聚焦于征地拆迁补偿和赔偿、业委会与物业公司的争执多关系物业管理收费的合理性和公开性、社区"停车难"之困涉及"共有资源"分配等。第二，涉及利益冲突主体多元，触及冲突事务性质复杂、类型多样。有占比极高的社区中日常个体性邻里纠纷，也包括社区群体间的或组织间的利益纷争；既包括拆迁、劳资等经典经济利益关系领域，又包括环保、族群权利保护等典型社会事务领域。在维权目标上，以维护自身经济利益的事件为主，但一些事件混合经济权利、社会权利乃至政治权利诉求。第三，利益冲突解决方式倚重行政手段。冲突利益相关方选择行政诉讼、行政复议、仲裁等法律途径解决纠纷的比例很低，基层社会矛盾主要采用信访、举报等行政手段解决，高度依赖纪检监察部门和行政部门的回应。据统计，2011～2013 年，北京市信访总量是行政复议和行政诉讼总量的 16 倍，是行政复议和行政应诉收案总数的 29.8 倍，2013 年以后法律途径受案率有所上升，但"大信访、中诉讼、小复议"格局没有改变。[①] 第四，经济利益纠纷具有转换为极端抗争行为或转化为带有政治权利意涵冲突的风险。经济利益纠纷如得不到及时、有效解决，一些利益相关的、具有较强组织能力的利益群体精英成员会采取组织化的抗争策略和维权行动，提出维权条件，与利益博弈方进行周旋、对抗。有时维权者会将矛头指向政府，指责政府不作为、政策偏袒或存在庇护、不遵守法定程序或违法行为，并组织抗争性的"群体事件"，直接伸张利益诉求。而底层弱势群体的维权者，由于缺乏正常、顺畅的利益表达渠道，在利益受到损害而无力获得正当保护时，有时会选择个体性极端的抗争形式，要么以身抗争，以命相搏，矛头指向基层官员和无辜的"无直接利益"群众，制造惨烈的事件，锤杀信访、社保干部；要么反复上访，缠访，当"钉子户"无休止向基层政府提各种要求，毁坏公共财物泄愤等，过激行为常常造成官民两败

[①] 殷星辰. 北京市社会治理发展报告 2014～2015 [M] //刘二伟，许娟. 北京市行政争议化解机制研究

俱伤。[1]

利益型社会矛盾冲突多发是转型期承受的代价。但政府化解、处置矛盾的思维逻辑、执法权力行使方式、调解矛盾能力仍时常被诟病；地方强势集团力量与资本结盟，对公共资源和话语权力的垄断，是侵害社会公正权利，导致群体事件的渊源。基层治理代表国家权力在基层运行的合法性基础，是建立政府信任和良性干群关系的关键。如果基层治理不能在调适利益关系、化解矛盾冲突的观念和行为上成功转型，基层社会维稳就难以走出"越维越不稳"怪圈。

（五）多重风险叠加与城市基层治理多主体合作、共治的制度供给问题

大城市生活出现多种"城市病"导致城市空间多重风险叠加，步入高风险社会形态。城市风险不仅存在传统意义上的犯罪、军事等公共安全问题，更有城市化过程显现出来的一系列与城市生活属性密切相关的新型安全问题，如从全局性的，经济与金融风险、信息风险、生态风险、流行病风险、城市地上和地下公共设施风险等，到局部性的如饮用水、食品药品、出行、火灾、电梯风险等，都与市民生活安全休戚相关。

城市生活安全与风险管理已不仅仅是政府责任，因为，靠政府"单打独斗"无法应对各种复杂的风险来源。城市风险管理有赖于企业组织、社区、社会组织、居民个人的合作治理，形成风险治理的共同体。在基层，以社区和街居为轴心的风险合作和参与式治理，不仅旨在加强多元社会主体自身的安全责任观念，同时，旨在社会发挥信息收集与传导、协同邻里和社会组织、邻里守望、协商共治、监督政府行为等作用，构建基层治理的合作伙伴关系。中国转型社会的场景及其问题，使政党、政府设定了城市基层治理四个重要议题（见图4）。

---

[1] 于建嵘. 抗争性政治：中国政治社会学基本问题 [M]. 北京：人民出版社，2010：155；王洪伟. "以身抗争"与"以法抗争"：当代中国底层社会抗争的两种社会学逻辑 [C]//中国社会学会2010年年会——"社会稳定与社会管理机制研究"论坛论文集. 2010：115-116

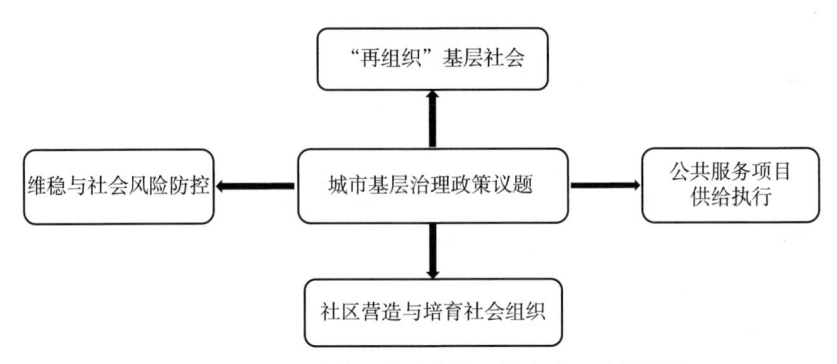

图 4　政党、政府主导的城市基层社会治理政策议题

三、城市基层治理转型的实践路径

向哪里转型（观念）以及怎样转型（工具），是城市基层治理改革创新的核心问题，而在基层社会重构国家—社会关系模式，则是治理转型的本质。欧洲民族国家构建和东亚威权国家兴起，都形成了其社会变革的转型道路。与之相比，探索适应中国社会现实的独特社会治理体制，明确其转型遵循的目标和原则，成为近20多年来城市基层社会治理实践的关键。具体而言，这些转型的特征体现在基层治理制度设计与行为选择之中，包括国家基层治理的目标与需要、国家嵌入基层社会的组织形式、多元治理主体间权力关系结构与互动关系、国家基层治理注意力分配与社会整合方式、社会资本参与治理的范围及其影响力途径、基层治理网络规则形成以及权属分配的方式，等等。从这些观察的维度出发，笔者总结了如下城市基层治理的实践特征。

（一）在治理结构上，以政党为领导核心的"一核多元"基层治理体系形成，向社会赋权增能致力于促成基层共建、共治、共享格局

我国城市基层社会治理的权力关系结构为以党政为主导和驱动的、动员与促进社会、市场多元主体介入、参与的共同治理，这成为基层治理的方针路线和组织基础。2003年，"社会管理"作为国家宏观层面四大重要职

能之一①被表述并不断强化以来,在我国政治与行政体制下,国家主导的社会治理转型就是社会体制建设出发点。2006 年在十六届四中全会党中央发布的《构建社会主义和谐社会若干重大问题决定》中,提出了社会管理格局的"十六字方针"——党委领导、政府负责、社会协同、公众参与,这被确立为社会治理基本体制及原则,②这意味着,政党领导是率领、引导我国社会治理转型根本方向的力量,从而确立了以国家力量为主导的基层治理改革路径,"一核多元"的治理结构植入城市基层社会网络。

党对基层治理领导和政府负责的理念,体现在中共中央、国务院颁布的《关于加强和完善城乡社区治理的意见》、十九届三中全会《中共中央关于党和国家机构改革的决定》以及各级地方政府贯彻执行的一系列重要法规、政策文件中,适应新时代基层社会多元主体或利益关系人互动与公共影响力上升的现实,致力于国家统合、利益整合与社会活力、居民自治之间达成良性互动、有机协同的目标,构筑政党领导下基层社会共建、共治、共享的治理结构及组织基础。

党领导城市基层治理的过程通过"三位一体"的制度及策略实现。③"三位一体"包含政党实施的三项相互作用、相互强化的治理基石:组织化嵌入、体制性吸纳和价值观引领。组织嵌入或基层"再组织化"是在单位体制解体的背景下,为解决党的基层组织悬浮化、边缘化和"不在场"问题,通过在"两新组织"和社会中全面设立党的基层组织机构的策略,实现党的基层组织对现实社会空间和虚拟空间的有效覆盖和领导权控制。以组织嵌入作为牵引,进一步延伸党在基层的党员嵌入和服务合作嵌入。前者促使党员在基层治理中发挥表率和模范作用,以党员个人行为和道德,引领社区居民参与公共事务治理;后者则以服务理念和行为为行动突破口,服务于居民需求,调解居民利益,协商治理规则,重建党与群众的有机联系。嵌入改变了政党传统的单向控制管理模式,希冀建立"你中有我、我中有你"

---

① 党的十六届三中全会《关于建立社会主义市场经济体制若干问题的决定》,提出政府"宏观调控、市场监管、社会管理和公共服务"四大职能,"社会管理"及"社会建设"成为国家建设战略布局的重要组成部分。
② 党的十八大、十九大将社会治理体制"十六字方针"扩充到二十字,增加了"法治保障",突出了依法治理的准则。
③ 孙柏瑛,邓顺平. 以执政党为核心的基层社会治理机制研究[J]. 教学与研究,2015,V49(1):16-25

的商谈、互动形式，使党的统帅作用植根于基层网络化的复杂治理之中。体制吸纳针对治理事务，将地方精英、社会组织以及利益群体吸纳进入基层事务决策、执行与协同参与过程的策略，吸纳通过挖掘地方化治理资源和组织授权，将基层代表性人物、意见领袖聚集于基层，发挥积极作用，适应基层利益诉求多元化和利益整合的环境需要。由此，以政党基层组织为核心的多元主体网络治理结构促成共建、共治的目标。价值观引领则通过期望共享的核心价值渗透与认同，加强党在基层社会的合法性基础与社会向心力。价值观引领凭借基层组织的内外两方面工作机制实现，对内基层组织增强党员自身的修养建设，提高政治纪律、法律和道德水准；对外通过公共文化服务项目，依靠公共空间、协商讨论、说服理解，逐步形成民众的文化心理认同。

我们可以将基层治理"一核多元"结构看作是一个平台，有多元行动者围绕问题、利益分配、分享权利登台入场。党的基层组织承担平台召集人、协调者、分享者和合作促进者的角色，而非单打独斗、垄断资源的管控者。因此，基层治理转型的核心在于走向参与基层治理的多元行动者之间的权力分享、共享，其本质在于政党、政府不断向社会力量赋权，极大推动社会的能力与活力，让城市基层社会及其载体社区、社会组织真正运转起来，让社会群体真正成为社会的主体，这无疑是社会治理的根本目标。当基层治理在转换国家—社会关系结构时，政党国家领导、主导的治理模式，需要引导、激活基层社会的能量场，为社会的成长与公民的行为建立权利与义务的法治环境与基础，赋予社会自治以明确的定位、角色与行为空间。唯有构建完善的制度保障，才能使基层治理的共建、共治、共享由理想目标转化为现实实践。

（二）在治理事务上，维稳成为政府基层治理最关键的注意力分配所在，公共服务和社区营造功能在基层治理实践中得到不断强化

"上面千条线，下面一根针"反映了基层治理事务的多样性与复合性。在配置资源、工作精力有限的状况下，主导基层治理的政党、政府如何决定其注意力分配，其工作关键点如何排序，是观察城市基层治理的一个要点。作为执行层，在现有政治与行政体制下，基层对于阶段性重点治理的事务没有太多的决定权，其注意力配置来自中央和上级领导部门的责任与任务要求

力度，更与"压力型"体制的问责强度密切相关①，基层政府基于其自由裁量的行为选择主要聚焦于完成任务和指标的具体行动策略和方式②。

21世纪初，社会管理使用的语境多指向维稳事务及其控制信访的目标，被狭义地等同于"管理社会"。伴随着对社会建设的实践发展、认知提高，尤其是治理理念的应用，基层社会治理的内涵不断扩容。但维稳作为一项"基础任务"和"底线思维"，具有重要的政治与管理意涵，信访管理、矛盾处置、平安建设等涉及安全秩序的事务，成为基层治理的头等事务和行动导向，投入了较大规模的人力、物力和财力。为应对多源流的个体、群体矛盾冲突和突发性事件，在利益与权利表达管道尚比较封闭，政治体制包容、吸纳、平衡多元诉求的能力尚不完备的情况下，基层治理采取"前端""覆盖""精细""分类""追责"五大策略来缓解、适应基层治理新出现的维稳压力。在实践中，"前端"主张改变传统管理"后端"的"救火队"角色，将治理链条前驱延伸向前，发现问题，掌握趋势，力求知晓问题源头，控制问题的发生，增强预警能力；"覆盖"则是进一步加强属地责任，将基层管理和服务体系嵌入每一个区域的最微观管理单位，采用科层体系与社会力量相结合的"齐抓共管"方式，以"网格化"管理、分片包组和包区包户的办法，力图实现"横向到边、纵向到底、全面覆盖、不留死角"的管理目标；"精细"突出基层治理的全方位综合、整体性思考和判断，研判评估问题，把握管理关键结点，同时采取规范化、标准化、成本控制的工作机制，迅速找寻问题要害，有效解决问题；"分类"将治理的事务及其利益相关人进行分类、分等，依照法规条例，建立有针对性、分层的管理系统，以此聚焦重点，提升回应能力；"追责"是履行基层属地治理责任的强激励手段，体现了行政发包之下地方竞争的"锦标赛"特征③。基层政府在承接上级政府及其委办局部门下达的治理任务时，同时受到上级主责部门的绩效评价，承担管理不作为或管理不力的责任。这构成了基层维稳治理从前端到后端的闭路系统。

随社会治理实践推进和对社会治理内涵认识的深化，出现了以保障和维

---

① 荣敬本. 从压力型体制向民主合作体制的转变：县乡两级政治体制改革 [M]. 北京：中央编译出版社，1998：4–12

② Gilson L Michael Lipsky, 'Street–Level Bureaucracy: Dilemmas of the Individual in Public Service' [J]. 2015

③ 周黎安. 转型中的地方政府：官员激励与治理 [M]. 上海：格致出版社，2017：68–71

护权利来促进维护社会稳定的思维转换,力图通过赋权于社会和公民的道路,①寻求突破刚性维稳局限性,获得防范社会矛盾、调整社会利益关系、建构和谐社会的改革动力。于是,基层社会治理不断突出公共服务功能,追求公平正义,强调民生保障,主张"寓管理于服务"理念,相应采取的一系列提升服务、柔化管理方式的策略:打开了民众导向的服务需求方的需求显示通道,改变了政府单向"输入式"的服务模式,将服务功能实现与真实的"民需"对接;加大基层公共服务供给的基础设施和机构建设,街道、社区层面的"服务中心""服务站"成立,以行政审批制度和"放管服"改革为契机,明确公共服务职能,为辖区居民和外来人口提供直接、便捷的服务;以多样化的服务供给方式,聚集社会资本,集合民间资源,拓展公司伙伴关系,形成基于政社互动的服务与治理的合作机制等。

  盘活社区资源,活化社区运行,促进自治发展,形成共建、共治、共享基层治理结构,成为越来越明确的目标。激活社区治理的活力,第一步要通过政府自我改革、社区自治释放空间。在纵向上,改革政府管理体制,划分政府与社区的职责边界,理顺政社关系,创新居委会管理体制和工作机制,目的是让政府从社区自治空间中退出,释放基层自治组织活力,推动社区自治组织变革转型,回归自治本位;在横向上,创新自治形式和居民参与途径,撬动社区社会资本,由政府引导,引入市场机制,培育和发展社会组织,建立社区服务平台,形成"一核多元"结构下多元主体合作关系。社会合作形式是营造社区、社会组织和社工三者共同组成、参与的"三社联动"模式:社区在"三社联动"角色定位于资源配置平台,是社工与社会组织的支持者、保障者和推动者,整合、配置社区资源,支持、引导和监督社会组织与社工开展联合服务;社会组织角色定位为社区的合作伙伴关系,是提供社区服务的组织载体,是社区居民需求的承载者,在社工协助下,设计、实施相关服务活动;专业社工机构则是社区服务专业引领者和实践者,其作用是评估各方专业需求,因地制宜设计建设路线,协调专业资源,通过培训、督导、评估、服务示范和技术支援等手段,推动社工专业人才队伍建设,构建"三社联动"服务及支持体系②。

---

  ① 杨雪冬. 社会权利与社会治理[G]//何增科. 中国社会管理体制改革路线图. 北京:国家行政学院出版社,2009:47
  ② 杜英歌. 中国语境下的基层社区治理:赋权与增能[J]. 公共管理与政策评论,2018(1):29-37

(三) 在治理策略和技术上，凸显工具理性的价值取向，流程"网络化"与联动协同治理成为治理技术路线的主流方向

为回应城市快速发展以及产生的社会问题，政府在基层治理采用了"多管齐下"的创新策略①，既包括结构性的机构改革、权责关系调整和管理流程再造②，功能性的管理重点改变，还包括行为性的治理观念与行为方式更新等。但由于体制改革的有效空间局限、基层政府治理权限约束和基层治理所处地位等因素的影响，决定了基层治理创新的工具选择，它更多地集中于机制和技术工具变革及应用上，体现了明显的管理主义取向。与此同时，当下国家治理对基层治理有效性、治理质量和治理能力的要求迫切，基层政府面对社会问题的压力，大大增加了基层属地管理的责任，这促使基层政府在有限的权力框架下选择更具适应性的管理模式或手段，谋求社会问题解决且风险阻力最小的路径。故此，创新性管理机制和技术路线便提上一线管理者的日程。联动、协同机制，以及利用信息化、数字化、互联网、大数据技术和基于管理工程的流程再造工具造就新机制，适应了基层治理工具转换的需求，大量进入城市政府管理系统，成为基层社会管理和公共服务的重要技术支撑。

1. 构建城市基层治理网格化社会管理系统，将管理不断延伸到社区最微观单位

网格化管理的组织层级可以概括为"三级平台"和"四级网络"。前者是区社会服务管理综合指挥中心、街道社会服务管理综合指挥分中心、社区社会服务管理综合工作站；后者为区级、街道、社区级、网格级，也可称为网纲、网目、网结、网格。网格化管理中有着诸如"单元网格""万米单元格""城市部件管理"等典型概念。"单元网格"即是数字城管系统中所定义的最小管理单位，指基于城市大比例尺基础地形数据，根据城市管理工作需要，按照一定原则划分的、边界清晰的多边形实地区域（面积约为1万平方米）。每个单元网格在时间和空间定义上应有一个唯一的编码标识。一般通过编码规则保证单元网格空间定义上的唯一性，通过单元网格的属性来

---

① 黄冬娅. 多管齐下的治理策略：国家建设与基层治理变迁的历史图景 [J]. 公共行政评论，2010, 03（4）: 111-140

② 孙柏瑛. 城市基层政府治理转型中的机构改革 [J]. 公共管理与政策评论，2018（4）

保证时间定义上的唯一性。"万米单元格"就是在城市管理中运用网格地图的思想,以1万平方米为基本单位,将所辖区域划分成若干个网格状单元,由城市管理监督员对所分管的万米单元实施全时段监控,同时明确各级地域责任人为辖区城市管理责任人,从而对管理空间实现分层、分级、全区域管理。当前正处于从"网格化管理"到"网格化服务"基层治理工具创新转变,也是实现从"维护社会稳定"到"满足公众需求"治理目标的转变。

2. "整体性政府"理念指导,以信息化、数字化、互联网创新的智能管理技术工具为支撑,构筑联动、协同治理机制,解决跨部门和"条块分割"导致的"碎片化"问题[1]

其一,以"整体性"政府治理理念,探求跨部门合作形成的机制[2],建立信息分享基础上的多行动主体参与的、网络状平行治理结构。其二,以信息化、互联网技术为平台支撑,建立智能化的协同治理结构。其机制为:以社会信息的采集、获取为基础和起点,实现一线需求、问题和事件发生的实时监测;以数字化的中心指挥平台为"枢纽",对各种实时信息进行汇集、分类、研判,明确各类信息的基本性质、涉事等级和应负管理责任的部门管理责任归属,由指挥中心统一调配资源和下达命令,解决协同谁、协同什么、谁去协同和如何协同问题,促成多部门的联合行动,将下游的信息上报者(网格管理员)、中游的问题处置部门和上游的运行监管与评价中心连接起来;以指挥中心的任务下派为中心,启动事务管理执行或问题处置程序。管理过程通过流程设计,显示管理重要的利益相关人、法律依据、程序要件,突出依法行政和标准化规范的要求;评估中心反馈事务管理的结果,给予执行人客观评价,反思流程中出现的不尽如人意的问题,由此形成闭路管理环节。其三,以事务分类、流程连续促进城市基层精细化管理。分类事务、分类管理、分级归属、责任明晰,是协同机制建立的前置性管理标准和执行依据。在分类基础上,进一步描述公共事务的主要业务流程及其关键利益相关人,评估利益相关人的属性、利益与服务需求,然后形成清晰的业务流程环节,链接管理者,针对性地选择管理和服务行为,由此,将问题知

---

[1] 孙柏瑛. 突破"碎片化":构建"回应性"城市政府协同治理框架——基于杭州上城区"平安365"的案例分析 [J]. 地方治理研究, 2018 (1): 2-16

[2] 斯蒂芬·戈德史密斯,威廉·D. 埃格斯;孙迎春译. 网络化治理:公共部门的新形态 [M]. 北京: 北京大学出版社, 2008: 37-39

情—问题研判—问题回应—提供者责任—结果监控环节以流程再造方式连接起来，实现"精细"和"精准"的管理目标。

3. 实施基层政府管理的标准化和规范化，以职责、权力清单界定基层治理事务的类型和范围，提升基层治理的公开性与依法合规水平

提高基层依法治理能力，规范其治理行为，是基层治理发展一直以来的目标，对履行治理责任的政府提出了标准化、规范化的要求：[①] 履行公开和告知义务。对于不同种类的管理和服务事项，向公民明确告知管理主体、管理内容、管理程序、管理要求、公示内容、公示时间和管理相对人权利，使相对人获得知情权和监督权；加强行政管理和服务程序的正规化和标准化，建立分类基础上公共事务执行标准；逐步实现政府间职权划分的清晰化、法定化，在明示基层基本管理和服务事项的基础上，形成界分不同层级政府主管事务的标准和分类依据，逐渐形成契约化、法定化的职能分工体系。实现基层治理标准化、规范化管理的主要政策工具是设置部门权力与责任清单，通过正面清单和负面清单的明示，清晰机关部门的责任、权限范围和程序，从而形成机关标准化的法定工作规范。

四、城市基层治理转型困境及未来制度创新选择

应该说，城市基层社会治理的转型之路十分艰难，以问题和任务应对为主基调的基层治理模式受到价值取向抉择和可持续能力的挑战，基层治理所显现的力不从心状态，也考验着推动城市基层治理改革深化的动力激励。调研发现，从城市基层治理的视角看，其治理困境或局限源自三个方面：一是体制制约。基层治理处于国家治理的末梢，在现有体制下多被界定为国家治理的执行，即更多传导的是国家自上而下的政策意志，而非更多居民、社区、社会组织自下而上的利益表达和传输。对于基层治理而言，关键的不是决定做什么，而是在有限资源下怎么做。因而，基层治理本身无力解决诸如"条块分割""内卷化""权威一体化和治理多样化"的体制问题及其内生矛盾。以更具灵活性的机制创新来突破体制局限，便是基层在属地治理责任不断加大压力下的行为选择。二是价值模糊。在基层治理的具体政策执

[①] 孙柏瑛，杨新沐.地方政府权力清单制度：权力监督制约的新探索 [J].行政科学论坛，2014，1 (6): 29-33.

行中,缺乏整体性、前瞻性、一以贯之的治理价值牵引,部门条规、政策的治理逻辑不一,存在冲突,造成基层公务员治理的价值认同比较含混、错位,导致工具主义、技术主义和短期化日益盛行。三是动力缺失,能力不足。从基层政府及公务员到公民及社会组织创新治理的动力都亟待提升,能力亟待加强,这需要选择良性运行的激励机制,造就基层治理发展、社会活力释放的制度环境。城市基层治理体系运行存在的问题由以下一些现象表现出来。

(一)"内卷化"倾向,改革悖论问题

尽管城市基层治理在观念、结构、功能和行为方式等方面进行了多轮改革,但是一些改革措施实施之后却出现内卷化效应[①],即试图通过改革来克服和修正的问题,在经历一定阶段或达到一定程度后边际效应递减,存在停滞不前,内卷盘绕于传统体制或行为模式上,难以得到根本的改变,问题被复制和循环。"内卷化"现象在基层治理不少领域都有显现,例如,社区居民自治组织的改革方向是扩大其自治权力和自治功能,按照《中华人民共和国居民委员会组织法》原则,使其成为居民利益代表主体和社区服务提供者,而非仅仅是政府在社区的行政执行延伸。然而,经历多次改革,其"行政化"倾向不断加剧[②];又如,"网格化"管理系统致力于建立以问题为导向的跨部门管理联动和协同,但建立在"控制幻象"上的网格化管理系统自身可能成为一个"条线"指挥命令系统,增加与"属地"权力的分割[③]。

(二)政社关系,边界不清

虽然社会建设、社会治理倡导增进社会活力,赋权社会资本,提升自治能力的目标,但转型时期,基层社会治理领域实现权力向社会的渐进转移,需要很长的路走,有时还一波三折。究其原因,重建政党—社会、政府—社会关系的过程遭遇到权力关系及其运行的边界不清晰,政府"放管服"改

---

① 杜赞奇. 文化、权力与国家:1900~1942 年的华北农村:rural north China. 1900~1942 [M]. 南京:江苏人民出版社,2003:39;贺雪峰. 论乡村治理内卷化——以河南省 K 镇调查为例 [J]. 开放时代,2011(2):86-101
② 孙柏瑛. 城市社区居委会"去行政化"何以可能?[J]. 南京社会科学,2016(7):51-58
③ 孙柏瑛,于扬铭. 网格化管理模式再审视 [J]. 南京社会科学,2015(4):65-71

革还在逐步改革越权、越位问题，政党组织在基层治理中的全面覆盖、全面响应和全面嵌入，也出现了无所不能、全方位介入的状况。从经济活动、民间纠纷、扶贫社会事业到政治、思想领导等，都纳入党基层治理重点工作任务，表现出无所不能，一些放管服事项也由党群机关承接下来，导致党在基层治理中的行为界限模糊不清，行政化膨胀，治理的成效也难以评估。党和政府如何领导、主导城市基层治理，应该治理什么以及如何治理，有所为有所不为，权力与责任边界依然是制约基层治理转型的关键问题。

（三）叠床架屋、构成复杂

多重的治理目标和任务指标考核（痕迹管理），下沉的"运动式"治理项目，以及不断强化的基层管理与服务的"底线""托底""全面覆盖""无死角"要求，极大增加了基层治理的工作量，这势必要求加大对城市基层治理的资源投入力度。然而，鉴于基层政府人力、物力、财力资源的局限，社会资本参与公共治理不充分，老旧小区"无治理＋出租"与商住小区"陌生人"社会的传统"熟人"治理资源断层，使得政府不得不采取加大行政机构下沉、新设机构、增加非编内人员等措施来实施治理，基层设立的各类机构、各类牌子、多条线人马构成了十分复杂的组织系统，这不仅加剧基层治理的"行政化"方式，更有明显的职能机构同构和重叠建设问题[①]，同时也让维持庞大投入的可持续能力受到挑战。

（四）条块分割、权责分离

在"条块分割"的体制下，对"条线"部门而言，基层属地处于相对弱势地位，无论是财权还是事权分配，"条线"都具有主导性，基层政府执行责任与其权力、资源严重不匹配。分税制改革后，国家财政资金的制度安排趋于向上"集中化"和"部门化"，以改变"分灶吃饭"的财政分权带来的弊端，为规范地方政府的刚性支出行为，"专项支出"和"专项转移支付"不断加强了部门的实际"治权"。据统计，2000 年以后，专项转移支付在中央转移支付总规模的比例迅速扩大；2004 年，"一般性转移支付"[②] 只

[①] 朱光磊，张志红."职责同构"批判[J]. 北京大学学报（哲学社会科学版），2005，42（1）：102-113

[②] 周飞舟. 财政资金的专项化及其问题兼论"项目治国"[J]. 社会，2012，32（1）：186

占转移支付总量的 7.2%，专项和各类"准专项"转移支付数量占到 50.8%。专项转移支付使得部门拨款"项目制"化，即通过专项拨款和项目制向基层下达①。街道的一般性预算经费只占预算总额 20% 左右，其他 80% 左右预算则来自附带严格专项考核的"综治维稳""社会管理""城市管理""基层治理""党群建设"专项经费。"项目制"管理意在加强对基层治理行为的规范，但同时造成基层治理权责关系不对等②，出现了权责分离和供需分离两个脱节。

2018 年是改革开放 40 周年，对我国社会治理制度演进与秩序形成逻辑进行反思十分重要。拷问引发基层社会治理困境的制度机理和行为逻辑，我们看到，基层治理本身存在局限性，其组织系统的领导、回应、斡旋能力与上级组织要求、公众期待与信任尚有距离；其公务人员法治精神和规则意识有待提高；其基于"公共性"的责任伦理观念和担当勇气还很薄弱；由其位置设定所能发挥的作用十分有限，反映并表达辖区需求的能力明显不足。但作为国家科层系统的末梢神经，基层治理行动的生成逻辑很大程度上是国家政治与行政管理体制、机制运行逻辑的结果，受到行政系统党—政决策机制、"中间层"行政执行与责任传导模式和"条块体制"关系调整等结构性因素的制约和影响。因此，政府基层治理转型除加强基层政府和公务员的"公共性"思维和能力建设外，更为重要的是，需要加强国家整体性的基础制度设计和改革，需要协同自上而下的政策推行与自下而上的创新诉求，合理向下、向社会赋权、分权，发挥基层属地治理应有的优势。城市政府基层治理要在国家"观念—制度—技术"整体改革的框架下实现转型。十九大报告指出，"建设人民满意的服务型政府，赋予省级及以下政府更多自主权"。这是新时代国家治理体系不断创新和发展的重要方向。

首先，社会治理的核心是"人"和"人的发展"，这是开放型政党、政府建的内在要求。

社会治理的关键之点是面向现实社会生活的人及其社会关系，包括人的需求、人的权利、人与人交往方式和社会规范、社群共同体的联结等，社会治理的目的在于促进人的发展、美好的社会生活和自主治理能力。党的十九

---

① 折晓叶，陈婴婴. 项目制的分级运作机制和治理逻辑——对"项目进村"案例的社会学分析［J］. 中国社会科学，2011（4）：126 – 148

② 倪星，王锐. 权责分立与基层避责：一种理论解释［J］. 中国社会科学，2018：116 – 135

大报告中203次提到"人民"和"以人民为中心",表现了党中央"民惟邦本、本固邦宁"的使命感,这是新时代社会治理的根本价值取向和目标导向。这就意味着,必须将基层社会看作是人生活、互动、发展的空间,而不仅仅是地理概念;将社会治理看作是缔造和催生社群交往共同体,追求社会参与和良性互动,增进社会福祉的提高,而不是看作被管理的对象和在"物化"思维下的管理工具与技术,看作是"驭人之术"的客体,将管理和控制的边界无限扩大。因此,基层治理首先需要将关注、尊重和保障人民的基本需要和权利,履行为人民服务职责作为第一价值秩序。

一个回应于公众需求和权利的政党和政府组织,必须保持其足够的开放性[1],这已然成为开放性社会的必然要求[2]。开放式基层治理在观念上反对排斥和封闭,它以包容、共享、公正、专业的态度面对接受服务的公众;在治理模式上,它倡导分权基础上的多元共治与合作治理,通过制度化渠道的公共参与,提升治理体制的弹性与韧性;在工作方法上,它主张在多元社会利益结构中政府与公众建立理解、协商、对话、说服和互动的良性机制;在持续发展能力上,它致力于形成政府与社会相互赋权、相互促进的关系格局,政党、政府唯有根植于社会之中,回应社会发展与人民要求,才能获得公信力。

其次,法治建设与服务型政府建设跟进,是基层治理常抓不懈的任务。

政府基层治理转型迫切需要职能转变和履职方式的转变。政府对基层社会秩序管制和矛盾纠纷处置固然重要,但作为嵌入在公众之中,关系公众生活质量和获得感受的层级,直接向公众提供公共服务的功能和能力,对于维系基层的基本需求,保障权利发挥着重要作用。基层的优势在于了解驻地独特的社情民意,对服务要求比较敏感并具有回应的直接性、可接触性便利,凸显基层服务供给的职能,是基层治理要义。同时,政府基层治理要加快从"人治式""行政化"管理向法治化管理方式的转型。无论是基层信访工作与维稳、与社区居委会、业主委员会关系调整,还是对社会组织的规制、社会工作者的聘用,都应逐步纳入以契约精神为基准的法治轨道中,这一转变因涉及对政府权力运行的约束,改变基层权力关系格局,转型过程阻力重重。但唯有依法治理基层,才能建立基层多元主体的基本行为规范,明确行

---

[1] 张成福. 开放政府论 [J]. 中国人民大学学报, 2014, 28 (3): 79-89
[2] 波普尔. 开放社会及其敌人 [M]. 北京: 中国社会科学出版社, 1999: 3

政和自治的行动边界，调整社会成员的权利与义务关系。唯有法治化，才能使政府从"围追堵截"式信访管理的压力中逐步解脱出来，走向以裁决权力与权利正当性的法治之路。

再次，加强以权力和责任明晰化、法定化为导向的行政管理体制改革。

从目前政府基层治理一系列关键问题及其根源看，整个政府行政管理体制运行的"统与分"问题，对基层政府社会治理体制机制的结构、功能影响是决定性的。具体说，政府社会治理领域的问题多源自体制性的决策权、事权责任和财政资源分配及支出责任的配置，即政府层级间、部门间以及条线与属地间的职能—责任—权力关系不匹配甚至错位。要解决基层治理面对的问题，就要从城市行政管理体制改革来寻求答案。针对基层治理，需进一步深化城市政府层级间事权责任的划分并建立法定化的划分原则；建立区委办局、街道办事处和社区居委会三者的权力和职责清单，对基层社会治理事务进行精细和精准的分类；必须设立上级机关和区委办局向街道乃至社区下放、卸载责任的"负面职责"清单和事务下沉"准入制度"，明确哪些责任必须在职能部门履行，控制"中梗阻"和责任卸载的发生；在城市基层政府所承担的社会治理基本职能定位的基础上，进行街道办事处的法定地位、功能、结构的综合制度改革，突出特（超）大城市在统辖地区社会事务治理中的作用。

最后，在党引领下，推动社区营造和社会组织发展，促进社会自治与合作共治，是基层治理前进方向。

伴随着市场经济发展起来的社会造就了基层治理"双向建构"的格局，让社区和社会组织成为基层治理的重要主体。在当下基层治理结构中，执政党组织通过价值引领、组织嵌入和服务型党建来组织基层社会，实现党在基层的领导权，形成新型的政党—社会关系。开放式政党领导是与社区自治、社会组织发展相互依存、相互促进的。也就是说，执政党基层组织的代表性和回应性是以社区居民民意表达、利益协调和积极参与为基础和条件的，党要有机"嵌入"社会生活网络，势必要努力推动社区的民主和自治能力建设。建立社区"议事会"制度，在社区重大治理事务上进行民主协商，吸纳社区组织和社会组织参与；增强政党、政府基层组织政务、财务的开放度和透明性，以基层预算为突破口，组织"民主恳谈会"，接受居民监督；建立制度并依法执行制度社区居委会、业主委员会的自治规章和条例，赋权、增能社区自治组织，开展社区营造，培育社区共同体意识；提高社会组织服务购买及其专业化供给能力，发挥社会组织不断创新服务供给模式的作用。

城市基层治理正在发生的风云际会转型在一个层面反映了国家治理体系现代化目标下国家—社会关系调整的方向。它犹如一面多棱镜，既体现了基层多样、复杂的社会政治与社会生态，又折射出形形色色的态度及其行为策略，但归根结底，治理转型展现为基层多元治理主体关系秩序的调适乃至重建，即"关于全部社会管理体系的建构都应把着眼点放在治理主体的关系上，这就是构想合作治理的出发点"①。基层治理转型成功的关键在于治理主体间新型关系构建和运行，取决于多元的治理主体在行动中合法性、价值目标、合作机制与策略。

在我国，执政党领导下的多元治理主体参与，即"一核多元"模式成为当前基层社会治理的基本结构与原则。这意味着，在党委领导下、政府主导下的基层治理主体形成了区别于西方市民社会国家——社会二元分立关系形态，塑造了基层治理集体行动中"你中有我，我中有你"的联系。在政权建设与权利诉求的"双向建构"中，以政党领导为核心的基层治理改革图式必然是：不断破基层除"行政一元化"管理模式弊端，政党、政府以开放的心态，致力于有所为有所不为，以价值和战略引领的方式，向社会授权和分权，建立资源、权利分享、共享的制度平台，为社会力量提供发展的动力，建构与社会相互赋权、相互增能、合作共治的关系，形塑"强国家—强社会"的国家治理现代化格局。

---------参考文献---------

[1] 徐勇. 中国农村村民自治 [M]. 武汉：华中师范大学出版社，1997：32；杨念群. 中层理论：东西方思想会通下的中国史研究 [M]. 北京：北京师范大学出版社，2016：32

[2] 何增科. 中国社会管理体制改革总论 [M]//何增科. 中国社会管理体制改革路线图. 北京：国家行政学院出版社，2009：1-3

[3] 孙立平，王汉生，王思斌，等. 改革以来中国社会结构的变迁 [J]. 中国社会科学，1994（2）：47-62

[4] Gore L. The Chinese Communist Party and China's Capitalist Revolution：Its Origin，Mechanism and Results [J]. European Journal of Sociology，2010，25（2）：118

---

① 张康之. 合作治理是社会治理变革的归宿 [J]. 社会科学研究，2012（3）：35-42

［5］佚名. 中国城镇化率统计（1949～2013 年）［M/OL］. 2016［2017 – 01 – 25］. http：//wenku. baidu. com/l ink？url = 2XkbimhI4DBgHVQb1CNjaf_A2Cr – HhhPCvX_hJ-suoj1wRDcPQVIRdPQObZI – AEX7rjExC0xIQO5sKg_Hd7 ooDYURQ6z – 4mYENjtthqMCeVe

［6］新浪财经. 国家统计局：2015 年中国城镇化率为 56. 1%［N/OL］. 2016［2017 – 01 – 25］.

［7］李友梅等. 城市社会治理［M］. 北京：社会科学文献出版社，2014：3

［8］唐亚林，李瑞昌，朱春. 社会多元、社会矛盾与公共治理［M］. 上海：上海人民出版社，2015：10

［9］Touraine, A. The Post Industrial Society, Tomorrow's Social History：Class, Conflicts and Culture in the Progammed Society［M］. New York：Rondom House，1971：14

［10］张康之，向玉琼. 政策问题建构权演进的历史轨迹［J］. 西北师范大学学报（社会科学版），2014（4）：241

［11］张静. 中国基层社会治理为何失效？［J］. 文化纵横，2016（5）：30 – 34

［12］孙立平. 博弈：断裂社会的利益冲突与和谐［M］. 北京：社会科学文献出版社，2006：271

［13］李林，田禾. 中国法治发展报告 2014［M］. 北京：社会科学文献出版社，2015：15 – 17

［14］刘二伟，许娟. 北京市行政争议化解机制研究：以信访为分析视角//殷星辰. 北京市社会治理发展报告 2014～2015. 北京：社会科学文献出版社，2015：89

［15］于建嵘. 抗争性政治：中国政治社会学基本问题［M］. 北京：人民出版社，2010：155；王洪伟. "以身抗争"与"以法抗争"：当代中国底层社会抗争的两种社会学逻辑［C］// 中国社会学会 2010 年年会——"社会稳定与社会管理机制研究"论坛论文集. 2010：115 – 116

［16］习近平. 决胜全面建成小康社会夺取新时代中国特色社会主义伟大胜利——在中国共产党第十九次全国代表大会上的报告［J］. 中国人力资源社会保障，2017（11）

［17］荣敬本. 从压力型体制向民主合作体制的转变：县乡两级政治体制改革［M］. 北京：中央编译出版社，1998：4 – 12

［18］Gilson L. Michael Lipsky. Street – Level Bureaucracy：Dilemmas of the Individual in Public Service［M］. New York：Russeu Sage Foundation，2010

［19］周黎安. 转型中的地方政府：官员激励与治理［M］. 上海：格致出版社，2017：68 – 71

［20］杨雪冬. 社会权利与社会治理［G］//何增科主编. 中国社会管理体制改革路线图. 北京：国家行政学院出版社，2009：47

［21］杜英歌. 中国语境下的基层社区治理：赋权与增能［J］. 公共管理与政策评

论，2018（1）：29-37

［22］黄冬娅. 多管齐下的治理策略：国家建设与基层治理变迁的历史图景［J］. 公共行政评论，2010，3（4）：111-140

［23］斯蒂芬·戈德史密斯，威廉·D. 埃格斯. 网络化治理：公共部门的新形态［M］. 北京：北京大学出版社，2008：37-39

［24］杜赞奇. 文化、权力与国家：1900~1942年的华北农村：rural north China. 1900-1942 ［M］. 南京：江苏人民出版社，2003：39；贺雪峰. 论乡村治理内卷化——以河南省K镇调查为例［J］. 开放时代，2011（2）：86-101

［25］朱光磊，张志红. "职责同构"批判［J］. 北京大学学报（哲学社会科学版），2005，42（1）：102-113

［26］周飞舟. 财政资金的专项化及其问题兼论"项目治国"［J］. 社会，2012，32（1）：186

［27］折晓叶，陈婴婴. 项目制的分级运作机制和治理逻辑——对"项目进村"案例的社会学分析［J］. 中国社会科学，2011（4）：126-148

［28］倪星，王锐. 权责分立与基层避责：一种理论解释［J］. 中国社会科学，2018：116-135

［29］张成福. 开放政府论［J］. 中国人民大学学报，2014，28（3）：79-89

［30］波普尔. 开放社会及其敌人［M］. 北京：中国社会科学出版社，1999：3

［31］张康之. 合作治理是社会治理变革的归宿［J］. 社会科学研究，2012（3）：35-42

------代表作品------

［1］孙柏瑛，杜英歌. 地方治理中的有序公民参与［M］. 北京：中国人民大学出版社，2013

［2］孙柏瑛. 社会管理新机制［M］. 北京：国家行政学院出版社，2015

［3］孙柏瑛. 基层政府社会管理中的适应性变革［J］. 中国行政管理，2012（5）：34-38

［4］孙柏瑛，祁凡骅. 我国政府社会管理创新的价值基础［J］. 公共管理与政策评论，2013（3）

［5］孙柏瑛，蔡磊. 十年来基层社会治理中党组织的行动路线——基于多案例的分析［J］. 中国行政管理，2014（8）

［6］孙柏瑛，邓顺平. 以执政党为核心的基层社会治理机制研究［J］. 教学与研究，2015，V49（1）

［7］孙柏瑛，于扬铭. 网格化管理模式再审视［J］. 南京社会科学，2015（4）

[8] 孙柏瑛. 转型中国基层治理何去何从：基于国家治理体系建构的视角 [J]. 国家治理研究, 2015

[9] 孙柏瑛. 城市社区居委会"去行政化"何以可能？[J]. 南京社会科学, 2016 (7)

[10] 孙柏瑛, 武俊伟. "双向建构"中的城市政府基层社会治理转型——路径、困境与未来展望 [J]. 公共管理与政策评论, 2018 (1)

制度变迁中的社会组织发展与挑战

娜 拉

> **摘 要**：我国的社会组织自1949年经历了多次的制度变迁。政府从严格规制到规制缓和，进而到促进发展，制度发生了巨大的变化。特别是改革开放以来，在全球治理理念的影响下，面对经济发展和人民生活多元化的需求，国家治理理念的改变推动了社会组织的发展。随着社会组织相关法律的不断完善，政府购买社会组织的服务，企业的社会责任意识的提高，人人公益的倡导，社会组织的数量不断增加。然而，在新形势下，社会组织仍然面临着资金不足、人力资源匮乏、管理能力有限、公益服务效益不高等一系列的问题。与此同时，社会企业的出现，也加大了公益行业的竞争。因此，未来的社会组织还面临着许多挑战，需要在政府、企业、民众的多方协力下，在不断完善制度环境中，不断地提升组织的管理水平与服务能力才能得到良好的发展。
>
> **关键词**：社会组织；制度变迁；非营利组织；社会企业

一、我国社会组织的特点

在我国，社会组织通常以多种组织形式存在，一般分为有法人资格的组织和无法人资格的组织。如图1所示，有法人地位的组织，如社会团体（简称社团），民办非企业团体，民间基金会等三类组织（2002年前通称民间组织），分别依据《社会团体管理条例》（1998年）、《民办非企业单位登记管理暂行条例》（1998年），以及《基金会管理条例》（2004年）在中国民政部门登记注册为非营利性团体。无法人资格的组织是没有注册为法人的组织，它们可以是业内的非营利性团体（如学校的社团），或者挂靠在有法人资质的社会组织之下（如基金会下的基金项目），也有则是自由团体。自由团体有的在社区备案，称为社区社会组织，有的则无备案。另外，还有一些团体，他们虽然开展的是非营利性活动，但是由于种种原因无法注册，或者不想注册，而选择注册了企业法人，这些组织也常常自称为是社会企业。

众所周知，西方国家对非营利性的组织常用以下五个特征（Lester M. Salamon，1994）衡量，即正式性（formal）、民间性（nongovernmental）、非营利性（nonfrofit）、自治性（self-governing）和志愿性（voluntary）。

在我国，由于非营利性组织受到社会发展的影响，具有其历史性特征，比如图1中所示的公益事业团体，也就是我们常说的事业单位，在西方国家，类似事业单位的组织都基本属于非营利组织，而在我国，事业单位不是民间性的组织，无论在资金和人事上都脱离不了政府的管理。因此，中国不能完全套用上述西方定义，非营利组织的五个特征也不完全适用于中国的社会组织。

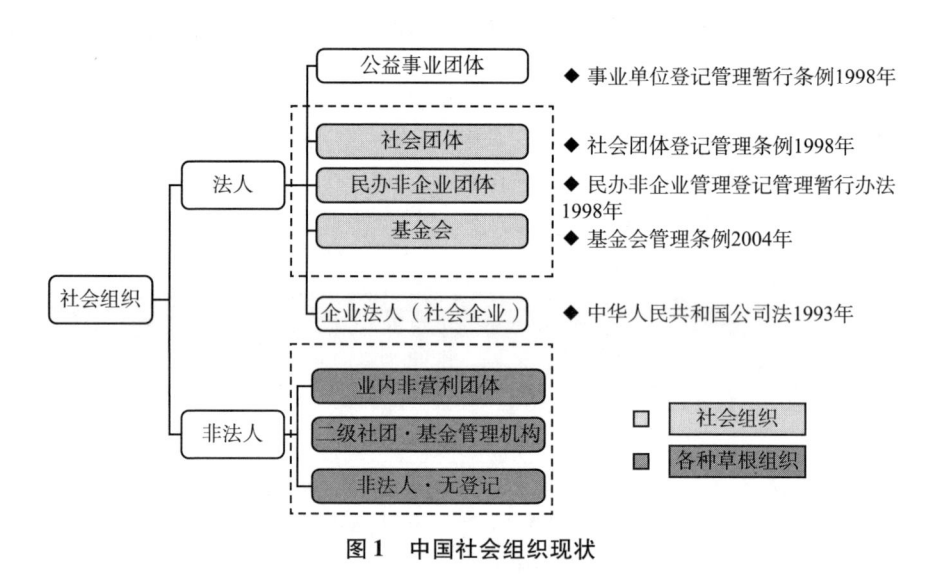

图1 中国社会组织现状

中国现代的社会组织的形成有其特殊的背景。中华人民共和国成立在1949年以后，由于国家统合了社会，社会职能完全由政府代替，因此，具有民间性和自治性特色的社会组织逐渐沉寂消失。直到1978年的改革开放，社会组织才重生。严格来说，中国的社会组织是在计划经济向市场经济的转型中，伴随着中国的经济高速成长和社会多元化的需求发展起来的。从其发展的内部要因来看，中国的经济改革中政府失灵（Weisbrod, Burton A. 1986）、市场失灵（Hansmann, H, 1987）促进了社会组织的发展。从外部环境影响来看，全球化结社（Lester M. Salamon, 1999）革命推动了中国的草根社会组织的成长。现在，中国的社会组织承担了弥补政府在扶贫、环境保护、教育、文化、福利等多个领域的公共服务的不足的角色，并且没有形成西方的政府与 NPO（non-profit organization）的互动合作模式（Gidron, Kramer and Salamon 1992），也没有形成第三者政府（Lester M. Salamon, 1995）。与西方社会的社会组织相比，我国的社会组织处于发展的初期阶段。尽管近年来政府的治理理念正在发生改变，社会组织的相关制度不断出台，行业协会商会在与政府脱钩，《慈善法》推动了人人公益的参与，政府购买社会组织服务扩大了社会组织的资金来源，公益众筹空前活跃，但是，还是应该承认，我国的社会组织还不具有完全的民间性和自治性的特色，还没有形成独立的第三部门。我国的社会组织从政策、资金、人力资源、营销到社会组织管理和服务能力都存在着大量的问题，面临着诸多的挑战。

二、我国社会组织的制度变迁

自 1949 年开始，总结我国社会组织的发展，大约经历了五个不同的时期：规制发展期、全面停止期、复兴期、快速发展期、清理整顿期和高速发展期。

（一）规制发展期（1949~1966 年）

中华人民共和国成立之初，我国呈现使国家与社会合二为一的状态。社会组织（当时称为民间组织）仅有社会团体和居民委员会两类。第一类的社会组织是社会团体，其法规称为《社会团体登记暂行办法》，是 1950 年由中央人民政府政务院制定的。出台法规的目的是为了建立新型结社团体，并规定社团要依据共产党领导，开展社会活动。这些团体分为人民群众、社会公益、文艺工作、学术研究和宗教等五类。在 1950~1965 年的 5 年间，社团发展十分缓慢，据统计，当时全国性社团只有 100 个，地方性社团也只有 6000 多个（吴忠泽、陈金罗，1996）。第二类的社会组织是居民委员会组织（简称居委会）。1954 年颁布的《都市居民委员会条例》是为了发展中国社区的基层群众组织。尽管条例将居民委员会定义为居民的自治组织，但实际上居民委员会也是在党的领导下开展工作。

在计划经济体制下，高度的统一领导，使得社团逐渐演变成准政府机构。被称为人民团体的工会、妇联，青年团等八大团体渐渐融入政府行政系统。居委会的工作也多为接受政府下派的工作，自治功能逐渐减弱。社会主义的国家机制逐步代替了社会的功能，社会组织的民间性逐渐消失。

（二）全面停止期（1966~1978年）

在1966~1978年这一时期里，我国的社团不但没有增加，现有的社团工作也被全面停止活动，社会团体的活动全面停止。"文化大革命"十几年的政治运动，不但使中国的社会、经济等各方面发展遭到严重破坏，中国的社团也遭到重创。而居委会这一居民自治组织在"文化大革命"时期成为政府的基层末端组织，全面接受政府的工作，上传下达政府指示，可以说几乎转变成政府的行政组织了。

（三）复兴期（1978~1987年）

1978年中国的改革开放带来了社会组织的复兴。思想的解放使得政府开始重新重视科学，重视知识分子。科学、技术、文艺、历史、哲学、文学等领域的社团相继复活，之后，佛教、道教、伊斯兰教、基督教等宗教社团也相继复苏，产业专业化社团在改革开放后随着经济的发展也开始增多起来，如图2所示。

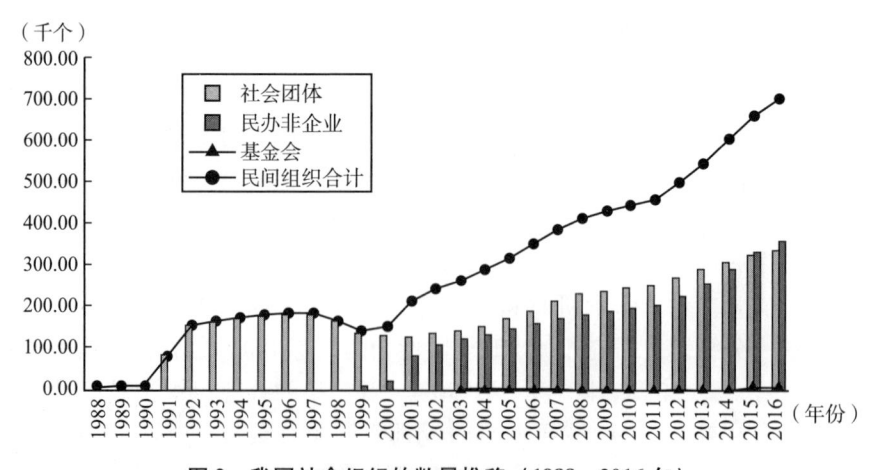

图2 我国社会组织的数量推移（1988~2016年）

（四） 快速发展期 （1987~1998 年）

1987~1989 年，我国出现了对社团放松规制的呼声，提出了立法以实现社团自主活动的要求。但由于当时社团既无归属管理和也无集中登记注册，几乎所有党政机关都参与本部门的社团管理，导致社团发展快速但管理混乱。1988 年，社团统一归属民政部门管理以及登记注册，规范了社团的管理，并在 1988 年出台了《基金会管理暂行办法》，并设立了 12 个全国性的基金会。这一时期可以说奠定了中国非营利部门未来的发展基础。尽管，在 1989 年春夏之交的政治风波以后，政府加强了对社会组织的管理和规制，在新公布的《社会团体登记管理条例》中设立了登记部门和主管部门的"双重管理"制度，对社团组织进行严格管理与监督，并规定在一个地区一个领域只允许一个团体登记，这一时期的社团数量增加了（见图 2）。在 1992 年邓小平的南方谈话后，我国市场经济改革的方向得到了确定，社团也因此进入了一个新的飞速发展阶段，社团数成倍的增长。

（五） 清理整顿期 （1998~2001 年）

1998 年以后，政府对社会团体进行了一次大的清理整顿，对所有的社团进行再注册登记。这次清理整顿历时 3 年的时间，社团数从 1997 年的 181318 个减少到 2000 年 153322 个。在 1998 年，修订了《社会团体登记管理条例》，新设了《民办非企业单位管理登记管理暂行条例》；在 2004 年，新设了《基金会管理条例》等完成了一系列的法规修改和制定工作。使得非营利部门的组织范围扩大，为社会组织下一阶段的高速发展打下了基础。

（六） 高速发展期 （2001 年现在）

近年来，中国经济的高速成长以及政治改革稳健展开，人们在政治、经济、文化、社会生活中观念发生了巨大的变化。随着市场经济成分在整个经济体制中逐步扩大，经济主体开始趋向多元化。多元化的倾向也自然也反映到了政治、文化、社会等各个方面，于是社会组织的多元化也随之出现。各种各样的 NPO（Non - Profit Organization）组织迅猛涌现。市民自发地积极地参与各种公益组织：环保、扶贫、慈善、文化、教育、残疾人救助、养老服务、社区服务等许多行业都出现了 NPO 组织。受到全球政府治理的影响，我国政府改变治理理念，特别是从 2003 年以后，政府对社会组织开始了分类促进，重点规制，制定了相关的政策和制度，促进了社会组织的发展。

国家民政部的统计表明[①]，截至 2017 年底，我国社会组织总数量已经达到 76.2 万个，其中，社会团体 35.5 万个，基金会 6307 个，民办非企业单位 40.0 万个。其业务范围则涉及教育、科技、文化、卫生、劳动、民政、体育、社区、环保、公益、慈善、扶贫、农村专业经济等社会生活的各个领域。除此之外，还存在着大量的无法人资格的社会组织，除了在社区备案的社区社会组织以外，尚无法统计翔实的数据。

三、我国社会组织的制度与改革

（一）社会组织的相关制度

如上所述，我国的社会组织分别依据《社会团体管理条例》（1998 年）、《民办非企业单位管理登记暂行条例》（1998 年），以及《基金会管理条例》（2004 年）设立，上述三类组织的法规都有以下共同特点：

1. 分级登记

所谓"分级登记"是指社会组织在由国务院民政部（国家级）和地方各级民政部门（地方级）分别进行注册登记。具体规定为：全国性的社会团体可在两个以上省、自治区、直辖市开展活动，其登记管理机关是国务院民政部门，相应地其业务主管单位是中央一级的党政机关及中央人民政府授权的机构；地方性的民间组织由所在地人民政府的登记管理机关负责登记管理，相应地其业务主管单位是所在地的党政机关及同级人民政府授权的机构。

2. 双重管理

所谓"双重管理"是指每一个社团要接受登记管理部门和业务主管单位的"双重管理"。登记部门是中国的民政部门，负责社团的设立、变更、注销时的登记与备案、年度检查和监督。业务主管单位是行政机构，主要负责社团的筹备申请、成立登记、变更登记、注销登记前的审查、监督、年检前审核、查处违法行为等[②]。

---

① 佚名. 2015 年社会服务发展统计公报 [J]. 社会与公益, 2016 (7): 91-96
② 民政部. 民政部关于重新确认社会团体业务主管单位的通知 [S]. 2000

3. 非竞争原则

在《社会团体登记管理条例》中规定，各级登记管理机关对于在同一行政区域内已有业务范围相同或相似的社会组织，可不予登记。所谓"相同"，是指"社团的名称、宗旨、任务等相同或基本相同"，"相似"是指"社团的名称虽有不同，人员构成也有差别，但实际业务活动属于同一业务领域"[①]，也就是说排除了同一类型民间组织的竞争。

长期以来，由于上述民间组织登记制度中"双重管理"的门槛，导致草根社会组织申请登记法人十分困难。又由于"双重管理"，明确的要求主管单位的管理职责为：（1）负责社会团体筹备申请、成立登记、变更登记、注销登记前的审查；（2）负责社会团体的思想政治工作、党的建设、财务和人事管理、研讨活动、对外交往、接受境外捐赠资助；（3）监督、指导社会团体遵守宪法、法律、法规和国家政策，依据其章程开展活动；（4）负责社会团体年度检查的初审；（5）负责协助登记管理机关和其他有关部门查处社会团体的违法行为；（6）会同有关机关指导社会团体的清算事宜[②]。这些规定不但加大了主管单位的工作责任和负担，政府发起的社会组织逐渐丧失了自治性和民间性，失去了活力。

由于制度的制约，我国的草根组织资金来源受到限制。这是因为，第一，由于不具有合法性，政府的资金不能流入；第二，公民对这类组织缺少信任，直接捐款数量少；第三，民间基金会少，资助草根组织资金有限。因此，很长一段时间内，我国的草根社会组织多靠国外基金会或者国外 NGO（Non-Governmental Organization）的支持生存发展。

4. 草根社会组织的应对制度的生存方式

为了求得组织经营的合法性，草根社会组织另辟蹊径，选择以下几种生存方式：

（1）挂靠在合法社团之下，成为这些社团的一部分。挂靠是指不进行法人登记，只需要挂靠在合法社团或者基金会的组织下面，作为这些组织的一个项目，就可以生存。比如著名电影明星李连杰当初设立的壹基金，就是挂靠在中国红十字基金会下的一个项目，成为壹基金计划。

（2）登记企业法人，成为社会企业（social enterprise）。对于那些无法

---

① 民政部.民政部关于〈社会团体登记管理条例〉有关问题的通知［S］.1989
② 民政部.民政部关于重新确认社会团体业务主管单位的通知［S］.2000

成为非营利法人、找不到挂靠单位的草根社会组织，他们的另一个选择是登记企业法人，近年来常常称之为社会企业。

（3）不登记注册，在行政或者事业机构内设立组织。如大学生社团类似业内社团，通常都挂靠在大学团委之下，接受团委的领导。

（4）无法人资质的自由团体。这种组织数量很多，由于没有严格的组织形态，费用靠自己筹措，不需要注册登记，因此，他们的生存方式极为灵活。比如，社区文娱社区，老年大学，老年协会，业主委员会，宗教团体，联谊团体等。另外，由于互联网的发展，我们可以看到网上有很多虚拟社区，为人们提供探讨共同关心的事物提供了公共领域，比如支教组织"多背一公斤"（1KG）就是从网上虚拟社区发展成为一个线下的社会组织。

（二）社会组织制度的改革

1. 全球国家治理的发展趋势

从发达国家近代发展的历史来看，政府的职能不断发生着转变。从19世纪追求自由放任主义，建立政府职能最小化的"夜警国家"，到20世纪30年代罗斯福"新政"，扩大政府职能建立"福利国家"，再到20世纪70年代以英国首相撒切尔、美国总统里根提倡新自由主义，强调市场机制的作用，再次缩小政府的职能。政策的转变始终围绕着政府和市场展开：一个时期是强调市场占主导地位，发展自由经济；另一个时期则是强调政府占主导地位，提高社会的整体福利。但是，无论哪种制度都没有取得持续的成功。强调市场经济为主导的自由经济带来了贫富差距的加大，加深了社会矛盾；而强调政府为主导，建立"福利国家"的政策，则带来了国家日益沉重的财政危机。

20世纪80年代开始的"新公共管理"打开了新的领域大门，非营利部门进入了公共服务的视野。即在国家、市场之外，非营利组织（社会组织）也成为社会政治经济的发展的重要部门，社会组织、志愿者等社会资本在教育、医疗、养老、环保、福利等众多的领域发挥的作用，弥补了政府和市场提供公共物品和服务的不足。

从理论上来看，亦如经济学者指出的那样，非营利组织是由于在市场和公共领域中存在着市场失灵和政府失灵，导致市场和政府对公共物品供给的缺失而出现的（Weisbrod, 1977）。一方面，公共物品由于"搭便车"的问题（free-rider problem），导致无排他性、无竞争性的公共物品让企业无利可图，因而在竞争市场上缺乏激励。因此，政府提供公共产品和服务具有正统性。但是，从另一方面看，由政府在提供公共物品和公共服务的过程中也会出现失灵。因为政府在决策提供公共物品和公共服务时会存在不完全性。通常，政府的决策可以满足大多数公民的需要，但是，更多多元化的需求并不能被民众满足。尤其对于兼有公共物品和私人物品特点的准公共物品来说，政府依然面临着失灵。因此可以说，正是由于政府失灵、市场失灵，孕育了社会组织的发展。社会组织通过公民社会的自发组织，通过志愿服务、捐赠、非营利经营等方法为公民提供服务。

新公共管理所提倡的治理理论也正是从公共管理学角度出发，从管理（government）走向治理（governance），倡导发挥社会组织的作用。新公共管理运动经历了四个阶段：

（1）引入私人部门管理技术阶段。撒切尔内阁提出著名的3E标准，即经济（Economy）、效率（Efficiency）和效益（Effectiveness），作为衡量行政管理和公共服务的最终尺度。

（2）公共服务私有化阶段，这使政府规模和活动范围大大缩小。

（3）公共服务代理化阶段。决策部门只负责政策制定，不再掌管政策执行。

（4）公共和私人部门伙伴关系阶段。美国里根政府崇尚市场至上、个人自由和政府最小化。其基本理念是：政府就应像一个大型公司那样予以组织和管理，公共部门和私人部门都需按照同样的经济参数和管理原则进行评价。

治理不但强调了政府再造，以提高政府内部管理方式的改变：通过委托方式改变政府的管理权限，将一部分公共服务向社会组织和市场转移，购买社会组织和市场的服务；还重视多元主体的参与。因此公共服务的模式逐渐从政府的单一主体向合作治理模式转变（见图3），提倡政府购买社会组织的服务和企业的服务，其目的是为了进一步的提高效率，增加公民的满意度。

从历史来看，政府、企业、社会组织三个部门的职能也不是一成不变的，随着时间的推移，历史的变迁，三者的职能随着环境和需求而不断转换。通过互动和协调。三个部门的界限也变得模糊。

20世纪80年代开始，西方国家的社会组织作为政府公共服务的补充，扩大了其职能。与此同时，企业的成长，民间的财富增长等契机，企业社会

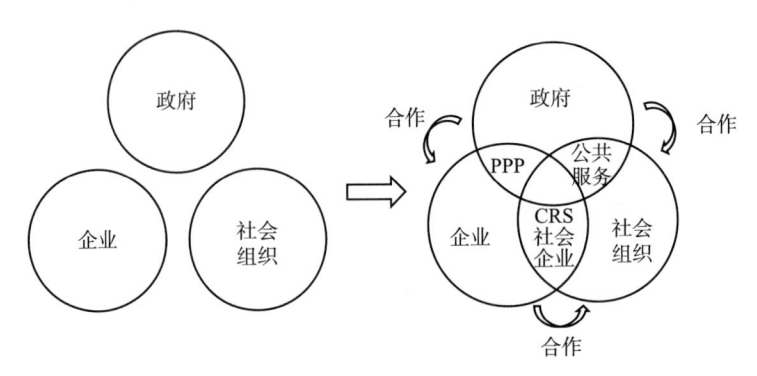

图3 公共服务模式的转型

责任的提倡，企业和民间的捐赠和志愿服务的提倡为社会组织发展奠定了基础。发达国家的公共政策也发生了转型。一方面，建立有利于社会组织发展的税制鼓励企业和个人的捐赠、提供志愿服务；另一方面，政府财政加大了对社会组织服务的购买力度，大大地推动了社会组织的发展。

2. 我国政府对社会组织制度的转型

（1）社会组织规制缓和。

随着我国经济的快速发展，社会呈现多元化的需求，从2002年开始，政府逐渐改变对社会组织的政策，从严格规制逐渐向促进发展的方向转变（娜拉，2007）。从两个角度可以看出政府对社会组织的制度变化：2002年10月党的十六届六中全会上《关于构建社会主义和谐社会若干问题的重大决议》中，"社会组织"一词正式使用，不但明确提出要健全社会组织，增强服务社会功能，还提出了对社会组织的培育扶持和监督并重的要求。由此，政府对社会组织管理制度开始转变，一改过去传统的硬直式的管理，从清理整顿和惩治的全面规制，向完善社会组织制度建设，帮助社会组织走向合法化，提倡社会组织的自律，建立评估体系的管理转型。与此同时，还推动社会组织开展内部治理，推动中国社会组织的整体发展。2007年，"社会组织"在党的十七大报告中再次出现，提出"发挥社会组织在广大群众参与、反映群众诉求方面的积极作用，增强社会自治功能"。

（2）2008年志愿者元年。

2008年，被称为中国的志愿者元年，由于在四川汶川地震和举办北京奥运会两件大事件中，志愿者人数比历史上任何时期都多，草根社会组织也都浮出了水面，参与抗震救灾，开启了我国社会组织的新起点。据统计，截至 2008 年 6 月 3 日，全国共有 561 万人通过各级共青团组织报名参加抗震救灾志愿服务，直接和间接参与了抗震救灾的志愿者各地共有 491 万名[①]。北京奥运有近 170 万名志愿者[②]。与此同时，志愿者服务也将中国的慈善推向了高潮，慈善捐款创下历史之先河，2008 年捐款总额达到 400 亿元[③]。体现出中国公民的爱心和奉献精神。在恢复重建家园的过程中，政府开始尝试购买草根社会组织的服务，尽管最初的案例是准政府机构的中国红十字会购买的服务，但已经预示了政府与社会组织关系的改变。

(3) 直接登记的尝试。

如前所述，由于草根社会组织的合法性受到制约，在登记制度上，中央和地方政府尝试改革。2008 年 9 月，北京市社会工作委员会出台了《关于加快推进社会组织改革与发展的意见》，首次推出了"枢纽型社会组织"的概念。之后，在北京市《关于构建市级"枢纽型"社会组织工作体系暂行办法》中进一步说明："枢纽型社会组织"是由负责社会建设的有关部门认定，在对同类别、同性质、同领域社会组织的发展、服务、管理工作中，在政治上发挥桥梁纽带作用，在业务上处于龙头地位，在管理上承担业务主管职能的联合性社会组织。并在 2009 年认定了北京市总工会、共青团北京市委员会、北京市妇女联合会等 10 家"枢纽型社会组织"。由此，解决了社会组织难以找到主管单位的问题，同时，通过"枢纽型社会组织"对同类组织起到培育孵化、联系服务、资源支撑、沟通反映、人才聚集作用，引导社会组织发展。

2009 年 7 月 20 日，民政部与深圳市签署"推进民政事业综合配套改革合作协议"后，授权深圳开展基金会直接登记试点，使深圳成为社会组织发展特区。2011 年 1 月壹基金在深圳顺利登记为公募基金会，成为国内首家民间发起的公募基金会。

2011 年，各地继续推进社会组织管理体制改革。在广东，除特别规定、特殊领域外，将业务主管单位改为业务指导单位，直接向民政部门申请成立社会组织。北京对工商经济类、公益慈善类、社会福利类、社会服务类社会组织实行民政部门直接登记，建立"一口审批"绿色通道。海南省委省政

---

① 谢洋，王聪聪. 全国 491 万名志愿者参与抗震救灾 [R]. 中青网，2008, http://www.youth.cn
② 万兴亚. 我国注册志愿者 2500 万，10 万奥运志愿者上传视频 [N]. 中国青年报，2008
③ 王名. 中国非营利评论，汶川地震专辑. 第三卷 [M]. 北京：社会科学文献出版社，2008

府作出决定，除法律、行政法规规定需要前置审批外，对经济类、公益慈善类、社会福利类、社会服务类社会组织实行直接登记制。上海确立了分类建设、分类扶持、分类管理的基本思路和工作要求。江西出台了行业协会管理办法。山西、辽宁、陕西出台了异地商会登记管理办法等。天津、浙江、安徽、湖南等省市也在部分地区进行了类似的探索。

2013 年，民政部提出，各地民政部门要推广广东经验，支持有条件的地方将社会组织业务主管单位改为业务指导单位，推行公益慈善、社会福利、社会服务等领域的社会组织直接向民政部门申请登记，并会同有关部门依法监管。2013 年 3 月民政部强调"按照国务院机构改革和职能转变方案，行业协会商会类、科技类、公益慈善类、城乡社区服务类等四大类社会组织，今后将在民政部门依法申请登记，不再需要由业务主管单位审查同意"①。"直接登记"解决了大量社会组织登记难的问题，至此，政府在对社会组织管理制度上也开始了从"严审批"到"严监管"的转变。

（4）政府购买社会组织服务。

政府向社会组织购买服务的探索最早可追溯至 1994 年，当时深圳罗湖区借鉴香港经验，引入了政府向社会组织购买服务机制。1995 年，上海浦东新区社会发展局向基督教青年会购买服务，负责管理浦东新区的罗山市民会馆，开创了"政府主导、各方协作、市民参与、社区管理"的模式，创造了"罗山市民会馆模式"。

2013 年，国务院发布《关于政府向社会力量购买服务的指导意见》（简称《指导意见》），要求各级政府在公共服务领域"更多利用社会力量，加大政府购买服务力度"，旨在"形成政府主导、社会参与、公办民办并举的公共服务供给模式"。至此，改变了自 1949 年以来我国的公共服务的供给模式，即改变了政府既是资金的提供者，又是服务的提供者，既是决策的制定者，又是执行的监督者的体制，为社会组织参与公共服务打开了空间，这也是我国 1978 年改革开放以来，打开了市场空间之后的又一新举措。

2014 年 12 月，财政部、民政部、工商总局关于印发《政府购买服务管理办法（暂行）》的通知，明确提出要进一步转变政府职能，推广和规范政

---

① 佚名．民政部：四大类社会组织将不再审查直接登记［DB/OL］．观察网，2011，https://www.guancha.cn/society/2013_03_13_131629.shtml．

府购买服务，更好发挥市场在资源配置中的决定性作用。政府购买社会组织服务是政府提供公共服务理念的重大转变，推动了政府从单一提供主体向多元主体转变，搭建了政府与社会多元参与的平台；为社会组织的发展注入了资金活力，并撬动了社会资源对公共服务以及社会公益事业的投入；优化了公共服务提供的环境，提高了服务的效率与质量；进一步满足了不同人群对公共服务的多样化需求。

地方政府也不断推进政府购买公共服务的改革。如天津市2014年分别制定了《政府向社会力量购买服务管理办法》和《2014年天津市政府向社会力量购买服务指导性目录》；2014年深圳市出台了《关于政府购买服务的实施意见》《深圳市购买服务目录（试行）》和《深圳市政府购买服务负面清单（试行）》三个政策文件，并将实施意见与正负面清单结合起来；2015年沈阳市颁布实施了《沈阳市开展政府向社会力量购买服务工作的实施方案》等等。在实践中，地方政府涌现出许多独具特色的政府购买服务方式，包括全额购买、以奖代补、差额补助等方式。部分地区尝试设立种子基金、福彩公益金等专项经费，在更大范围内资助公共服务的承接主体开展服务。政府向社会组织购买公共服务的内容范围也逐渐扩大，包括社区便民服务、社会保障、公共安全、社会事业、劳动就业、环境保护等公共服务。

实践表明，社会组织参与服务，不但可以弥补政府公共服务的不足，倡导社会正气，凝聚社会力量，加强相互信赖，改进人与人的关系等；还可以起到倡导、融合等诸多的作用。简而言之，社会组织具有"促进剂""粘合剂""润滑剂""调和器""助推器"等多方面的作用。支持和购买社会组织的服务，不但能够帮助政府减轻服务负担，提高服务效率，还能让政府从许多繁杂的日常事务中解放出来，转向建立制度、规则、监督管理等宏观事务中去，更好地为百姓提供公共服务。

（5）《慈善法》的出台。

2016年，中华人民共和国第十二届全国人民代表通过了《中华人民共和国慈善法》（简称《慈善法》）。《慈善法》是我国的第一部规范慈善活动的国家大法，将慈善活动进行了更广泛的定义，将公益活动囊括在内。《慈善法》不但确立了对慈善组织的登记和认定制度，还对慈善资产进行专章规定，明确慈善资产的归属和法律责任，另外，也规定了慈善的税收制度，有力地激励了慈善组织以及公众的捐赠。由于《慈善法》确认了慈善组织通过互联网开展公开募捐的合法性，并为规范网络募捐提供了法律依据，使得广大的公益组织可以获得更多的资金来源。

（6）民政部民间组织管理局的更名。

2016年，我国民政部民间组织管理局正式更名为国家社会组织管理局①，民政部要求民政部门要积极推进社会组织登记制度改革，完善社会组织培育扶持政策措施，依法加强对社会组织的监管工作，引导社会组织加强自身建设，着力加强党对社会组织工作的领导。与各有关部门齐心协力，全面落实扶持政策，促进社会组织健康有序发展和更好地发挥积极作用。

随着中国经济的高速增长以及政治改革稳健展开，人们在政治、经济、文化、社会生活中观念发生了巨大的变化。多元化的需求从经济领域扩大到政治、文化、社会等各个方面，与之对应，社会组织的多元化倾向也随之出现，各种各样的草根社会组织迅猛涌现。市民自发积极地参与各种公益组织：环保、扶贫、慈善、文化、教育、残疾人救助、养老服务、社区服务等许多行业都出现了草根社会组织。然而，新型领域的快速崛起，也导致社会组织大量问题的出现。法律政策的缺失，激励机制的不足，以及社会组织自身资金缺乏、人才不足、组织管理能力不足等一系列问题迎面而来。社会组织作为国家、市场之外的第三部门何去何从，将有待于外部政策和行业内部各个方面的推动和激励。

四、政府管理社会组织制度变革中的问题与挑战

（一）分类促进，重点规制

如前所述，自2002年以来，我国政府对社会组织开始了规制缓和，从全面规制向分类促进发展，重点规制的方向转变。一方面，在管理制度上，草根社会组织的登记变得相对容易，双重管理体制改为直接登记制度，鼓励那些与政府发展战略一致，补充了公共服务不足的社会组织发展，尤其是对行业协会商会类、科技类、公益慈善类，社会福利类、社区服务类等五类社会组织。另一方面，双重管理的主管单位的审查和业务管理仍然适合那些涉及政治、法律、宗教等意识形态的社会组织，与此同时，政府特别加强了对

---

① 民政部. 民政部民间组织管理局正式更名为社会组织管理局[DB/OL]. 搜狐新闻网，2016，http://www.sohu.com/a/113039111_268508

在华境外非政府组织的管理，于 2017 年 1 月出台了《中华人民共和国境外非政府组织境内活动管理法》，对境外 NGO 在中国的活动进行了严格的规定，形成了"左手放，右手紧"的格局。由于境外 NGO 在华注册登记严格，管理部门由民政部改为公安部，截止到 2017 年 12 月 31 日，上万家 NGO 在华注册登记的仅为 305 家，数量大大减少[1]，过去大量草根社会组织依靠国外 NGO 资金生存的格局发生了变化，外国资金大量减少。

（二）社会组织的去行政化改革

社会组织的去行政化改革始于 2002 年的上海，2004 年的深圳，以及 2006 年的浙江，主要的改革是从行业协会和商会开始的。由于早年的行业协会多为被政府吸纳的准政府组织，具有很强的政府主导特征，失去了民间活力，去行政化改革主要是从组织机构、人员、职能、财产等四个方面从政府机构分离，也叫"脱钩"。2015 年 7 月 8 日，中国政府网公布《行业协会商会与行政机关脱钩总体方案》。要求理清政府、市场、社会关系，推进行业协会商会与行政机关脱钩，厘清行政机关与行业协会商会的职能边界，加强监管和党建工作，促进行业协会商会成为依法设立、自主办会、服务为本、治理规范、行为自律的社会组织。

2017 年全国性行业协会商会脱钩试点已经进行了第三批，各省市的行业协会商会脱钩试点也在进行中。脱钩试点将围绕"五分离、五规范"展开，即机构分离，规范综合监管关系；职能分离，规范行政委托和职责分工关系；资产财务分离，规范财产关系；人员管理分离，规范用人关系；党建、外事等事项分离，规范管理关系[2]。"脱钩"带来了职能和关系的改变，厘清了行政机关与行业协会商会的职能。剥离行业协会商会现有的行政职能，带来了法人、权利、人员、财务关系的独立，政府重点加强事中事后监管，还规定了干部退休 3 年内一般不得到行业协会商会兼职，改变了过去大量退休官员担任社会组织领导人的现象。

但是，改革并不顺利，部门利益壁垒阻碍改革推进，政府部门不愿意放权、放利，官办行业协会商会由于长期依附行政主管部门，担心脱钩后失去

---

[1] 贾西津.《境外非政府组织境内活动管理法》一周年实施进展分析报告 [DB/OL]. NGO 发展交流网，2018 [2018-08-17]，http：//www.ngocn.net/column/2018-01-05-081996340a92b5c3.html

[2] 佚名. 下半年将有 1/6 全国性行业协会商会试点脱钩 [DB/OL]. 民政部社会组织管理局，2015，http：//www.chinanpo.gov.cn/tgnews/index.html

政府提供的资源平台，失去人、财、物的优势。另外，官办行业协会商会等内部管理比较薄弱，在人才队伍、能力素质、思维方式、职能开拓、治理方式等方面，都与现代行业协会商会市场化的运作方式存在一定的差距。在行业协会商会的专项立法方面，我国也长期滞后，缺少特定法规。现有《社会团体登记管理条例》过于宽泛，缺少对行业协会商会明确规范，导致在"脱钩"过程中的行业协会商会在许多问题上无法可依，可变性较大（傅昌波、简燕平，2016）。

（三）政府购买社会组织服务的问题

随着政府购买社会组织服务的不断推进，政府购买社会组织服务过程中的问题也不断出现。以北京市为例：北京市从 2010 年到 2016 年，市政府累计投入社会建设资金 4.7 亿元，用于购买社会组织的项目 3214 个，撬动了配套资金 5.4 亿元，覆盖人群 3107.2 万人次，开展活动 151.6 万场次，累计提供专业服务 1586.8 万小时。但是，从年度总额来看，如 2016 年购买社会组织的资金总额为 6455 万元，仅占 2016 年北京市一般公共支出 27650000 万元的 0.023%。如果不算成本，假设把这些资金全部用来提供服务，平均到 2173 万常住北京居民来说也只有不到 3 元钱，如果加上 700 万的流动人口，北京市民平均只能得到 0.76 元的服务。可见政府购买社会组织的服务的体量还太小。

政府购买社会组织的制度也有很多问题。根据研究表明[1]，现有的政府购买社会组织服务项目分散在各个政府部门，由各个部门自行组织实施，没有统一平台，缺少统一规范管理。购买服务缺乏整体的设计和调查，基本上由政府单方面进行选择购买，常常造成实际服务的供给与公众的需求无法相匹配，即"有项目不对胃口"。资金使用政策过于僵化，限制了许多社会组织主动申请项目的积极性。在资金使用方面，对社会组织的绩效评估仅限于对其使用效益进行评价，重视"数量"问题，关注投入产出的关系。但是，对于社会组织则更应该关注的是资金的"使用结构"问题，服务效果更为重要。由于绩效评估具有导向作用，即"评价什么就会引导什么"，如果绩效评估体系没有重视资金的使用结构，在实际操作中资金的使用结构就会被

---

[1] 参见魏娜、娜拉等参与的北京市教育委员会共建项目成果《北京市政府购买社会组织服务研究》。

忽视，进而会造成资金使用结构失衡，出现浪费、无效等现象，限制社会组织申请政府购买项目的积极性，导致社会组织回避长期项目，做短平快项目，注重形式，甚至造假。

（四）税制与激励

税收政策是发展社会组织和激励社会组织最为有效的杠杆。由于资源配置的有限性，以及市场"看不见的手"导致的竞争失灵，外部性问题、公共性失灵、信息不对称等一系列的"市场失灵"，政府通过税收为公民提供公共物品和公共服务具有回避上述现象的合法性。但是有时也会出现低效率、寻租等"政府失灵"现象。在世界性的新公共管理趋势的推动下，社会组织作为非营利性组织登上了提供公共服务的舞台。一方面，政府购买社会组织服务成为新公共管理提高管理效率的方法，另一方面，政府从税制改革，给予企业和个人的税制优惠，激励民众参与公共服务，发挥社会资本的力量，从资金和志愿者的人力资源上补充和促进社会部门的成长，如图4所示，税制激励了企业和个人的捐助，充实了社会组织的资金来源，同时，也促进了企业的社会责任的发展。

2013年国务院在《关于深化收入分配制度改革的若干意见》中提出了税收政策是慈善事业最为有效的政策杠杆，能够发挥对慈善组织、慈善活动的引导与监督作用。之后，在党的十八届三中全会做出的《关于全面深化改革若干重大问题的决定》也明确提出："完善慈善捐助减免税制度，支持慈善事业发挥扶贫济困积极作用。"

2016年9月1日起正式实施的《中华人民共和国慈善法》进一步规定了"慈善组织及其取得的收入依法享受税收优惠"。2018年2月，财政部、税务总局联合发布《关于公益性捐赠支出企业所得税税前结转扣除有关政策的通知》，明确政策规定。同月，《关于非营利组织免税资格认定管理有关问题的通知》规定了非营利组织免税资格认定的具体条件和需要报送的材料。

从政府政策制定层面上，一系列的政策都在积极推动相关税制不断地完善，促进社会组织的进一步发展。但是，政策层面和执行层面上仍然有很多问题存在。比如，社会组织享有税收免税政策的比例较低，公益慈善税种过少，除了所得税，对财产税、行为税、流转环节的税如增值税等都没有规定。由于对于公益组织的经营税没有规定，现在公益组织的经营税只能按照企业所得税的 25% 税率来征收。另外，尽管企业给予公益捐赠税前抵扣可达 12%，但是，税收程序烦琐，个人捐赠抵扣更加麻烦，由于工薪阶层收税是按月计算，因此，即便是个人捐款扣除可达 30%，但实际操作起来很困难。而对于非货币的捐赠，视同于商品销售，即要先计算所得再适于抵扣，如果捐赠股权、不动产，或者古董之类的物品，捐赠过程都涉及高额所得税的问题。另外，关于捐赠扣除的延递问题也十分不合理。因为，税法规定，延递期是三年，即捐赠者可以在三年内连续抵扣，但是，事实上，个人的抵扣难以实施。还有跨地捐赠的问题也没有明确性的规定，导致跨地捐款抵扣操作困难①。

（五）社会组织的能力建设问题

1. 资金与筹款

社会组织的资金来源通常有几个方面：政府购买服务、政府补贴、会费、捐款（企业和个人）、国内外基金会项目、服务收益以及其他收益等。其中，不同国家对社会组织的补贴以及购买资金不同。尽管我国制定了政府购买社会组织的相关政策，但是，政府购买社会组织的资金相对不足，民间捐助的政策激励不够完善，从整体来看社会组织的资金都相对缺乏。

社会组织的资金依据国家的政策不同，来源也不同。根据约翰·霍普金斯政策研究所对全球 22 个国家的调查和分析表明，较发达的国家社会组织的资金主要来自政府的购买服务和补贴，如比利时、德国、爱尔兰、芬兰、法国、英国、奥地利等，而发展中国家多来自会费收入，如墨西哥、巴西、阿根廷、秘鲁等国家，但 22 个国家中，没有一个国家的社会组织主要资金来源是民间捐赠，平均私人部门的捐赠占社会组织全部收入的 10%。

在 1980 年美国政府购买社会组织的调查研究、社会服务、文化艺术、保健医疗、雇佣训练、初等及中等教育、高等教育、社区建设、对外服务的资金达 1116 亿美元（莱斯特·萨拉蒙，2002）。

如前所述，2017 年底，我国社会组织总数量已经达到了 76.2 万个，进行中的去行政化改革导致行业协会商会与政府脱钩，由于在机构改革中政府停止了对大部分社会组织的财政拨款，许多社会组织还没有形成外部筹款能力，且自我经营创收受限，以致步履维艰，还有很多社会组织处于休眠状

---

① 李勇. 专家热议公益慈善税制创新与发展 [J]. 中国社会组织，2016 (4)

态。还有很多基金会，由于长期以来缺乏公众信任，面临信任危机，导致社会捐赠有限。

在有限的政府购买服务资金和有限的民间捐款的条件下，社会组织需要不断提高自我的筹款能力和经营能力。提升组织的服务能力才能获得更多的会员加入，才能以服务获得收益使得组织获得可持续发展。

网络时代为社会组织的筹款打开了新的渠道，公益众筹成为社会组织新的筹款模式。与传统公益模式不同，公益众筹的优点在于项目的门槛低、覆盖面广、效率高、成本低、透明度高。借助众筹平台的公信力和社交媒体的传播力，可以将项目形式多样化，吸收多方参与，实现了人人参与，最大化利用慈善资源。

目前，我国的公益众筹平台大约可分为三类（王佳鑫，王娟，2018）：一是如众筹网的专业平台；二是基于社交软件的众筹平台，如微博的"微公益"和微信"微信运动"以及关注号"轻松筹"等；三是电商平台，如"淘宝众筹"和"京东众筹"等平台。但是公益众筹也存在着风险，如众筹平台的资质风险；项目发起人的公募资质与合法性的风险；由于网络公益众筹属于新生事物，无论是《慈善法》还是其他法律都没有对其有相关的法律约束，如众筹平台的准入资质，民政部门对于公募项目的资格审查，以及对众筹平台作为数据掌握者对项目方的信息保护等都需要进一步进行管理制度的完善。

2. 人才的专业化问题

由于社会组织普遍存在着资金缺乏的困难；社会组织管理制度上对成本有一定的限制；社会组织人才上升通道有限；多种原因导致社会组织专业人才不足，专业化程度不高。

众所周知，社会组织因其专业化能力成为政府公共服务的补充，它存在的可能性在于其强大的专业化能力。人力资源专业化程度不高，则难以实现组织的特殊技术以及社会认可的要求。

以三类社会组织中的社会团体为例，社会团体通常分为专业性、行业性、学术性和联合性4个类别。专业性社会团体，一般是非经济类的，主要由专业人员组成或以专业技术、专门资金，为从事某项事业而成立的团体。专业性社会团体的主要功能是促进创新、维护会员合法权益、推进产业科技进步等。行业性社会团体，主要是经济性团体，其功能是为会员服务；学术性社会团体，可分为自然科学类、社会科学类及自然科学与社会科学的交叉学科，其功能是开展学术性活动；联合性社会团体，主要是人群的联合体或学术性、行业性、专业性团体的联合体。上述团体都需要专业化程度较高的人才。但是，学者们研究发现，我国社会组织从业人员学历和实际工作水平较低，多数没有接受过系统的社会工作专业教育，工作手段和方法比较落后，无法有效应对和解决新的、复杂的社会问题和满足多样化的社会需求（唐代盛、李敏、边慧敏，2015）。

专业化程度较低的主要原因是工资水平偏低，薪酬的弹性和灵活性较差，有的省市社会组织收入水平竟然低于社会平均水平。在职工福利方面，社会组织与其他行业相比也没有优势，很多社会组织由于资金缺少，不能为员工缴纳五险一金，使得员工的社会福利得不到保障。因此，社会组织人才流失严重成为一个普遍现象，且人才流失方向主要是行业外方向。上述原因导致社会组织难以招到人才，即便是人才，在低收入、低福利的条件下，也很难留得住（汤臻茹，2015）。

近年来，社会组织开始重视培训，但是，由于非营利组织涉及一个新型学科，从大学教育到培训机构都没有足够的理论积累和实践经验，尚未形成系统教育体系，在组织管理、人力资源管理、营销战略、媒体宣传、募款等方面都缺乏系统的教育体系。因此，我国社会组织人力资源的形成上需要在教育部门的配合下，建立完善的社会组织培训教育机构才能够得以发展。

3. 社会企业的出现与未来发展

2006年开始，"社会企业"成为社会组织行业的一个热词。英国是最早倡导社会企业的国家，早在1972年，英国的贸易与工业部将社会企业定义为：社会企业是把社会目标放在首位的企业，其盈余主要是用来再投资于企业本身或社会以及社区，而不是为了替股东或企业持有人谋取最大利益。社会企业在组织形式上表现为企业与社会组织的混合性，社会企业必须具备以企业战略和社会目的为共同目标的特征，在组织运行上表现为同时具有公益性和经营性，在组织形式上具有边缘性和跨组织的特点。简单而言，就是将解决社会问题与商业模式相结合，以应对日益严峻的社会挑战。

2006年，孟加拉国的穆罕默德·尤努斯教授成为首位获得诺贝尔和平奖的社会企业家，他创办的"格莱珉银行"（Grameen Bank，意为"乡村银行"）开创和发展了"微额贷款"的服务，专门提供给因贫穷而无法获得传统银行贷款的创业者，旨在消除贫困，从社会底层推动经济和社会发展。

2009年，英国文化协会启动社会企业家技能培训，在中国对超过1000

位创业者提供了社会企业技能培训；2013年，社会企业研究中心在博鳌亚洲论坛上发表了题为《中国社会企业与影响力投资发展报告》的第一个行业性综述报告；2014年，首个社会企业行业性联盟成立；2015年，在中国慈展会上发布了首个社会企业的认证，且每年的慈展会都对社会企业进行认证。社会企业开始登上了中国公益服务的舞台。

然而，相对英国等发达国家，我国社会企业的制度相对滞后，基本上在政府层面上没有任何相应的制度。与此相对，很多国家都为社会企业的发展制定了相应的法规，提倡和激励商业企业转型为社会企业。如比利时，在1995年，政府就制定了《社会目的企业法》，清晰界定了商业企业转型成为社会目的企业的条件。法律规定：任何商业企业如符合以下七点，就可以申请为社会目的企业，享有政府补助：（1）企业合伙人同意不以追求利益或仅追求有限的利润；（2）企业必须界定明确的社会目标，且该目标不得让企业伙伴牟取任何间接利益；（3）企业保留盈余的政策必须能反映其社会目标；（4）企业必须提出特定的年度报告，指出其将如何达成福利目标，包括投资消费的资讯、运作成本及员工的薪资；（5）必须承诺任何员工若工作年满一年，就可以成为企业的合伙人；（6）任何员工一旦离职，便丧失合伙人地位；（7）企业若经过清算，其剩余分配必须符合企业的福利目标，而在实务上，则将清算结余赠与其他社会目的企业。这些条款为商业企业转型为社会企业提供了优惠条件。

在我国，社会组织资金有限性，以及人才的匮乏性倒逼公益人士转型为社会企业，向企业学经营，向企业学效率，以企业的模式推动公益事业的发展。尽管2017年，南都基金会的徐永光"公益向右，商业向左"的观点在国内的社会组织行业引起争论，但是，公益领域向企业学习效率却是不争的事实。

所谓的"公益向右"是指公益从布施到注重投入产出效率，强调资金的投入是否有效的解决社会问题，以及公益服务可以收费。但是，公益组织的收入不能分成，进而促使一部分公益转变为商业模式，成为社会企业。"商业向左"是指商业企业从追求利润最大化到承担社会责任，兼顾股东、消费者环境和国家利益，进而把企业的社会责任升级到企业战略，把公益渗透到产业链每一个环节，用影响力投资社会企业。两者在交界处边界逐渐模糊（徐永光，2017）。这个观点正如图3所示，无论是政府与社会组织，企业与政府，还是企业和社会组织，在当今社会的发展已经使得三个部门的边界模糊，变得你中有我，我中有你，尽管政府、企业、社会组织三个部门的性质不同，但最终追求的理想却越来越接近。

一直以来，新公共管理使得政府不断从企业的经验中学习管理，提高效率和效益，而企业家们也为社会组织提供了榜样，社会组织也应该在管理中学习企业的经验。社会企业是"公益向右，商业向左"中间点，促进发展社会企业，在我国当今的环境下十分必要。一方面，利用商业企业的管理与经营方法，提升我国公益服务的水平与能力，推动公益领域的人才成长，另一方面，有利于激励公益行业的创新发展，在一定的竞争中提升组织的服务和管理能力。

五、结语

我国的社会组织自1949年开始经历了多个阶段，社会组织也经历制度变迁，政府从严格规制到规制缓和，进而到促进发展。在全球结社和全球政府治理理念的影响下，我国政府管理国家的理念发生了改变，随着经济的发展，民众生活水平提高带来的多元化的需求，政府打开了社会空间，推动了我国的社会组织的发展。近几年来，社会组织相关法律的不断完善，政府购买社会组织的服务，社会组织的自我成长，以及企业的社会责任意识的提高都推动着公益行业的迅速成长，社会组织数量不断增加，社会企业的出现，也进一步推动公益行业的发展。未来的社会组织还需要政府、企业、公益行业的协力发展，在全民意识不断提高中进一步的发展。

------参考文献------

[1] Gidron, Kramer and Salamon. Government and the Third Sector in Comparative Perspective: Allies or Adversaries? [J]. San Francisco. Government and the Third Sector, 1992

[2] Hansmann, H. Economic Theories of Nonprofit Organization [G]// Powell, Walter W, The Nonfrofit Sector: A Research Handbook: Yale Univ. Pr

[3] Salamon, Lester M. & Anheier, Helmut K. The emerging sector: an overview, Institute for Policy Studies [M]. The Johns Hopkins University Press, 1994

[4] Salamon, Lester M. Partners in Public Service: Government-Nonprofit Relations in the Modern Welfare State [M]. The Johns Hopkins University Press, 1995

[5] Salamon, Lester M. Global Civil Society [M]. the Johns Hopkins University Press.

1999

[6] Weisbrod, Burton A. Toward a Theory of Voluntary Nonprofit Sector in a Three – Sector [S]//Rose – Ackerman. The Economics of Nonforfit Institutions: Studies in Struccture and Policy: Oxford University Press, 1986

[7] 傅昌波, 简燕平. 行业协会商会与行政脱钩改革的难点与对策 [J]. 行政管理改革, 2016 (10): 36 – 40

[8] 唐代盛, 李敏, 边慧敏. 中国社会组织人力资源管理的现实困境与制度策略 [J]. 中国行政管理, 2015, (1): 62 – 67

[9] 汤臻茹. 中国 NGO 人力资源管理研究述评 [J]. 中国人力资源开发, 2015 (17): 19

[10] Nala, Non-profit Organizations in China and Their Future Prospects [J]. Business and Public Administration Studies Journal of the Washington Institute of China Studies, 2014 (8): 25 – 34

[11] 王佳鑫, 王娟. 社交媒体上的公益众筹研究述评 [J]. 电子商务, 2018 (8): 10

[12] 吴忠泽, 陈金罗. 社团管理工作 [M]. 北京: 中国社会出版社, 1996: 4 – 7

[13] 徐永光. 公益向右, 商业向左——社会企业与社会影响力投资 [M]. 北京: 中信出版社, 2017: 8

---------------------------------代表作品---------------------------------

[1] 娜拉. 中国の社区組織 [M]. 东京: プイツーソリューション, 2015

[2] 娜拉. 日本非营利医疗机构制度对我国的启示 [J]. 中国医院管理, 2016 (4): 78 – 80

[3] 娜拉. NGO 与政府部门的合作研究——以北京市艾滋病防治为例 [J]. 教学与研究, 2015 (6): 60 – 65

[4] 娜拉. 日本的非营利组织历史——市民社会与 NPO 的发展 [J]. 公共管理与政策评论, 2015 (14): 231 – 235

[5] 娜拉. 世界水务民营化改革的教训与启示 [J]. 科技管理研究, 2015 (14): 231 – 235

[6] 娜拉. 从"小药箱"工程看学习型组织建设及公共服务 [J]. 中国卫生经济, 2015 (10): 9 – 12

[7] 娜拉, 毕力夫. 我国医疗保障中公平与效率的平衡机制研究 [J]. 科学管理研究, 2009 (6): 60 – 65

[8] Nala. Non-profit Organizations in China and Their Future Prospects [J]. Business and

Public Administration Studies Journal of the Washington Institute of China Studies, 2014 (8): 25 - 34

［9］娜拉. 中国における社区組織の発展—上海における市民組織として社区組織の事例を中心に— ［J］. 社会環境研究, 2003 (8): 181 - 194

［10］娜拉. 社区組織の活動と役割—現代中国における非営利組織の一側面 ［J］. 社会環境研究, 2002 (8): 81 - 94

［11］娜拉. 石川県おける非営利組織（NPO）と福祉の関係—輪島市社会福祉協議会の調査について ［J］. 北経調季報, 2001 (65): 43 - 49

中国特色大学治理的变迁过程、现实困境与优化路径

李家福

> **摘 要:**"党委领导下的校长负责制"是中国特色现代大学制度的核心内容和本质特征,"党委领导,校长负责,教授治学,民主管理"是中国特色大学治理的基本内核和原则。但是,在依照"党委领导,校长负责,教授治学,民主管理"原则理念推进大学治理实践过程中仍存在"政治权力弱化、行政权力强化、学术权力异化、民主权力虚化"的现实困境,这不仅有悖于国家治理体系和治理能力现代化的总体规划,也与高等教育领域深化改革的目标指向相背。因此,优化大学治理实现大学"善治",既需要发挥中国大学治理制度优势,进一步坚持完善党委领导下的校长负责制和规范行政权力运行去"行政化"管理,也需要强化"以师生为本"治理理念构建教授治学和民主管理平台渠道,突显学术引领和民主保障作用,形成以政治权力主导、行政权力主责、学术权力引领、民主权力保障的治理框架和良性关联。
>
> **关键词:**中国特色;大学治理;现实困境;优化路径

建设世界一流大学和一流学科是当下中国高等教育领域关注热度最高的话题,加强大学治理体系和治理能力现代化既是国家治理体系和治理能力现代化的重要环节,更是加快世界一流大学和一流学科建设的重要推手,近年来我国出台和发布的关于高等教育事业发展的重要政策文件都特别强调大学治理问题。2010年7月《国家中长期教育改革和发展规划纲要(2010—2020年)》首次提出要完善中国特色现代大学制度和治理结构,2015年11月国务院印发的《统筹推进世界一流大学和一流学科建设总体方案》明确提出要把加强和改进党对高校的领导、完善大学内部治理体系与权力运行机制作为深化高等教育领域综合改革的重要任务,2017年9月中共中央办公厅、国务院办公厅印发的《关于深化教育体制机制改革的意见》突出强调

要把形成充满活力、富有效率、更加开放、有利于科学发展的教育体制机制和完善中国特色现代大学制度作为我国高等教育体制机制改革的重要目标诉求。因此，研析中国特色大学治理的变迁过程、现实困境与优化路径具有重大的理论意义和迫切的现实需要。

何谓"治理"（governance）？它原来是一个社会科学的术语，自从党的十八届三中全会将"推进国家治理体系和治理能力的现代化"作为全面深化改革的总目标后，它便成为中国政治的热门话语。治理不同于统治，它指的是政府组织和（或）民间组织在一个既定范围内运用公共权威管理社会政治事务，维护社会公共秩序，满足公众需要。治理的理想目标是善治，即公共利益最大化的管理活动和管理过程[1]。大学作为存在历史悠久的学术组织，一经产生同样伴随着治理问题，虽然"大学治理"（University Governance）成为学术研究现象发端于西方高等教育发达国家，是20世纪60年代以来欧美高等教育研究领域使用非常频繁的术语，最早研究大学治理的著作就是美国学者科尔森的《大学和学院的治理》[2]，但是"大学治理"（University Governance）作为固定学术词语实则出自日本早稻田大学前校长奥岛孝康1998年1月在世界大学校长论坛上发表的《私立大学的治理》，他在论文中首次使用日式英语"University Governance"并引起了较大反响[3]。我国高等教育研究领域公开讨论"大学治理"始于张维迎2004年发表的著作《大学的逻辑》，他在类比大学治理与公司治理的基础上指出：大学与企业不同，通常是一种非营利性机构，大学的目标需要通过一整套的制度安排来实现，这些制度安排就是治理结构，就是大学的治理"University Governance"[4]，此后"大学治理"便成了中国高等教育研究领域最常见的高频语汇。

一般而言，大学治理分为外部治理和内部治理，本文研究的"大学治理"仅仅指涉大学内部治理。那么，如何定义"大学治理"？1966年美国大学教授协会与美国教育理事会、美国大学与学院董事会协会联合发表的《关于学院与大学治理的声明》中将"大学治理"定义为："基于教师和行

---

① 俞可平. 中国的治理改革（1978~2018）[J]. 武汉大学学报（哲学社会科学版），2018（5）：48-59.

② Corson, J. J. Governance of colleges and universities [M]. New York: McGraw-Hill, 1960.

③ 奥岛孝康. 大学治理——早稻田大学的改革 [M]. 东京：早稻田大学出版部，2002（2）：259-260.

④ 张维迎. 大学的逻辑 [M]. 北京：北京大学出版社，2004：4-5.

政部门双方特长的权力和决策及责任分工,以代表教师和行政人员共同工作的承诺",强调两项原则:一是"凡重要行动领域既需要某些人发挥首创能力,又需要大学所有成员参与",即大学各种利益相关者均可依据其能力参与大学的决策,由此确立了美国大学治理的全员共同参与原则。二是"大学各成员依据其所承担的不同职责拥有不同的发言权",即首要责任首要权力原则,或者权责对等原则。[①] 美国学者罗伯特·伯恩鲍姆认为:大学治理的内涵是"平衡两种不同的但都具有合法性的组织控制力和影响力的结构和过程,一种是董事会和行政机构拥有的基于法定的权力,另一种是教师拥有的权力,它以专业权力为基础。"[②] 我国学者关于"大学治理"也有多种定义,有人认为:大学治理是大学实现自身目标和任务的治理结构、治理规则和治理实践的总和,包括治理主体及各主体责任的分配,利益相关者行为的控制和标准,决策的程序、过程和规则的规定,及在实践中对未能有效解决问题的探索等[③]。也有人认为:大学治理主要是指大学内部利益相关者之间各种权力的分配、制约和利益实现的制度规定、体制安排和机制设计,集中体现大学管理的结构、运行及其规制的主要特征和基本要求[④]。还有人认为:从一定意义上说,治理结构实际上是权力的分配。在大学内部治理结构中,有效分配权力是重要的,何种权力有发言权就决定了大学的气质是何品相[⑤]。由此可及,大学治理的主体是大学的利益相关者,大学治理的内容是均衡分配大学利益相关主体治理权力的制度、规则和机制,大学治理的旨归是充分实现大学利益相关者的权力分配和利益诉求。本文从大学治理权力维度探究认为,中国特色大学治理是由四类主体主导的四种形态权力的博弈以期实现权力科学均衡合理分配的过程,即基于以党委为核心的政治权力、以校长为核心的行政权力、以教授为核心的学术权力、以学生和教职工为核心的权利诉求参与治理的制度安排,以及维持和实现相关制度安排的博弈均衡过程,大学治理的目的就是调动大学利益相关的四类治理主体的积极性和能

---

① 彭国华,雷涯邻. 美国大学共同治理规则研究述评——以对《学院与大学治理的联合声明》反思为视角 [J]. 高教探索,2011 (01)
② Birnbaum Robert. The End of Shared Governance: Looking ahead or looking back [J]. 2003-07
③ 李立国. 大学治理的基本框架分析——兼论大学制度和大学治理的关系 [J]. 大学教育科学 2018 (3):64-70
④ 顾海良. 完善内部治理结构建立现代大学制度 [J]. 中国高等教育,2010 (23):18-20
⑤ 童蕊,燕良滔. 完善大学内部治理结构中的党委领导研究 [J]. 领导科学论坛,2015 (15):27-29

动性，使之按照现代大学制度安排分配权力、分担责任、分享利益，共同推进并达成大学发展目标。

一、中国特色大学治理的变迁过程

我国大规模兴办大学始于1949年10月以后，本文考察的大学治理历史变迁主要聚焦于1949年至今的大学。有学者认为，大学发展史无疑也是一部大学治理变迁史，而中国大学发展史则是一部国家政策主导下的大学治理变迁史。从世界范围看，大学治理具有一定的国别性，每一个国家的大学治理皆具有自身的特征，即不同国家具有不同的大学治理模式，中国大学的治理具有典型的"中国特征"[1]。这种"中国特征"在我国大学治理体制机制上表现得特别突出，它既不同于以欧洲大陆法国和德国为代表的以教授学者为主导的学术精英治理模式，也不同于以英国和美国为代表以董事会为主导的共同治理模式。

基于我国实行社会主义制度实情和社会主义大学办学方向，我国大学治理的突出特色表现在"高等学校实行党委领导下的校长负责制，执政的中国共产党在各个组织层面都对中国大学治理产生决定性影响。政党直接领导大学规划发展的重大事务，并要求大学在办学治校过程中讲政治"[2]。对于1949年新中国成立以来迄今的这段高度契合国家政策变迁的大学治理变迁过程，有学者将其分为四个时期即"校长负责制"时期（1950～1956）、党委领导下的校务委员会负责制时期（1958～1977）、新的校长负责制探索时期（1976～1988）、"党委领导下的校长负责制"时期（1989年以后）[3]；也有学者将其分为三个阶段考察：1949～1977年是以大学内部领导体制变革为中心的大学治理探索期，1978～2009年是以大学内部管理体制变革为重点的大学治理改革期，2010年至今是以中国特色现代大学制度建设为主旨的大学治理完善期[4]；还有学者将其细分为七种形态，即新中国初期实行的校长负责制，1956年党的八大以后开始试行的党委领导下的校务委员会负责制，1961年《教育部直属高等学校暂行工作条例（草案）》确立的党委

---

[1][4] 张德祥.1949年以来中国大学治理的历史变迁——基于政策变革的思考[J].中国高教研究, 2016 (2): 29-36.
[2] 贺一松.大学治理中的权力体系解析与重构[J].江西教育, 2012 (1): 33-34.
[3] 张斌贤.我国高等学校内部管理体制的变迁, [J].教育学报, 2005 (1): 36-40

领导下的以校长为首的校务委员会负责制,"文革"期间所实行的学校革命委员会制,1978 年后在全国重点高校实行的"党委领导下的校长分工负责制",1985 年前后部分高校指导实行的,1990 年至今实行的"党委领导下的校长负责制"。从 1949 年至 1978 年的 30 年间,从"校长负责制(1950)""党委领导下的校务委员会负责制(1956)""党委领导下的以校长为首的校务委员会负责制(1961)"到"学校革命委员会制"几度变化。在经历了"苏联模式"和解放区高等教育模式(大学制度)的激烈冲撞之后,形成了一种政治和教育高度融合的"革命化大学制度"[①]。有学者认为,这个时期"中国大学治理探索中的政治权力与行政权力紧密交织在一起,政治在某种程度上完全取代了行政,大学的发展受限于国家政策。从形式上来看,高校内部管理体制变迁体现了政治权力和行政权力的博弈[②]"。从 1978 年至 2018 年的 40 年间,大学治理经历了从"党委领导下的校长分工负责制"到"校长负责制",再到现今确定的"党委领导下的校长负责制"调整变化,通过总结反思历史经验,我国学习借鉴西方国家大学制度,结合中国特色高等教育实情开始探索现代大学治理制度,开启稳步推进大学治理体系和治理能力现代化的新时代。

不管是从"四个时期"描述、还是从"三个阶段"研究,抑或从"七种形态"探析 1949 年以来我国大学治理变迁过程,都可以从中清晰地辨识出我国大学治理突现的"中国特色":一是大学治理与国家政治、经济、文化、社会政策制度和法律法规的变迁紧密关联,不管大学管理体制发生何种变化,大学治理要义都始终扣紧"党委领导"与"校长负责"和政治权力与行政权力二元关系的妥善调适。中国大学实行"党委领导下的校长负责制",是中国特色社会主义高等教育制度的基本要求,也是中国特色社会主义大学治理的本质特征;二是大学治理的权力结构包括政治权力、行政权力、学术权力和民主权力,四种权力都具有相对确定的对象、目标、方式和运行机制,政治权力主要在学校决策层发挥效力并在我国大学权力结构中居于领导地位,行政权力主要在学校行政执行层面发挥效力,学术权力是在管理学术事务中的专业权力,而民主权力主要是监督层面的制约权力[③];三是

---

① 张应强. 新中国现代大学制度的艰难探索 [J]. 清华大学教育研究, 2012 (6): 20 - 22
② 张斌贤. 我国高等学校内部管理体制的变迁 [J]. 教育学报, 2005 (1): 36 - 40
③ 李福华. 新时代我国大学治理的基本特征、优势特色及推进路径 [J]. 高等教育研究, 2018 (4): 1 - 7

大学治理基本上是通过国家教育行政管理部门自上而下主导的大学内部管理体制改革不断推进的，由于我国兴办大学基本上采用举国体制，中央政府对大学的办学方向、育人目标、专业设置、学科发展、科学研究、经费来源、资源保障等都起到了决定性的主导作用，因此大学治理变迁与国家高等教育政策变迁很大程度上是同向并行推进的。四是我国大学治理历经变迁调整的实践证明，实施党委领导下的校长负责制符合中国国情和高等教育发展规律，是中国特色现代大学制度的核心内容和本质特征，"党委领导，校长负责，教授治学，民主管理"是中国特色大学治理的基本内核和原则。

二、中国特色大学治理的现实困境

建设世界一流大学和一流学科，是党的十八大以来党中央和国务院做出的重大战略决策，它对提升我国高等教育发展水平和增强国家核心竞争力具有十分重要的战略意义。我国高等教育经过数十年特别是20世纪90年代以来启动的"211工程""985工程""2011计划"等重大建设项目取得了举世瞩目的伟大成就，高等教育体系不断完善，办学规模不断扩大，办学质量不断提升，大学综合实力和核心影响力不断提高。虽然如此，但还应清醒地认识到我国已成为世界高等教育大国，但还无法称得上高等教育强国，与世界一流大学相比，我国大学整体上仍有较大的差距，仍面临冲击一流的诸多现实困境，其中之一就是中国特色大学的"善治"问题。"双一流"建设离不开良好的大学治理，尽管我国不少大学明确了"党委领导，校长负责，教授治学，民主管理"的治理原则，但是在如何科学分配和合理协调与之对应的政治权力、行政权力、学术权力、民主权力使之形成相互制约、相互平衡、相互促进的良性互动上仍存在亟待突破的现实困境，主要表现在四个方面：

一是政治权力在大学治理中的弱化态势仍未得到根本扭转。《高等教育法》第39条规定"党委领导"的职责是"执行党的路线、方针、政策，坚持社会主义办学方向，领导学校的思想政治工作和德育工作，讨论决定学校内部组织机制的设置和内部组织结构负责人的人选，保证以人才培养为中心的各项任务的完成"。但是从2016年底教育部巡视工作办公室在官方网站上公布的39所高校巡视反馈情况来看，党委领导下的校长负责制在实际的执行过程中，有41%的被巡视高校存在党的领导弱化问题，党的领导作用发挥不充分，党委抓大事不够，对学校改革发展总体战略缺乏系统谋划和顶层设计；有26%的被巡视高校存在贯彻落实"三重一大"制度不严格、不到位，甚至"三重一大"制度缺失的问题。有28%的被巡视高校存在党委常委成员之间协调不力，党政一把手之间、正职与副职之间沟通协调不够、缺少定期沟通机制；有36%的被巡视高校存在基层党建工作薄弱现象。党委对基层党组织软弱涣散问题重视不够，存在"院长强势、书记声音小"现象①。此外，大学治理过程中还存在党政不分甚至以政代党的现象，也一定程度弱化了党委的政治领导权，导致大学治理出现"二元领导体制"和"两个行政主体"的乱象困境。

二是行政权力在大学治理中的强化趋势仍未得到根本遏止。新中国成立后，我国高等教育管理体制沿袭"苏联模式"，大学治理权力高度集中于大学行政部门，大学僵硬的科层治理倾向十分明显。1978年至今，随着大学管理体制改革深入推进，大学治理高度集权现象虽然有较大改观，但是由于相关政策法律没有明晰大学权力边界，行政权力一直处于强势地位，这种"行政权力"强势主要表现为：行政权力与学术权力分工不明，行政权力不仅决定着非学术事务的走向，而且通过资源分配、干部任命等方式在学术事务中占主导，乃至弱化、替代学术权力②。行政权力越界过度干预学术事务，例如，在招生、人才引进、专业设置、课程开设等属于学术权力的传统领域也日益渗透和强化③。行政权力的强势还表现在现阶段我国大学治理结构中，院系与行政部门之间的管理权力存在着明显的错位：院系缺乏自主权而行政部门则承接了大量本应由院系行使的权力④。不仅如此，大学行政管理体制长期以来强调与政府行政管理体制过度对接，大学行政部门管理者具有教育者和行政官员的双重身份，导致大学治理过度科层化和官僚化，以致"泛政治化"已成为我国大学的一个文化特征，与"泛政治化"直接对应的是"官本位"，行政级别的科层观念渗透大学行政序列，政府明文规定"985"大学的书记、校长享有副部级待遇，副校长、院长等都对应政府系

---

① 黄帅，姜华，苏永建. 体制与机制：高校内部权力制约与监督——基于39所高校巡视反馈文本的主题分析[J]. 复旦教育论坛，2018（1）：10-15
② 吴旭. 大学"去行政化"探研——兼论大学内部治理的三个"中国特色"[J]. 北京教育（高教），2015（11）：42-54
③ 李从浩. 中国大学行政权力的合法性限度[J]. 高等教育研究，2012（5）：16-21
④ 杨天平. 中国特色的现代大学制度建设[J]. 现代大学教育，2012（2）：39-43

统的厅（局）级、处级行政级别。大学学术职称也不断向行政级别挂靠，院士按副部级、教授按局级或处级待遇等等。大学行政权力以类似政府行政管理方式治理大学，终将使大学行政"泛政治化"愈演愈烈。

三是学术权力在大学治理中的异化格局仍未得到根本改善。大学作为科学研究和人才培养的重要阵地，学术活动是大学的基本活动，学术权力是大学的基本权力，学术事务应由学术权力主导引领。基于这些考虑，近年来我国大学也特别注重发挥学术权力在治理中的作用，但是学术权力在大学治理中的异化现况并未改观，这种异化突出表现在：一方面，学术权力涉及教学事务（专业划分、课程设置、培养方案、学科方向、教师选用等）的自主选择权比较小，涉及科研事务（资金分配、项目设置、经费使用、绩效评估等方面）的话语权比较弱；另一方面，还表现在行使学术权力的学术委员会或教授委员会在大学治理体系中基本上属于咨议机构，不是决策机构，有的还挂靠在相应的行政部门（科研处或研究生院），由行政部门负责日常运行，学术委员会的学术权力很难发挥实质性的作用，而且有时还由于没有刚性制度约束，学术权力根本得不到有效保障，教授治学无法落到实处。不仅如此，学术委员会或教授委员会还会经常被行政权力渗透，学术权力机构的委员行政身份与学术身份并存的现象尤为突出，有"教授"名号的院长、系主任不断进入学术委员会，普通教授基本被排斥在外，导致学术委员会被行政权力掌控。这种学术权力异化格局势必会对大学治理产生严重的负面效应，甚至会导致大学使命的丧失和大学精神的没落。

四是民主权力在大学治理中的虚化状况仍未得到真正重视。大学是扁平化的巨型学术组织，在这个组织中大学教职工和学生占绝大多数，应该拥有充分的民主权力，但是长期以来代表他们行使民主权力的校务委员会、教代会、学代会、工会群团组织作为参与学校民主管理和监督的基本形式常常在大学治理体系中被"形式化"和"过程化"，而且这种被"形式化"和"过程化"的虚化状况依然没有得到真正重视。这一方面与我国大学内部切实有效的权力制约监督机制还不够完善有关，同时也与大学教职工参与民主管理的主动性和积极性不强有关。大学的教代会、学代会等虽已成为一种制度化表达民主权力的方式，但实际上这种民主权力常常被弱化和虚化在政治权力与行政权力之中。有学者通过对教代会的组织结构与功能进行深入分析后发现，"从组织制度上看，教代会不是教师群体的代表性机构，而是一个有行政人员参与的混合性机构，并且行政人员通过占据教代会的重要职权位置,达到对教代会的控制。这种组织制度使教代会虽然能部分地表达教师群体的利益需求,但是却远不能形成对行政的有力约束,它的监督职能最终只能流于形式。①"

三、中国特色大学治理的优化路径

(一)中国特色大学治理的变革诉求

党的十八届三中全会提出:"全面深化改革的总目标是完善和发展中国特色社会主义制度,推进国家治理体系和治理能力现代化。"党的十九大报告进一步明确将推进国家治理体系和治理能力现代化作为全面深化改革的总目标。教育领域改革是全面深化改革的重要组成部分,推进教育治理体系和治理能力现代化是全面深化改革的根本要求,大学作为教育领域重要组成部分需要建立健全适应新时代需求的现代化治理体系,提升回应大学发展规律的治理现代化能力。坚持中国共产党对高校的领导,是中国特色大学治理的本质特征。虽然近年来我国大学在探索建立健全"党委领导、校长负责、教授治学、民主管理"的大学治理模式上取得了较大成效,但是对一些阻碍大学治理结构优化的顽疾仍然没有破解,当下大学治理的总体状况不容乐观,大学治理中存在的"政治权力弱化、行政权力强化、学术权力异化、民主权力虚化"现实困境,不但与国家治理体系和治理能力现代化的总体要求不太相符,也与教育领域深化改革的目标指向不太相关,还与"双一流"建设具体目标要求不太相近。

回应国家治理体系和治理能力现代化和高等教育深化改革的迫切需要,大学治理变革的强烈诉求在于理顺中国特色大学治理体系中政治权力、行政权力、学术权力、民主权力之间的关系,重点要把握处理好四个基本问题:一是要完善党委领导下的校长负责制,明确大学治理的基本指向。二是要推动"教育家办教育"和管理队伍建设,凸显大学治理的体制特色和机制活力。三是要坚守学术自由,探索教授治学,建立和完善以学术委员会为核心的学术权力体系,营造大学治理的宽松氛围和良好条件。四是要坚持依法治

---

① 郭卉.我国公立大学治理变革的困境与破解——基于路径依赖理论的分析[J].湖南师范大学教育科学学报,2011(5):22-25.

校,完善大学章程,构建大学治理结构的科学民主的保障机制[1]。在此基础上,明确政治权力、行政权力、学术权力、民主权力的行使边界和实现机制,以期形成以政治权力主导、行政权力主责、学术权力引领、民主权力保障的治理关系框架,实现"党委领导,校长负责,教授治学,民主管理"的治理变革,推动大学治理体系和治理能力现代化。

(二) 中国特色大学治理的原则遵循

从1949年至今,伴随中国特色社会主义事业的不断推进和加速发展,我国高等教育事业从弱到强由小而大取得了由高等教育大国向高等教育强国挺进的历史性跨越,2018年7月教育部发布的全国教育事业发展统计公报显示,目前全国各类高等教育在学总规模达到3779万人,高等教育毛入学率达到45.7%,共有普通高等学校2631所[2]。当前,不仅我国大学在学人数、办学规模、毛入学率等都居于世界前列,而且大学治理结构通过不断变迁调适完善,形成了具有中国特色符合现代大学制度的以"党委领导,校长负责,教授治学,民主管理"为基本内核的遵循原则。特别是从《国家中长期教育改革和发展规划纲要(2010~2020年)》提出要按照中国特色现代大学制度的基本要求完善大学内部治理结构以来,大学治理越来越得到教育行政主管部门和高等教育学术研究领域的充分重视,基于中国高等教育管理体制综合改革实情和现代大学发展规律对大学治理展开的探讨始终聚焦研究如何具体实施"党委领导,校长负责,教授治学,民主管理"问题。特别是在2012年《高等学校章程制定暂行办法》出台后,北京大学、中国人民大学、东南大学等多所大学制定的大学章程都把"党委领导,校长负责,教授治学,民主管理"作为治校理教的原则纲领。《中国人民大学章程》第六条规定:"学校实行中国共产党中国人民大学委员会领导下的校长负责制。"第七条规定:"学校坚持党委领导、校长负责、教授治学、民主管理,坚持依法治校,坚持以师生为本,尊重学术自由,实行党务公开、校务公开和信息公开制度,依法接受监督。"[3] 诚如有的学者认为的那样,就大学治

---

[1] 顾海良.完善内部治理结构建设现代大学制度[J].中国高等教育,2010 (23):18-20.
[2] 2017年全国教育事业发展统计公报. http://www.moe.gov.cn/jyb_sjzl/sjzl_fztjgb/201807/t20180719_343508.html.
[3] 中华人民共和国教育部高等学校章程核准书第1号 [DB/OL].中国人民大学章程,http://www.jyb.cn/info/jyfgk/201312/t20131203_562052.html.

理而言,"党委领导,校长负责,教授治学,民主管理"就是坚持和完善党委领导下的校长负责制,厘清政治权力与行政权力、学术权力与行政权力之间的边界,健全权力配置和决策机制,形成政治权力、行政权力、学术权力、民主权力"四位一体"的中国特色现代大学权力格局[1]。

"党委领导"强调的是要发挥政治权力在大学治理中的领导核心作用。"党委领导下的校长负责制"是我国高校领导体制经过多次变革、反复总结经验后作出的正确选择,《高等教育法》和《高校基层组织工作条例》明确规定:"国家举办的高等学校实行中国共产党高等学校基层委员会领导下的校长负责制"。坚持和完善党委领导下的校长负责制是依法办学的必然要求,不存在体制争论[2]。大学实行党委领导下的校长负责制,是中国特色社会主义大学管理体制的基本特征。坚持和完善好党委领导下的校长负责制,必须要建立健全党委统一领导、党政分工协作的工作机制。关键是落实好民主集中制,处理好领导与负责、决策与执行、管人与管事的关系,明晰"重大事项"的界限。"党委领导"集中体现在党委要把方向、谋全局、管大事,统一领导学校的各项工作。实行"党委领导下的校长负责"既有利于保证大学的办学目标方向与党和国家的大政方针目标相一致,也有利于大学形成回应国家战略需要的上下高度统一的政治动员机制。

"校长负责"强调的是要发挥行政权力在大学治理中的执行落实作用,以校长为代表的行政系统要充分行使《高等教育法》所赋予的权利,校长既要是先进教育思想的探索者、承载者和贯彻者,又是大学治理的领导者、组织者和实施者,校长要在党委领导下全面负责学校的教学科研、人才培养、学科建设、社会服务、合作交流等重要工作;针对我国大学治理的现状,要特别强调行政权力对学校教学、科研、人才管理等活动的保障、支持、组织、协调和服务功能,要将直接控制教学和科研的管理模式转变为在协调和服务中实施和体现管理权力。

"教授治学"强调的是要发挥学术权力在大学治理中的学术引领作用,"教授治学"中的"教授"是指称教师集体及其代表。大学"重中之重"是教学和科研,教师集体是实施这些基本活动和承载学术性权力的主体,

---

[1] 钟晓敏. 加快教育"放管服"改革推进大学内部治理体系和治理能力现代化——基于大学权责清单制度的探索[J]. 中国高教研究, 2018 (2): 25-28

[2] 高文兵. 毫不动摇地坚持并完善党委领导下的校长负责制[J]. 中国高等教育, 2011 (12): 8-11

"教授治学"充分体现在涉及办学规模、专业设置、课程建设、教学方案、学科建设、教学组织、师资建设、学位评定等学术事务方面要拥有充分的话语权。

"民主管理"强调的是要发挥民主权利在大学治理中的监督保障作用，"民主管理"的主体是广大师生，其要义就是通过建立健全民主决策、民主管理与民主监督为一体的教职工代表大会、学生代表大会等制度，充分调动师生员工参与学校事业发展的积极性和主动性，保障大学治理的有序推进。

"党委领导""校长负责""教授治学""民主管理"四者有机联系互相制约构成中国特色大学治理的基本遵循，四者虽各有侧重，但绝不截然割裂，"党委领导""校长负责""教授治学""民主管理"对应的政治权力、行政权力、学术权力、民主权力是相互协调、相互补充、相互平衡和相互促进的，党委领导是大学治理的法定遵循，校长负责是大学治理的工作重心，教授治学是大学治理的重要途径，民主管理是大学治理的基本保障。

（三）中国特色大学治理的优化路径

一是坚持党委领导下的校长负责制，发挥中国特色大学治理制度优势。党的十九大报告中明确指出：工农商学兵，东西南北中，党是领导一切的。习近平总书记在 2014 年 12 月全国高校党建工作会议中强调："加强党对高校的领导，加强和改进高校党的建设，是办好中国特色社会主义大学的根本保证。[①]"提升大学治理能力，关键在于按照"体现时代性、把握规律性、富于创造性"的要求，坚持党要管党和全面从严治党，以党的政治建设为统领，全面推进党的政治建设、思想建设、组织建设、作风建设和纪律建设，不断提高党的建设质量。加强党委对大学的全面领导，党委不仅是思想政治上的领导核心，而且是改革发展事业全局的领导核心。"党委领导下的校长负责制"是新时代我国大学治理的优势特色，其治理机制实质是要建立以政治权力为核心，行政权力、学术权力、民主权力等权力主体共同参与的治理模式。在大学治理框架体系中，党委政治核心作用重点体现在五个方面着力：一要把好方向。要始终紧跟党的政治方向，坚守党的政治原则，执行党的教育方针，坚持社会主义办学方向，坚持立德树人，扎根中国大地，

---

① 习近平. 坚持立德树人思想 引领加强改进高校党建工作［N］. 人民日报，2014 - 12 - 30 (1).

遵循大学教育规律,解决好办什么样大学、为谁办大学、怎样办大学和培养什么样的人、为谁培养人、怎样培养人这些根本性原则性问题,培养德智体美劳全面发展的中国特色社会主义事业合格建设者和可靠接班人;二要谋好全局。党委领导重在总揽全局,协调各方,要通过执行民主集中制原则,统筹谋划事关学校改革发展稳定的战略全局;三要做好决策,要在汇聚全校师生的集体智慧和力量的基础上,做好事关学校发展的战略性、全局性、根本性的决策;四要用好干部,坚持"党管干部"原则,探索完善符合大学特点的能上能下、能进能出的干部管理机制,做好干部选拔、教育、培养、考核和监督工作,把学校事业发展中历练出来的各级各类骨干纳入党的管理系统;五要聚好人才,要落实"党管人才"原则,打造人才高地,善交、广交、深交高精尖人才,使之紧紧凝聚在党委领导的事业范围。

二是规范行政权力运行,去"行政化"管理重治理服务。过度"行政化"是中国大学迈向世界一流行列的障碍性因素,去"行政化"考验着中国大学的治理智慧。大学"去行政化",不是弱化行政管理,更不是告别行政管理,而是要正确处理好行政与学术的关系。大学"行政化"的核心理念是要尊重大学教育自身发展规律和学术科研自身运作规律,解决好行政权力为谁服务、如何服务等问题。推进"去行政化",首先要加强制度建设,完善约束机制,从规范权力配置、监督权力行使等方面把行政权力关进制度的笼子,通过重点清晰厘清大学职能部门行政与学术管理作用边界,实现大学内部行政与学术合理分权;其次要理顺校院系之间的权力关系,构建合理的校院系权力分配体系机制,借助权责清单制度合理配置校院系权责,校级行政部门应定位在制定政策等宏观统筹层面,院系应定位在执行政策等微观操作层面。要简政放权,减少治理层级,使治理重心下移,激发院系基层自主参与治理的动力和活力,增强院系在大学治理中的地位与作用。再次要转变治理理念,推动行政权力从重管理职能向重服务职能转变,要适应大学治理过程中的利益主体多元化和参与意识增强的趋势,改革传统自上而下的命令服从式的管理模式,变管理师生为服务师生。

三是畅通教授治学渠道,真正突显学术引领作用。大学是学术组织,"学术"是大学的灵魂,大学治理的终极目标是提高人才培养质量与科学研究水平,促进大学按照学术规律实现内涵发展,因此,从一定意义上讲,良好的学术治理就是大学的"善治"。坚持学术导向,回归大学作为"学术共同体"根本定位的学术治理当务之急就是依规完善学术委员会管理制度,畅通教授治学渠道。2014年1月教育部通过的《高等学校学术委员会规程》规定："高等学校应当依法设立学术委员会，健全以学术委员会为核心的学术管理体系与组织架构；并以学术委员会作为校内最高学术机构，统筹行使学术事务的决策、审议、评定和咨询等职权。"学术委员会是体现教授治学、学术自由的组织机构，是大学最高学术机构。学术委员会作为大学最高学术机构享有对校内一切学术事务的咨询、审议和决策等职权，凡是涉及学术事务的决策都应当提交学术委员会审议决定，与学术事务相关的行政事务的决策也应当征求教授们的意见、建议，由学术委员会提出咨询意见。打破行政权力主导的推荐学术委员会委员的传统做法，通过实行选举制产生学术委员会教授委员和学生委员。健全以学术委员会为核心的学术管理体系和组织架构，设立学科规划委员会、学术道德委员会等专门工作委员会并纳入学术委员会统筹管理。厘清学术委员会与学校决策机构党委常委会、校长办公会之间的权力关系。

四是构建民主参与平台，切实发挥民主保障作用。"以人民为中心"是新时代坚持和发展中国特色社会主义的基本方略。"以人民为中心"在大学治理中的具体体现，就是要坚持"办学以人才为本，以教师为主体""教育以育人为本，以学生为主体"，保障师生员工参与治理的主体地位，把师生作为大学治理的重要力量，为师生构建多种参与治理的机构性平台，保障师生切实行使民主权力。一方面，通过激活传统已有的参与性平台，建立健全教师员工、学生团体的听证、咨询、信访等决策参与制度和机制，满足大学治理过程中多方参与需要，发挥校务委员会、教代会、工会、民主党派以及师生员工参与大学治理的积极作用。另一方面，要适应大学治理的新形势、新变化、新需要，构建新的民主参与平台，扩大师生员工对学校事务的参与权、知情权、建议权和监督权，让不同利益主体充分表达治理诉求，享有对大学治理的建议权、讨论权和质询权，让大学治理更加民主化、现代化。

总之，现代大学发展离不开良好的大学治理。随着中国特色社会主义事业的不断推进和高等教育管理体制深化改革步伐的不断加快，我国大学治理势必会面临着越来越多的新变化、新挑战和新任务，一方面国家治理体系和治理能力现代化迫切需要推进大学治理体系和治理能力现代化进程，另一方面深化高等教育改革和加快"双一流"建设也呼唤与之匹配的大学"善治"。本文从大学治理的权力维度，在扼要回溯中国特色大学治理的变迁过程和具体分析大学治理面临的现实困境的前提下，重点探析了大学治理涉及党委代表的政治权力、校长代表的行政权力、教授代表的学术权力、教职工代表的民主权力之间的良性互动与制约关系，目的就是在构建大学治理权力框架上探索实现四种权力的均衡和制衡的优化路径，力求为完善中国特色大学治理体系和提升大学治理现代化能力提供一定的理论支持。

------参考文献------

[1] 俞可平. 中国的治理改革（1978~2018）[J]. 武汉大学学报（哲学社会科学版），2018（5）：48-59

[2] Corson, J. J. Governance of colleges and universities [M]. New York：McGraw-Hill，1960

[3] 奥岛孝康. 大学治理——早稻田大学的改革 [M]. 东京：早稻田大学出版部，2002（2）：259-260

[4] 张维迎. 大学的逻辑 [M]. 北京：北京大学出版社，2004：4-5

[5] 彭国华，雷涯邻. 美国大学共同治理规则研究述评——以对《学院与大学治理的联合声明》反思为视角 [J]. 高教探索，2011（01）

[6] Birnbaum Robert. The End of Shared Governance：Looking ahead or looking back [J]. July，2003，ERIC ED32514

[7] 李立国. 大学治理的基本框架分析——兼论大学制度和大学治理的关系 [J]. 大学教育科学，2018（3）：64-70

[8] 顾海良. 完善内部治理结构建立现代大学制度 [J]. 中国高等教育，2010（23）：18-20

[9] 童蕊，燕良滔. 完善大学内部治理结构中的党委领导研究 [J]. 领导科学论坛，2015（15）：27-29

[10] 张德祥. 1949年以来中国大学治理的历史变迁——基于政策变革的思考 [J]. 中国高教研究，2016（2）：29-36

[11] 贺一松. 大学治理中的权力体系解析与重构 [J]. 江西教育，2012（1）：33-34

[12] 张斌贤. 我国高等学校内部管理体制的变迁，[J]. 教育学报，2005（1）：36-40

[13] 张德祥. 1949年以来中国大学治理的历史变迁——基于政策变革的思考 [J]. 中国高教研究，2016（2）：29-36

[14] 张应强. 新中国现代大学制度的艰难探索 [J]. 清华大学教育研究，2012（6）：20-22

[15] 李福华. 新时代我国大学治理的基本特征、优势特色及推进路径 [J]. 高等教育研究，2018（4）：1-7

［16］黄帅，姜华，苏永建．体制与机制：高校内部权力制约与监督——基于39所高校巡视反馈文本的主题分析［J］．复旦教育论坛，2018（1）：10-15

［17］吴旭．大学"去行政化"探研——兼论大学内部治理的三个"中国特色"［J］．北京教育（高教），2015（11）：42-54

［18］李从浩．中国大学行政权力的合法性限度［J］．高等教育研究，2012（5）：16-21

［19］杨天平．中国特色的现代大学制度建设［J］．现代大学教育，2012（2）：39-43

［20］郭卉．我国公立大学治理变革的困境与破解——基于路径依赖理论的分析［J］．湖南师范大学教育科学学报，2011（5）：22-25

［21］顾海良．完善内部治理结构建设现代大学制度［J］．中国高等教育，2010（23）：18-20

［22］2017年全国教育事业发展统计公报．http：//www.moe.gov.cn/jyb_sjzl/sjzl_fz-tjgb/201807/t20180719_343508.html

［23］钟晓敏．加快教育"放管服"改革推进大学内部治理体系和治理能力现代化——基于大学权责清单制度的探索［J］．中国高教研究，2018（2）：25-28

［24］高文兵．毫不动摇地坚持并完善党委领导下的校长负责制［J］．中国高等教育，2011（12）：8-11

［25］习近平．坚持立德树人思想 引领加强改进高校党建工作［N］．人民日报，2014-12-30（1）

公共治理视阈下对教育指标政策功能的考察

段 晖

> **摘 要**：在教育公共治理背景下，教育指标想要在政府决策或政策过程中更好地发挥作用，其构建的逻辑应当基于教育系统理论模式，还是指向政策问题模式？本文从社会指标概念发展的脉络出发，试图通过梳理已有教育指标及其建构的相关理论与经验，并通过对联合国教科文组织较为成熟的教育指标体系构建模式的分析来回答这一基本问题。本文发现：（1）教育指标的政策功能源自社会指标产生的政策意义及特征；（2）教育指标在其发展过程中，其政策功能逐渐为理论和实践所肯定；（3）当前教育指标的构建呈现出系统理论与政策问题相互结合的新模式。这些研究结论的得出将对我国教育指标体系的研究与实践发展起到指导与借鉴作用。
>
> **关键词**：教育指标；政策功能；国际教育指标体系；教育公共治理

当今，我国的教育问题已不再是一个独立领域的变量，而是政府公共治理宏观视阈下的重要内容。我国教育面临很多重大问题，如：教育发展、教育公平、教育均衡、教育创新、人才培养等等，都需要在教育决策以及深层次的教育结构和教育体制层面变革中获得解答，这也是教育领域需要科学决策、深化综合改革的根本原因。那么，其中一个重要路径就是加快推进教育决策科学化程度、建立或完善教育治理体系、提高教育公共治理能力，建立教育决策与公共治理的新方法、新模式和新机制。

教育公共治理能力的提升需要教育决策科学化程度不断提高，特别是教育指标对教育政策、教育行政和公众教育参与的影响越来越深入。在中国，无论是教育行政部门的实践还是学者的研究，已经相应研究并开发出很多针对不同目标不同用途的教育指标体系。如：教育现代化监测评价指标体系（教育部，2014）、区域义务教育均衡发展监测指标体系（朱家存、阮成武、刘宝根，2010)、教育可持续发展指标体系（李琳、徐烈辉，2006)、首都教育监测指标体系（徐娅，2001）等。其中，这些指标体系大多按照约翰斯通的教育系统"输入－过程－输出"模式（Johnstone，1981）或称为CIPP模式构建而成（肖远军，2003；Stufflebeam，1966)。尽管这些指标体系构建的逻辑看似理论扎实且结构完整，但是这些指标体系仅仅获得教育系统的"静态信息"，难以直接为面向未来的政策决策提供支持。这一困境使得我们反思：在教育指标的构建过程中，我们是否忽略了对"教育指标"一些基本问题的探讨？按照上述教育系统基本理论模式构建的指标体系，是否能对其政策功能的发挥产生影响？

在国际上，教育指标的兴起可以追溯到20世纪70年代，经过40多年的发展，相关理论不断完善。在此基础上，以经济合作与发展组织（OECD)、联合国教科文组织（UNESCO）为代表的国际组织逐渐发展出几套较为成熟的国际组织教育指标体系，应用于全球教育监测及教育项目评价等。在这些教育指标体系的构建初期，也大都参照约翰斯通（Johnstone）的教育系统模式（CIPP模式）构建基本骨架。但随着指标体系的发展成熟，一种以教育政策问题为核心的指标体系构建模式得以确立，并在跨时间跨文化的实证中得以验证与肯定。因此，本文将在厘清教育指标概念与构建相关理论的基础上，挖掘教育指标的政策功能，发现教育指标建构中内在的政策逻辑，并使用国际典型的教育指标体系中的政策功能进行解释，以为我国相关教育指标体系的完善与发展提供参考。

一、社会与教育指标中的政策问题

运用各类指标进行早期的社会测量，兴起于19世纪欧美各国社会改革家们的实践中。从19世纪初的费城监狱改革，到19世纪30年代戒酒运动倡导者所做的尝试，再到70年代美国劳工统计局以劳工人数作为基础统计数据判断工人工资、失业等状况。20世纪60年代，随着社会学理论和社会统计方法不断发展，以及社会矛盾在医疗、就业、教育等领域的逐渐暴露，社会指标及其政策意义由此诞生和显现。美国学者雷蒙德·鲍尔（Raymond Bauer，1966）最早提出"社会指标"这一概念。他认为："社会指标是用来判断社会在准则、价值和目标等方面表现的依据，是作为具有普遍社会意义的社会状况的指数，是对经济指标的补充和扩大，是在那些通常不易于定量测量或不属于经济学家专业范围的领域内，为我们提供有关社会状况的信息。"可以说，社会指标从诞生之初就与政策或政策问题紧密相连。到 20 世纪 70 年代初，社会指标开始在教育、医疗卫生等领域广泛应用。在这一过程中，不断有学者对"社会指标"的概念及其应用加以完善。克利福德·科布和克雷格·利克斯福德（2001）在纵观社会指标从萌芽、发展到兴盛的过程中，总结出社会指标在历史上的相关研究和运动中获得的教训，认为"好的数据不等于好的指标""有效的指标需要一个清晰的概念基础""指标不可能价值中立""指标的范围狭窄比巨细无遗更有力"等等。

由此，社会指标的基本功能及其效用在研究和应用中受到越来越多的重视和确定，特别是强调社会指标与公共政策的关系，主要体现在以下四个方面：

一是促使政策相关行动者调整其日常行动；二是为政策议程优先序的设定提供有效信息；三是帮助政策决策者判断一项政策是否以合适的速度以及是否朝着正确的方向行进；四是界定出政策运行中出现问题的领域。

作为社会指标运动的一个组成部分，教育指标的系统化研究始于 20 世纪 80 年代。一方面，许多国家面临着公共教育系统预算削减的困境；另一方面，公众对教育领域预算使用的可问责性和透明度的要求不断增强，这些外部环境的压力迫切需要得到政策决策者的回应。由此，教育指标作为一种解决方案被提出（Wyatt，1994）为政策决策者提供教育系统状态的信息。但是，社会指标在之后的应用中却出现了一些衰退的趋势。一些政策制定者们发现，他们难以对指标加以系统化地应用并指导决策，甚至还有一些指标是无用或误导性的。卡利（Carley，1981）指出，导致这种衰退的原因，除了指标本身信度效度的完善周期长、数据质量低等，更重要的是这些指标的设计没有清晰地与政策目标相联系。因此，如何将教育指标与政策问题更好地结合，成为这一时期教育指标研究和应用上面临的一项挑战。

二、早期教育指标体系建构的理论逻辑

国际上较为成熟的教育指标体系，如世界经济合作与发展组织（OECD）、联合国教科文组织（UNESCO）等国际组织开发的教育指标体系，在构建

初期大都参照约翰斯通（Johnstone）的教育系统模式或 CIPP 模式构建基本骨架。约翰斯通系统模式的基本逻辑是：基于以往的经济系统、社会系统以及政策系统共同形成的社会框架，以教育资源和教育偏好作为教育输入的主要内容，以教育的系统结构和投入配置情况作为过程性指标；在输出方面重点关注教育资源的变化情况及技能的提升，同时兼顾教育满意度。通过这样的"投入—过程—输出"系统，描述教育通过改变资源和人才技能来改变未来社会框架内的经济、社会和政策系统，其具体模式如图1所示。

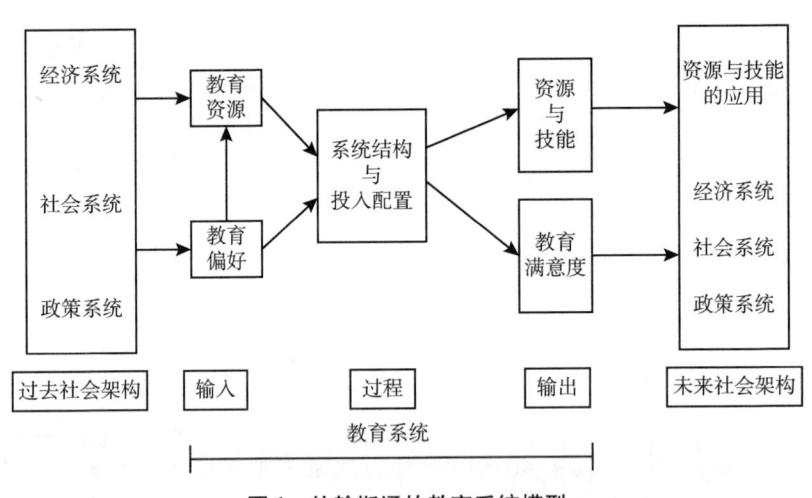

图 1　约翰斯通的教育系统模型

1966 年美国学者斯塔弗尔比姆（Stuffle beam）提出的 CIPP 教育评价模式，由背景（context）、输入（input）、过程（process）、结果（product）四部分评价构成。它与约翰·斯通教育系统模式具有内在一致性，两者都强调了背景因素（过去的社会框架）对教育发展的基础影响作用，都关注教育投入与教育过程。但两者不同在于，约翰斯通的教育系统模式倾向于关注教育对社会框架的影响，内容较为泛化；CIPP 作为一种评价模式，对教育发展情况与社会影响同时予以关注，内容更为丰富。目前大多数教育评价研究，均以 CIPP 模式作为主要评价框架，如 OECD 教育指标体系将指标领域分成背景、资源（输入）、过程与结果（成果）四大部分。

但是，随着教育指标在应用中的发展，CIPP 模式的适用性也受到了一定的挑战。1991年，美国联邦教育部成立的"教育指标专门研究小组"（SSPEI）指出 CIPP 模式将教育指标体系视为生产函数的错误导向，同时也批评该模式无法描述教育系统中的动态特征，更无法体现教育机构所处的社会背景。

三、从系统模式到政策功能：教育指标建构逻辑的新进展

随着研究者们对于教育指标的认知逐渐发生变化，由最初将教育指标理解为"以定量、时序地方式测量教育系统的状态（如，对教育系统及机构规模、等级的测量等）"（Jaeger，1978）到将教育指标视为教育系统的一种"早期预警装置"。具体而言，教育指标必须能够向决策者提供信息，对政策进行反馈，从而帮助他们判断一项政策是否"以合适的速度""朝正确的方向"运行；或识别出教育政策运行中出现的一些错误或不良状况，提示相关人员采取新的方法加以改进。包括约翰斯通也同时强调了教育指标的界线：如果出现了一些错误或不良状况，教育指标本身并不能够提供行动方案进行补救，它们仅仅是对所需要的行动的一种建议。Oakes（1986）进一步阐明了教育指标内涵中的政策功能。在 1986 年撰写的报告《教育指标：政策制定者指南》中，Oakes 对于教育指标的界定弥补了之前社会指标应用中的缺陷。她认为教育指标是："教育系统的一种统计方法，能够反映出教育系统的绩效及其运行的健康状况。"具体而言，她认为指标应至少能够提供以下其中一种类型的信息：

（1）描述教育系统的绩效是否达到预期的状态和成果；（2）在调查中已知与预期成果相联系的特点；（3）描述教育系统核心特征（例如：投入），用于理解教育系统的运作方式；（4）问题导向的信息；（5）与政策相关的信息：指标应当描述政策制定者尤为关注的教育状态，并且能够随政策决策发生改变。

Smith（1988）对教育指标的定义与 Oakes 的上述归纳相呼应，他认为："教育指标既能够用于评估教育系统预期的产出，同时也要描述教育系统的核心特点。""教育指标应当提供具有可操作性的、具有效度的信息和数据，并且对于制定政策决策有用。"

由此，教育指标的政策内涵和功能被明确下来，正如 Nuttall（1992）总结道：指标技术层面的质量并不能充分保证其作用的发挥和指标的延续

性，指标体系必须能够提供对政策制定者有用的信息从而获得长久的发展。（Wyatt，1994）Scheerens（1992）对教育指标发展的变化进行了系统归纳，总结出三大趋势：

一是在教育指标的开发中，教育指标由描述性统计（针对投入和资源的测量）转向尝试测量系统的绩效和成果，这一变化趋势使政策制定者能够了解教育系统"正在发生什么"，同时也增强了对教育机构的可问责性。

二是学者们在对政策变量测量上的研究兴趣不断增加；政策制定者不仅想知道教育系统中"正在发生什么"，同时还想知道"为什么会发生"以及"他们能做些什么"，以提高指标体系的政策相关性。

三是在不同的文化情境下，CIPP模型仍然是建构教育指标体系最有用的理论框架。由此，教育指标体系在后续的开发中，继承了CIPP模式对于教育全过程展开测量的基础架构，并添加了政策功能导向，最终形成一套更为完整的理论架构，如图2所示。

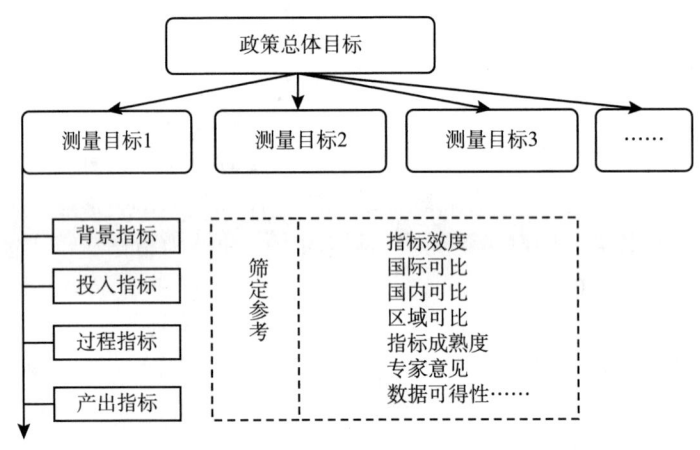

图2 以政策问题为核心的教育指标建构基本框架

四、教育指标建构的政策逻辑

由前述可知，尽管学者们对于教育指标的定义有细微的差异，但是对于教育指标的政策功能已经有了较为一致的看法：指标的设计要与教育政策目标相联系，向政策决策（制定）者提供教育系统运行状态的信息。由此，本文将借用奥克斯（Oakes，1986）建构的教育指标分类框架，进一步对教育指标建构中与政策的关系进行分析。Oakes 归纳出教育指标最主要的几项用途，包括：

1. 评估教育改革的影响结果；
2. 提示提高教育系统绩效最有效的实践路径；
3. 解释教育系统状态或变化的成因；
4. 提示相关决策的制定和管理；
5. 刺激和聚焦努力；
6. 确保可问责性；
7. 界定教育的目标；
8. 监测标准和趋势；
9. 预测未来的改变。

针对上述教育指标的目的或用途，Oakes 指出，教育指标在实践层面需要提供五种类型的信息，分别是：

1. 目标达成的信息；
2. 系统的绩效特征；
3. 政策相关的信息；
4. 问题导向的信息；
5. 显示系统核心特征的信息。

进一步，这五种信息根据其来源分为：对系统的评价（Evaluations of System）和对系统日常的监测（Routine Monitoring of the System）。由此，她将教育指标的用途和在实践层面需要提供的信息类型结合起来，得到教育指标的一种分类方式，如表1所示。

表1　　　　　　　　奥克斯教育指标分类框架

教育指标体系的用途	所需要的信息				
	评价性的信息			监测性信息	
	目标的完成	绩效特征	政策相关的信息	问题导向的信息	显示系统核心特征的信息
评估教育改革的影响	●	●	●		
评估最有效的实践	●	●	●	●	
解释状态或变化的成因及条件	●	●	●	●	●

续表

教育指标体系的用途	所需要的信息					
^	评价性的信息		监测性信息		
^	目标的完成	绩效特征	政策相关的信息	问题导向的信息	显示系统核心特征的信息
决策与管理	●	●	●	●	●
刺激和聚焦	●	●	●	●	●
确保可问责性	●		●		●
界定教育的目标		●	●		
监测标准和趋势			●	●	●
预测未来的变化			●	●	●

资料来源：Peter Cuttance, Performance Indicators and the Management of Quality in Education, Education Department of South Australia, 1990.

由表1可以看出，教育指标的这种分类方式清晰地呈现出教育指标与政策信息之间的内在关联。从横向来看，"与政策相关的信息"处于不同类型信息的中间位置，它既可以用于对教育系统的评价，也可以用于对教育系统的日常监测。从纵向来看，九种主要用途的教育指标都需要与政策相关的信息。

在实践中，教育指标建构的政策逻辑也逐渐得到重视。与教育政策问题相结合的教育指标成为教育决策者用来作为教育改革的依据。1991年，美国联邦教育部成立的"教育指标专门研究小组"（SSPEI）指出CIPP模式将教育指标体系视为生产函数的错误导向，同时也批评该模式无法描述教育系统中的动态特征，更无法体现教育机构所处的社会背景。与CIPP模式不同，SSPEI将焦点集中在教育政策问题层面，由此建构出教育指标的六个分析领域，分别是：

1. 学习结果，包括核心学科内容的学习成就、综合推理能力、态度和倾向；

2. 教育机构质量，包括学习机会、教师、教师工作条件、学校教育目标与特色、学校资源等；

3. 就学准备度，包括学生家庭社会经济地位、教育服务质量等；

4. 社会对学习的支持，包括家庭支持、社区支持、文化支持、财政支持等；

5. 教育与经济生产力，包括教育渠道、教育与培训的经济效果、工作场所对教育的支持、高等教育在研发上的角色等；

6. 公平性，包括学生背景的差异、教育机构的政策差异、教育服务的差异等。（楼世洲，2012；Bryk and Hermanson，1993）如图3所示。

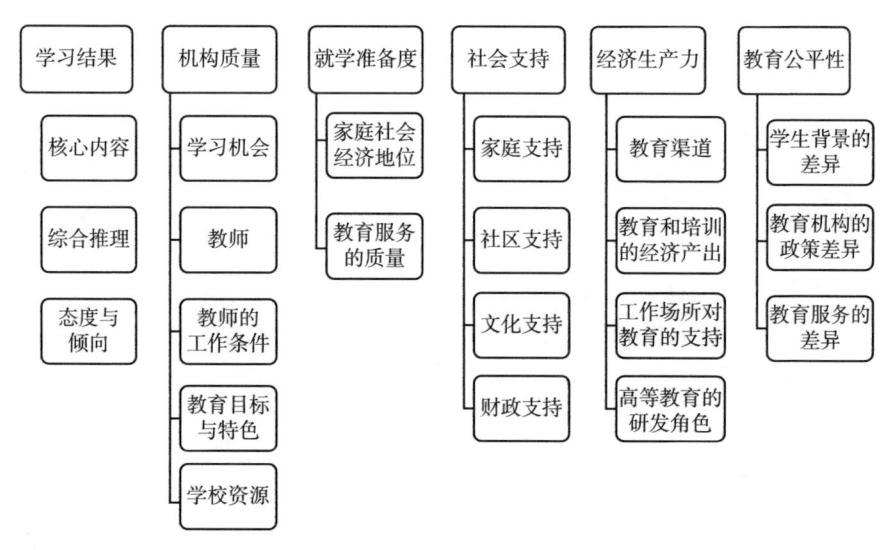

图3 SSPEI 六大教育指标政策领域及其主要概念

资料来源：A. S. Bryk and K. L. Hermanson. Educational Indicator Systems: Observations on Their Structure, Interpretation, and Use. Review of Research in Education. 1993

随着学者和政策制定者对教育指标建构的政策逻辑认识的深化，Scheerens（1992）对教育指标的变化趋势进行了系统的归纳，总结为三大趋势：

一是在教育指标的开发中，教育指标由描述性统计（大部分是针对投入和资源的测量）转向尝试测量系统的绩效和成果。这一变化趋势促使政策制定者了解在教育系统中"正在发生什么"，同时也增强了教育机构和整个教育系统的可问责性。

二是基于对教育产出和成果的测量以及对教育系统社会背景的测量，教育指标向更加综合的指标体系发展变化。具体表现为：学者们在对"可操纵的输入因素或过程特征"（政策变量）测量上的研究兴趣不断增加；政策制定者们不仅想知道教育系统中"正在发生什么",同时还想知道"为什么会发生"以及"他们能做些什么"。这一变化过程主要体现在对"教育过程指标"的改进中,"教育过程指标"一般涉及教育系统中那些可被操纵的指标,把教育过程的测量补充到教育指标体系中,能够提高指标体系的政策相关性。

三是对国际教育指标的开发来说,尽管各国教育系统在政治、经济、文化价值等方面存在显著差异,使得选择一个合适、统一的模型尤为困难,但是,Scheerens 认为"背景-输入-过程/产出"模型仍然是系统建构指标体系最有用的理论框架。

基于上述分析,我们可以得出以下几个基本结论:

第一,教育指标的政策功能源自社会指标产生的政策意义及其特征;

第二,教育指标在其发展过程中,其政策功能逐渐为理论和实践所肯定;

第三,教育指标的构建呈现出 CIPP 与政策问题相互结合的新模式。

由此,本文将使用联合国教科文组织(UNESCO)世界教育指标体系及全民教育发展指数对上述结论加以验证。

五、教育指标政策逻辑的国际经验

UNESCO 的教育指标体系是迄今为止国际上最为权威和通用的指标体系之一。2000 年之前,联合国教科文组织每两年发布一次《世界教育报告》(World Education Report),共计 5 期报告,用以提供世界各国教育的数据和资料。该报告的指标体系称为"世界教育指标体系"(World Education Indicators,WEI),该指标体系按照 CIPP 模式建构。以 2000 年的《世界教育报告》为例,该期《世界教育报告》提供了 11 个一级教育指标,分别是:人口与国民生产总值;识字、文化与传播;学前及初等教育入学机会;初等教育状况;初等教育内部效率;中等教育状况;学前、初等与中等教育师资;高等教育状况;高等教育学生分布;私立学校教育与政府教育支出;公共教育经常性支出。这 11 项一级指标还可进一步细化为多个二级指标。如表 2 所示。

表 2　　2000 年世界教育报告指标体系

一级指标	二级指标
人口与国民生产总值	总人口数
	人口增长率
	6～14 岁的人口
	社会抚养比
	城镇人口占总人口比重
	出生时预期寿命
	总生育率
	婴儿死亡率
	人均国民生产总值
识字、文化与传播	成人文盲估计数
	成人文盲估计率
	每日报纸发行量（份/千人）
	收音机和电视接收器数量（台/千人）
	电话主线数量（条/千人）
	个人电脑数（台/千人）
	互联网主机数（台/10 万人）
学前及初等教育入学机会	学前教育年龄组人口数
	学前教育毛入学率
	小学教育毛入学率
	正规教育受教育期望年限
初等教育状况	义务教育年限
	小学教育年限
	小学教育学龄人口数
	毛入学率/净入学率
初等教育内部效率	小学复读人数占比
	持续接受初等教育到 2 年级和 5 年级的比率

续表

一级指标	二级指标
中等教育状况	普通中等教育年限
	中等教育学龄人口数
	毛入学率/净入学率
学前、初等与中等教育师资	生师比
	女教师的比例
	每1000非农业劳动力中教师数量
高等教育状况	每10万居民中的学生数量
	毛入学率
	学生各ISCED水平的百分比
	女学生在各ISCED水平的百分比
高等教育学生分布	学生（毕业生）在各学习领域的百分比
	女学生在各学习领域的百分比
	性别隔离指数
私立学校教育与政府教育支出	私立学校学生数占总学生数的百分比
	公共教育支出占国民生产总值的百分比
	公共教育支出占政府支出的百分比
	公共教育支出的年均增长速度
	教育经常性支出占公共支出的百分比
公共教育经常性支出	教师薪酬占教育总经常性支出的百分比
	教育经常性支出在不同教育等级之间分配比
	生均经常性支出占人均国民生产总值的百分比

在 2000 年之后，联合国教科文组织统计研究所（UIS）开始每年发布《全球教育要览》（Global Education Digest，GED）。这一报告每年都会突出一个特殊的教育政策主题，根据其所强调的政策，除了一些基础指标之外，采用的指标内容更加具体，对于政策实施效果的评估也更加具有针对性。相关教育政策主题如表 3 所示。

表3　　全球教育要览历年相关教育政策主题

年份	英文主题	中文主题
2003	The state of global education statistics: Measuring progress towards universal primary education	全球教育统计现状：普及小学教育的进展
2004	Beyond universal primary education	跨越普及小学教育
2005	Making the Transition to Secondary Education	过渡到中学教育
2006	Tertiary education: Extending the frontiers of knowledge	高等教育：扩展知识的新领域
2007	Costs and commitments in financing education for all	资助全民教育的成本和承诺
2008	Inside the UIS: collecting, processing and reporting international education data	教科文组织统计研究所：收集、处理和报告国际教育数据
2009	Global trends in tertiary education	高等教育的全球趋势
2010	Education and gender: between promise and progress	教育与性别：在承诺和进步之间
2011	Focus on secondary education: the next great challenge	关注中学教育：下一项艰巨挑战
2012	Opportunities lost: the impact of grade repetition and early school leaving	错失的机遇：留级和辍学带来的影响

同时，UNESCO 开始每年发布《全民教育全球监测报告》（EFAG, lobal Monitoring Report），通过在世界教育指标体系基础上开发的全民教育发展指数（The Education for All Development Index, EDI）监测和评估各国履行"2015 年前向所有儿童、青年和成年人提供基本教育"的承诺的情况。根据《达喀尔行动纲领》（Dakar Framework for Action, Education for All: Meeting Our Collective Commitments）确定的 6 项政策目标，包括：（1）扩大幼儿保育和教育；（2）确保所有儿童能够获得并完成免费和优质初级义务教育；（3）增加青年和成人参加学习和生活技能方案的机会；（4）成人识字率提高 50%；（5）在教育领域消除性别差异；（6）全面提高教育质量，全民教育发展指数对相应指标进行筛选。该指标体系的基本框架也参考了原有的世界教育指标体系，将两种不同的教育指标构建模式加以结合。其核心指标见表4。

表 4　　全民教育发展政策目标及其核心指标

指标	政策目标	指标内容
指标 1	扩大幼儿保育和教育	儿童早期发展项目的总入学率，包括公共、私人和社区项目。如有官方规定的年龄组，则表现为官方年龄组的有关百分比，否则采用 3~5 岁年龄组的百分比
指标 2		新进入小学一年级的学生中，儿童早期发展项目的参加率
指标 3	确保所有儿童能够获得并完成免费和优质初级义务教育	总入学率：小学一年级新入学者占达到规定入学年龄的人口百分比
指标 4		净入学率：小学一年级新入学者中达到规定入学年龄者占相应人口数（达到规定入学年龄的人口）的百分比
指标 5		总入学注册率
指标 6		净入学注册率
指标 7		小学教育经常性公共支出：①生产总值的百分比；②小学生教育投入占人均国民生产总值的百分比
指标 8		小学教育公共支出占教育公共支出的比例
指标 9		达到所需的学历的小学教师的百分比
指标 10		按照国家教学标准有教学资格的小学教师的百分比
指标 11		小学教师的比例
指标 12		复读比例
指标 13		持续接受小学教育到 5 年级的比率（实际达到 5 年级的小学生群体的比例）
指标 14		效率系数（完成小学周期所需要的理想的小学年份数，用实际的小学时间的百分比表示）
指标 15		已达到小学 4 年级且达到由国家确定的基本学习能力标准的学生的比例
指标 16	成人识字率提高 50%	15~24 岁识字率
指标 17		成人识字率：超过 15 岁的识字人口的比例
指标 18	成人识字率提高 50%；在教育领域消除性别差异	扫盲中的男女平等指数：女性与男性识字率的比例

在上述指标中，指标 1、2 对应"扩大幼儿保育和教育"，指标 3~15 对应"确保所有儿童能够获得并完成免费和优质初级义务教育"，指标 16~

18 对应"成人识字率提高 50%",指标 18 反映"在教育领域消除性别差异"的政策目标实现情况。

以指标 1、2 为例,在"扩大幼儿保育和教育"这一政策目标下,指标 1"儿童早期发展项目总入学率"测量的是儿童参与早期发展项目的总体水平,它可以反映出一个国家在为儿童接受小学教育提供准备方面的能力。指标 2"新进入小学一年级的学生中,儿童早期发展项目的参加率"测量的是在新进入小学一年级的学生中,至少参与了 200 小时以上早期发展项目的比例,它可以反映出整个国家儿童拥有早期教育经历的程度。

2014 年 11 月,UIS 进一步完善这一指标体系,提出了一组应用于后 2015 教育框架的指标体系（indicators for a post – 2015 education framework）,这组教育指标主要与两项教育行动及其目标相关:一是由全民教育指导委员会（Education for All Steering Committee）提出的七项"后 2015 教育目标";二是由联合国大会开放工作组（Open Working Group, OWG）在 2014 年 7 月发布的文件中提出的 10 项教育目标。其指标的选取采取专家会议法,围绕政策目标,专家们依次讨论了各政策子目标下应当测量的核心概念、当前可使用的指标、测量面临的主要挑战等问题,形成最后的报告。

同样以早期教育为例,在后 2015 全民教育目标中的表述为:在 2030 年前,至少 x% 的男孩和女孩通过参与优质的幼儿保育和教育项目,为小学阶段的教育做好充分准备,其中包括一年的免费强制性学前教育。在这一过程中,该目标特别关注早期教育参与中的性别平等及边缘群体问题。而在开放工作组政策目标中,早期教育目标表述为:在 2030 年前,确保所有的男孩和女孩能够接受优质的早期幼儿发展、保育、和学前教育,为接受小学教育做好准备。

根据政策文本,专家们对于政策目标进行分解,明确需要测量的核心概念,主要包括:（1）准备好接受小学教育的儿童比例;（2）早期幼儿教育项目的参与程度;（3）幼儿教育的质量;（4）至少一年免费强制性学前教育的参与程度。指标选取主要依据的理论基础为:健康、营养、教育和社会保护以及反映儿童认知和非认知能力的发展都会有助于儿童长期健康发展以及在学校中的优异表现。在明确了具体目标之后,专家们对目前该领域可使用的指标进行分析。按照完成目标的"投入（Inputs）- 产出（Outputs）- 成果（Outcomes）"这一基本框架筛选出效度较高且广泛使用（国际可比性）的指标。如:使用"5 岁以下死亡率"测量儿童健康、"5 岁以下发育不良率"测量儿童的营养状况、使用 UNICEF 开发的"早期幼儿发展指数"测量 3~4 岁儿童的学习和发展状况等。同时专家组成员进一步指出了现有指标的不足以及指标在反映政策目标及衡量政策表现上的主要问题。对早期教育而言，除上述提及的指标外，在儿童学习成果、儿童学前发展、保育、教育项目的参与度（从出生到正式入学）等方面需要指标提供更多的信息。如针对早期教育质量的测量，目前缺乏效度较高的指标，而"质量"的这一概念的复杂性也使得指标在国际可比性上存在较大的障碍。

六、公共治理视阈下我国教育指标体系的发展方向

在我国，以政策目标为导向的教育指标体系的发展并不充分，教育指标建构的政策逻辑也并未得到足够重视。通过上述理论以及国际经验的梳理、分析与验证，本研究认为我国教育指标体系发展的方向如下：

第一，需要更加注重教育评价指标的政策意义。随着教育体制改革的深化，政府对教育的管理开始从行政干预逐步转向主要依靠统筹规划、方针政策、信息引导、监测评估、社会组织以及公民参与等手段进行宏观调控，教育决策从行政命令逐步转向科学化和民主化的治理行动。教育指标体系的作用应当被定位于：为宏观教育决策和计划提供依据；对教育工作的运行状态进行监测；为学校管理和提高教育服务质量服务；促进社会组织及公众参与了解教育和支持教育。因此，教育指标评价体系在研究设计时就要更多地从其设立的出发点考虑，更贴近描述现实问题、反馈政策问题。

第二，需要在教育指标体系中纳入更多的政策干预变量。未来我国教育指标的构建可以参考国际教育指标的构建方法和流程，通过对政策目标的分解，明确需要测量的概念，再进一步以约翰斯通的教育系统基本理论框架筛选指标。在指标筛选过程中应当更多地将政府可干预的一系列变量纳入教育指标的考虑中，同时也应当考虑政策变量的可操作性（数据的可获得性），构建基于政策运行的动态指标体系。与此相适应，在教育指标的构建和应用过程中，应当配套开展教育系统和教育政策的"成本－效益分析"以及一些调查活动，使得教育指标充分纳入政策分析与决策之中。

第三，需要加强教育指标选取过程中的参与及合作。在指标的开发过程中，应注重专家的参与以及专家与政策决策者之间的合作。从 UNESCO 教育指标体系的开发过程中可以看出，指标选取源于对政策目标的充分解读和

达成一致的意见，这一过程离不开政策制定者的参与，而专家在提供指标选取的理论依据和筛选指标中更是起到决定性作用。当前我国教育指标的开发呈现出的理论与实践相脱节的态势，与基于静态系统论指导下的教育指标构建模式密切相关。因此，今后在构建以政策目标为核心的教育指标的新的导向下，教育理论的专家与政策决策者的密切合作将成为必然要求和趋势。

---------- 参考文献 ----------

［1］李琳，徐烈辉. 区域教育可持续发展评价指标体系的构建［J］. 中南林业科技大学学报（社会科学版），2006，17（1）：99－104

［2］楼世洲. 区域教育可持续发展指标体系研究［M］. 北京：教育科学出版社，2012

［3］肖远军. CIPP 教育评价模式探析［J］. 教育科学，2003，19（3）：42－45

［4］徐娅. 首都教育指标体系研究［J］. 教育科学，2001（11）：14－19

［5］朱家存，阮成武，刘宝根. 区域义务教育均衡发展监测指标体系研究——基于安徽省义务教育政策实践［J］. 教育研究，2010（11）：12－17

［6］朱庆芳，吴寒光. 社会指标体系［M］. 北京：中国社会科学出版社，2001

［7］Bauer R A. Social Indicators［M］. Cambridge MA：MIT Press，1966

［8］Bryk A S, et al. Educational Indicator Systems：Observations on Their Structure, Interpretation, and Use. Review of Research in Education［J］. Merican Educational Research Association，1993：451－484

［9］Carley M. Social Measurements and Social Indicators：Issues of Policy and Theory［M］. London：George Allen and Unwin，1981

［10］Cuttance P. Performance Indicators and the Management of Quality in Education.［J］. Accountability，1990：1－15

［11］Vuorinen, Raimo, Leino, Leila, Mjornheden, Tomas, et al. Education for All 2000－2015：achievements and challenges［J］. Working Papers，2015，18（6）

［12］Jaeger R M. About Educational Indicators：Statistics on the Conditions and Trends in Education［M］. Review of Research in Education，1978：276－315

［13］Johnstone J. N. Indicators of Education Systems［J］. Paris，kogan page，1981

［14］Land K C. On the Definition of Social Indicators［J］. American Sociologist，1971，6（4）：322－325

［15］Nuttall D L. The functions and limitations of international educational indicators［J］. International Journal of Educational Research，1990，14（4）：13－23

［16］Oakes J. Educational Indicators：A Guide for Policymakers. CPRE Occasional Paper

Series. [J]. Educational Indicators, 1986

[17] Jaap Scheerens. School Effectiveness Research and the Development of Process Indicators of School Functioning [J]. School Effectiveness & School Improvement, 2006, 1 (1): 53 – 76

[18] Sheldon E B, Freeman H E. Notes on Social Indicators: Promises and Potential [J]. Policy Sciences, 1970, 1 (1): 97 – 111

[19] Smith M S. Educational Indicators [J]. Phi Delta Kappan, 1988, 69 (7): 487 – 491

[20] UNESCO Institute for Statistics. Education for All 2000 Assessment [R]. Canada: UNESCO, 2000

[21] UNESCO Institute for Statistics. Global Education Digest: Comparing Education Statistics across the World [R]. Canada: UNESCO, 2001 – 2010

[22] UNESCO Institute for Statistics. International Standard Classification of Education ISCED 2011 [R]. Canada: UNESCO, 2011

[23] UNESCO Institute for Statistics. Towards Indicators for a Post-2015 Education Framework [R]. Canada: UNESCO, 2014

[24] UNESCO Institute for Statistics. World Education Report [R]. Canada: UNESCO, 2000

[25] Wyatt T. Education indicators: a review of the literature [J]. Paris: OECD, 1994: 99 – 116

[26] 城市教育现代化发展评价研究专题组.2014年全国十五个副省级城市教育现代化水平监测评价与比较研究报告 [R]. 北京. 2014. http://www.ncedr.edu.cn/yanjiudongtai/guojiajiketi/2014/1106/333.html. [2016 – 01 – 26]

---------------------------------代表作品---------------------------------

[1] 段晖.教育指标的政策逻辑：理论、经验与政策设计 [M]. 北京：化学工业出版社, 2017

[2] 段晖, 刘杰, 王丹. 我国地方教育公共治理的社会网络分析——基于上海浦东"教育委托管理"案例的研究 [J]. 中国行政管理, 2017 (5)

[3] 段晖, 刘畅, 陈虹, 等. 教育指标体系的政策逻辑：一个理论考察与实证设计——以北京创新型城市教育指标体系构建为例 [J]. 公共管理与政策评论, 2017 (2)

[4] 段晖, 王丹, 侯宇澄. 对教育指标政策功能的考察：概念、逻辑与应用 [J]. 中国人民大学教育学刊, 2016 (1)

[5] 段晖, 侯宇澄. 基于学生感知的人文社会科学类大学生创新能力结构及其路径

分析——以中国人民大学为例［J］. 中国人民大学教育学刊，2014（3）

［6］段晖. 走向教育公共治理［J］. 人民教育，2014（5）

［7］段晖，彭芃. 我国县级政府职能定位及行政改革探析［J］. 中国机构改革与管理，2013（3）

［8］段晖，刘畅. 北京市公立医院"医药分开"政策下患者满意度状况研究——基于模糊综合评价法的分析［J］. 公共管理与政策评论，2015，4（4）

［9］段文利，陈虹，陈明雁，等. 北京协和医院改善医疗服务路径的实践［J］. 中国医院，2016，20（1）：7-9

异地高考政策的困境与出路

吴 鹏

> **摘 要**：异地高考政策，是我国高考录取制度的一次重大变革，目的是为了允许大量城市流动人口的子女享有与本地考生相同的高考资格。但是，由于政策设计的缺陷，导致异地高考在实践中举步维艰，不能真正达到促进教育公平的作用。异地高考不是一个孤立的问题，必须全面推进高考制度改革，废止现行的分省按计划集中录取制度，逐步建立全国统一考试、高校自主招生的录取制度。
>
> **关键词**：异地高考政策；高考录取制度；教育公平

异地高考政策，是指允许"进城务工人员及其他非本地户籍就业人员随迁子女"在流入地参加高考的政策。这一政策的提出，是为了解决大量城市流动人口的子女获得父母务工所在地的教育资源、享有与本地考生相同的高考资格的问题。众所周知，全国的高考录取指标是以省（包括自治区、直辖市，下同）为单位分配的，而各省之间录取指标存在很大的差异，北京、上海等地录取指标相对较多，而山东、河南等高考大省录取指标相对较少。因此，允许外地人在北京、上海等地参加高考，其目的在于突破户籍制度的桎梏，促进教育公平。

异地高考政策的出台，是我国高考录取制度的一次重大变革，引发了广泛关注和诸多好评。但是，异地高考政策在理论上争论较大，在实践中举步维艰，并且带来新的问题，如催生新的限制标准、当地人的教育权益被削弱等，并没有像预想的那样对教育公平产生很大的促进作用。本文将对异地高考政策的产生和发展过程进行梳理，指出其中存在的制度困境，并提出制度创新和改革的建议。

一、异地高考政策的确立过程

　　1977年恢复高考制度以来，考生只能在户籍所在地参加高考，各高校在各省按名额录取。为了获得地方政府在财政和其他方面的支持，高校在招生指标分配中的地域化倾向日益明显。由于各省之间在经济发展水平上的不平衡，发达地区考生与落后地区考生获取高等教育资源的机会差异越来越大，在不同地区报名参加高考的考生实质上的录取机会也有大小之分，因此产生了"高考移民"等问题。同时，随着市场经济的不断完善，劳动力资源流动已经越发普遍，规模越来越大，城市流动人口和进城务工农民工的随迁子女在流入地参加高考的问题日益迫切。据第六次人口普查结果显示，我国进城务工人员总量已达2.6亿人，有2.2亿人离开户籍地迁居异地工作和生活。据国务院教育督导委员会办公室公布的数据，上年全国进城务工随迁子女在流入地小学和初中就学的人数达到1294.7万人，79.5%的随迁子女在公办学校就读。但是，按照过去的高考制度，这些学生只能回到户籍地参加高考。

　　2010年7月，党中央、国务院召开了全国教育工作会议，发布了《国家中长期教育改革和发展规划纲要（2010～2020年）》，对未来十年的教育改革和发展进行了全面部署。同年12月，国务院印发了《关于开展国家教育体制改革试点的通知》（国办发〔2010〕48号），确定了国家教育体制改革试点，明确将解决异地高考问题列入了试点，进行试点的地区是山东、湖南、重庆三个地区。2011年3月，时任教育部部长袁贵仁在列席十一届全国人大四次会议时透露，教育部正在和上海市、北京市研究，逐步推进异地高考政策。同年10月，北京大学张千帆教授等30位专家学者联名向总理上书，提请国务院审查并修改《普通高等学校招生工作规定》，提出高等教育机会是重要的公共资源，理应按照机会平等原则公平分配给所有公民，学生不应该因户籍地等不相关因素而受到歧视，呼吁取消有关"学生在户籍所在地报名参加高考和招生"的规定。官方试点与学者上书对高考制度甚至是户籍制度的改革起到明显的促进作用。

　　2012年9月1日，国务院办公厅发出《关于做好进城务工人员随迁子女接受义务教育后在当地参加升学考试工作的意见》（以下简称《意见》），要求各地因地制宜制定随迁子女升学考试具体政策，在2012年12月31日前出台异地高考具体办法。《意见》指出，各省、自治区、直辖市人民政府要根据城市功能定位、产业结构布局和城市资源承载能力，根据进城务工人员在当地的合法稳定职业、合法稳定住所（含租赁）和按照国家规定参加社会保险年限，以及随迁子女在当地连续就学年限等情况，确定随迁子女在当地参加升学考试的具体条件，制定具体办法。

同年9月5日，袁贵仁在国务院新闻办公室举办的发布会上表示，"随迁子女'当地'高考须满足三项条件。"一是家长基本条件：在地方有稳定工作，稳定住所，稳定收入，并缴纳各种保险；虽非户籍人口，但要求为地方常住人口。二是学生本人条件：学生可能在不同阶段就读在不同的地方，需要各地根据实际情况，差别对待。三是城市条件：要根据城市发展需求与承载能力制定方案。

随后，除西藏外的30个省市公布了随迁子女就地中高考的方案。其中，浙江、江苏等地的政策收获颇多赞誉，而争议一致指向最后的"堡垒"——北京、上海。异地高考的突出矛盾，集中在北京、上海等流入人口密集的大城市，这些地方正是异地人口聚集、异地学生聚焦的场所。尤其是京沪地区，高校众多，师资力量雄厚，是全国优质教育资源的聚集地。异地高考政策一旦成形，外地生源势必争抢当地生源的"一杯羹"。因此，北京和上海的异地高考方案也最为保守。在北京，根据随迁子女在京升学考试工作方案，2013年符合相关条件的随迁子女可以参加中等职业学校考试录取，2014年符合相关条件的随迁子女可以参加高等职业学校考试录取。在京参加高职的学生父母应有北京市的暂住证或工作居住证、有合法稳定住所、有合法稳定职业已满6年、在京连续缴纳社会保险已满6年（不含补缴）。随迁子女应具有本市学籍且已在京连续就读高中阶段教育3年学习年限。实际上，北京的异地高考只是"异地高职"。北京市教委对此的解释是："北京教育承载力已经接近饱和，加之以往投入是按照户籍学生配置，异地高考不可能一蹴而就全部开放，分步走是现实的理性选择。"在上海，异地高考方案是有限开放10类非上海籍考生在上海市参加全国高考。持居住证C证人员的子女只能参加中职考试，只有持A证者的子女才可以就地高考。因此，上海的异地高考，只是把"户籍+学籍"的高考报名政策，放宽为"户籍（或居住证）+学籍"的高考报名政策。

二、异地高考政策的现实困境

异地高考政策，是根源于社会发展不均衡、关涉各方面改革与利益重新分配的重大问题，不仅需要相当长的时间逐步解决，而且未来也不可能达到绝对公平。高考制度是教育公平的衡器，对其改革会涉及社会多方的利益平衡，怎么改革都可能会让部分群体认为不公平，引发利益冲突和激烈争议。

异地高考政策，在一定程度上解决了进城务工人员和流动人口的随迁子女在当地参加高考的问题，对于促进教育公平有积极的作用，是值得肯定的。但是，不可讳言，异地高考存在着制度设计上先天不足、制度运行上后天失调的缺陷，不能真正帮助进城务工人员和流动人口的随迁子女获得平等参加高考的机会，不能实现教育公平。

（一）异地高考政策在制度设计上存在缺陷

高考招生录取制度，在新中国成立后经历了各校自主招生，到行政大区学校联合招生，直至全国统一高考的变革过程。1977 年恢复高考之后，高校招生计划由免费的国家计划的"单轨制"、免费的国家计划招生和收费的国家调节招生并存的"双轨制"，到并轨为适应市场经济体制的"单轨制"。随着我国改革开放的不断深入，各地教育水平的动态发展，再加上各省区之间政治、经济、人口等方面长期存在的差距，不同地区考生获取高等教育资源的机会差异也越来越大，直接表现就是不同地区高考录取分数线差异过大。进入 21 世纪以来，全国统一高考模式逐渐开始改革，从全国统一命题到分省命题，从所有生源均通过高考录取到部分高校试点探索自主招生。但是，考生限于户籍所在地即生源地参加高考的制度一直没有改变，不同地区所分配的招生指标数量不同，在不同地区报名参加高考的考生实质上的录取机会也有大小之分。同时，随着社会主义市场经济体制的不断完善，劳动力资源流动已经越发普遍，规模越来越大，随迁子女教育及高考问题也开始出现。

梳理高考招生录取制度的形成过程，可以看出，现行制度有其客观合理性，高考曾经被誉为"当今社会最公平的制度"。但是，随着我国经济社会的发展和各项改革措施的深化，现行制度的弊端也日益凸显。由于部属高校为了争取地方政府在财政和政策上的支持，在投放招生指标时会向所在地有所倾斜。因此，地区高等教育资源的丰富程度在很大程度上决定了该地区获得招生指标的多寡。由于历史遗留问题和高等教育体制改革等诸多因素，高等教育资源在东部、中部和西部地区以及省际分布是很不均衡的。因此，在高校招生过程中的马太效应就突显出来，高等教育越发达地区获得的招生指标越多，高等教育资源稀缺地区获得的招生指标就越少。而考生限定于户籍所在地报名参加高考，使得考生的被录取机会受到所在地招生指标多少的直接影响。

《中华人民共和国宪法》第33条规定："中华人民共和国公民在法律面前一律平等。"招生计划涉及所有考生法定权利，一定要符合宪法平等原则。而依据我国的高考招生录取制度，参加高考的公民因为生源地的不同，有着大小不同的录取机会。所谓"当今社会最公平的制度"，其实指的是同一省内录取分数线相同。由于招生指标分配计划不同，造成了北京、上海等经济发达、教育发达地区考生的录取机会大大超过了其他地区考生的录取机会。这种录取机会上的差别与宪法平等原则是不相符合的。

当务之急，是彻底改革不公平的高考招生录取制度，建立与经济社会发展水平相适应、体现教育公平的新型制度。教育资源分配不均和招生制度不合理是教育不公平的根源，异地高考政策，无论怎么设计改革方案都无助于促进教育公平，反而会带来更大的不公平。事实上，异地高考政策的初衷，是对不合理、不公平的高考招生指标分配制度进行"微调"，以解决部分外来务工人员子女在当地就学与参加高考的资格，是权宜之计，而不是真正的、全局性的制度变革。异地高考政策的出台，在一个小的方面促进了教育公平的同时，却在一个大的方面掩盖了高考招生录取制度在深层次上的不公平问题，甚至把社会舆论引向对细节问题的讨论，误导了对高考招生录取制度进行全面、彻底改革的努力方向。因此，异地高考政策，在理论上存在很大的疑问，很可能成为一个过渡性的制度安排。

（二）异地高考在制度运行上遭遇阻碍

异地高考政策实施几年来，事实上没有达到预先设定的制度目标，并且带来了新的问题。

实践中，地方政府普遍为异地高考的考生资格设置了较高门槛，政策执行的效果大打折扣。根据国务院以及教育部的有关规定，由地方政府出台异地高考相关方案细则,这事实上把制定"政策门槛"的权力下放给了地方政府。制订异地高考方案牵涉到三个平衡,即本地户籍人口和非本地户籍人口的高考利益平衡、本地教育资源与进城务工人员子女接受教育需求的平衡、开放异地高考与防止高考移民的平衡。因此,地方政府对异地高考采取了审慎的态度,对考生准入资格作出了严格要求,要求考生父母具备职业、社保、住所等条件,要求考生本人具备学籍条件。尤其是北京、上海等优质教育资源集中的地方政府,对异地高考设置了更高的门槛。北京市异地高考方案只字未提本科录取开放时间,实际上是"异地高职"。上海市规定只有持 A 类居住证者的随迁子女才可以参加高考,而取得 A 证需要具备职业、住所、社保和积分分值条件。门槛如此之高,很少人能够跨越,真正具备条件参加异地高考的外地考生数量不是很多。以北京为例,2014 年是异地高考的第一年,在"6 年连缴社保"等门槛限制下,全市仅有 121 名异地考生符合条件,其中 114 名最终决定在京报考。

异地高考政策引发了当地考生和家长的不满和抵制,造成了不同群体的矛盾。高考录取指标是分省投放的,是本地考生的"蛋糕",允许外地考生参加高考,势必会造成高考录取资源的流失。尤其是在北京、上海等优势资源聚集的地方,本地户籍居民担心异地高考导致外地人侵占本地考生的受教育机会,而且导致外地人口的大量流入,明确提出了反对意见。据报道,2012 年 10 月,20 余名本地户籍家长代表到访北京市教委信访办,希望能约见北京市教委主任,就异地高考政策当面提出抗议。

异地高考造成了新的不公平。从表面上看,异地高考是解决流动人口与当地人口的教育平权矛盾,而实际上只是满足少部分符合条件的流动人口子女在流入地参加高考的愿望。这种局面,对于当地人的教育权益,以及依然在落后地区参加高考的人来说,是不公平的。诚然,以户籍来分配教育资源和机会是不公平的,那么以父母能力、经济实力作为分配标准的异地高考,也是不公平的。从这个意义上讲,异地高考是为少部分人争取教育特权,带来新的更大的不公平。

此外,异地高考可能引发新的"高考移民"浪潮。由于教育资源不均衡、高校招生计划指标投放不均,高等教育资源集中的大城市,以及一些西部省份人口较少、录取率较高的地方,会再次引发"高考移民"。异地高考哪怕设置再高的门槛,也很难阻挡新的"高考移民"浪潮。

三、异地高考政策的改革方向

异地高考,在制度设计上治标不治本,必然带来制度执行上的种种问题,不但没有解决教育公平的问题,反而在一定程度上造成了新的不公平。流动人口子女能不能在当地参加考试,不是一个孤立的问题,其深层次的根源在于以户籍制度为基础、以省为单位分配录取指标的高考制度。要解决异地高考问题,就必须严格按照《教育规划纲要》的要求,全面推进高考制度改革。要打破现行的分省按计划集中录取制度,"探索招生与考试相对分离的办法,政府宏观管理,专业机构组织实施,学校依法自主招生,学生多次选择,逐步形成分类考试、综合评价、多元录取的考试招生制度。"在新的高考制度框架下,外地考生参加高考将不再成为一个问题。

综观国外的大学入学考试,大都采取全国统一考试与大学自主招生相结合的模式。在美国,绝大多数大学认可并要求学生参加的全国统一的入学考试,由非官方的考试服务机构负责编制试题和组织,主要包括 SAT(学术评估测验)和 ACT(美国高校测验)两类。美国没有统一的招生机构,大学招生享有高度自主权,招生的标准、规模及运作完全是由各校招生委员会自主制定,录取工作由大学自己做主。在日本,高考为两次考试,第一次为全国统一入学考试,第二次为各高校的自主招生考试。在韩国,高考主要指引进美国 SAT 而设立的大学修学能力考试和各大学的单独考试。全国统一考试更能体现公平公正,而且具有规模效益,组织考试的成本较低。但是,统一考试不能顾及个性化要求,大学自主考试正好弥补了这个缺陷。大学自主考试也有许多缺点,如果监督保障机制不健全,将可能成为腐败和舞弊的温床。因此,将全国统一考试和大学自主考试相结合成为越来越多国家的选择。

异地高考问题,要与整体推进高考制度改革相结合。异地高考不仅是在什么地方考试的问题,而是与考试制度、录取方式密切相关。异地高考只是高考制度改革的一个组成部分,高考制度改革的方向应当是建立民主、科学的高校招生制度,努力促进教育公平,彻底改变高等教育资源分配不均的现状。

首先,要恢复全国高考统一命题考试。现在 16 省份自主命题考试,加上国家命题的统一考试,高考共使用 17 份试卷。虽然各省招生名额总量基本不变，但各省考试内容不同，考分不具可比性，从而掩盖了高等教育资源分配不均衡的问题。袁贵仁表示，2015 年将扩大 3 个省在高考中使用国家统一试卷，明年再扩大 7 个省，将有 25 个省在高考中使用由教育部考试中心统一命制的试卷。统一考试是高考制度的根本特征，因为统一考试具有公平、高效和具有可比性的特点。为了实现高考公平与效率的最大化，最终应形成以全国统一命题高考的大格局。当然，全国统一命题考试应该考虑到各个地区的差异和全国性的考试安全防范问题，制定不同版本的高考试卷。

其次，要形成高校自主招生的考试招生体系。大学自主招生是现代大学制度的本来之意，大学有权利也有能力判断学生的能力水平。要以扩大考生的选择权、落实高校招生自主权为核心，实现考生自主选择考试、自主选择学校、多次录取机会。所有学生可不分户籍选择参加自主招生统一测试，学校结合统一测试成绩、考生中学成绩、考生所在地区教育因素综合评价，进行录取。高校招生的指标，由高校自主决定，而不是由教育部统一决定和分配，教育部主要是制定质量标准和加强监管。要打破户籍制度对高考的限制，就要给学生和高校更多的选择权。当原有的高度垄断的高考录取计划体制不复存在时，户籍制度对高考的绑架自然也就失去了作用。

最后，要建立更多的公办、民办大学。与发达国家相比，中国的高等教育资源比较稀缺，高校的数量相对较少，招生数量不能满足每个人"想读大学就能读"的需要。因此，要进一步解放思想，扩大办学门路，加大财政投入，引入民间资本，建立更多的公办大学、民办大学，并且引进国外大学在中国设立分校，让学生获得更大的进入大学读书的机会，享有更多接受高等教育的权利。

---------参考文献---------

[1] 胡锦光. 中国宪法问题研究 [M]. 北京：新华出版社，1998

[2] 秦惠民. 走入教育法制的深处：论教育权的演变 [M]. 北京：公安大学出版社，1998

[3] 周志宏. 教育法与教育改革 [M]. 北京：高等教育文化事业有限公司，2003

[4] 劳凯声. 变革社会中的教育权与受教育权：教育法学基本问题研究 [M]. 北京：教育科学出版社，2003

---------- 代表作品 ----------

［1］吴鹏. 论"其他规范性文件"的行政法法源地位［J］. 首都师范大学学报（社会科学版），2006（3）

［2］吴鹏，范学臣. "联合执法"的问题及完善路径［J］. 中国行政管理，2006（5）

［3］吴鹏. 中国行政法法源理论的问题及其重构［J］. 政治与法律，2006（4）

［4］吴鹏. 中国行政诉讼法律适用中的法律规范审查［J］. 法学杂志，2007，28（2）

［5］吴鹏. 论公民的受教育义务［J］. 清华大学教育研究，2008，29（3）

［6］吴鹏. 透视政府招商引资活动的法律漏洞——香港威豪贸易公司诉内蒙古乌兰察布市政府案评析［J］. 国家行政学院学报，2009（3）

［7］吴鹏. 特别权力关系理论与我国受教育权行政诉讼［J］. 国家行政学院学报，2011（3）

［8］吴鹏，胡锦光. 《行政诉讼法》修改与法治国家建设［J］. 国家行政学院学报，2015（1）

［9］吴鹏. 香港推行国民教育的路径分析［J］. 国家行政学院学报，2017（4）

［10］吴鹏. 协同创新视角下的快递业发展路径研究［J］. 暨南学报（哲学社会科学版），2017，39（3）

对当前我国国有医院管理与医学教育模式若干问题的思考

舒 放

> **摘 要：** 推进国有医院管理改革是新时期的重要工作。改革传统医学教育模式对我国国有医院管理现状的改善具有不可替代的作用。本文以国有非营利性医院为研究对象，通过对国有医院集约化管理模式和行政科室绩效改革的探讨，以传统医学教育模式的改革为切入点，分析其改革的迫切性和必然性。总之，若要推进国有医院管理改革，提高国有医院的医疗服务质量，需要转变职能，实施集约化管理和精细化管理，改革传统医学教育模式，建立现代医学教育模式。
>
> **关键词：** 国有医院管理；医学教育模式；集约化管理

当前我国国有医院管理面临诸多挑战，医院管理改革方兴未艾，任重道远。本文以国有医院的管理现状为出发点，通过探求内部管理机制和外部运营环境，力求准确界定国有非营利医院的性质和地位，对国有医院管理包括科室管理现状与存在问题进行有针对性的分析，提出一些思考和建议。同时，随着医学科技的不断发展和医疗服务需求的不断提高，传统医学教育模式已严重落后于社会需求，局限性日趋显现，改革传统医学教育模式越发迫切和必要。本文通过分析传统医学教育模式的特点和社会需求，对传统医学教育模式进行一些探讨。

一、国有非营利性医院集约化管理模式研究

在医疗市场激烈竞争环境下，国有非营利性医院面临着巨大的挑战，伴随医疗药品与医疗器械费用的不断增加，医疗成本也在快速升高，患者的医疗费用也在逐渐加大，使得市场竞争力不断下降。随着时间的推移，国有非

营利性医院医疗体制的"病症"越发严重，工作效率大幅下滑，公平性也出现了不同程度的偏差。虽然我国的整体医疗水平已大幅提升，跃居发展中国家高水平之列，但现行的医疗卫生体制不健全，引发的医疗问题较多，社区医院很难发挥应有的功能，市场竞争力较弱，难以维持生计，大型医院却在超负荷运营，不仅增加了医生的工作量，患者医疗环境也大幅下降。如何完善国有非营利性医院的保障制度，强化国有非营利性医院的公共服务能力，规范国有非营利性医院的收支管理，加强国有非营利性医院的医德医风建设，成为亟待解决的问题。

国有非营利性医院是具有福利政策的社会公益部门，其社会公益性质要求与支持保障性质的长效机制缺失之间存在着明显的矛盾，使得运营机制效果较差。首先国有非营利性医院不仅要担负社会责任，满足患者健康服务需求，还要在激烈的市场经济下合理运营以获取一定的经济效益来保证自身的生存和发展。如何适应激烈的市场竞争环境，提高国有非营利性医院自身的业务能力，健全医疗保险制度，完善内部运营机制，改善外部运营环境，降低国有非营利性医院的运营成本，提高国有非营利性医院的医疗服务质量，成为首先要解决的问题。

集约化管理模式是一种新型的管理方法，也是目前企业管理中最为有效的手段之一。集约化管理模式的特点是将人力、财力、物力、管理等诸多生产要素进行有效的整合，统一优化配置资源，实现节约、约束、高效的价值取向，可显著降低企业的运营成本，实现高效运营的目的。集约化管理模式的核心在于转变传统观念，不仅仅关注于医院的规模、患者的数量、业务收入的增加，还要考虑到运营过程中的资源浪费。将集约化管理模式投入到国有非营利性医院后可改变医院的管理方针，加强质量管理体系，充分发挥财务的预算能力，控制成本，合理分配资源，可作为国有非营利性医院可持续发展的重要保证。具体情况分析如下：

（一）国有非营利性医院现状分析

1. 国有非营利性医院的界定

国有非营利性医院是政府为了社会公众服务而设立的一种医疗机构，国有非营利性医院的目的是非营利性的，其收入主要用于医院的正常运行，弥补医院运营所需的费用不足，国有非营利性医院运营过程中所得的收支余额可用于医院自身发展医疗费用的价格要严格执行国家标准，同时国有非营利性医院还可享受一定的优惠税收政策。

2. 国有非营利性医院的特性

国有非营利性医院具有福利性、公益性、经济性。国有非营利性医院的费用首先来自政府拨款，随着医院规模的扩大和医疗市场的发展，政府会逐步增加资金投入，而医院主要服务于社会公众，解决健康问题，不以追求利润为目的，通过减轻税收可缓解国有非营利性医院的压力，此为福利性。国有非营利性医院的服务，目的是为了促进社会的和谐发展，其供求关系存在随机性、差异性、风险性、效果不确定性，公益性在于服务公众、服务社会。在国有非营利性医院独特的运营机制下，也要符合市场竞争的规律，实现价值补偿与物质补偿，此为经济性。

3. 国有非营利性医院的地位

国有非营利性医院在我国现行的医疗服务体系中具有主导地位，承担着基本医疗服务的重要任务，对社会公众的身体健康权益具有重要的作用，在实现社会公平性方面，国有非营利性医院具有主导优势，可面向贫困患者与弱势群体全面开放，其次国有非营利性医院还具有技术核心，可为基层医疗机构输送大量的技术人员与管理人员，并对其进行定期培养，对落后地区实施技术援助，积极开展学术科研活动，引领医院的整体发展，具有重要意义。国有非营利性医院还具有相应的应急保障体系，在公共卫生体系中具有重要的作用，国有非营利性医院应付突发事件时可发挥医疗救治体系主战场的功能，例如在抗击"非典"中国有非营利性医院就发挥了关键性作用，效果显著。

4. 国有非营利性医院的弊端

国有非营利性医院在传统片面的运营管理理念引导下，出现了多种负面影响和行为，主要表现为：国有非营利性医院的约束机制不健全，医疗收费强化控制，使得国有非营利性医院的不合理收费与医疗费用快速增加，国有非营利性医院各种仪器设备的配置不合理，也出现了重复购置，浪费了很多医疗资源。国有非营利性医院缺乏有效的监管机制，使得经济效益占据了主导理念，与医生的收入直接挂钩，败坏了医德医风，降低了医疗服务质量，也降低了医务人员的积极性，药品费用增长过快，原因在于药品回扣增长了不正之风，使得医患矛盾日益严重。

国有非营利性医院发展过程中出现了诸多矛盾，主要表现为：医疗资源具有有限性与可控性而医疗消费具有无限性和不可控性，二者之间的矛盾是由社会发展水平所决定的，在国有非营利性医院中普遍存在。医疗消费的增长速度过快与社会经济的发展速度较慢间的矛盾，随着经济的发展，落差会越来越大。国有非营利性医院具有社会公益性质和支持保障性质，与其逐利理念存在明显矛盾，社会公益性质与支持保障性质的长效机制缺失矛盾凸显。国有非营利性医院的检查手段和医疗水平同患者的经济承受力间存在巨大矛盾，医疗费用远远高于患者的经济承受力。国有非营利性医院的建设发展速度与相应的财政保障支持速度、经济能力间的矛盾也较为严重。国有非营利性医院实行的是一种计划经济体制下的医疗体制，与市场经济体制出现了明显的矛盾。

（二）国有非营利性医院的集约化管理模式

1. 集约化管理模式的内涵

集约化管理模式是一种新型的管理模式，运用到国有非营利性医院中，以医院的业务科室作为集约化管理的责任单位，将患者作为中心，使目标管理与过程管理有效结合，在市场体制下，实现人力、财力、物力等要素的有效调控，进而节约医院的各项资源，同时还可获得效益价值最大化。集约化管理模式的主线为全成本管理，将成本与质量管理有效结合，贯穿于医疗过程中，可显著降低国有非营利性医院的医疗费用，提高医疗服务质量。集约化管理模式实施有针对性的奖励机制，可充分调动国有非营利性医院医务人员的工作积极性，有效提高工作效率，大幅推进科技创新，强化学术队伍，实现国有非营利性医院整体规模与综合实力的大幅提升。

2. 集约化管理模式的职能转变

国有非营利性医院集约化管理模式的职能转变是改革成功的关键。国有非营利性医院的主要负责人要将自身的管理职能与工作重心放在控制成本与提高医院效益的运营理念上，强化转变职能管理部门的功能，使国有非营利性医院承担相应的运营管理职能，明确质量管理职能，强化医德医风管理职能，将各个管理职能融合为一体。在国有非营利性医院集约化管理模式中，具体的运营过程中展现的职能包括：经营战略职能和经营策划职能、资源计划与资产运营管理职能、医疗服务运营管理职能、成本控制和成本管理职能、质量效益管理职能、业绩监测评价和收益分配的管理职能、自律监控与行政服务职能。

3. 集约化管理模式的实施

（1）采用战略管理推进国有非营利医院集约化管理模式的发展，明确国有非营利医院集约化管理模式战略管理的目标,将战略管理的思想融入医院的管理工作中,让医院主动适应市场经济的发展,寻求并制订长期生存和可持续发展的总体规划。引入战略管理后可进行医疗服务市场行业间的优劣分析,整体优化、合理配置各种内外资源,从全局出发,综合考虑医院的整体和长远发展,制定未来的发展目标和战略目标体系。同时要保证医院发展战略目标制定后,其实施和调整均在可控范围内,减少各种组织活动带来的盲目性和随意性影响,减少不必要性和不合理性事件的发生,充分提高医院整体资源的利用效率,提高医院产出比。

通过理性认识国有非营利性医院的管理模式,可以充分认识到医院自身的优势和劣势,明确医院自身规模和相应占据的市场份额,将专业进行细化,明确各个科室的职责,突出优势科室,强化人性化服务,开拓创新发展的优势,避免盲目发展,拓宽医院的发展空间,不仅仅局限于政府资金投入,要优化人员的产业结构,提高医院在市场中的竞争力。同时制定有效的发展战略,以确保医院的发展效果,将医疗作为支撑,将医疗服务作为特色,将管理作为保障,将文化作为引导,强化医院的市场竞争力,保持特色优势,保证可持续发展深度进行。制定并实施"名科建设、名牌服务、名医队伍、名牌管理"的战略措施,尤其要促进医院重点学科的发展,强化市场的运营能力,大大加快医院的整体发展。将医院各个科室的成本核算作为医院的基础,考虑绩效、风险、质量、服务等多方面因素,科学合理分配现有资源,设立相应的奖励基金,适度拉开高层次人员和普通员工之间的收入,可显著提高业务人员的工作积极性进而有效、快速、平稳开展工作,提高医院的管理工作效率。

(2)强化国有非营利性医院的集约化管理可提高医疗服务质量和效益。随着医疗服务理念的不断转变和医疗卫生需求的不断改变,对医疗服务质量也提出了新的要求,要从传统的管理理念逐渐向集约化管理理念逐步转变,在工作效率、服务态度、费用控制、患者需求、服务价值等方面都有所体现。国有非营利性医院的医疗服务质量可直接体现出医务人员的整体素质、设施环境、技术服务水平、治疗费用、管理水平等。这些作为国有非营利性医院的品质形象体现,是目前医院集约化管理模式效果能力的有效评价指标。

将智能化的信息工作作为国有非营利性医院发展的有效工具,强化医院的质量控制,例如患者在国有非营利性医院就诊时少用纸质材料,多采用电子信息材料，可减少书写潦草带来的误差，正确输入患者的治疗信息可减少误诊和漏诊的发生；实施门诊与病房的动态管理，将患者的诊疗作为有效的治疗监控考核指标，可实现有效的基础管理，提高医院的服务质量，切实落实医院的核心制度，有效预防并及时纠正患者治疗过程中的缺陷，大幅减少患者的费用支出，同时量化患者的门诊数目，简化就诊流程，提高国有非营利性医院的服务水平。注意培养和引进高层次管理人才和技术人才，加快国有非营利性医院各个学科的前沿跟进，广泛开展新技术诊疗，提高医院的保健服务质量。

（三）实施集约化管理要注意预算管理与内部控制

成本预算是实现国有非营利性医院战略目标的有效手段，可真实反映出国有非营利性医院在未来某一时期内的生产经营状况，将国有非营利性医院的销售预测作为起点，将盈利作为最终目的，实现对医院各种资源优化合理配置，可有效反映出国有非营利性医院的财务状况与运营成果。集约化管理运用到国有非营利性医院后，可实现医院运行效益的最大化，最终会不断改善医院的经济效益，进而优化医院的资金结构，不仅利于医院规模的扩大，收入的不断增加，还可控制成本获得更多收益，是国有非营利性医院成功运营的最有效方法之一。

国有非营利性医院实施预算管理可将各项工作进行有效量化，通过货币的形式展现医院在未来一段时间内的运营活动状况，为后续制定更为有效的管理方法提供有效的科学依据。通过加强医院的内部控制，降低成本、实施有效的方法改进、减少偏差，可确保医院经济目标的整体实现。从全局出发，考虑资源共享，用最小的成本换取最大的收益。

综上所述，国有非营利性医院实施集约化管理模式后，通过整合各种管理因素，能够统一优化配置资源，降低成本，从而实现高效运营。将国有非营利性医院的管理现状作为出发点，通过探究其内部管理机制和外部运营环境，可准确界定其性质和地位，对其管理现状与存在问题进行有针对性的分析，建立院内虚拟供求关系，开展有效的奖励政策，充分降低运营成本，显著提高医疗服务质量，快速提升医院的综合效益。因而本文认为，集约化管理模式是国有非营利性医院实现可持续发展的重要保障。

二、医院行政职能科室绩效管理目标的分析

自公立医院普遍实施绩效管理以来,大部分医院已经将该工作管理的重心倾向在了临床科室,行政职能科室虽然在医院中有着重要的职能作用,但仍未受到应有的关注及重视,职能科室的绩效管理工作更是被轻视或是管理混淆,缺乏相应的科学、合理、高效的行政管理绩效考核系统。因此,选择一种科学合理、相对公平的医院行政管理科室或部门间成本预算及绩效的评估方案是目前医院管理者应当进行研究的主要方向。本研究从公立医院现有的行政职能科室的管理现状出发并进行分析,结合科室管理的相关理论,通过将综合管理目标量化与绩效相结合的方式,制订了较为详细的考核细则,使医院工作效率显著提高,各科室配合及运行良好。现将研究内容报告如下:

(一) 当前医院行政职能科室绩效管理中存在的问题及其改革的必要性

医院的行政职能科室负责认真贯彻并执行院领导的决定,为领导把好责任关、做好参谋,同时又要具备传达、组织、协调、督促、落实等各项工作的能力,是要充分发挥其职能并服务于临床一线的管理部门。医院行政管理效率的高低会直接影响现代医院的管理效果,影响着医疗、教学、科研等工作的运行。目前较多医院均存在着一定层次上行政管理效率偏低的情况,且在整个行政职能管理中存在着一些问题,制约着全院的整体效率。因此,笔者就目前医院行政职能科室在绩效管理中存在的问题及其改革的必要性进行分析。

1. 地位模糊

在医院行政管理工作中,临床科室往往得依靠行政管理部门的组织、协调等才能保障各项工作的顺利开展,而医院的行政管理科室则更需要临床科室的支持及配合。很长时间以来,医院的行政职能科室处于创收较低的位置,其功能职责的重要性常被忽视,部分一线临床科室正是由于忽视了这个重要性,常摆出一副"官老爷"的姿态,脱离基层,不去深入了解具体情况,架子较高。由于行政职能科室在医院的地位也表现得较为模糊,行政管理与辅助职能不能很好地彰显,又因被重视程度不够,其制订的制度、政策

往往得不到实现，长此以往，更招致其他基层科室人员的反感，影响了正常医疗工作的开展，使行政效率长期得不到提升。

2. 科室职责尚不清晰

医院管理的职能在于促进医院业务的发展及提高，职能科室是针对医院专管某一方面的行政业务工作而开设的，明确的业务工作范围和相对独立的工作职权，既是职能科室，又是行政工作的关键。在医院这个"大家庭"中，有些行政职能科室的工作职责已被明确写入各科室的工作制度流程中，但在执行的过程中，仍存在部分职能科室的职责无法分清。如医院的物价和医保科在职责上有一定的关联性，但在科室的划分上，属于不同的两个部门，这会使得工作过程中的部分职责交接出现不必要的麻烦，不能完整地体现科室的职责功能。也正是由于其职能定位模糊、责权尚不明确、交叉管理等因素，常会导致部分事务无人负责，出事互相推诿，工作效率严重低下等情况的出现。

3. 管理科室的作用发挥不充分

管理科室是医院的中坚力量，是医院管理指令畅通运行的枢纽，充分发挥管理科室的作用是保证医院持续、稳定、协调、发展的关键。在行政职能科室的内部，行政科室及后勤科室是较为主要的两个部门，站在医院的角度分析，行政科室应该占有较高的地位，如人事、院办、党办等；后勤科室往往是由专业性强、人员庞大的财务部门所组成。类似这样两极化科室管理的方式，导致其作用在多数医院中均未得到充分的发挥。因此，只有职能科室工作人员不断提高素质，尽职尽责地落实科室工作职责，充分发挥管理科室的作用，医院管理的效能才能得到有效的提高。

4. 管理体系尚需完善

一般而言，完善的规章制度是提高行政管理部门效率的重要因素，一切行政管理工作均需要具备完善的管理体系、规范化的流程，部门成员各司其职、各尽其责，而不是凭主观经验行事。从医院管理的角度看，医院行政职能科室和临床科室主要表现为相互依存、相互促进的关系。虽然职能科室是医院运营管理的联络平台，但科室间往往缺少必然的联系，在服务、管理、支持等事务上缺乏统一的管理体系来实现职能间的相互协调、相互提升，临床辅助作用均未能得到有效发挥。

（二）行政职能科室绩效管理的具体目标细则

行政职能科室合理、科学的绩效管理对医院的经营管理有着重要的意义，能够指导医院的发展。只有改变行政职能管理的现状才有实现医院发展实质性进展的可能。为了改变当前行政职能科室中存在的上述情况，强化行政职能科室的目标管理，明晰并确立各职能科室的岗位职责，提高管理效率，促进其管理及服务水平的充分发挥，更好地服务于临床医疗，本文围绕整个医院绩效改革中亟待解决的问题，总结了下述工作目标细则。

1. 办公室工作目标细则

更新医院领导及行政职能科室的观念，做好临床医疗科室队伍管理，使其真正意识到职能科室在医院管理中的作用及重要性。同时提高其专业管理素质，加强组织建设和发展工作，特别是要加强职能科室领导管理专业知识的提高和素质的培养。

2. 医务科工作目标细则

从医疗工作的计划与实施、医疗质量安全及教育管理、医疗质量检查与考核、医疗业务技术档案与考核、院内外抢救与会诊、医疗管理制度建设、医院领导评价、临床医技科室评价细化项目上进行绩效管理目标的最终确定，加强医疗质量管理。

3. 科教科工作目标细则

以争创"三甲"医院为目标，加大科研立项、成果奖、SCI及中华系列论文等科技成果建设；要求住院医师规范化培训并及时参与继续教育；定期组织并开展有针对性的专业科室培训，及时反馈培训成效；加强学科带头人等人才队伍的建设，积极选拔科室内部各梯队的管理人才；完善教学队伍，使教师队伍结构趋向合理。

4. 财务科工作目标细则

严格贯彻并执行国家、医院财政纪律纲领，健全财务的各项绩效管理制度，必须确保国有资产保值或增值，促进并提高资产增值；建立健全财产物质管理制度，规范购置及处置行为，保护国有资产，防止国有资产流失，禁止违反财经纪律；加强对欠费行为的管理，保证各类资金的及时到位，督促各科并统筹好资金分配，促进日常工作的有序开展；做好绩效分配方案的修订及落实工作。

5. 后勤保障部工作目标细则

梳理职能科室工作职能，对其职责进行专业化管理，实现职责分明，保证医疗设备、后勤设施完好，让病员、职工对后勤服务满意；负责医院的房产物业管理与维护，保障院内基层建设项目按时并保质保量地完成，审核办理职工购房补贴、食堂管理等工作；负责后勤服务社会化项目的服务质量监督与管理考核。

6. 医保科工作目标细则

要将国家医保政策严格执行并落实到位，加强对医保患者的管理，避免因违规操作而违背医院及国家政策的情况出现；贯彻新农合的各项法律规章，促进执行，确保各区县的医保及农合工作正常运行，做好医保管理工作；建立组织机构，建章立制、完善管理措施，强化院内监督管理，在保证医疗质量的前提下，合理控制医疗费用。

7. 人事科工作目标细则

制订全院人才发展的总体规划，组织并实施高层次医学人才的引进工作；人力资源配置布局要合理，针对各临床科室要定编定岗；保证人才引进、职称晋升、工资及绩效调整的公平公正，完善各种社会保障的审批程序；区分劳动强度和专业管理职责，使每个工作人员在医院财务管理以及医院运营管理等方面发挥巨大潜力。

（三）行政职能科室绩效管理的研究对策

1. 重视团队绩效

行政职能科室是医院不可缺少的关键部门，对外要维护医院形象，对内要做好各临床科室间的协调；负责上传下达，同时，不仅要参与制订决策，也要参与决策的组织和监督。只有持续不断地提升一个医院的行政管理效率，才能够显著推动和促进医院的发展。行政效率的提高绝不仅是某个人、某个科室、某个部门的事情，而是医院每个员工的事情。特有的服务、支持等指标会使得医院行政职能科室的个人绩效实现困难，但团队绩效对于个人而言则较为简单。因此，要不断改变观念，认识到个人荣誉即团队荣誉。对于医院来讲，营造良好的工作氛围，对职工的工作价值给予鼓励，为职工创造更好的发展前景，这是对每位工作人员努力的认可。因此，团队整体发展首先得益于职工的个人发展，同样需要临床及行政人员的相互支持，提升自身业务水平，进而使得团队绩效得到整体改善。

2. 建立绩效反馈机制

行政职能科室绩效考核需要以职工的满意度为根本出发点对各职能科室进行考核评定。但当前行政职能科室多数缺乏专业的职能培训机制。因此，要建立绩效改进的沟通机制，利用对职工作成绩的考评来进一步改进职工的绩效，促进职工的长足进步，激发其工作潜能。

3. 合理的薪酬分配

薪酬分配往往是因岗位和绩效而定。行政职能部门的奖金分配一定要突出公平，有理有据，否则无法调动职工的工作积极性。职能部门的奖金如果不能有效地与职工的绩效考核相挂钩，那在工作中就缺少压力，很难调动其工作积极性，就不能较好地发挥职能科室的功效。因此，职能部门绩效工资的分配一定要基于岗位测评、绩效考核，不能完全以员工的个人评述为依据，应参考职工的真实情况，依据个人工龄或职称，建立与个人的岗位职责、工作业绩、实际贡献等关系度密切以及鼓励创新的绩效分配机制。

（四）小结

医院为了满足自身发展需求，需要不断提升其市场竞争力。行政职能科室是医院中集管理、支持、服务为一体的综合部门，其特点决定了其在医院的重要地位。对于行政职能科室，绩效管理是较为重要的一个内容，如何激励并提高职能科室职工的工作积极性，提高职能科室的管理效率，已成为广大医院目前急需解决的难题。而一套较为科学、合理、有效的行政职能科室绩效考核体系是有效解决相关问题的关键。

三、实施精细化管理，提高医院办公室行政效能

随着医疗市场上竞争的日益激烈，各个医院面临着前所未有的机遇和挑战，为了争取更多的患者资源，为了适应社会的需求，医院必须努力提高自身的业务能力，因而医疗卫生体制也开展了相应的创新性改革，使医院的行政能力和服务能力均得到了大幅提升，只有这样才能让医院在激烈的市场竞争中占据一席之地。在医疗卫生体制改革的大好形势下，医院办公室的行政效能也面临着新的机遇与挑战，只有结合医院办公室自身的工作特点，不断进行自我改革和创新，有效提升自身的行政能力，才能在市场竞争中立于不败之地。而如何快速有效提高医院办公室的行政效能成为医院亟待解决的问题之一。

精细化管理是一种新型企业管理理念和管理模式，可让企业内部的分工更为精细。其主旨是提升服务质量，以常规管理模式为基础，再引入更深层次的管理模式，是通过尽可能减少管理所用的各种资源和降低各种管理成本

来实现企业运营的一种管理模式。精细化管理应用到医院中取得了显著的成绩，可以有效、明确地划分医院办公室的岗位职责，确定责任明确到人，使得事事有着落，人人有事做，大幅提高了医院办公室的工作效率。

（一）医院办公室的职能特点

医院办公室是医院的行政管理部门之一，也是综合办事机构，起着承上启下和左右协调的作用，主要体现在以下几个方面：

1. 辅助决策

医院办公室是领导决策的辅助参谋机构，可向上层提供建议和选择方案，具有全局性和战略性的工作意义，在制定决策和重大活动中可充分发挥行政能力，加强部门的调查研究，将结果实事求是进行反馈，从实际情况出发，为领导层提供及时准确的第一手材料，对于决策的制定具有重要意义。

2. 落实管理

医院的领导决策要通过医院办公室进行传达，这体现了医院办公室的能力与权威，也可以看出协调管理和及时传达是医院办公室的重要工作内容。对于医院开展的各项活动，涉及科教、财务、医护、后勤等各个部门时，要由医院办公室进行良好的协调与配合。在政策与活动开展中，医院办公室要及时回馈各种信息，如遇到问题，要及时进行反馈，通过领导层制订相关方案，解决问题。在医院的长期发展计划中，医院办公室要对各种方案与矛盾进行综合分析，作为医院各科室的运转枢纽要充分发挥指挥协调作用，为基层办实事，将真实结果及时反馈，消除各种不利因素，提高自身的工作能力，保证任务的顺利完成。

3. 检查督办

医院办公室作为医院工作开展的"心脏"，直接关系着医院的未来发展，如何提高职能部门的工作能力成为亟待解决的问题。可将医院办公室的服务作为衡量其工作效果的评价指标，使其从被动服务转变为主动服务，从事后服务转变为趋前服务，从常规性服务转变为创新性服务，在做好服务的同时还要注意对工作的监督，要保证工作开展的真实有效，要确保每项工作都切实落到实处，要做到有为有位，提前部署，可提高部门的工作效率，推动医院的更快发展。

作为对外服务的窗口，医院办公室不仅联系着上下，还联系着内外，通过接待群众来访和患者来访，洽谈工作和商办，直接体现着医院的工作作风,这是医院办公室对外界形象的直接体现,也直接关系着医院的声誉,因而提高医院办公室个人的工作能力也至关重要。做好医院办公室的服务,不仅要向上服务于领导层,还要向下服务于各个科室和全体员工,同时还要服务于群众和患者,强化医院办公室人员的服务意识和工作能力,做到微笑服务、文明服务、热情周到,有利于医院的长久发展。

(二) 医院办公室面临的新机遇和新挑战

作为医院的核心部门之一的医院办公室,代表着医院的整体形象,对于医院各项工作的开展发挥着重要作用。随着医疗市场竞争的不断加剧,医疗体制改革悄然而至,传统的管理模式和运营机制已不再适应新时代的要求,对医院办公室的职能提出了新挑战。办公室的职能转变逐渐体现出了服务多元化、参谋深层化、工作现代化、管理科学化的新动向,具体如下:

1. 服务多元化

医院办公室面临的对象较多,新形势下服务对象和服务内容均发生了改变,呈现出了服务多元化的发展态势。医院办公室不仅要服务于医院的领导层,还要服务于相关的各个科室,更要服务于患者和群众。服务的内容也不仅仅是传达,而是直接参加和深入到政策和活动中去,并将信息及时进行反馈,体现更高层次的参谋作用。其服务形式也在发生改变,通过提供参考、直接传达、参加活动、反馈信息等多种形式,提高了医院办公室的工作效率。

2. 参谋深层化

与其他职能部门不同,医院办公室可直接接触到医院的领导层,具有岗位优势和职能优势,通过联系上下和沟通左右,医院办公室可涉及医院的各个方面,信息量大且广,又能直接了解到领导层的动向,参与到决策中,这对医院办公室的参谋能力提出了更高的要求。医院办公室要主动加强自身的机构建设,开展信息调研,建立督察机构,以保证政策和活动的顺利开展。因而医院办公室的工作也不再是以往简单的办文、办事、办会了,需要及时收集信息,掌握动态形势,成为为领导层提供真实有效信息的职能部门。

3. 工作现代化

随着科技知识的不断进步,计算机网络等通信设备逐渐应用到医院中,使传统的纸化办公逐渐转变为无纸化办公,这对医院办公室人员的工作能力提出了更高的要求。医院对于改善办公室的工作条件给予了大量的经费投入并加强了建设力度，在改善医院办公室人员工作条件与劳动强度的同时，可显著提高其工作效率与服务质量。传统的医院办公室多为临床一线选调，例如护理人员、退伍军人、业务骨干等，而目前对医院办公室人员的基本要求已经大幅提升，不仅要有较强的专业性，还要有一定的现代化、科学化的工作能力，可以熟练掌握各种办公设备。

4. 管理科学化

通过学习和借鉴国内外先进的管理理念和管理模式，顺应时代改革潮流和社会要求，医院在逐步改进管理模式，在相应的工作岗位设定对应的专门人员，制订良好的管理制度，详细明确各个岗位人员的工作职责，制订良好的奖励机制，尽可能调动工作人员的积极性，实现资源的优化配置。同时制订有针对性的年终考核制度，对每个岗位和职位开展定量考评，充分体现医院办公室管理制度的科学性。

（三）精细化管理的实施

精细化管理是医院新型的管理模式，在传统管理模式基础上，对医院的办公室提出了更高层次的要求，要尽可能减少各种资源的浪费，降低运行成本，提高工作效率，具体如下：

1. 完善规章制度和明确岗位职责

对于医院办公室中的每个人员要进行定岗，明确岗位职责，具体职责的划分要详细到办公室主任、副主任、秘书、文书、档案员、打字员、收发员、司机等，将岗位职责作为考核标准和奖惩制度的评定依据，将其纳入年终绩效考核评定中。如果出现责任交叉时，要根据具体情况，分清责任中的主要责任人和次要责任人，通过完善各种规章制度，实施有效的奖惩制度，充分调动人员的工作积极性和主动性，有效提高医院办公室的工作效率。

2. 提高办公室人员的基本素质

对医院的办公室人员提出新的岗位要求，不仅要了解该部门的情况，知道一定的医疗流程，还要懂得与其他部门协调配合，做事要提前部署，事后要善于总结。要求医院办公室人员发挥吃苦耐劳、敢于负责、善于解难的精神，提高公室人员的基本素质，使其做好调研员、协调员、服务员的角色，尽量做到领导满意、干部满意、职工满意、群众满意。要让医院办公室人员意识到对待事业要忠诚，对待日常工作要勤恳，处理事务要机敏果断，要保持体力以备不时之需。

3. 发挥辅助决策的职能

为了减少医院领导的工作压力，使其保持充沛的体力和精力处理事务和进行重大问题思考，而不深陷各种纷繁复杂的琐事中去，在领导制订决策时，办公室人员要及时提供参考和辅助性建议，牢牢把握会议和政策的方向，减少医院领导在决策时可能出现的漏洞。同时要精简各项文件资料以及相应的审核工作，及时上呈医院领导重点关注和亟待解决问题的材料，及时下达已经审核通过的文件、报告、请示等。对领导制定的决策文件要及时审查，对办公室起草的各种文件和材料要进行及时的复审，大至医院的方针政策，小至字句的逐字推敲。遇到问题要及时报告和解决，做好领导决策的好助手。

4. 落实会议制度

医院的各个部门在办公室的协调下要定期举办会议。一级会议要 1 周 1 次，要求医院领导必须到场，由院长书记制定宏观决策和重大方针，医院办公室要将会上的各种议题与议案进行整理、归纳、总结，制作成文件后下发各个科室。二级会议要 1 周 1 次，要求中层干部必须参加，记录签到或实施处罚政策，例如对缺席的中层干部要撤销职务或取消待遇等，办公室人员在会上要传达医院上层领导的意见，让中层与上层、中层与中层间开展良好的沟通交流，总结会议所讨论的工作任务完成情况，并制订下一阶段的工作任务，强调工作重点等。三级会议要 1 周 1 次，是各个科室的早会，由每个科室的负责人带领，要求本科室的人员必须全部参加，办公室人员要传达会议内容，倾听下层员工的意见，开展讨论，针对具体问题提出有效的解决方案，并记录提案，将意见及时反馈等。

5. 完善督查制度

医院办公室要成立相关的督查小组，逐渐完善管理工作的督查程序，在开始阶段，医院制定重大决策或工作部署后，要及时提出和讨论拟办建议，内容要包括责任部门、负责人、管理内容、办结时间、目的意义要求、发放文件时间等，然后才可开展立项；等到所有的办理意见都已确定登记，要坚持专事专项的原则，将登记全部立项编号，并由医院办公室工作人员按照拟办的要求填写记录表，封档封存；在交办时，要通过书面形式将管理的确切事项交给相关部门进行办理，过程中要将任务量化、明晰化，要和有关部门及时沟通，准确掌握相关管理事项的进展情况，如果遇到问题要及时给予解决,并催办督办。等到各个部门将工作进行回复时要开展有效检查,对于不符合要求的要予以退回并责令整改或重办,将符合要求的呈报进行上呈,请领导审阅,评审结果要及时向下回馈,做到事事有结果和件件有回音,对办结后的各个材料要进行归档和整理,做到有据可查,将其作为年终的考核指标之一,要确保政令畅通,提高办公室的职能,强化管理能力和工作效率。

选取某院21名办公室人员,调查其在实施精细化管理前后对管理模式的满意度,调查采用自制的调查表,将管理模式的满意度内容分为非常满意、满意、不满意3类,医院办公室人员根据具体情况认真填写。精细化管理实施前的结果显示:非常满意5名(23.8%)、满意10名(47.6%)、不满意6名(28.6%);精细化管理实施后的结果显示:非常满意17名(81.0%)、满意4名(19.0%)、不满意无,经统计学分析,差异有统计学意义,可见实施精细化管理后办公室人员对工作满意度显著提升,说明精细化管理在医院办公室工作的开展过程中起着重要作用。

对实施精细化管理前后办公室人员的工作积极性进行调查分析,采用自制的调查表,将工作积极性的调查内容分为工作积极性高、工作积极性一般、工作积极性低3个级别,医院办公室人员根据具体情况认真填写。精细化管理实施前的结果显示:工作积极性高3名(14.3%)、工作积极性一般8名(38.1%)、工作积极性低10名(47.6%);精细化管理实施后的结果显示:工作积极性高15名(71.4%)、工作积极性一般5名(23.8%)、工作积极性低1名(4.8%),经统计学分析,差异有统计学意义,可见实施精细化管理后办公室人员的工作积极性显著提升,说明精细化管理对于提高医院办公室的工作效率具有重要意义。

(四) 总结

医院办公室属于医院行政管理部门和综合办事机构,是医院机关的重要枢纽,连接着各个职能部门,起着重要作用。随着医院改革创新的不断开展和医疗服务理念的不断提高,医院办公室的行政效能面临新的挑战,为了快速有效提高医院办公室的工作效率与职能,医院办公室要围绕医院的工作重心开展工作。对医院办公室开展精细化管理,可以显著提升工作效率和办事能力,强化办公室与其他职能部门的沟通能力,积极做好医院政务,办好各项事务,优化服务,提升医院的形象,推进医院更好更快更高层次的发展。总之,通过实施精细化管理,有效结合办公室的工作特点,充分发挥办公室的岗位职责，起到辅助决策、落实管理、检查督办的作用，更好地发挥医院办公室的中心枢纽功能，充分调动人员的工作积极性，大幅提高医院办公室的行政效能，利于工作的有序开展。

四、对于改革传统医学教育模式，培养高素质"应用型"人才的思考

医学模式指在特定的历史时期人类观察及处理健康与疾病问题的思维及行为方法，是人类在特定的历史阶段对医学的总体认知。与医学模式相对应，医学教育模式需要医学人具有相应观察及处理健康疾病问题的能力。近年来随着医学知识的不断更新和新技术的不断开展应用，人们对医务人员的综合素质提出了更高层次的要求，也对医学教育模式提出了新的考验。国外有研究表明，现代医学模式需要从传统的生物医学模式向生物-心理-社会医学模式逐渐进行转变，从单一的生物因素向综合因素转变，这体现出了改革传统医学教育模式的迫切性和必然性。

（一）传统医学教育模式的弊端与局限性

1. 教学的课程体系以学科为中心

在传统医学教育模式下，教学的课程体系是以学科为中心的，未能包含现代医学科学的全部内涵，重点强调医学学科的系统性教育，而忽视了学科间的交流。传统医学教育模式授课过程为文化基础-医学理论知识-专业理论知识-专业课程教育，而实验课程较少，学生的动手操作时间较短，造成学生的动手能力较弱，在为患者诊治疾病时，与患者的交流沟通能力较差，不能详细地用某个学科的医学知识阐述病情问题；同时，课程较多且授课时间较短，灌输式的教育使得学生无所适从，不能掌握教学知识。在21世纪科学知识大爆发的时代，脱离了学科间的相互渗透和融合，尤其是学科间的技术交流，容易造成知识的遗漏。

2. 教学的主要内容为生物医学

传统医学教育模式为生物医学模式。在科学技术不断更新的同时，心理因素和社会因素对人们健康与疾病的影响作用越来越大，而传统医学教育模式是一种单一模式。这种仅对身体疾病进行治疗的服务模式，往往忽视了患者的心理活动状况和精神状态，重点强调了对某种疾病的治疗而忽视了对该

疾病的有效预防。随着社会功能的不断拓展，人体的健康还受到诸多社会因素的影响，医院也不再是单一的卫生医疗机构，而是要注重发展全职的社会功能。传统医学教育模式仅能进行生物医学的教育，而忽视了社会功能的功效。

3. 教学模式为灌输式

传统医学教育模式主要采用灌输式的教育理念，采用病房式教学，重点强调了学生和病房的比例分配，让学生积累了大量的临床医学知识，对于培养学生的动手能力具有一定的积极作用，但会增加学生的自我职业优越感，不利于建立良好的医患关系。学生为患者进行治疗过程中，重点关注患者的主体，而忽视了以人为本的治疗理念。传统医学教育模式下，学生重点在于治病，忽视了预防的作用，在为患者治疗时强调结果，而忽视了治疗的病因。多数学生缺乏全面的知识且伦理意识较为淡薄，对社会服务的责任感不强，甚至个别价值观突出了钱的作用，而出现了过量的医疗服务。

4. 服务模式专科化

在医学科学技术不断发展的同时，医疗机构的功能得到明确细化，多数实行专科化的服务，学生很难适应农村及城市的社区医疗服务机构，不能实现集疾病预防、疾病治疗、康复训练、优生优育、健康教育、保健宣传为一体的服务方式。

（二）改革传统医学教育模式的迫切性和必然性

1. 改革传统医学教育模式的迫切性

传统医学教育模式培养出的大量高职毕业生很难为城市医院所接纳，毕业生又不想去农村卫生机构，造成医学生就业较难，很多学生不能及时就业。这与农村的卫生机构条件差有一定关系，也与待遇低有一定关系，传统医学教育模式培养出学生动手能力不强且缺乏全面的医学理论知识，也不能良好地适应农村的生活习惯，造成了大量人力资源的浪费。社区卫生服务机构和农村医疗机构急需大量高素质应用型人才，尤其是专业技术人员和管理队伍人员，以建立一支全科医学的卫生服务团队。这些都体现出了改革传统医学教育模式的迫切性。

2. 改革传统医学教育模式的必然性

现代医学模式需要传统的生物医学模式向生物—心理—社会医学模式进行逐渐转变，而不再是以单一的生物因素进行疾病的治疗，需要考虑多方面的因素。21 世纪的生态医学模式迫切需要传统医学教育模式进行改革，需要培养出具有相应思维方法、知识结构体系、教育方法、广阔视野的新型应用型人才，为患者进行诊治时还要关注患者的环境因素、生活习惯、人际关系、饮食状况、精神状况等多方面因素。传统的生物医学模式培养出的人才已经不能适应当今时代发展的需求，学生接受的知识局限性较大，学科性较强，技能与方法也未能与时俱进。这些体现出了改革传统医学教育模式的必然性。

（三）现代医学教育模式的改革方向

1. 现代医学教育模式的观念转变

现代医学教育模式下，学生要树立正确的生态医学观，对于医学教育模式的转变要有准确的认识，从理念和行为上适应时代社会的需求，从传统医学教育模式的束缚中解脱出来，采用创新思维全面审视整个医学领域的现状。当今生态医学观下的生物—心理—社会全方面的医学模式，重点强调了患者的身体和精神状况，体现了患者的心理状况及生存环境的依存关系，是要以医学模式为手段和导向，实现人们的最佳生存状况。这种观念有助于人与自然的和谐，人与社会的和谐，社会各个角色之间的和谐。

生态医学观体现了环境对疾病的影响，在治疗中身心并治，使得药物治疗和精神治疗相结合，大幅提高患者的机体抵抗力，增强了患者的信心，使人的内在因素与外在环境均能保持平衡状态。机体内的各个器官系统是相互作用的，人与社会也是相互联系的，不能孤立看待患者和疾病；心理与生理在人体内也是相互作用和影响的，疾病的发生、发展与机体的整体功能相关，提高机体免疫力的同时，一定要控制外在的环境污染，保持生态环境健康，为患者提供一个文明、健康、科学的生活环境。

2. 现代医学教育模式的师资队伍建设

创新人才的培养关键在于教育，教育的主体是教师。高素质的人才是在良好的教师引导下产生的，没有创新型教师的辅导不会培养出创新型人才。高职类学习比本科等级低，教师水平稍差，知识面需拓宽，动手能力更应加强，要培养教师的创新能力，创造民主、和谐、宽松的学习氛围，激发教师的探索求知的欲望，提高其科研能力和教学素质。

3. 现代医学教育模式的课程体系改革

课程体系改革要从根本上转变观念，不再是简单课程的删减，而是根据具体的教学目标和特点,对课程进行整体整合。要以社区为导向,增加各种医学教学的内容,更新全科医学教学理念、服务模式、基本原则、临床思维、治疗方法、人际沟通能力等,使教学与实践紧密结合,注重培养学生的实践能力。

4. 现代医学教育模式的教学方法改进

教学方法是实现现代医学教育模式改革的关键环节,教学方法有多种形式,包括案例教学、暗示教学、发现教学、程序教学、问题教学等,要从具体的实际情况出发,针对不同的教学内容和目标,选择不同的学生团体,最佳的教学方法。在信息化和多媒体高速发展的时代,各种教学工具不断改进,要与时俱进不断更新教学方法,以提高教学质量。要建立奖评机制,给予教学方法新的活力,将学习思维、动手能力相结合进行整体评价。

5. 现代医学教育模式的实习基地拓展

医学不同于其他专业,需要培养学生大量的实践经验,课题以外的教学内容需要到实习基地学习,这直接关系到医学教学的教育质量。不要盲目只追经济效益和扩大招生,而应重视教学的实践经验累积,将学生投身到实习基地,强化实习医院的教学能力,落实带队教师的责任和义务,培养学生的常规动手能力,提高其基本技能。学生综合能力的培养在学校是难以实现的,只有走向实习基地与相关的实践内容相结合,才能强化教学环节。综上所述,对传统医学教育模式进行观念、师资队伍、课程体系、教学方法、实习基地拓展五个方面的改革,可以改变目前医学教育模式现状,培养具有自主学习能力、团队协作能力、临床实践能力、创新精神及创新能力的高素质"应用型"人才。

---------参考文献---------

[1] 包黎刚,易利华. 医改新形势下公立医院运行机制三项改革之试行探索 [J]. 医院院长论坛 - 首都医科大学学报(社会科学版),2010,7(1):52-56

[2] 曹建文,陈英耀,唐智柳,等. 美国营利和非营利医院的评价 [J]. 中国医院管理,2002,22(4):56-57

[3] 陈政,陈立今,马安宁,等. 论公立医院的竞争力和适当引入市场竞争机制的必要性 [J]. 中国卫生资源,2004,7(5):201-203

[4] 陈忠煜,田鑫,周倩. 探索医院档案管理的长效机制 [J]. 中国现代药物应用,2014(18):246

［5］陈文龙．创建节约型医院　推进精细化管理［J］．现代医院管理，2010，8（1）：30

［6］蔡莉，吴强．PBL教学法在病理学实验教学中的实践与体会［J］．中外医疗，2009，28（25）：103

［7］陈丽，张熙，雷久士，等．中医院校病理学科研兴趣小组教学方法的体会［J］．中国中医药现代远程教育，2011，9（12）：50－51

［8］邓跃玲．试论医院办公室行政效能的提升［J］．文史博览（理论），2007（3）：58－60

［9］付欣鸽，胡文浩．临床病理讨论在病理学教学中的作用［J］．农垦医学，2006，28（5）：368－369

［10］侯建林，刘金峰，雷海潮，等．德国公立医院近期改革动态及对我国的启示［J］．中国医院，2002，6（3）：57－59

［11］何惠宇，陈校云，董立友，等．建立医院绩效评价系统的理论与实践［J］．中华医院管理杂志，2003，19（6）：331－333

［12］郝秋星，陈汝雪，周山，等．某军队医院重点科室精细化管理实践及效果评价［J］．医学与社会，2012，25（11）：63－65

［13］黄炳臣．病理学实验教学中培养学生临床思维能力的探索［J］．右江医学，2011，39（4）：522－523

［14］刘宏鹏，陶峻．非营利医院治理体系的构建与完善［J］．中国医院管理，2006，26（2）：5－10

［15］雷海潮，吴国安，刘金峰，等．加入WTO后我国公立医院发展的SWOT分析［J］．中国医院管理，2002，22（2）：1－3

［16］李从东，沈凯，汤勇力，等．公立非营利医院补偿方对医院的内外部治理研究［J］．现代医院，2009，9（7）：1－4

［17］刘卫，张兆芹，张辉．医院信息系统在药品集约化管理中的作用与存在的问题［J］．中国药业，2012，21（4）：17－18

［18］雷晓盛，胡楚．SWOT分析与现代医院战略管理［J］．数理医药学杂志，2006，19（4）：429－430

［19］罗涛，孙凯洁，张华宇，等．公立医院绩效管理的实践与思考［J］．中国病案，2015（11）：69－72

［20］陆云，王艳．实施精细化管理提升洁净手术部质量内涵［J］．临床护理杂志，2011，10（3）：48－50

［21］李杨．医院精细化管理的现实意义和实践应用［J］．哈尔滨医药，2011，31（6）：435－437

［22］雷元卫，刘卫容，苏波．注重实验教学规律提高学生临床思维能力［J］．中

国实用医药, 2009, 4 (4): 257 - 258

[23] 毛羽, 张岩, 邢红娟, 等. 公立医院实施精细化管理的可行性 [J]. 中华医院管理杂志, 2008, 24 (5): 345

[24] 彭宇竹, 杨永林. 对医院集约化管理实现途径的探索 [J]. 现代预防医学, 2008, 35 (4): 706 - 707

[25] 戚俊军. 推行医院精细化管理的实践与体会 [J]. 现代医院管理, 2010, 8 (4): 33 - 35

[26] 盛波, 谢芳, 李琼, 等. 我院实施绩效管理的做法与思考 [J]. 中国医院管理, 2015, 35 (12): 92 - 93

[27] 邵浙新, 陈屹一, 张佳敏. 实践精细化管理, 提高医院办公室行政效能 [J]. 中国现代医生, 2012, 50 (23): 111 - 113

[28] 王永明. 政府绩效管理科学化: 理论分析、现实困境与实现路径 [J]. 中国行政管理, 2015 (11): 41 - 44

[29] 王巍, 蒋斌彪. 提高医院办公室行政效能的思考和实践 [J]. 医院管理论坛, 2006 (12): 45 - 48

[30] 王素瑛. 对医学教育教学方法的思考 [J]. 西南医科大学学报, 2004, 27 (6): 561 - 562

[31] 王舟. 病理学实验教学改革探索 [J]. 卫生职业教育, 2006, 24 (24): 65 - 66

[32] 王立平, 王显艳. PBL 教学法在病理学实验中的应用 [J]. 齐齐哈尔医学院学报, 2009, 30 (16): 2042 - 2043

[33] 汪家文, 刘应时. 师生角色互换在病理实验教学中的探索与实践 [J]. 医学信息 (上旬刊), 2010, 23 (5): 1182 - 1183

[34] 危晓莉, 姚根有, 周韧, 等. 病理学实验教学体系的创新 [J]. 基础医学与临床, 2010, 30 (8): 889 - 891

[35] 薛东华, 鄂蕴娟. 我国非营利医院营销现状及策略分析 [J]. 辽宁中医药大学学报, 2011 (4): 232 - 233

[36] 徐祖铭, 崔建英. 我院采用新的运营理念和管理模式的实践 [J]. 中华医院管理杂志, 2003, 19 (5): 29 - 31

[37] 许巧玲, 冯娟, 王日星. 精细化管理在医院手术室管理中的应用效果分析 [J]. 中国当代医药, 2012, 19 (18): 142 - 142

[38] 向岚. 运用精细化管理确保护理质量与安全 [J]. 护理研究, 2009, 23 (4): 355 - 356

[39] 喻达, 刘尚梅, 马莉, 等. 建立医院行政职能部门绩效考核机制的实践 [J]. 中华医院管理杂志, 2013, 29 (5): 386 - 387

［40］杨水友，姚根有，阮俊．数码互动实验室在病理学实验教学中的应用［J］．中国高等医学教育，2007（10）：47-48

［41］晏丹．运用数码互动系统优化病理学实验教学［J］．实用医技杂志，2007，14（29）：4066-4067

［42］张建，孟亚丰，罗涛．以绩效沟通促进绩效管理的实践与思考［J］．中华医院管理杂志，2015（7）：506-508．

［43］郑大喜．新医改背景下公立医院开展经营活动与成本核算的伦理审视［J］．医学与社会，2011，24（2）：79-80

［44］赵宁志．精细化管理在医院管理中的应用［J］．江苏卫生事业管理，2009，17（5）：31-32

［45］张洪芹，李兆松，张怀斌．论医学模式的转变与医疗机构改革［J］．中国高等医学教育，2006（5）：42-44

［46］张旺凡，汪友容．改革传统医学教育模式 培养高素质"应用型"人才［J］．中国高等医学教育，2006（10）：6-8

［47］邹振宁，姚运红，胡新荣，等．病理学实验课采用多媒体网络教学对学生学习行为的影响［J］．广东医科大学学报，2008，26（1）：99-100

［48］Pasquali S K, He X, Jacobs J P, et al. Measuring Hospital Performance in Congenital Heart Surgery：Administrative Versus Clinical Registry Data［J］. Annals of Thoracic Surgery，2015，99（3）：932-938

［49］Nouraei S A, Hudovsky A, Frampton A E, et al. A Study of Clinical Coding Accuracy in Surgery：Implications for the Use of Administrative Big Data for Outcomes Management.［J］. Annals of Surgery，2014，261（6）：1096-1107

［50］Taber D J, Palanisamy A P, Srinivas T R, et al. Inclusion of Dynamic Clinical Data Improves the Predictive Performance of a 30-Day Readmission Risk Model in Kidney Transplantation［J］. Transplantation，2015，99（2）：324-330

［51］Yamana H, Matsui H, Sasabuchi Y, et al. Categorized diagnoses and procedure records in an administrative database improved mortality prediction.［J］. Journal of Clinical Epidemiology，2015，68（9）：1028-1035

-- 代表作品 --

［1］舒放．医院行政职能科室绩效管理目标的分析［J］．中国医药导报，2016，13（16）：149-152

［2］韩凌．国有非营利医院集约化管理模式研究［J］．中国医药导报，2013（9）：（158-160）

［3］舒放. 实施精细化管理，提高医院办公室行政效能［J］. 中国医药导报，2013，10（25）：159-161.

［4］舒放. 医学院校在教学质量与教学改革工程建设中存在的问题与对策［J］. 中国医药导报，2012（10）.

［5］舒放，郭伟. 改革传统医学教育模式培养高素质"应用型"人才的研究进展［J］. 中国医药导报，2012（29）：145-146.

［6］舒放，郭伟. 我国法定节假日的政策分析［J］. 人力资源管理，2014（3）：36-37.

［7］舒放，张自耀. 医患关系的非正式契约性分析及改善［J］. 人力资源管理，2014（9）：252-253.

［8］舒放. 劳动争议处理之我见［J］. 中国劳动关系学院学报，2009，23（2）：34-38.

［9］舒放. 从"华为7000人集体辞职"看我国劳动者权益保障［J］. 中国劳动关系学院学报，2008，22（6）：38-42.

［10］舒放，黄莹莹. 两岸地方政府对基础教育投入比较研究——以北京市和台北市为例［J］. 天津职业院校联合学报，2009，11（1）：22-26.

论公共资源交易平台整合的理论与实践

王丛虎

> **摘 要：** 政府采购、医疗采购、工程建设招投标、土地使用权出让、国有产权交易等公共资源交易平台的整合已经成为发展变革的必然趋势。交易费用和公共组织理论可以一定程度上解释和引导公共资源交易整合改革实践，但具体如何整合才是有效的，且符合公共价值，尚需基于政策目标和组织执行，以及各地实际情况进行平台整合的改革创新。实践中，公共资源交易平台的四种模式，即监督功能导向模式、服务功能导向模式、政策功能导向模式、综合功能导向模式各有利弊，可选择适用。而基于"互联网+"技术构建公共资源交易的法治化、标准，以及完善的信用体系则是公共资源交易平台整合的共同的内在的要求。
>
> **关键词：** 公共资源交易；平台整合；理论基础；模式选择；发展趋势

一、引论

近年来，我国部分省市出现了一种新趋势，即将政府采购、医疗采购、工程建设项目招投标、土地使用权出让、国有产权交易等涉及公共资源类交易项目集中到一个平台——公共资源交易中心来操作。尤其是全国公共资源交易市场建设工作推进会召开后，中央治理工程建设领域突出问题工作领导小组各成员单位、各省（区、市）高度重视，加大了各类公共资源交易市场整合力度，创新公共资源交易市场管理体制和监督机制，大力推进统一规范的公共资源交易市场建设，取得了积极进展。不过，这些公共资源交易中心的建设，有的属于"物理整合"，即只是把原本分散的交易行为集中到同一个场所办公；有的则属于"化学整合"，即把原本分属于不同部门主管的交易行为重新整合，进行了体制、机制和法制的创新。譬如，原本属于各级财政部门监管的政府采购中心及其采购业务，在"化学整合"变革中脱离原有的监管部门，变成平台的分支业务部门，其承担的集中采购职能也转由平台执行；有的则介于"物理整合"和"化学整合"之间，即部分的体制、机制进行整合等形式多样、类别繁多。

笔者通过中国人民大学图书馆中国学术资源平台发现，以"公共资源交易"为关键词，仅限于"学术论文"，不限制年份和其他条件，共有431个结果，其中CSSCI只有3篇。笔者在对这431篇论文进行分析时，发现98%以上都是实际工作部门的人员发表的工作论文，即发表在行业期刊如《中国监察》《中国政府采购》《中国财政》等杂志。公共资源交易整合作为一个变革中的新生事物，我们的学术界回应的明显不够，撰写的期刊研究论文极少。从论文的观点看，基本上都无一例外地基于治理腐败的角度进行论证，并给予了这种交易组织整合的充分肯定，如更多的是从实践层面论证了公共资源交易整合作为资源配置的新路径、源头治理腐败的积极创新等等；也有学者认为这种整合"组织架构于法无据，存在一定法律风险；客观上导致重复监管、多头备案、电子化采购难以实施；陷入新的管采不分"，等等。不难看出，对于变革时代下出现这种新事物，理论研究和实践部门尚处于莫衷一是、边改边看的探索中。

2015年7月31号，国务院总理李克强在国务院常务会议上布置，要加快公共资源交易平台的整合工作，打造规范统一的共享共用公共资源交易平台。同年8月10日，国办发布了63号文，即《国务院办公厅关于印发整合建立统一的公共资源交易平台工作方案的通知》。随后，国务院14部委组成联席会议，并出台了《公共资源交易平台管理暂行办法》。2016年2月18日国家发展改革委组织召开公共资源交易平台整合工作部际联席会议第一次全体会议。这一系列举措无疑吹响了公共资源交易平台整合的集结号。于是，全国公共资源交易平台整合工作也就步入了快车道。全国各地纷纷行动起来，取得积极进展，在不到一年的时间内全国公共资源交易各个分散的平台逐步得到了整合。2016年12月1日，时任国家发展改革委法规司司长李亢向媒体表示：公共资源交易平台整合工作已取得阶段性成果，全国各类交易平台已从4103个整合为500余个，数量减少约85%。2017年1月10日，中共中央办公厅、国务院办公厅颁发了《关于创新政府配置资源方式的指导意见》，再一次对我国公共资源交易平台整合提出了要求。

经过全国各地的不懈努力，一场以信息技术为支撑，以互联互通为抓手的公共资源交易平台整合工作已初现成效。全国各地已完成了工程建设项目招标投标、国有土地使用权和矿业权出让、政府采购、国有产权交易等四大板块整合，同时全国80%的省级平台还将药品集中采购纳入交易平台范围。

那么，应如何客观、公正地评判公共资源交易的这种平台整合现象？这种整合行为产生和推行的深层原因是什么？与公共资源交易政策功能的实现之间又有何种关系？这些问题不断地被实践部门、专家学者，乃至普通民众所提起和讨论。为此，本文企图从交易费用和组织理论的视角出发，基于逻辑推演和实证分析，以回应变革中的实践，同时力图指出公共资源交易平台整合中的策略原则、不同组织模式的特征及其可能的选择。

二、公共资源交易平台整合的理论基础

虽然理论和实践层面还没有对于公共资源及公共资源交易达成一个权威的、统一的认识，但这并不影响公共资源交易的"社会公共属性"和"从属于公共管理领域的属性"。同时，公共资源交易作为连接政府与企业的桥梁，其市场属性、交易属性又增加其复杂性。基于以上的认识，交易费用理论则可以成为分析公共资源交易的理论基础。

（一）交易费用理论及其应用

尽管交易、交易费用的内涵并没有在交易费用理论界达成统一的认识，但是这并不影响交易费用理论成为经济学长盛不衰的热点，并得到人们的广泛认可与应用。不管是古希腊哲学家亚里士多德所使用的"交易"、马克思所讲的流通费用，还是科斯在其经典论文《企业的性质》中所提出的"使用价格机制是有代价的"和"在契约的签订和实施过程中，一些额外的支付是不可避免的"以及阿罗首次提出的"市场机制运行费用"等都为交易概念和交易费用理论奠定了基础。

在其后的经济学家们不断丰富着交易费用的内涵，有学者从不同的视角总结了学界关于交易费用的界定，分别从交易分工说、交易合约说、交易维度说、制度成本说、交易行为说分类汇总了经济学界对于交易费用内涵的界定。尽管不同视角下交易费用的构成各不相同，其具体构成尚存争议，但是，学者们却普遍认知并达成共识的是：一旦有交易发生，则必然产生交易费用，并且交易费用是伴随着整个交易全过程的整个费用的总和。

交易费用理论的学者们在如何测量交易费用方面也存在着明显的分歧。不管是在宏观层面，还是在微观层面学者们并没有达成一致意见。但是这并不影响交易费用理论的广泛应用。诺贝尔经济学获得者科斯在微观层面的运用中指出：当市场交易成本高于企业内部的管理协调成本时，企业便产生了。企业的存在正是为了节约市场交易费用，往往采取收购、兼并、重组等资本运营方式，即用费用较低的企业内交易代替费用较高的市场交易。随后的新制度经济学家们则无一例外地把交易费用理论作为其分析工具，并把交易作为基本研究单位，将交易费用和治理结构模式相结合。交易费用理论很快被应用到产业理论中。而根据科斯的交易费用理论，分工必然带来交易费用，且分工越细，交易费用就越高。威廉姆斯（1985）进一步发展交易费用理论，认为企业或其他组织作为一种参与市场交易的主体，其经济作用就在于把若干要素所有者组织成为一个单位参与市场交换，以减少市场的交易数量，并降低交易费用。这样，交易企业将寻求成本最小化的治理安排。

交易费用理论作为经典的经济学理论，其所具有的解释力已远远超出经济学本身。它不仅可以解释和指导产业理论和企业理论问题，同样还可以解释和说明一切和交易相关联的问题。如前所述，公共资源交易究其根本而言，是公共部门与企业运用市场手段的交易行为。同样，交易费用理论也完全可以解释和指导我国的目前正在进行的公共资源交易组织整合的问题。

尽管目前我国理论和实践上并没有就公共资源交易的内涵达成共识，但是人们对于公共资源交易组织整合的目的在于降低交易费用、节约财政资金的认识则是高度统一。单个交易成本高、难监管，而整合在一起的交易则把一些交易成本在公共资源组织内部消化，不仅可以降低交易费用，而且也便于监管。这已经在公共资源交易组织整合中得以体现。

（二）组织理论与组织整合冲突

从政策工具角度看，公共资源交易必然要满足其所特定的目标。公共资源交易除了要达到节约交易成本和财政资金、源头预防腐败等基本功能外，还承载着支持调节宏观经济、技术创新、环境保护、扶持中小企业、保护民族产业等政策功能。而这些政策功能的实现既是公共资源交易的内在要求，也是其被规制的客观需要。公共资源交易组织架构作为政策执行的重要组成部分，不同类型的公共资源执行组织有利于满足不同的政策目标。而且不同体制下公共资源交易的执行组织并没有统一的最好的模型。公共组织的集权与分权,或者说集中与分散是一对矛盾体。过度集中化则无法实现分散下的灵活多样性,如分散的交易执行组织可以由政府部门根据各自的地理区域、人力资源和组织文化等情况而设立。这种情况也可能会产生较高效率,有利于满足采购人多样化的需求。过于庞大的交易执行机构,可能会使其失去灵活性,同时也可能会丧失一定的有效性和回应性。而以控制为目的的高度集中式执行组织试图压制自由裁量权,对于采购活动管理和遏制腐败来说是必需的。但也不可避免地导致了集中交易组织和其相关部门之间的紧张关系。而且在公共资源交易的实践中,基于购买人的利益需要,具有灵活性和较充分自由裁量权的分散式执行组织更有利于回应目标冲突,并能及时有效地处理不可预见的问题。

如前所述,公共资源交易本身的高风险性又决定了过于集中可能加剧了这种风险发生的概率。尤其是在中国单一体制下的行政首长负责制下,如果不能很好控制,则这种过于集中的公共资源交易组织模式则会造成更大浪费或者腐败交易(Conghu W, 2014)。所以,不管是所谓的"物理整合",还是"化学整合"或其他形式的整合同样都存在着过于集中、过于教条、过于追求一体化的企图,当然也就隐藏僵化、低效率、腐败和浪费的风险。

在实践中,公共资源交易组织整合是一个复杂过程,也是一个利益和权力协调过程。当然,这个整合过程也相当艰难。原本隶属于不同行政部门、工作在不同场所和技术平台、遵循不同法律规则和流程、具有不同组织性质和地位的各个公共资源交易项目要集中到同一个场所、遵循同样流程,或者还要整合为一个执行组织、遵守统一的法律规则、接受同一部门的监督检查,这样必然要触动许多部门的利益和权力。尤其是在有些进行"化学整合"的地方,这种部门利益矛盾和冲突已经明显显现出来,也大大增加了整合的难度。组织规模的扩大及现行公共资源交易平台的制度设计,也可能带来更高的协调成本。首先,如果整合不力,平台中不同交易的系统、技术之间的兼容性无法很好解决,那么平台内部的整体运行效率就会受到影响。其次,不同的公共资源项目交易涉及不同的主管部门,如财政部门、发展改革部门、国土资源部门、国有资产管理部门。但在现行体制下,建立统一平台,同样离不开这几个部门的监管,而且实际上还多出一个监管层次,可能带来更高的协调成本。

公共资源交易组织整合中与法律的冲突也是其一大障碍。政府采购、医疗采购、建设工程、土地出让、产权及股权交易等都有各自适用的法律法规，如《政府采购法》《招标投标法》《土地管理法》《拍卖法》《公司法》《证券法》等。在进行"化学整合"或者部分"化学整合"的地方，集中设立"一委一办（局）"，并赋予其监管权，明显与有关法律相悖。如财政部门"交出"监管权与《政府采购法》相悖。根据《政府采购法》第一章第十三条，各级人民政府财政部门是负责政府采购监督管理的部门，依法履行对政府采购活动的监督管理职责。赋予"一委一办（局）"对政府采购行为实施监管权，将直接导致处理违规当事人时找不到依据、缺乏处置主体、供应商投诉受理与处置部门不对应等问题。即使是在"物理整合"的地方，由于设立了公共资源交易中心来对场所进行协调与管理，也同样会与相关法律产生冲突。如现有法律没有任何条款能够支持公共资源交易中心的组织、协调、检查等公权力的职能。

公共资源交易组织整合过程的组织冲突的存在。因为增加了交易环节和监管机构，直接影响了工作效率。公共资源交易中心实际上只是一个"平台"，操作时要求各类代理机构进驻其中，但各类代理机构在设立时都有自己的营业场所，用新设立的"一办（局）"来统一"监管"各类交易活动，实际上只能起到"二传手"的作用。因为相应行政机关仍无法推脱其法定监管职责，这样的双重监管直接导致职责不清、相互推让。有些地方规定财政部门和"一委一办（局）"均具有监管权，这在实际操作中极有可能引发监管"越位"与"缺位"现象。

三、公共资源交易平台整合的实践发展

（一）公共资源交易平台整合概括

近些年来，全国各地在公共资源管办分离方面做了大量的探索。各地围绕将决策权、执行权、监管权分离和整合公共资源为目标，做了有益的尝试。首先在公共资源整合方面，将分散在不同部门的公共资源交易服务统一集中到一体化服务平台——公共资源交易服务中心，目前主要整合的为工程项目招投标、土地使用权和矿业权出让、国有产权交易和政府采购四大板块的服务，在体制建设方面，形成了主流的"一委、一办、一中心"模式，"一委"（公共资源管理委员会）主要进行战略决策和顶层协调；"一办"（管理委员会办公室）主要进行交易监管和协调；"一中心"（公共资源交易

中心）主要进行日常交易服务。由于改革无统一的路径可参考，各地均做出了一定的探索。从现实情况来看，有的地方政府将公共资源管理机构和政务服务大厅合署，例如杭州、宁波、沈阳、南京、青岛以及武汉等地；有的地方采用公共资源交易和政务服务大厅分设的情形，如济南、厦门、成都、合肥以及广州等地。对公共资源交易中心，性质大多为全额事业单位，但单位级别千差万别，有正局级、副局级、正处级等不同的设定。对于"一办"的机构设定，地方政府也有不同的做法，有的将管理委员会办公室设在发改委，如成都和广州，有的将其设在财政局，如厦门。公共资源交易管办分离改革重点在于如何准确定位政府的职能和角色，同时管办分离还有许多法律上的问题。中国人民大学王丛虎教授以《中华人民共和国行政处罚法》《中华人民共和国立法法》法律依据，分析了合肥市公共资源交易中心设立的程序要件和编制规定，得出合肥市在改革中有部分做法不符合法律设定的结论。因而，公共资源交易管办分离改革牵一发而动全身，需要加强顶层设计，同时也要给予地方更多的自主权，实践先行探索和试点，再给予法律方面的保障。如表1所示。

表1　　　　　　　　　　公共资源交易监管模式

模式	行业分散监管	综合监管＋行业分散监管	统一监管
监管主体	行业部门	公共资源交易监督管理部门；行业部门	公共资源交易监督管理部门
监管权限	分散	分散	集中
监管阶段	侧重事前	侧重事前和事中	全流程
监管方式	审批	审批＋过程管理	集中审批、管理、执法
回应方式	被动	部分主动	主动
法律依据	原有法律	原有法律＋规范性文件	创制性立法
典型城市	浙江杭州市	湖北省武汉市	安徽合肥市

（二）公共资源交易监管体制改革研究综述

全面深化改革，推动市场在配置资源中的主导地位，就必须建立健全各级各类的公共资源交易监管体制，将权力关进制度的笼子。现阶段，公共资源监管体制存在条块分割、多头管理以及角色混乱等问题,推动公共资源交易监管体制改革迫在眉睫。近些年来,各地均对监管体制改革做了初步探索,涌现出"安徽合肥模式""湖北模式""广西模式""重庆模式"等不同模式。

安徽合肥公共资源交易体制改革采用的是统一集中监管模式。"安徽合肥模式"的基本架构是"一委":成立市长任主任的市公共资源交易管理委员会,负责决策和组织领导;"一局":委员会下设公共资源交易管理局,负责集中统一集中监管、受理投诉举报、查处和行政处罚;"一国有代理公司":成立安徽公共资源交易公司,负责合肥市政府投资项目招标(采购)的代理操作业务;"一中心":成立安徽合肥公共资源交易中心,负责具体交易操作和交易服务。"湖北模式"即"五统一"的公共资源交易综合监管模式。2006年,湖北省作为中纪委、监察部招投标体制改革的唯一试点省份,在全国率先实施了招投标综合管理体制改革。经过8年的改革与创新,湖北省确立了"一委(公共资源交易管理委员会)一办局(公共资源交易管理办公室/局)二中心(省级公共资源交易中心和省级政府采购中心,市级是一个公共资源交易中心)"的综合监管体制和"五统一"(即统一综合监管机构、统一交易平台、统一管理制度、统一评标专家库、统一行业自律组织)的市场监管机制。"广西模式"是"一办":广西壮族自治区政务服务监督管理办公室,负责代管公共资源交易的业务;"一中心":成立广西壮族自治区公共资源交易中心,是整合自治区招标投标管理局、自治区原公共资源交易中心、自治区政府采购中心和自治区药品和医疗器械集中采购服务中心的相关职责重新组建而成,为自治区人民政府直属的全额拨款事业单位;重庆成立的公共资源交易中心与重庆市联合产权交易集团为两块牌子一套人马,具体负责公共资源各种项目的交易,且是以国有企业的形式运作。

(三) 公共资源交易中存在的问题研究综述

公共资源交易改革正在由传统的分散交易向统一交易的转变过程之中,有的地方虽完成了到平台的整合,但实际仍为部门化的管理方式。在公共资源交易的过程中出现了很多的问题,张奎认为公共资源交易过程存在着专业工程项目进场数量少、监管体制不一、软硬件建设不健全等问题。秦伟彬认为公共资源交易过程中存在的体制上管办不分、场所设备不专业、操作不规范、管理不统一等问题。王军认为公共资源交易过程中容易出现腐败现象,例如:项目交易过程中违规违纪现象突出,招标文件量体裁衣,内定中标人以及评标专家舞弊。肖俊才从公共资源交易系统建设视角分析了公共资源交易中存在的问题：交易信息化水平总体不高、行业信息化差距明显、信息共享程度低、管理缺乏有效监察。也有学者认为在公共资源交易平台整合过程中，容易出现以下问题：一是各市州、县市交易中心的机构性质差异大，不容易整合起来；二是县市交易中心改革成为市州交易中心的分支机构后，县市综合监管机构的职责将难以落地，容易造成"两张皮"的情况。李锡保从公共资源标准化角度出发，认为现阶段公共资源建设体系庞大、涉及范围广，因而推进的难度比较大。也有实务工作人员调查表明，在有些地方县级强制进场交易，但因信息化和平台建设方面的缘故，交易者需多次往来市县两级交易平台，实际交易的费用并未出现理论界所谓的"降低"。

我国公共资源交易活动刚刚开始，相关理论研究多是在国外理论的基础之上，结合国内的交易活动具体实践，取得了一定成果。但从现阶段来看，还没有形成统一的理论研究体系，相关交易管理法律制度建设还不完善，公共资源交易统一平台的建设还有待深入研究，监督管理体制也有待进一步探索。为此，笔者基于目前已经对公共资源交易市场达成的共性认识、交易监管中的体制矛盾和下一步要解决的方案，试图提出建议，以期为未来公共资源交易管理的发展提供理论指导。

四、公共资源交易平台整合的发展趋势

（一）公共资源交易平台整合的策略选择

如前所述，基于工程建设领域的腐败治理和源头预防腐败的需要，中国的公共资源交易组织整合已经大有不可阻挡之势，而且其组织整合的走势也已非常明确："坚持政府主导、管办分离、集中交易、规范运行、部门监管、行政监察，充分发挥市场配置公共资源的基础性作用，促进社会主义市场经济体制不断完善。要坚持发挥市场机制作用与履行政府职能相结合，从各地经济发展水平和客观需要出发，整合现有的工程建设招标投标等交易平台，建立统一规范的公共资源交易市场，为各类市场主体创造公平的发展环境。要坚持加强顶层设计和尊重基层实践相结合，加强调查研究和科学论证，深入总结这些年来基层创造的有益做法和成功经验，着眼于解决深层次矛盾和问题，不断提高公共资源交易市场建设的协调性、系统性、科学性"。

为此不难判断，就政策执行而言，公共资源交易组织整合尚处于目标模糊、缺少激励、冲突明显的状态。基于马特兰德关于模糊与冲突执行模型中实验性执行原则，即需要考虑复杂的反馈与学习问题，最适合采取自下而上的实验型政策执行模式。即在进行公共资源交易组织整合的过程中，适合采取自下而上，由各地充分实验，并在此基础上总结，之后再指导全国的路径。

从根本上讲，公共资源交易是一项政策工具，作为工具则必然要发挥其政策功能，实现其政策目标。凡是有利实现其政策功能的组织模式，并且充分结合各地实际情况的选择就是好的。但是，也应该看到，公共资源交易作为公共部门与私人部门交易的桥梁，加之其本身的特质，则决定了其具有政策目标的多重性，如除文中已经分析的预防腐败、节约财政资金外，还承载着调整经济结构、拉动内部、环境保护、支持科技创新、扶持民族产业等一系列政策目标。所以，各地应该以公共资源交易政策工具的属性为逻辑起点，充分结合各地实际情况以及我国经济社会的发展愿景，积极创新、大胆试验、走出自己的模式，才是科学合理的策略选择。

（二）公共资源交易组织整合的模式选择

从各地实际情况看，公共资源交易组织整合的环境资源不尽相同。因而，选取整合的组织模型也不能苛求整体划一，更不能搞教条主义。尤其是公共资源交易组织整合有省级、副省级、地级市级、县级，甚至还有乡镇级执行组织，这些不同的行政区划所享有的行政权各不相同，经济社会发展状况也千差万别。即使是同一行政级别的行政区域，由于行政体制改革的状况各异、文化和经济发展的不等也难以达到一致。基于中国目前正在进行的公共资源交易组织整合的现状，结合公共资源交易整合中的现实问题和政策目标的实现状况，笔者认为在组织整合中可以考虑以下模式（见表2），以结合各地选择性试用：即监督功能导向模式、服务功能导向模式、政策功能导向模式、综合功能导向模式。

表2　　　　　　　　公共资源交易整合的模式

政策目标	现实冲突	
	强	弱
多样	综合功能导向模式	政策导向功能模式
单一	监督功能导向模式	服务导向功能模式

1. 监管功能导向模式

监督功能导向模式是基于管理主义的工具典范政策执行模式中的系统组织模式（systems management model）发展而来的。该种模式将组织视为追求政策执行目标的工具或手段，强调提高组织的控制能力、加强组织成员间利益冲突的协调与议价。在这种执行组织模式中，政策决定、权威、立法、执法、权力与责任都必须严格遵守自上而下的程序，因此，控制也就成为有效组织的重要特征。就目前我国公共资源交易的目的而言，预防腐败功能则尤为重要，也是贯彻落实中央关于"从制度上更好发挥市场在资源配置中的基础性作用"的精神。所以，基于预防和制约腐败而言，可以考虑选择监管功能导向模式。但是，也应该看到，强化控制的组织模式需要解决整合过程中与现实冲突的问题。这些冲突既涉及执行组织之间的冲突、法律的冲突，也包括整合之后的高度集中所可能带来的各种弊端。

安徽合肥公共资源交易的整合模式则类似于监管功能导向模式。合肥市通过立法的形式（即《合肥市公共资源交易管理条例》）成立了"一委一局一中心"，对公共资源交易行为进行统一进场、统一监管、统一规范公共资源交易场所、明确合肥招标投标中心作为全市唯一的公共资源交易平台、公共资源交易实行目录管理制度等强化了自上而下的控制。此外，在建立全市统一的公共资源交易有形市场的同时，取消了分散在各城区、开发区的公共资源交易职能，将住建、财政、工商等不同部门涉及招投标业务的114项执法权集中委托合肥市招管局统一实施，在国内率先实现了公共资源交易集中委托综合执法、纪检监察机关派专人驻场，对公共资源交易活动实行全过程监督。显然，这种以监督与控制为导向执行组织架构有利于实现预防与制约腐败的功能。除此之外，广东省佛山市公共资源交易的整合模式也类似于监管功能导向模式。从执行组织上，佛山市搭建起了"一委一办一中心"的公共资源交易组织架构；从执行机制上，对公共资源实行统一进场交易、统一信息发布、统一操作规程、统一进行监管；从执行制度上，佛山市人民政府办公室下发《关于成立佛山市公共资源交易管理委员会的通知》（周琳娜等，2013）。只是，相对于合肥公共资源交易整合，佛山市由于并没有立法权，所以也就缺失了公共资源交易类执法的整合。当然，这类以监管功能为导向的控制式组织模式是否能够实现高效的监管，还有待实践的进一步检验。

2. 服务功能导向模式

服务功能导向模式是基于社会行动和结构主义典范（social action & structuralist paradigm），认为政策目标的实现无法以既定的管理架构与目标导向的执行工具加以规范，领导阶层必须拿出实际行动，以组织参与者的心态，用将心比心的方式深入了解执行者的意向与态度，以营造妥协的秩序系统，构建出彼此都认同的执行架构。在这种范式下的社会行动论的组织观认为，参与政策执行的各个行动者（即公共资源交易各方）都是有意图的，所以行动者的行动都具有特别的意义。这样，我们要执行某项政策，必须深入地了解行动者的社会与历史系统，要特别注意组织行为中的各个行动者的交流沟通模式。为此，公共资源交易组织整合基于为交易各方提供服务，充分尊重各个交易参与人各自利益而构建的组织模式则属于服务功能导向模式。

浙江省杭州市公共资源交易组织整合类似于服务功能导向的模式。2012年10月揭牌成立的杭州市公共资源交易中心是由从原职能部门中剥离出来的建设工程交易、政府采购等专业机构整合组建而成的副局级实体机构。在体制设计上，公共资源交易管理委员会办公室作为管理机构，并实现现场见证式管理与各行业监管部门各司其职的监管模式。市公共资源交易中心是在市公共资源交易管理委员会办公室领导与监督下开展各类公共资源交易活动的统一平台，具备组织公共资源交易实施和对整个交易活动过程开展见证管理的功能。作为副局级实体机构，其主要由原市建设工程交易中心、市政府采购中心等整合组建而成，同时又为土地拍卖、产权交易、无法定监管部门的综合项目等的进场交易提供各项服务。各行业监管部门各司其职。实际运行中做到"三统一"：统一纳管，应进必进；统一规范运作，细化操作规程；统一监管，积极探索完善行业主管部门业务监管、财政审计部门资金监管、纪检监察机关执法监管、公共资源交易中心内部监管相结合的监督管理体系。同时，从外在形式看，杭州市公共资源交易中心位于"市民中心"。该"市民中心"挂有3块牌子：杭州市行政服务中心、杭州市公共资源交易中心、"市民之家"。这里，进驻了70余家杭州市职能部门和相关单位，设置近300个窗口，可办理各类事项达942项，被杭州市民形容为"小到寄一封信，大到拍卖一家企业，都可以办理"。除此之外，在实现服务的手段上强化电子技术的应用，凸显快捷高效的服务。

3. 政策功能导向模式

政策功能导向模式基于组织发展模式（organizational development model）与冲突议价模式（conflict & bargaining model）两种模式整合而来。组织发展模式强调组织间对于目标的相互协议以及开放式沟通、相互间的信任与支持、有效的冲突管理等。该模式认为执行失败的原因主要在于执行者对于政策目标缺乏共识以及政策制定、政策执行过程中的职责不清，因此基层执行组织能力与人事问题是该种组织模式最为重要的问题。冲突议价模式则认为政策执行是执行者企图追求各自相互冲突目标的策略性活动，执行失败的原因在于执行者之间的利益冲突太剧烈，却又欠缺议价妥协的机制。基于两种模式的理论分析，政策功能导向模式充分尊重各自的政策目标冲突现实与实现路径，并以实现政策目标为结果导向，并不强调执行组织牵强的整合，而是强调执行组织的效率与灵活性。

基于以上分析，北京市政府采购中心与北京市招标投标公共服务平台平行共存的模式类似于政策功能导向模式。北京市政府采购中心在隶属关系与市财政局脱钩，挂靠北京市人民政府国有资产监督管理委员会，业务上接受北京市政府采购工作领导小组和北京市财政局采购管理处的监督与考核，是唯一承担北京市级国家机关、事业单位和团体组织集中采购活动的集中采购机构。该组织在运行机制上，强调与各个采购人、业务主管部门的无障碍沟通，积极探索实现政策功能的有效途径，同时承认政策目标的冲突，强调议价妥协机制；而北京市发展与改革委员会主管的"北京市招投标公共服务平台"是北京市发布依法必须招标项目招标公告的政府指定网络媒介。该平台为行政监督、社会监督和当事人监督提供全面、可靠、方便的信息，为招标当事人提供便捷的招投标信息服务，也是工程招标类项目唯一指定虚拟组织架构。但是也应该看到，北京市这种松散组织模式尚不是完整意义上的政策功能导向模式，尚需要在政策功能实现上改进与完善。

4. 综合功能导向模式

综合功能导向模式显然是一种理想化模式的设想。该种模式既能发挥监督功能、服务功能，又能兼顾政策导向功能，是结构与行动的互补模式。这种综合功能导向模式坚持行动与结构绝不是相互分离的实体，既强调政策执行组织中的个体面向，也不弱化执行组织的总体面向，而是从结构和行动两个层面达到完美结合。

就我国目前进行的公共资源交易组织整合而言，虽然在结构层面上看，合肥市公共资源交易组织整合有了综合功能导向模式的雏形，但尚需要对其"一委一局一中心"的内部组织重新构建，即应该按照公共资源交易流程和内在机理设置领导、监管和执行三个部门的内设机构，而不是按照传统的组织业务设置。而从行动层面看，应从公共财政管理的角度来进行公共资源交易的组织、技术和制度设计，确立起以财政部门为主导、以财政政策为统领、其他政府部门按照职责分工为辅助的公共资源交易整体架构。公共资源交易组织可以更加科学设计，目前流行的"一委一办一中心"应该在逐渐明晰为"一委一局一中心"的基础上，强化公共资源交易管理局的监管职能、执法职能，科学配置公共资源交易中心的按业务流程设置内设机构，并强调公共资源交易管理局对交易中心及其他社会交易代理机构管制的合法性。公共资源交易平台则应该有更加科学的顶层设计。从实现的路径上来看，应以政府集中采购中心为基础来建立公共资源交易平台这一"大"的"集采机构"。即应以对现行的政府集中采购机构管理模式来统领公共资源交易平台，将各种类型的公共资源交易逐步纳入财政部门的监管之下，从而为公共资源交易收支纳入统一的国库支付、进行全口径预算管理创造良好的条件，以提高公共财政的科学性、完整性、规范性和权威性；就公共资源交易平台实现的技术而言，应实现预算、计划、交易、合同、验收等全流程、全时段的公共资源交易电子化，确保公共资源交易各方便捷而高效地使用交易平台，同时还要确保公共资源交易的公开透明和全流程监督。

五、结语

不可否认，我国公共资源交易平台整合尚处于发展阶段，在其不断走向成熟的过程中，以下方面将是其不可回避的趋势。

（一）"互联网+公共资源交易"的发展趋势

信息的互联互通及数据的集合的目的在于应用。同样，"互联网+公共资源交易"的根本在于发挥其大数据、云计算的作用。从各地的调研情况看，"互联网+公共资源交易"的深度和广度的应用不够，作用发挥的也不充分。广州市公共资源交易的大数据应用是一个很好的案例，通过公共资源交易指数来发挥对交易活动的动态监督和预警的作用。但从这些数据的应用价值来看，还可以进一步挖掘，如如何为不同政府部门提供其需要的决策参考，如何和科研部门联合进行深度应用等等。

当下最为紧要的是应该积极支持各地通过各种手段尽快建立起统一的公共资源交易电子平台，对于各地正在积极探索的社会资本进入公共资源交易平台整合建设和维护给予支持，尤其是要大力支持电子平台的社会资本建设和维护，如各地正在探索的银行投资建设和维护电子交易平台实践。在现有电子化交易平台建设的基础上，还要在以下方面进行强化：一是完善省市共建、市县一体的平台建设。省市共建是指在省级人民政府和省会市的电子化平台共建，并强调以省级为轴心，辐射市、县级的平台建设，确保各省的电子化平台系统化、规划化。二是广泛整合或对接市场化平台，确保网上全公开、网下无交易。积极整合和对接各个市场主体建立的各种交易平台，如国有企业、社会代理机构的电子化交易平台，以确保整个公共资源交易互联互通，公开透明。三是完善公共资源交易全流程电子交易的监督机制。在完善全流程电子化交易平台的基础上，强化公共资源交易电子化与综合监管、行业监管、纪检监察、审计监督的无缝对接、实时在线，以确保相关监督部门对于交易全流程的监督检查。

（二）公共资源交易的标准化和法治化趋势

当下公共资源交易平台整合过程还存在标准化和法治化问题，这主要表现为：第一，"一网三平台"的整合尚不够完善。尽管2015年国办63号文对"一网三平台"的建设有了明确要求，但目前全国各地的电子化平台建设仍不够完善。这主要表现为：一是许多地方只有一个公共资源交易的门户网站，并没有实现服务平台、交易平台和监督平台的整合，如北京、上海、广东等地；二是省、市、县等三级平台标准不一致，平台系统不对接。这种现象在各地较为普遍。当然，这既有历史原因，更有体制机制的问题。第二，数字证书（CA数字证书、电子印章）的互认与推广存在问题。这主要表现为全国CA认证机构众多，电子签章种类繁多，标准不一，这样造成了供应商的交易成本升高。第三，服务标准化体系尚不够完善。服务标准化是一套体系，更是一套平台服务细则要求。从调研的实际情况看，许多地方的公共服务平台尚缺少这些标准化体系，即使有了这些标准化细则（如安徽省及合肥市等地）想要得到持续的落实也存在很大困难。

考虑到目前各地在公共资源交易平台建设和维护问题存在诸多疑问，我们建议应该尽快出台有关公共资源交易平台建设和维护的指导意见或相应的规章制度。其目的在于对各地正在进行的平台建设的相关问题给予回应，如涉及平台建设和维护的投融资问题、进场交易的收费问题、电子平台交易2.0版问题，等等。

为此，当下应该强化一下标准化和法治法问题：第一，完善公共资源交易信息发布机制。由于各地标准不一、技术不同，信息发布尚存在问题，为此需要进一步完善公共资源交易信息发布机制。这主要包括交易信息的发布内容、发布时间、发布的格式、发布的电子技术标准等都需要进一步统一、规范。

第二，完善公共资源交易信息公开共享机制。公共资源交易信息公开除涉及国家和商业秘密外，应该是全过程的。为此，应该针对目前存在合同后期公开不充分的现状，进一步完善各类交易的信息公开范围，这些应该包括需求信息、招标文件、中标信息、合同内容、合同验收信息，等等。

第三，完善公共资源交易信息管理和保存机制。公共资源交易信息的管理和保存机制在于确保信息的再利用和备案管理。为此，应该针对目前公共资源交易信息管理和保存主体不统一、形式不规范的现状，进一步完善公共资源交易信息管理和保存的规章制度，尤其是要进一步确认公共资源交易中心的对于信息管理和保存的义务和责任。

（三）公共资源交易的完善信用体系构建的趋势

针对当下公共资源交易信用体系分区域、分行业壁垒式的碎片化、诚信管理手段单一、乏力等现象，应该从以下方面着手。

第一，加快整合信用管理体系，打破壁垒和领域隔离。应该在全国各地公共资源交易平台整合的基础上，加快整合信用管理体系，并基于信用中国的整体构建思路，着力打造我国信用管理一体化，打破现有的公共资源交易领域信用壁垒、信用孤岛、信用管理碎片化现象。具体说来，一是摸清全国公共资源交易各具体领域的信用管理的现状，并对各具体领域的信用风险进行评估，找出风险点和风险源；二是尽快开展公共资源交易信用管理整合的试点工作，可先从公共资源交易平台整合的试点省份开始，以摸索出信用管理整合的经验和教训；三是鼓励各省市公共资源交易平台的牵头单位，组织制定各行政区域内的公共资源交易统一的信用管理规范性文件，并逐步上升到地方规章和地方性法规。

第二，联通社会信用体系，完善公共资源交易信用法律。公共资源交易领域的信用管理应该融入整个国家的信用体系，成为信用中国不可分割的一部分。虽然，2017年4月国家发展改革委办公厅等16个部门联合出台了《公共资源交易信息共享备忘录》，2018年3月国家发展改革委等24个部门又联合出台了《关于对公共资源交易领域严重失信主体开展联合惩戒的备忘录》，但公共资源交易整体信用体系建设、联合惩戒措施等还应该强化落实。具体分为以下四个方面。

第一，充分利用工商、税务、金融、检察等其他部门提供的信用信息，加强对公共资源交易当事人和相关人员的信用管理，并把公共资源交易领域的信用信息和其他部门对接，形成整个社会"互联互通、共享共用"的信用体系。

第二，加强公共资源交易领域的信用管理立法工作。基于已有的上位法和国家征信建设规划纲要，加强部门合作，尽快尽早联合制定公共资源交易的信用管理规范性文件。

第三，强化诚信的全主体管理，丰富信用管理手段。公共资源交易作为一个完整的系统，其信用管理对象应包括参与到公共资源交易过程的各个主体，应对于不同参与主体进行分类管理，并强化信用管理的多样化手段。具体说来，一是区分组织信用和个人信用，并强化组织及其主要责任人的双重信用评价。通过"互联网+"的技术手段，对于参与公共资源交易的组织和个人进行全领域、全过程的记录、归集和评价；对于组织行为，除对组织进行信用管理外，还要对其直接责任人的诚信进行记录、归集和评价。二是除完善"黑名单"制度外，还应该建立和完善信用风险预警、信用风险交流、信用风险救济等多样化的信用管理手段，打造组织和个人不敢也不愿失信的社会氛围。三是要着力培育一个竞争有序的信用产品市场，通过政府、社会组织和市场主体多方参与，共同构建一个基于社会共治的有效的信用管理体系，避免政府对信用产品生产的越俎代庖和变相行政扩权。四是强化惩戒和激励相结合的方式，通过行政协作，实现多部门联合执法，并辅以公民参与、社会共治，以形成一个组织和个人自觉自愿、诚实守信的良好环境。

第四，大力推行保函制度，减轻企业负担。《国务院办公厅关于进一步加强涉企收费管理减轻企业负担的通知》（国办发〔2014〕30号）明确要求："对没有法律法规依据的行政审批前置服务项目一律取消""对违规设立的行政审批前置经营服务收费项目一律取消"。工业和信息化部、财政部公布的《国务院部门涉企保证金目录清单》要求：建立并严格执行涉企保证金目录清单制度，其中包含投标保证金、履约保证金。住建部颁布的《国务院办公厅关于清理规范工程建设领域保证金的通知》则具体要求规范工程建设领域保证金、推广银行保函替代现金形式。根据国务院和相关部委的要求，应该在公共资源交易领域积极推行以保函替代保证金，加快完善保证担保的运行机制。具体说来：一是以大数据、区块链为技术支撑，打造保函交易控制和信用查验的基础平台；二是以利益相关方共同加入的信用再担保及社会共治体系创新市场治理机制，奠定信用支点，夯实保函市场的信用基础；三是为保函市场建立统一的产品标准与行为规范，为保函市场公平竞争和优胜劣汰奠定基础；四是强制推行高保额有条件担保，创造对有效保函产品的有效需求，促使保函产品真正有效发挥对交易主体的信用甄别作用。

--------------------------------代表作品--------------------------------

[1] 王丛虎. 公共资源交易管理［M］. 北京：经济科学出版社，2018

[2] 王丛虎，吴鹏，马文娟. 我国公共资源交易统一立法问题分析［J］. 国家行政学院学报，2017（3）：97－101

[3] 王丛虎. 公共资源交易综合行政执法改革的合法性分析——以合肥市公共资源交易综合行政执法改革为例［J］. 中国行政管理，2015（5）

[4] 王丛虎. 政府购买公共服务的底线及分析框架的构建［J］. 国家行政学院学报，2015（1）：69－73

[5] 王丛虎. 公共资源交易平台整合的问题分析及模式选择［J］. 公共管理与政策评论

[6] 王丛虎，祁凡骅. 探索治理现代化的评估维度［J］. 中国人民大学学报，2015，V29（3）：93－99

[7] 王丛虎. 政府公信度与腐败认知度的关系——兼评透明国际 CPI 排名方法［J］. 教学与研究，2014，V48（6）：15－21

[8] 王丛虎. 中国可持续政府采购政策执行问题及对策［J］. 北京行政学院学报，2014（2）：60－64

[9] Conghu Wang, Xiaoming Li. Centralizing Public Procurement in China: Task environment and organizational structure［J］. Public Management Review，2014，16（6）：900－921

[10] 王丛虎，许平沧. 国家信息安全的政府采购保障途径［J］. 新视野，2014（5）：70－73

政府集中办公论

吴爱明

> **摘 要**：各级政府将各职能部门集合到统一地点进行集中办公和提供公共服务，可以建立更为合理的政府机构，缩减政府财政支出，大大提高行政效率和效能，改善政府服务，树立统一政府形象。机构改革、城镇化建设、行政审批制度改革、电子政务建设等为政府集中办公提供了基础条件，公共行政服务中心的发展为政府集中办公进行了有效探索。
>
> **关键词**：政府；行政改革；公共服务；行政效率

一、引言

政府不仅要有效实现政府职能转变，还要实现政府治理方式的转变；不仅在于政府应当为经济社会发展提供良好的环境，更重要的在于政府要为经济和社会的协调发展提供基本而有保障的公共产品和有效的公共服务；这不仅涉及政府机构的调整，更在于实现"政府再造"和推进政府的"自身革命"。而推行各级政府集中办公则是政府实现"自身革命"的有效形式。政府集中办公是指各级政府以节约行政成本、提高行政效率和效能、方便公共服务为目标，将各职能部门集合到统一地点（同一座大楼或大院），进行集中办公和服务的行政组织和公共服务模式。推行政府集中办公，不但能精简机构、大量节约行政开支，而且有利于集中管理和监督，提高行政效率，同时为群众提供更为方便、高效的服务，树立统一、良好的政府形象。

二、政府集中办公的必要性

我国政府仍处于转型期，我国的政治经济体制改革正在不断深化。行政改革作为政治体制改革中最重要和最基本的内容,首要的目标就是要提高行政效率和效能,对不适应上层建筑和经济发展的各种弊端和不足进行查漏补缺。政府集中办公应成为行政改革的重大突破口,也是我国应对全球化的迫切要求。

(一) 世界贸易组织对政府的要求

中国加入世界贸易组织首先是政府加入世贸组织。对于中国的行政改革而言,自身发展是内因,加入世界贸易组织是外因,两个推动力量共同发挥作用,一并牵引着我国公共行政的改革与发展,标志着我国政府进入一个全新的阶段。这主要包括三层含义:一是中国政府要遵守世界贸易组织的基本规则,按照其法律框架修改中国的法律法规,因此,政府职能和政府管理方式要改变。二是政府制定的政策既要符合世界贸易组织规则,又要能够顺应经济全球化的发展,利用世界贸易组织规则保护、发展和壮大民族经济。三是政府参加多边贸易体制的活动,在世界贸易组织修正和制定新规则时,利用政府拥有的国际经贸规则的决策权,提出维护中国利益的主张和方案,争取新的世界贸易组织规则有利于中国对外经济贸易和民族经济的发展。

世界贸易组织已经用法律的形式明确规定了各国政府作用的领域和作用的方式,这些规定是对政府行为的约束和限制。各国政府都必须遵守这些具有完整国际法意义的规定。

世界贸易组织对政府的要求主要有:第一,必须坚持市场化的经济体制取向;第二,要求建立透明、高效的服务政府;第三,要求健全政府对社会的调节功能;第四,要求构建稳定有效的经济社会安全网;第五,必须坚持国家治理法治化。反观中国的传统行政体制,由于长期受"劳心者治人,劳力者治于人"的封建思想的侵染,"官本位""权大于法"的观念至今仍在许多行政人员和普通百姓心中根深蒂固,在行政管理领域有许多"不善者"需要改之,世界贸易组织的国际惯例和规则无疑给我们的行政改革和发展提供了新的动力机制和力量源泉。

相对于世界贸易组织的要求而言,我国政府的现行体制还存在某些明显的不适应性。这种体制性挑战也是世界贸易组织对各国政府提出的最大的挑战。主要表现有:政府管理职能和运行机制与世界贸易组织规则有较大差距;中央政府与地方政府、地方政府与地方政府之间关系不顺;政府机构设置不科学;政府部门冗员过多,成本过高。虽然我国推行的行政服务中心在一定程度上提高了办事效率，但是各自为政、程序烦琐的现象依然大量存在，这是因为职能部门未将实质性权力归于行政服务中心，使得人们办事还得回到原职能部门。而推行政府集中办公，有利于提高行政效率，有利于政府的发展与国际规则接轨，适应世界贸易组织的要求。

（二）行政改革的要求

对于中国及其他发展中国家来说，当代行政改革既是出于自我完善的积极愿望，也是对政府危机的积极反映，同时也是迫于外部压力的结果。除世界贸易组织之外，世界银行、国际货币基金组织、联合国的一些机构、向第三世界提供经济援助的发达国家，都把行政改革作为提供援助的前提条件，其结果是推动了全球的行政改革。未来行政改革的发展趋势是公共行政要实现从权威主义行政向民主行政的嬗变、缩小政府规模、精简公务员队伍这样的目标。我国一直要求建立服务型政府、面向市场的政府和责任政府，要依照公共管理理念转变管理模式，借鉴企业经验提高政府效能。

由于多方面的原因，我国政府的行政改革、职能转变并未完全到位。在实际的行政改革过程中，我们对政府改革在理论和实践上的探索还在进行，往往是将高层政府行政改革、职能转变的研究成果套在基层政府行政改革的过程中，结果造成了政府职能运行中的偏差，忽视了各级政府管理的特殊性和实际要求。当前的行政改革，应该根据国家政治体制改革的整体规划，结合地方实际进行，包括：精简机构、减少编制、加强监督、根除腐败；精简办事程序，提高行政效率，提高服务质量，实现从管制到服务的转变。只有强调政府服务，才能正确界定政府与社会和与企业的关系，当服务成为政府的主要职能之后，政府就不再是企业和社会的指挥者，而是转换成为服务者。

政府改革要求机构精简、提高办事效率，推行政府集中办公在理论上和客观上都符合行政改革的要求，这样做可以有效解决政府职能部门各自为政、效率低下、体制不顺等问题。

（三）政府职能使然

根据社会经济的本质规律和不同层级政府行政职能差异性的行政学一般原理，政府职能转变的内涵十分丰富，它不仅包括政府运作方式、方法的重大改变，而且包括政府的职责范围、管理对象、功能重心、职能性质等多方面的转变和发展。具体讲，政府职能转变包括：（1）在职能行使方式上，由过去的以行政手段为主转变为法律和行政手段的有机统一；（2）在职责范围上，由以往的统包大揽转变到充分发挥市场和社会的作用上，政府只做市场和社会都做不了或做不好的事；（3）在管理对象上，要从以往的以抓国有、集体企业为主转到以现代化建设和社会公益事业为主；（4）在功能重心上，要从专业经济管理转移到行业管理和城乡基础设施建设上；（5）在行政职能行使的性质上，要从过去的以"服从为主"转变为"服务为主"；（6）在职能行使的主体上，要由"大政府，小社会"转向"小政府，大社会"。

政府的管制型体制必须进行改革，向服务型体制转变，为社会和公众提供优质、高效的服务，推行政府集中办公恰是实现这种转变的有效途径。具体地讲，政府应该做到：第一，提供各级区域范围内的制度公共物品，创造经济和社会发展的良好软环境；第二，提供物质公共物品，特别是公共基础设施的建设；第三，提供信息和科技方面的公共服务；第四，改善政府部门的服务质量，提高办事效率。

（四）行政许可法的要求

改革开放以来，伴随着经济体制改革、政企分开、政府机构改革和职能转变的发展，国家行政管理体制和管理手段发生了重大改变，作为市场经济和社会管理的一种管理手段，行政许可得到了广泛的应用。我国《行政许可法》的贯彻和实施，必将对今后的中国政府改革和社会发展产生重大而深远的影响。

首先，《行政许可法》大大缩减了行政许可事项，强调了政府的宏观管理和服务性职能；其次，《行政许可法》限制了部门和地方的许可设定权力，有助于消除法制和市场的部门分割和地方封锁，为市场主体创造良好的发展环境；最后，《行政许可法》确立了"效率与便民"的原则，强调了政府的公共服务职能，比如缩短审批期限、取消大量行政收费等。

《行政许可法》的颁布实施为政府职能的转变指明了方向，即从全能型政府走向集中的、有限的政府。政府要实现"小政府，大社会"的服务格局，应把管理职能真正转到为市场主体、社会主体服务和创造环境上来，要提高公共产品的服务水平，强化公共事务特别是公共危机的管理，完善社会保障体系等方面的职能。推行政府集中办公、提高行政效率是贯彻实施

《行政许可法》的客观要求。

三、政府集中办公的意义

推行各级政府集中办公，对于我国政治体制改革而言将是一步重大突破，在整个体制无法整体推进的情况下，各级政府集中办公是一种有效的制度创新，这样可以建立更为合理的政府机构，缩减政府财政支出，可以大大提高行政效率，改善政府服务。

（一）有利于建立合理的政府组织机构

行政改革的直接目标是要建立一套适应社会主义市场经济发展的行政管理体系。从另一个侧面讲，科学的行政管理体系既符合国家的实际，也能自行发挥其整体功能和效应。我国传统的政府机构设置是以计划经济为依据的，所以职能上的政企不分和政府的大包大揽造成了政府的机构繁多、职责不明，因此我国行政改革的关键之一就是建立合理的组织机构。

在机构改革中，要让各级政府发挥更多的主动性和独立性，要安排更多的力量到地方上去，要更加重视地方的实际经验。政府的合理组织机构，应该朝着最能够接近广大群众，最能够发挥政府各部门、工作人员的积极性和创造性，最能够正确和及时执行党中央的政策、方针，并且最能够争取任务完成的速度的方向发展，使政府服务与经济建设、群众生活的需要完全配合起来。作为国家政策的制定、执行和服务部门，政府集中办公可以让大部分甚至全部的事权汇聚到政府，这种组织机构充分体现了上述方向和要求，有利于公众更大范围地接触和了解政府工作，达到双方的更高共识，有利于政府信息的及时公布和被接受，从而在政府和公众之间建立起沟通的桥梁和纽带。

（二）精简行政人员

我国政府普遍存在"三多一散两缺乏"的弊病。所谓"三多"——人员多、机构多、管理层次多；"一散"——政府下属众多部门，不仅职能不清，而且力量分散，部门之间不能形成按照一定方向目标进行紧密配合、协同作战并保持正常有效运转的封闭型管理大系统，因而直接影响了政府职能部门产生内聚力，当然也难以形成合力，不仅影响政府大系统整体创造力，而且导致整个工作效率低下；"两缺乏"——即政策缺乏充分正确的信息作基础，缺乏智囊参谋部门的科学论证咨询，仍然存在"拍脑袋"式的决策。

精简机构是一场革命。这不是对人的革命，而是对体制的革命。政府财政支出庞大，行政机构臃肿，人浮于事，缺乏竞争意识，是造成政府工作效率低下、服务态度差的主要原因。尤其是地方政府工作头绪多，工作任务繁重，如若不加控制，就会更加重政府自我扩张和人员自我膨胀的不可阻挡的趋势。政府集中办公可以促使政府机构的精简合并，减少不必要的重复性开支，节省政府的人力、物力、财力。同时，带动行政工作人员向"少而精"的方向发展。

（三）节约行政成本，缩减财政支出

从公共部门经济学的视角来看，政府在对社会大众提供服务的时候应该考虑到成本效益的核算问题，如果成本过大，就会导致政府生产力的危机——政府管理效率低下和官僚主义盛行。现代化的政府行政，以效率和效能为其主要出发点和根本目的，而衙门林立、机构庞大、高高在上、人浮于事的官僚主义作风是同这个大趋势格格不入的。各级政府集中办公，可以在很大程度上减少各部门的基本建设费用支出和大量的人力资源管理成本，从而也就减少了"吃皇粮"的份额，缩减财政支出，可以让政府有更大的力量投入到更需要、更能体现民意的领域中，实属一举多得。

此外，从社会成本的角度来讲，各级政府集中办公可以节约许多社会资源。因为当前的政府职能部门都各自为政，零星散布在城区的各个角落，不仅占用了大量的公共地皮，而且在无形中增加了建设经费和维修费用；分散办公使得党政部门之间办事很不方便，特别是也给群众办事带来了许多不便，盖几个章有时要跑遍城市的东西南北，这又增加了交通流量、加剧了道路堵塞，给道路交通带来了巨大压力。各级政府集中办公可以有效地解决以上诸多问题，大大节约社会成本。

各级政府集中办公有助于实行统一财政管理，可以大大缩减财政支出。当前，行政服务中心作为集中办公的过渡，已经在改善财政管理和缩减财政支出方面迈出了实质性的重要一步。例如，佛山市南海区在财政收支方面利用信息化加强了对财务的管理和监督。具体做法是2001年开始建立统一的区级财务结算中心，所有区政府能够收钱的部门，由中心统一开发票，"管

住票，出一门"，就管住了收入；在支出方面，实施统一核算，每个部门取消财务科，设置一个兼职的报账员，节约了开支。据统计，会计结算中心成立前后相比，财务管理人员从130多人减少至20人，节约费用500多万元；以前，18个镇所有行政事业单位共配有财务管理人员1400多人，现在只有145人，仅为原来的1/10，节约了管理费用6000多万元。

（四）改善政府服务

受长期计划经济体制的影响，我国政府职能中一直存在越位、缺位和错位的问题，政府在经济社会发展中扮演着主导性的角色，而服务的意识却比较薄弱。从公共管理的角度讲，政府应为社会的正常运转提供所必需的制度、规划和安排，政府的角色将更多的是服务，政府需要成为社会公众和市场主体的管理与服务机构。各级政府处于我国政府体系的不同层级，要么以宏观调控为主，要么直接面对基层和社会公众，都应该加强服务意识，改善服务质量。推行各级政府集中办公、精简机构，有利于政府功能专一化，集中精力履行职能；各级政府集中办公有利于部门间的监督和管理，同时有利于政务公开和政府工作公开透明，接受社会公众的监督，不断改善政府的服务质量。

各级政府集中办公可以最大限度地方便服务对象。推行政府集中办公之后，可以把各种证明或文件集中化，一个涉及不同部门的文件，可以在一个窗口备案，其他各部门都依次传送办理，可以节省人们大量的时间和精力，提高办事效率。随着电子政务的发展，政府上网工程的不断拓展，这种服务可以相应地集中到网络中去办理，通过建立一个文件资料电子化中心的方式，进一步方便公众。

（五）树立统一的政府形象

政府形象是政府这一巨型组织系统在运作中即在自身的行为与活动中产生出来的总体表现与客观效应，以及公众对这种总体表现与客观效应所做的较为稳定与公认的评价。各级政府集中办公可以集合各职能部门的力量，用一个声音传播政府的声音，发布政府的方针和政策；用统一的形象开放政府面向社会公众的信息，提供公众接触、了解政府的渠道，构架政府与公众之间的桥梁，统一规划、统一领导、统一建设、统一服务，避免了个别单位分散建设造成的资源浪费和重复建设，做到资源共享，也让各部门整合之后以统一的政府形象展现在公众面前，更好地树立为民服务的形象。

四、政府集中办公的可能性

从改革历史来看，中国政府的改革具有复杂性、艰巨性和长期性的特点。在当前行政改革不断推进的大环境下，政府集中办公作为制度创新的一种新突破，具有许多机遇性的推动因素，特别是《行政许可法》的生效和行政服务中心的发展，为集中办公提供了法律支持和导向性的制度设计。因此，各级政府推行集中办公是可行的也是可能的。

（一）借机构改革之机，合并与调整政府职能部门

从根本上说，政府机构改革是政治体制改革系统中的一个子系统，它与人的思想观念、思维方式的变革密切相关，因为政府机构改革最终必然要涉及人的权力和利益，所以在现实改革中会出现来自各方面的阻力。这些年来，我国政府进行了数次机构改革，取得了很多积极的效果，这得益于市场经济的发展和人们观念的转变。从另一个层面讲，政府机构是政府职能的载体，没有合理的政府职能，政府就失去了的意义。对各级政府而言，在机构改革的设计中，政府职能被进行重新定位，并据此对原有的职能部门进行合并与调整，实现机构精简、编制缩小、权力整合的改革目标。而集中办公提供了一种有效合理的制度设计模式。

（二）借城市改造和重新规划之机，规划政府集中办公地点

我国的城市化进程不断加快，各级政府为了配合城市建设和合理布局，都在积极推进旧城改造或城市重新规划。这为各级政府集中办公的地点问题提供了可能，在新规划中可以建设一个大院或一座大楼，将所有的政府职能部门集中于此进行集中办公。目前各级政府的职能部门分布在城区的不同地点，在自己的圈子里搞独立王国，甚至有些个别单位借建设之机大占地皮、配置宾馆、招待所等设施，出租余房，搞经济创收，滋长了政府部门的不正之风。而推行集中办公，可以由政府将各部门原有的建筑、地皮收回并进行资产置换，这样就可有效避免以上问题的出现，既节约行政成本，又能大大方便群众。在这方面，福建省泉州市和山东省安丘市（县）等各级政府已经做出了一些探索和尝试。

（三）《行政许可法》生效的促进

《行政许可法》通过放松政府规制，体现了推动政府职能转变、建设有限政府的立法目的。《行政许可法》在借鉴国外先进经验的基础上，确立了"效率与便民"的原则，强调了政府的公共服务职能。《行政许可法》要求缩短行政审批期限，提高审批效率；减少审批部门，尽量限制多头审批；实行一个窗口对外，阻止内部程序外部化。《行政许可法》的颁布和实施已经促进了各地公共行政服务中心的发展，随着机构改革的深入和行政许可法的深入贯彻各级政府集中办公的推行便成为可能，因为集中办公将大量减少审批部门和审批事项，更有效地限制行政机关的自由裁量权，进而可以最大限度地实现《行政许可法》"效率与便民"的原则。

（四）行政服务中心和政务大厅奠定了一定的基础

为了提高政府工作效率、改变老百姓"出门万事难"的状况，我国对行政审批制度进行了大力度的改革，各级政府相继建立了各类行政服务中心（或称为政务大厅）。这些行政服务中心一般是把地方政府具有行政审批职能和权力以及其他与百姓日常生活有关的政府职能部门，根据具体情况分离出一定数量的审批项目集中到行政服务中心统一办理，每个部门派员设立窗口，中心统一设立规章制度，对日常办事服务进行管理。由此以来，原本需要跑好几个机构和部门的审批项目或其他事务，就可以集中在一个大厅或中心办理，人们形象地称之为"一站式办公、一条龙服务"。从其运行效果来看，大多数行政服务中心在廉洁、高效、快速以及优质服务等方面都取得了明显的成绩，受到了社会各界和公民的好评。例如，芜湖市 2000 年在全国地市级城市中率先组建了行政服务中心，把具有审批、发证、收费等行政职能的政府部门集中在中心，设立服务窗口，实行一站式服务，2001 年进入中心的共计 23 个行政部门，设立了 28 个窗口，拥有工作人员 101 人，提供服务项目 180 多项，占全市审批项目的 75%，平均每天为市民、投资者和企事业单位办事 350 件，承诺办结率 100%，被市民誉为"洒满阳光的窗口"。

公共行政服务中心虽然自身有许多发展困境，但是作为公共行政改革的过渡形式，已经发挥了许多积极的作用，大大提高了行政效率，减少了审批项目。行政服务中心的现有模式为各级政府发集中办公提供了现实的借鉴，同时为集中办公奠定了一定的基础。

五、政府集中办公的模式

各级政府推行集中办公，对于现有政府组织模式是一种极大的挑战。各级政府集中办公究竟应该选择一种什么样的具体模式？这里从总体上描述一个基本的架构。

1. 一个大院或一座大楼，推行大办公室制

首先，由政府统一规划在交通方便、配套设施齐全的地段新建一个政府大院或一座独立的行政大楼，将政府所有的职能部门都集中在新的行政大楼内办公，而各职能部门原有的办公地点，届时可由政府收回，然后进行资产置换。其次，在新的行政大楼内实行大办公室制，也就是说，将一个部门或几个业务相近部门的公务员集中在一个大办公室内办公，基本上不建或少建1~2人间的小办公室。这可以借鉴韩国某些地方政府的经验，例如，于2000年建成的釜山市政厅大楼内，有三个局的140人在一个大房间里办公，大办公室制均采用中央空调，集中供热和制冷，还设有专门人员为公务员倒茶、送饮料和搞卫生，改善了公务员的办公条件。我国各级政府可以根据实际情况适当调整大办公室的公务员人数。最后，每个大办公室设立服务窗口，由专人代理服务对象完成本大办公室内的业务流程。

2. 低层对外办公，高层对内办公，实现功能分离制

为方便群众办事，行政大楼可以将涉及对外服务功能较多的部门或机构设在低层办公区，使群众在低层就可享受高效、完整的服务，办完所有的事项。同时，将对内服务部门和涉及对外服务较少的部门设在高层。这种分布格局可以实现功能分离，能够成倍地提高行政大楼的办事效率，也有利于内部的管理和服务。

3. 窗口服务制

行政大楼可以借鉴当前行政服务中心的运作模式，在低层设办事服务大厅，各职能部门组织人员进入办事窗口。在窗口推行首问负责制，就是说客户来行政大楼办事时，由协调中心在窗口指定一名工作人员作为承办第一责任人，第一责任人自始至终陪同和引荐客户完成其应办全部事项，客户只需同第一责任人保持联系，问询办事结果即可。按此模式，一般的客户办事程序在低层即可完成，在"窗口—大办公室—高层对内办公区"之间设专用的办事通道，由专员协调完成部门间的"并联式办公"。

4. 设政府财务中心，统一财政支出

在行政大楼的低层设立统一的政府财务中心，对预算外资金进行统一管理，彻底取消各部门的单位收入账户，所有收费全部进入政府财务中心，再由政府统一安排各单位的支出总额，从而增加政府对财政资金的调控能力。政府部门应严格规定所涉及的收费项目，各职能部门不得另行办理收费事务。同时，这些行政事业性收费的增加、减少、变更必须经政府主管部门会同财政、物价部门审核，并以此推动行政改革和财政体制改革的配套进行。从服务的角度来讲，统一的财政收费无疑对群众、对办事客户是有利的，这样就缩减了办事程序，节约了办事时间，大大方便了群众办事；而且从理论和实际两方面考虑，它可以从源头上减少权力寻租，避免职能部门对群众吃、拿、卡、要现象的出现。

当然，要实现集中办公还应该建立公众和舆论的监督机制与信息反馈机制，还可在办事工作人员中间推行绩效评估机制，此外，也需要建立健全许多相关的法律规章、配套机制等等。

六、规范政府办公用楼

各级政府集中办公，在具体实践中首先要规范政府办公用楼。我国对党政机关办公楼建设有一系列规定，但违规和超标建设、违规筹集建设资金、奢侈浪费等现象日益严重。办公楼过于豪华，既浪费了国家资源、加重了财政负担和社会负担，也极大地损害了政府形象。公共管理和公共财政理论和实践要求我们完善制度、加强监督。尽管国家三令五申，出台多种规定，并不断进行清理整顿，但由于理论上不重视外部监督的认识偏差和自批自建自管自用的规定不够合理，各地攀比建设豪华办公楼之风依然未能得到有效遏制。

（一）我国党政机关办公楼建设中存在的问题及影响

办公楼建设问题主要有：（1）问题主要集中在基层。越往基层，机关办公楼修建中的违规现象越严重。（2）违反国家有关规定：将办公用房与职工住宅合建；违反基本建设程序规定，在未办理施工许可证或审批手续的情况下，先行组织施工；办公用房和集资建房面积与项目批复面积严重不符，擅自提高建设标准、扩大建筑面积等。（3）建设面积、装修标准严重超标。许多办公楼都超过规定标准，装修上也过于豪华，装修费用过高，超过了《党政机关办公用房建设标准》中规定的装修费用占建设工程造价的比例。(4) 违规筹集建设资金，包括贷款、举债，甚至挪用扶贫款、救灾款等专项资金。(5) 奢侈浪费。建设成本和装修费用过高，不注重建筑的使用功能和经济实用性，盲目攀比，贪大求洋，搞豪华。

问题的负面影响：(1) 违反党和国家规定，影响社会规范的形成。各地党政机关办公楼建设中存在的违规、超标建设、挪用专项资金和奢侈浪费的现象，明显违反了《党政机关办公用房建设标准》和《楼堂馆所建设管理暂行条例》的规定，反映出党和国家的规定在实施过程中大打折扣，而违规主体正是本应在遵守国家法律法规方面起表率作用的党政机关，这必然严重影响法律法规和政府的权威性，不利于社会规范的形成。(2) 败坏党风、政风和社会风气。对豪华办公楼的追求，会侵蚀党员干部的进取精神和服务意识，助长享乐主义蔓延，危害党和人民的事业。当党政机关工作人员将注意力集中在奢华办公条件上时，对人民的责任感和服务意识就会淡化。许多地方上存在着不健康的攀比、享乐之风，豪华的党政办公楼与当地破败的小学和薄弱的公共基础设施形成鲜明的对比。(3) 增加了行政成本。(4) 加重财政负担和社会负担。(5) 滋生腐败。修建豪华办公楼的巨额资金往往成为滋生腐败的温床，在实际操作过程中能插手的地方各部门都或多或少希望能"分一杯羹"，几乎每一起豪华办公楼的背后都有官员因为腐败问题而被查处。(6) 严重损害党和政府的形象。若任由豪华办公楼现象蔓延，势必不利于社会稳定团结，甚至威胁到我国政府的合法性。

(二) 我国党政机关办公楼建设问题出现的原因

我国党政机关办公用房的建设主要采取单位申请、财政划拨和单位自筹相结合的建设体制；建设规模由发改委下达，资金由财政审批控制，单位自行申报建设。虽然我国有关党政机关办公用房的规定内容明确，但在实践中却不断出现问题。形成这些问题的原因主要有以下方面。

1. 审批和预算制度不够完善

审批制度不够严格。《楼堂馆所建设管理暂行条例》和《关于进一步严格控制党政机关办公楼等楼堂馆所建设问题的通知》中明确规定，所有新建、扩建、迁建、购置、装修改造党政机关办公楼项目，必须严格履行审批程序。分析这两个规定的内容我们不难发现，党政机关办公楼审批制度中一个很重要的问题是立项上的自我审批。中央项目一般报国务院审批，地方办公楼项目一般由当地或上一级地方政府审批，而审批程序由省级政府规定。这种安排最大的问题在于地方政府既是办公楼建设的受益者，又是办公楼建设项目的审批主体，这就很难保证审批的严格性和公正性。

2. 缺乏成熟的公共财政制度

按照规定，党政机关和财政全额拨款事业单位办公楼项目建设投资，不得使用银行贷款，不得接受任何形式的赞助或捐赠，不得搞任何形式的集资或摊派，不得向其他单位借款，不得让施工单位垫资，严禁挪用各类专项资金。但实际情况并非如此。首先是大量的预算外资金游离于监督的视野范围之外。按照现行规定，财政超收收入的使用可以由政府自行决定，全国人大可以对超收收入的使用提出要求，但不具有强制性；国家规定了收支两条线政策，但是各部门总是有办法把大部分钱要回来。因此，地方的预算外收入为地方政府肆意修建豪华办公楼提供了资金上的可能性。其次，办公楼的修建资金一般由财政划拨，纳入国家预算管理，但单位自筹资金一直是办公楼修建的重要资金来源：一是向企业或事业单位借款、向银行贷款或者让施工单位垫付。二是滥用各种名义集资、摊派，甚至强行征收。三是挪用社保基金、养老基金、扶贫基金等本该用于其他发展项目的专项资金。

3. 监督不到位

（1）同级监督流于形式。根据《楼堂馆所建设管理暂行条例》，各级审计、监察、银行、计划、统计部门，应当按照各自的职责，对楼堂馆所建设进行监督。但是在行政首长负责制下，首长权力过大导致相关部门处于弱势地位，难以真正起到监督作用。由于单位拥有建设权和所有权，而且还可以动用预算外资金，更重要的是很多情况下监督者与被监督者具有相同的现实利益，政府各部门也希望自己能有一个较好的办公环境，在共同利益的追求下，监督很容易流于形式，形同虚设。（2）上级监督难防阳奉阴违。中央不断严格强调审批程序和修建标准，地方政府总能想方设法规避中央规定，要么以修建公共设施如幼儿园、培训中心等借口修建办公楼，要么在获得审批后擅自提高标准、扩大投入，甚至未经审批擅自修建。（3）人大监督未能落实。我国一方面由于办公楼的审批多由上级人民政府作出，财政预算和工程招投标信息相对封闭不透明，人大的监督很难真正落实；另一方面，人大本身也有参与政府违规建设豪华办公楼的问题，甚至与政府等机关站到了同一"战壕"里"利益共享"，监督的刚性与力度必然大打折扣。（4）人民监督难实现。办公楼从规划、设计到审批、施工都没有征询民意的过程，只需要报上级有关部门审批即可；办公楼的建设资金来源不够公开透明，政府部门也不会主动将自己的违法证据公之于众，人民难以获得有效信息以起到监督作用；缺乏有效的申诉渠道，当地群众即使发现办公楼修建过程中的违法现象，也难以制止政府的违法行为。（5）舆论监督难奏效。如果被监督者对舆论监督装聋作哑，继续我行我素，舆论监督主体只能无可奈何。因为被监督对象是居于强势地位的政府，舆论监督往往很难得到职能部门的配合，一方面增加了调查的难度和报道的风险，另一方面也难取得权力监督部门的重视，难以使相关责任人受到惩处。（6）监督滞后性严重。对豪华办公楼的查处往往是一种事后监督，在办公楼建成以后遭到曝光，然后才有有关部门的介入调查。包括2007年中纪委、国家发改委、监察部、财政部、国土资源部、建设部、审计署七部委联合对党政机关楼堂馆所建设项目进行清理，实质上也是一种事后监督，不必要的浪费和恶劣的影响已经形成。

4. 思想认识有偏差，心理不成熟

（1）炫耀性政治心理。豪华办公楼的修建宣告了对稀缺资源的占有。从选址来看，豪华办公楼大多位于繁华地段，寸土寸金；从规模来看，豪华办公楼往往规模巨大，内部装修奢华，耗费更是节节攀升。（2）面子心理。许多地方政府认为堂堂党政机关大楼既不能比当地其他建筑寒酸，也不该比同级其他地区差。（3）官本位心理。官高于民的思想根深蒂固，很多豪华办公楼在设计上有意强调权力的地位：经过空旷的广场，从高高的台阶拾级而上登上到外门口，台阶尽头或有一个巨大的国徽俯视，或有威严的高柱耸立，庄严肃穆，不言自威，普通百姓似乎永远无缘一进，而官员们的车辆可以绕过台阶，直接开到办公楼前，门卫提供酒店式的服务。（4）升迁心理催生政绩工程。豪华办公大楼并非临时违章建筑，大多数是战略规划中的重大项目。豪华办公楼往往打着有助于招商引资的旗号，作为地方官员向上级领导邀功请赏的杰作上报到上级机关。（5）享乐主义成腐败温床。官员希望从豪华办公楼的修建中获得现实的利益回报也是修建豪华办公楼的诱因。如果没有大工程，单依靠财政资金，很多贫困县的官员是很难有机会腐败的。同时，豪华舒适的办公楼本身就是很好的享受。

（三）规范我国党政机关办公用楼的思路和具体措施

国外解决政府办公楼问题的经验有两点值得借鉴：一是由国会严格控制

办公楼审批和预算；二是将办公楼的建设管理者与使用者分离，本质上是控制自用自建和自建自用。严格而且切实落实的审批与管理程序，使得国外政府难以随意修建办公楼，遑论豪华办公楼。国际上比较流行的解决政府办公用楼的方式是租赁制。

我国为刹住兴建豪华办公楼的歪风，党中央国务院采取了一系列整治措施。但还需要进一步从理论上和实践上转变思想、借鉴经验、完善制度，从根本上规范党政机关办公用楼。

1. 规范我国党政机关办公用楼的基本原则：降低行政成本，保证基本办公条件，财政支出应受到严格的审批和监督

2. 规范我国党政机关办公用楼的建议

（1）规范审批制度，降低建设办公用楼的自决权和随意性。包括赋予各级人大对办公楼项目的审批权；明确、规范审批；严格控制办公楼建设标准。在审批的过程中要严格执行《党政机关办公用房建设标准》，中央国家机关正部、副部、正司局；严格控制经营性的办公楼建设项目。（2）规范国家机关非税收收入，遏制乱建豪华办公楼的资金来源。包括将非税收入资金纳入预算管理，严格政府非税收入的分配使用。（3）加强政府采购管理，严格落实招投标制度。（4）严格监督，加大惩处。包括加强人大的审查监督；落实预算监督；发挥舆论监督作用；加大惩处力度。

七、公共行政服务中心：政府集中办公的成功探索

公共行政服务中心（有的地方称为政务大厅、政务超市、"一站式"服务中心、行政审批服务中心等），是指政府有效整合职能，在一个集中的办公地点为公民提供全程式高效、快捷、公开、透明服务的一种行政服务形式，旨在建构一个回应力更强、效率更高、服务更到位的政府。我国公共行政服务中心的建设和发展，是我国行政体制改革的有益实践，更是各级政府集中办公的成功探索。但我国的公共行政服务中心多数还只是"行政受理中心"，而非功能全面的"政府服务中心"，仅是一个过渡性的机构形式，推行集中办公的"大厅办公制"（或大办公室制）才是中国行政改革的必然选择。

（一）主要特点与运行机制

公共行政服务中心的主要特点有：第一，审批责任明确。第二，公开公

正服务。第三,一条龙并联式办理。第四,统一扎口收费。

公共行政服务中心基本形成了一套较为完整规范的运作模式。(1)直接办理制。(2)服务承诺制。(3)首问负责制。(4)联合办理制。(5)明确答复制。(6)扎口收费制。

从总体来看,公共行政服务中心至少在形式上已经或正在使政府的行政审批行为发生着许多转变:分散审批向集中审批的转变,无限期审批向限时审批的转变,串联式审批向并联式审批的转变,部门内部操作向窗口公开审批的转变,就这些形式转变的本身而言,是公共行政发展的一些具体特征,必然会促使公共行政服务中心职能集中、功能延伸,各部门的关联度大大增强,提高了办事的透明度和高效率,体现了便捷、规范、快速、高效的特点。到目前为止,我国各地的公共行政服务中心取得了许多成绩,积累了一定的经验,其方便群众、高效运作的服务特点已经初步得到了企业、投资者和社会公众的广泛认可。

(二) 公共行政服务中心的突破和发展

我国公共行政服务中心已具规模并初步发挥出了其优势性,但还可以从以下方面寻求突破和发展。

1. 理念变革

(1) 政府角色的再定位。从公共管理学的角度讲,政府应为社会的正常运转提供所必需的制度、规划和安排,政府的作用将更多的是"掌舵而非划桨",我们需要一个"治理的政府,而不是一个实干的政府"。我国在改革开放后一直将政府职能转变作为重要的改革内容,并提出要建设法治政府、服务型政府。公共行政服务中心也是在这种背景下按照新公共管理理论的"公共服务导向"理念而建立的。但由于政府仍未完全实现职能转变,对于行政服务中心的放权不够,现实中对企业独立行为的过分干涉仍然常见。按照《行政许可法》的要求,应该进一步清理、撤销部分审批权限,切实放权给服务窗口;少抓事前的行政审批,多抓事后的监督检查,切实加强监督和落实,以一种"小政府、大社会、大服务"的基本理念代替全能型政府的基本理念,打造服务型政府。

(2) 改革理念的战略工具选择。从管制到管理到服务理念的转型,需要我们通过战略工具的选择来推进。"从实体上构筑服务型政府,是摆脱当前改革困境的根本出路"。这可以借鉴"政府再造大师"戴维·奥斯本提出的改变传统官僚制的"五C战略":核心战略:政府职能转变,做好"退位"和"补位";后果战略:结果为本,绩效管理,在政府服务中强化服务和收费分离的制度,把行政收费纳入预算管理,矫正歪曲的利益机制,并引入反馈机制、绩效评估机制;顾客战略:顾客导向、顾客主权、规范操作程序,实行政务公开,为公民提供全面、综合和快捷的服务;控制战略:权力下放,重心下移;文化战略:塑造服务文化,形成"官为民""为民服务"的新型组织文化。

2. 制度创新

(1)健全法律、规范制度、充分授权,大力推进行政审批制度改革。一要加强立法和执法,从法律上规定和保障公共行政服务中心的合法地位和职能权限;二要大规模取消审批项目;三要将部分审批项目进行管理方式的改变或处理,移交行业组织或社会中介机构管理。(2)完善体系。一是建立"市区合一、四位一体"的服务体系,对于辖区较少的市(不多于3个区),市直、区直职能相同的部门,可归在同一个窗口办公,上下衔接、联动配套,非常便捷。"四位一体"是指中心、窗口、部门与监委的联动机制,成立四方联席会议,定期或不定期召开工作协调会,努力形成部门支持窗口、窗口全力服务、中心统一协调、监委全程监督的良好工作格局;二要在省级建立行政服务综合中心,在乡镇建立便民中心,实现省、市、县、乡四级体制上的建设构想,实现上下联动配套的完整体系。(3)行政程序和行政业务流程的创新。应该建立信息公开即审批条件和标准公开制度、听取行政相对人意见的制度、审批决定说明理由的制度、行政审批案卷制度、回避制度和利害关系人的听证制度。同时,切割、整合各部门的行政业务,将职能部门的所有人员和事项集中到行政服务中心(或政务大楼)的后台大办公区,实现前台和后台工作的衔接。

3. 推行电子政务,建设网上行政服务中心

推行电子服务,建设电子化政府,就是政府有效利用现代信息和通信技术,通过不同的信息服务设施,向政府机关、企业、社会组织和公民,在其更方便的时间地点及方式下,提供自动化的信息及其他服务,从而建构一个有回应力、有效率、有责任,具有更高服务品质的政府。推行电子政务,可以改变政府运作流程,建立网上行政服务中心,实现网上申请、网上审批、网上服务。这样将更加高效地为客户提供服务,并且缩短流程,能有效地防止权力"寻租",有利于建设阳光型政府。

4. 强化监督，实行政务公开和绩效评估

（1）加强对窗口工作的监督，实行绩效管理。（2）推行政务公开。

八、运用电子政务，推进政府集中办公

在能源日益匮乏的今天，建设节约型机关、降低能源消耗、提高政府工作效率，已经成为各级政府亟待解决的问题。电子政务在政府办公自动化、公民服务电子化、行政决策电子化等方面有助于节约政府开支，推进节约型机关建设；而各级政府集中办公可以通过精简和优化机构和人员、缩减财政开支、提升公共服务质量等推进节约型机关建设。因此，发展电子政务和推进各级集中办公是我国政府改革和建设节约型机关的重要方向和途径。

（一）电子政务有助于推进节约型机关建设

电子政务的发展，尤其是网络技术在政府的广泛普及与应用，使得政府传统的办公地点、办公时间、政府结构、规章制度、服务方式等发生了根本性的改变。它改变了政府部门的工作方式，提高了政府工作效率；降低了传统办公设备的开支和公务处理成本，使得政府内外资源连为一体；改变了政府的管理结构和决策方式，政府管理结构呈现扁平网络化，政府规模逐渐缩小，向下分权成为趋势；改进了政府的服务效率和服务质量，办事更加便捷和高效。因此，电子政务是节约型政府的良好表现形式。世界发达国家早已将发展电子政务作为提升政府工作效率、降低行政成本的有效手段。

对我国来说，借鉴国外的先进经验，发展电子政务会加快推进节约型政府建设：促进政府办公自动化；实现公民服务电子化；推进行政决策电子化。因此，电子政务改善了政府公共服务的提供方式和质量，政府应用信息技术整合了政府各部门的职能，完成了服务的集成传递，并向公众提供了一个无缝隙的公共服务平台。

（二）发展电子政务与各级政府集中办公是建设节约型机关的重要方向

电子政务和各级政府集中办公是建设节约型机关的两条重要途径，二者都能够极大地推进节约型机关的建设，并且又有着内在的联系。

1. 各级政府集中办公符合电子政务的内在要求

电子政务的本质特征是通过现代信息通信科技手段的使用，使办公流程更为便捷、有效。电子政务的初级发展形态要求各个政府部门在一个操作平台上进行信息共享，即时办公。这本身就是集中办公的一种形式。因为在现阶段，各级政府集中办公还很难达到各个政府部门都集中到一个场所来工作，在这种条件下，要想达到各级政府集中办公的效果，就必须通过电子政务设置的这种虚拟的工作平台来实现集中办公的目的。电子政务的高级发展形态和最终目的就是为顾客提供一种方便、快捷、令人愉悦的公共服务。而各级集中办公的最终目的也是为了提升公共服务质量，满足公众不断增长的，以及更加多样化的公共服务需求。在这个意义上说，集中办公符合电子政务的内在要求和发展趋势。

2. 电子政务是各级政府集中办公的良好表现形式

政府集中办公不仅包含物理场所的集中办公，而且还包括虚拟电子平台的集中办公。在这个意义上，电子政务就是集中办公的一种表现形式。当然，随着技术手段和各种条件的日益成熟，可以最终实现物理场所的各级政府集中办公。但即便是在一个工作场所，也需要使用同一个电子操作平台来提供公共服务，这样不仅能节省物理场所的行政、能源开支，还能够提高公民与地方政府之间的互动，改善政府公共服务的提供方式和质量。

（三）二者的结合有助于大力推进建设节约型机关

电子政务和各级政府集中办公的最终目的就是为了提高行政机关工作效率，为公民提供更好的公共服务。这一目的本身就是地方政府改革的最终目标，所以这二者的结合将会推进地方政府的公共服务改革，并且能够从侧面推进行政机关的机构和人员精简，所以建设电子政务和各级政府集中办公将是政府改革的两条重要途径，二者相辅相成，缺一不可。

电子政务和各级政府集中办公有助于解决目前地方政府存在的人浮于事、官僚作风等各种不良现象，有助于改善政府机关的管理模式和工作作风。同时，由于电子政务强调对电子虚拟平台与现代信息通信技术的使用，这能够从根本上节省政府行政开支，提高政府资源的利用效率。集中办公则强调政府部门集中在一个场所工作，这能够从更深的层次上提高行政工作效率，推进节约型机关建设。

由于电子政务的初级表现形式是虚拟电子平台，但虚拟办公在现实中也会遇到很多问题，比如重复指令、对公众提出问题的敷衍等等，所以单纯靠虚拟电子平台提供优质的公共服务也是不现实的。而物理场所的集中办公能够有效地回避这些问题，比如对公众某些疑问的回答是面对面的，并且会有第三方的监督机制，所以会督促政府及其工作人员做出更负责任的回应。因此，电子政务和集中办公结合的实质就是虚拟与现实的结合，这种结合不仅能够利用虚拟平台的优势，还能够发挥物理场所的长处。二者的结合能够有效地推进地方政府的公共服务改革，推进节约型机关的建设。

参考文献

[1] 陈休征. 官场病，帕金森定律，诺斯古德·帕金森小品集 [M]. 上海：生活·读书·新知三联书店，1982

[2] 尹鸿伟. 中国豪华办公楼调查 [J]. 新西部（新闻版），2007（5）：40-42

[3] 孙立忠. 从人大与政府共建豪华办公楼看监督缺位 [J]. 江淮法治，2007（17）：35-35

[4] 雷阳. 政府办公楼为何越盖越豪华？[J]. 农村·农业·农民，2007（1）：13

[5] 黄国珍，李成言. 部分地方官员为何热衷建"白宫"？[J]. 人民论坛，2007（7）：22-24

[6] 刘海新，张淑真，王海燕. 控制行政成本 强化财政支出管理 [J]. 内蒙古科技与经济，2008（24）：31-32

[7] 张成福，党秀云. 公共管理学 [M]. 北京：中国人民大学出版社，2001：252

[8] 萨瓦斯. 民营化与公私部门的伙伴关系 [M]. 北京：中国人民大学出版社，2002：73

[9] 中国改革发展研究院. 建设公共服务型政府 [M]. 北京：中国经济出版社，2004：3

[10] 邓小平. 邓小平文选：第3卷 [M]. 北京：人民出版社，1995：128

[11] 王建. 世界贸易组织规则与政府职能转变 [M]. 北京：经济科学出版社，2002：21

[12] 阮成发. WTO与政府改革 [M]. 北京：经济日报出版社，2001：188-204

[13] 齐明山. 中国人民大学行政管理学系. 行政学导论 [M]. 北京：中国人民大学出版社，2006：430-433

[14] 中国行政管理学会课题组. 深化行政管理体制改革的理论与实践 [J]. 中国行政管理，2003（3）：5-8

[15] 魏文章. 关于县级政府职能转变的几个问题 [J]. 中国行政管理, 1999 (7)

[16] 崔玲娥. 论行政许可法与政府职能的转变 [J]. 陕西行政学院学报, 2004, 18 (1): 78-80

[17] 列宁. 新时代新形式的旧错误 [G] // 中共中央马克思恩格斯列宁斯大林作译局. 列宁选集: 第4卷. 北京: 人民出版社, 1977: 561

[18] 张志荣. 行政体制改革与转变政府职能 [M]. 北京: 社会科学文献出版社, 1994: 426

[19] 顾家麟. 从机构改革到行政体制改革的实践与思考 [M]. 北京: 中国发展出版社, 1997: 3

[20] 谢庆奎. 政治改革与政府创新 [M]. 北京: 中信出版社, 2003: 248

[21] 谢庆奎. 中国行政机构改革的回顾与展望——兼论行政机构改革的长期性 [J]. 学习与探索, 1997 (6): 63-69

[22] 胡宁生. 中国政府形象战略 [M]. 北京: 中共中央党校出版社, 1998: 18

[23] 孟召将. 实施《行政许可法》促进政府职能转变 [J]. 成都行政学院学报, 2004, 11 (3): 27-29

[24] 李小勇. 浅谈节约型政府的构建 [J]. 中共太原市委党校学报, 2005, 7 (5): 14-16

[25] 郑力. 政府管理创新的新视角: 建设节约型政府 [J]. 党政干部论坛, 2005 (10): 25-26

[26] 黄明哲. 关于建设节约型政府的思考 [J]. 武汉理工大学学报 (社会科学版), 2006, 19 (3): 43-52

[27] 马凯. 大力推进节约型机关建设 [J]. 求是, 2010 (2): 3-5

[28] 吴爱明. 多管齐下建节约型政府 [J]. 科技与企业, 2006 (11)

[29] 吴爱明. 中国电子政务 [M]. 北京: 人民出版社, 2004: 98-132

[30] 吴爱明. 市县政府应集中办公 [J]. 中国行政管理, 2004 (12): 52-55

[31] 吴爱明, 孙垂江. 我国公共行政服务中心的困境与发展 [J]. 中国行政管理, 2004 (9): 60-65

[32] 吴爱明. 公共管理学 [M]. 武汉: 武汉大学出版社, 2012: 212

[33] 吴爱明. 突破政府采购困境: 行政改革与政府采购电子商城 [J]. 中国行政管理, 2015 (7)

[34] 吴爱明. 应用新技术是改革突破口 [J]. 中国政府采购报, 2015

[35] 吴爱明. 论政府采购电商化 [J]. 中国政府采购, 2015 (7): 47-49

[36] 吴爱明, 朱国斌, 林震. 当代中国政府与政治. 第2版 [M]. 北京: 中国人民大学出版社, 2010: 213

[37] 吴爱明. 公共管理理论与实践 [M]. 太原: 山西人民出版社, 2004: 79, 559

［38］吴爱明. 中国电子政务——理论与实践［M］. 北京：人民出版社，2004：341，576

［39］吴爱明，崔晶，祁光华. 运用电子政务推进市县政府集中办公［J］. 中国行政管理，2011（5）：34－37

［40］吴爱明，衷向东. 建构先进的电子政务应用模式［J］. 美中公共管理，2005（4）：1－5

［41］连云港市行政审批服务中心. 建好行政审批中心　改善经济发展环境［J］. 中国行政管理，2001（6）

［42］柳斌杰. WTO 协议解读［M］. 成都：四川人民出版社，2001：219

［43］梁建东. 从管制到服务——我国政府审批制度改革的理念追寻［J］. 福建行政学院学报，2003（1）：18－22

［44］薛克俭. 中国转型时期政府改革国际研讨会（2003）综述［J］. 中国改革论坛，2003（12）

［45］李亚非，朱应皋. 当代西方行政改革模式及其启示［J］. 学海，1999（5）：81－87

［46］中国社科院"基层民主政治建设研究"课题组. 从"统治"到"治理"的重要一步［J］. 领导文萃，2002（8）：26－28

［47］彭向刚. 我国行政审批制度的突出问题与改革的目标模式［J］. 学术研究，2003（9）：86－90

［48］梁建东、魏丽艳. 从管制到服务［J］. 公共行政，2003（3）

［49］欧文·E·休斯. 公共管理学导论［M］. 北京：中国人民大学出版社，2001：119，286

［50］国家行政学院研究室. 转型中的政府［M］. 北京：国家行政学院出版社，2002：339

［51］湛中乐. 中国加入 WTO 与行政审批制度改革［J］. 中外法学，2003（2）：197－208

-- 代表作品 --

［1］吴爱明，刘文杰. 政府改革——中国行政改革模式与经验［M］. 北京：新华出版社，2010

［2］吴爱明. 中国电子政务［M］. 北京：人民出版社，2004

［3］吴爱明. 领导执行力［M］. 南宁：广西人民出版社，2014

［4］吴爱明，沈荣华，王立平. 服务型政府职能体系［M］. 北京：人民出版社，2009

［5］吴爱明，朱国斌，林震. 当代中国政府与政治（第2版）［M］. 北京：中国人民大学出版社，2010

［6］吴爱明. 地方政府学：Local government ［M］. 武汉：武汉大学出版社，2009

［7］吴爱明. 公共管理学［M］. 武汉：武汉大学出版社，2012

［8］吴爱明. 我国地方政府地名有偿命名的法律思考［J］. 中国行政管理，2007（11）：43-46

［9］吴爱明. 清督捕则例研究［D］. 南开大学，2009

［10］吴爱明. 论政府采购电商化［J］. 中国政府采购，2015（7）：47-49

中国建设工程领域行政审批中介：
改革、管理与展望

张楠迪扬[*]

> **摘　要：** 中国行政审批中介改革是行政审批制度改革推进至"深水区"的延伸改革领域。本文讨论了行政审批中介改革的背景、改革的推进、行政审批中介的概况、管理制度，对比分析美国和中国香港特别行政区的有关经验，在此基础上提出中国内地在行政审批中介管理制度上的相关问题，并提出对策建议。
>
> **关键词：** 行政审批制度改革；行政审批中介；资质管理制度

一、改革缘起

中国行政审批中介改革缘起于行政审批制度改革。行政审批是指行政审批机关（包括有行政审批权的其他组织）根据自然人、法人或者其他组织依法提出的申请，经依法审查，准予其从事特定活动、认可其资格资质、确认特定民事关系或者特定民事权利能力和行为能力的行为[①]。

在从计划经济到社会主义市场经济的转型过程中，行政审批作为一种政府的行政管理方式开始出现。与计划经济时代不同，政府不再通过严格的行政指令和计划指标，直接管理生产生活。社会主义市场经济时代，行政审批是长期以来政府管理生产生活的主要手段。政府通过行使行政审批权力，控制市场准入、职业准入等，对自然人或法人的活动进行规范和限制。

行政审批制度正式被纳入改革议程，成为国家"自上而下"推动的顶层政策的关键原因是由权力引发的腐败。党的十四大以来，行政审批成为政府

---

[*] 张楠迪扬，中国人民大学公共管理学院副教授。

[①] 参见《关于贯彻行政审批制度改革的五项原则需要把握的几个问题》，国务院行政审批改革工作领导小组，国审改发〔2001〕1号。

履行职能、管理市场与社会的主要方式,是政府权力最集中的领域。当行政审批成为政府行使行政权力、管理市场的主要手段时,也同时产生了权力寻租的隐患。行政审批事项的设立缺乏规范,存在部门利益、个人私利,行政审批成为诱发腐败、权力寻租的制度源头。为从源头上预防和治理腐败,中央开始特别关注推进行政审批制度改革的重要性。2000 年 12 月 27 日,中国共产党第十五届中央纪律检查委员会第五次全体会议在北京举行。会议通过《中国共产党中央纪律检查委员会第五次全体会议公报》。公报提出要"改革行政审批制度,规范行政审批权力",为中央国家机关各部门行政审批制度改革定下日程表。

2001 年 10 月 18 日,国务院批准并转发《国务院批转关于行政审批制度改革工作实施意见的通知》(国发〔2001〕33 号)(下简称《实施意见》)。《实施意见》首次全面提出了行政审批制度改革的实施方案,提出了行政审批制度改革的指导思想和总体要求、改革应遵循的原则、实施步骤,以及需要注意的问题。

2001 年 12 月 10 日,国务院行政审批制度改革工作领导小组印发《关于贯彻行政审批制度改革的五项原则需要把握的几个问题》的通知(下简称《通知》),正式规定了中央国家机关及各地方推行行政审批制度改革的落地方案。中国行政审批制度改革由此拉开帷幕。2002 年至 2012 年,国务院分六批,共取消、调整、下放、转移 2456 项行政审批事项,占原有总数的约 69%。[①] 2013 年以来,国务院更加大了行政审批制度改革的力度。国务院各部门行政审批事项 1700 多项。[②] 截至 2016 年 12 月 1 日,国务院已经分 14 批,[③]

---

① 参见《中国法治建设年度报告(2012)》,中国法学会,2013 年 6 月 25 日,其中对六批取消调整,下放事项进行重新统计,并根据统计对所占比例重新估算。
② 十二届全国人大一次会议国务院总理李克强答中外记者问,2013 年 3 月 17 日。
③ 《国务院关于取消和下放一批行政审批项目等事项的决定》,国发〔2013〕19 号;《国务院关于取消和下放 50 项行政审批项目等事项的决定》,国发〔2013〕27 号;《国务院关于取消和下放一批行政审批项目的决定》,国发〔2013〕44 号;《国务院关于取消和下放一批行政审批项目的决定》,国发〔2014〕5 号;《国务院关于取消和调整一批行政审批项目等事项的决定》,国发〔2014〕27 号;《国务院关于取消和调整一批行政审批项目等事项的决定》,国发〔2014〕50 号;《国务院关于取消和调整一批行政审批项目等事项的决定》,国发〔2015〕11 号;《国务院关于取消一批职业资格许可和认定事项的决定》,国发〔2015〕41 号;《国务院关于第一批取消 62 项中央指定地方实施行政审批事项的决定》,国发〔2015〕57 号;《国务院关于取消一批职业资格许可和认定事项的决定》,国发〔2016〕5 号;《国务院关于第二批取消 152 项中央指定地方实施行政审批事项的决定》,国发〔2016〕9 号;《国务院关于取消 13 项国务院部门行政许可事项的决定》,国发〔2016〕10 号;《国务院关于取消一批职业资格许可和认定事项的决定》,国发〔2016〕35 号;《国务院关于取消一批职业资格许可和认定事项的决定》,国发〔2016〕68 号。

取消、调整、下放 1186 项行政审批事项，基本削减了国务院层面行政审批事项总量的 1/3。

二、行政审批中介

行政审批制度改革削减了大量行政审批事项，但很长一段时间行政相对人的获得感并未显著提升。各种前置审批预评估增多，很多地方市场主体"办事难"并未得到有效缓解。① 这一现象暴露了改革进入"深水区"的制度暗礁，从而也使得行政审批制度改革的延伸领域进入改革者和学界的视野。行政审批中介作为行政审批的前置环节，环节多、耗时长、质量低等问题突出，是深化行政审批制度改革的"肠梗阻"，很大程度上抵消了行政审批制度改革的成果。

"行政审批中介"的提法出现比较晚。相比之下，"中介机构"与"中介服务"较早进入学术界与实践界视野。随着社会主义市场经济的确立发展，与政府职能转移的不断推进，各类中介机构作为一类市场主体也蓬勃发展起来。中介机构的出现是"资源控制权由政府部门高度集中向社会和市场分散转变的产物。同时促成多元化、社会化的资源控制体制和配置体制的形成。"②

目前学界的主流定义则注重中介机构的处于"政府与市场主体，市场主体与市场主体之间"的"中介"位置。类似有代表性的定义如中介机构是"介于政府与市场主体之间、商品生产者与经营者之间、个体与单位之间，从事服务、咨询、协调、评价、公证、监督等活动的机构。"③ "社会中介机构是指介于政府与市场主体、市场主体与市场主体之间，从事监督、公正、协调、沟通、规范等服务活动的组织机构，是连接政府与企业、企业与企业的桥梁与纽带。"④ "社会中介机构是指在企业和政府、企业和市场、企

---

① 申孟哲，叶晓楠. 部分地方存隐性审批，触动利益比触动灵魂难 [N]. 人民日报海外版，2014 - 03 - 07（005）

②③ 郁建兴. 理顺政府与社会中介机构的关系 [M]//郭济. 行政管理体制改革：思路和重点. 北京：国家行政学院出版社，2007：222

④ 郭国庆，王海龙. 论社会中介组织的内部营销 [J]. 山西财经大学学报，2003，25（5）：39 - 42

业和企业之间发挥着服务、沟通、协调、公证、监督等作用的社会组织。"[1]"中介机构作为一种社会自治组织,是处于政府与社会之间,联结政府与企业、政府与市场的各种社会组织的总称。"[2] "社会中介机构不仅仅是指市场中介机构,而是指所有介于政府/企业/个人之间,并起着为社会管理提供服务/沟通/监督作用的社会组织。"[3] "社会中介机构是指处在政府与企事业单位及公民等经济主体和社会主体之间,起沟通、联结作用,承担特定服务、协调、监督、管理职能的具有相对独立的法律地位的社会组织。"[4]

还有学者在上述各版本定义中加入营利因素,认为中介机构既可以是营利组织,也可以是非营利组织。如"社会中介机构是按照相应的法律、法规、规章成立的,在社会和市场上承担一定政府职能和服务职能,起着连接政府和社会的纽带作用的组织的总称。它既包括市场上一些特定的营利性组织,也包括社会中各种各样的非营利性组织。"[5] 上述主要定义揭示出中介机构的本质特点:介于政府与社会之间、接受委托,提供技术、咨询等服务、营利或非营利。

行政审批中介是中介机构的一个类别。目前,学界对行政审批中介的研究处于起步阶段,未对此概念定义展开广泛讨论,存在"审批中介""与行政审批有关的中介服务""行政审批中的'第三方'服务""行政审批前置中介"等多种提法。有地方政府基于对有关行政审批中介服务的实践探索,开始逐渐使用"行政审批中介"概念。[6]

中央政府层面,从上述国务院发布的两个有关行政审批中介改革的文件看来,2014年12月,国务院办公厅发布的《精简审批事项规范中介服务实行企业投资项目网上并联核准制度的工作方案》中还用比较宽泛的"中介服务"概念指代"行政审批中介服务"。

---

[1] 陆伟明. 试论政府职能转变与社会中介机构的关系 [N]. 人民日报, 2004 - 06 - 21 (009)

[2] 梁云. 发展社会中介机构——推进行政管理体制改革的重要内容 [N]. 人民日报, 2004 - 06 - 21 (009)

[3] 胡仙芝. 论社会中介机构在公共管理中的职能和作用 [J]. 中国行政管理, 2004, 10: 84 - 89

[4] 韩新宝, 李哲. 论社会中介组织发展的努力方向 [J]. 学会, 2009 (12): 20 - 23

[5] 殷晓彦, 刘杰. 试析社会中介组织概念的内涵、外延及其他 [J]. 社会工作, 2010 (5): 61 - 63

[6] 比如, 2013年10月9日, 台州市人民政府印发《台州市行政审批中介机构服务管理办法 (试行) 的通知》台政办发〔2013〕128号, 明确提出了"行政审批中介"概念。

"行政审批中介"首次出现在国务院文件中,是 2015 年 4 月 27 日国务院办公厅发布的《关于清理规范国务院部门行政审批中介服务的通知》(国办发〔2015〕31 号)。该文件虽然未直接给出行政审批中介定义,但明确了清理行政审批中介服务的范围。清理规范的范围为:"国务院部门开展行政审批时,要求申请人委托企业、事业单位、社会组织等机构(以下统称中介服务机构)开展的作为行政审批受理条件的有偿服务(以下称中介服务),包括各类技术审查、论证、评估、评价、检验、检测、鉴证、鉴定、证明、咨询、试验等。"[1]

由此,可将行政审批中介定义为:政府开展行政审批时要求申请人委托的,为申请人提供作为行政审批受理条件有偿服务的企业、事业单位、社会组织。行政审批中介服务形式多样,包括各类技术审查、论证、评估、评价、检验、检测、鉴证、鉴定、证明、咨询、试验等。根据此概念,行政审批中介服务的几个要件为:前置于行政审批事项、政府要求委托第三方中介机构、有偿服务。

三、建设工程领域行政审批中介改革

(一) 问题显露

随着行政审批制度改革的推进,建设工程领域的行政审批暴露出行政审批制度改革遭遇的共性问题。项目投资审批领域广、事项多、程序繁冗。在行政审批制度改革的背景下,为转变政府管理职能,落实企业投资自主权,国家决定推进投资审批制度改革。2004 年 7 月,国务院办公厅发布《国务院关于投资体制改革的决定》(国发〔2004〕20 号)(下简称《决定》),提出了投资审批制度改革。改革启动以来,国务院已经三次调整《政府核准投资项目目录》,[2] 逐渐缩小政府核准范围。

---

[1] 国务院办公厅. 国务院办公厅关于清理规范国务院部门行政审批中介服务的通知 [R/OL]. 2015 – 04 – 29. http://www.gov.cn/zhengce/content/2015 – 04/29/content_9677.htm

[2] 三次调整见:《国务院关于发布政府核准项目的投资项目目录(2013 年本)的通知》(国发〔2013〕47 号);《国务院关于发布政府核准项目的投资项目目录(2014 年本)的通知》(国发〔2014〕53 号);《国务院关于发布政府核准项目的投资项目目录(2016 年本)的通知》(国发〔2016〕72 号)

然而，虽然立项时间缩短，审批数量减少，但市场主体办事时间并没有明显缩短，投资审批制度改革的效果被消解了。建设工程领域行政审批制度改革的主要对象是企业不使用政府性资金投资建设的固定资产投资项目。建设工程项目单位价值高、项目数量多、地域广、审批链条长、涉及主管部门多，与公共利益关系紧密，是固定资产投资项目中的最引人注目的项目类别，也是投资审批制度改革推动后，问题曝光率最高的领域。

国务院审改办负责人曾表示，"简政放权后，企业仍需把大量的时间精力放在中介服务环节上，中介服务收费乱，整体费用偏高，而一些中介服务机构甚至与审批部门存在利益关联，很难保障中介服务的公正合理。"① 据统计，2015 年上半年，国务院总理李克强曾经在国务院党组会议、国务院常务会议、国务院廉政工作会议、国务院电视电话会议上，5 次提及整治"红顶中介"问题。②

第一，建设工程领域行政审批中介环节多。建设工程领域行政审批中介指：处于政府与建设方之间，接受建设方委托为其提供技术、咨询等行政审批前置有偿服务的机构。有地方人大代表示，"一个建设项目，从拿地到拿证，要经过 24 个中介机构的'关卡'、送审 48 个评估报告，要想加快审批，就得塞'加班费'！""拿着'政府授权'的中介机构，几乎吃掉了老百姓本该享受到的改革红利。"③ 还有政协委员勾勒出项目审批长征图，"16 个大项、168 个子项、申办 20 个批复、15 个评审，涉及 10 个厅（局），40 余个处（室），多达 130 余个办事环节"。其中"真正属于政府部门行政审批的仅有 20 多个环节，涉及的中介服务事项却多达 40 多项。"④

第二，行政审批中介结审时间长。有企业表示，"政府审批的时候还有固定期限，到中介机构就说不准几天了。"有省份调查显示，全省一次就通过审查的施工设计文件不到 15%，结审时间普遍较长。有地方政协委员反应，建设工程项目审批流程一年半，"审批时间也大多花在中介服务上，部门审批环节只需 70 多个工作日。"⑤ 另有地方调查显示，行政审批中介服务用时占建设工程项目手续办理总时长的 2/3。⑥

---

①② 总理责令整治红顶中介，人民网 - 中国经济周刊，2015 年 6 月 16 日. http：//politics.people.com.cn/n/2015/0616/c1001 - 27160521.html

③ 一个项目 24 个中介"卡"：投资项目审批权放给了谁?，新华网，2015 年 2 月 13 日. http：//news.xinhuanet.com/politics/2015 - 02/13/c_1114365912.htm

④⑤⑥ 晏国政. 中介服务乱象蚕食行政审批改革红利［N］. 经济参考报，2014 - 8 - 28 (005)

第三，与政府利益关系紧密，垄断市场。"部分中介机构本身就是审批部门所属的事业单位，或者主管的行业协会；有些审批部门有现职人员或离退休人员在中介机构里面兼职或者是任职。这些中介机构与审批部门存在千丝万缕的利益关联，很难保障中介服务的公正合理。"① 特别是一些与政府部门存在利益关联的"红顶中介"。这些机构由于与政府部门关系密切，被输送利益，垄断市场，成为"二政府"，被形容为"戴市场的帽子、拿政府的鞭子、收企业的票子、供官员兼职的位子"，②是"一种伴生于改革、寄生于体制并不断蚕食改革红利的'寄生虫'"。③ 2014 年 6 月，计署审计长刘家义在第十二届全国人民代表大会常务委员会第九次会议上做"国务院关于 2013 年度中央预算执行和其他财政收支的审计工作报告"。报告指出，"至 2013 年底，卫生计生委、国土资源部、住房城乡建设部等 13 个部门主管的 35 个社会组织和 61 个所属事业单位利用所在部门影响，采取违规收费、未经批准开展评比达标、有偿提供信息等方式取得收入共计 29.75 亿元，部分单位违规发放津补贴 1.49 亿元。"

第四，收费混乱。行政审批中介存在收费水平高、标准不一、重复收费、强行收费等现象。有的建设工程项目"各种名目办证费用高达 200 多万元……其中真正属于政府部门行政审批的费用仅为 2 万多元。"④ "很多中介服务没有政府指导价格，即便有价格标准，在执行过程中也普遍存在'讨价还价'。有企业反映，有的项目"按标准中介机构可收取十万元费用，但如果找到相关政府部门负责人打招呼或多次沟通，价格可能会降低一半。"⑤ "营业执照年检往往跟一些中介机构的会费挂钩。如果企业不交工商协会会费，工商部门往往就拖着不给年检。这种会费根据企业人数，几千元到上万元不等。"⑥ 有的地方存在中介审查通常不能一次通过，多次返工，重复收费的情况。⑦

---

① "王峰：清理行政审批中介服务五大问题是深化改革的必然要求"，中央机构编制网，2015 年 4 月 28 日. http://www.scopsr.gov.cn/ldzy/ldbdj/wf/wfjh/201504/t20150428_275089.html
② 红顶中介，得管管了 [N]. 人民日报，2014 - 12 - 22
③④⑤⑥ 总理责令整治红顶中介，人民网 - 中国经济周刊，2015 年 6 月 16 日. http://politics.people.com.cn/n/2015/0616/c1001 - 27160521.html
⑦ 一个项目 24 个中介"卡"：投资项目审批权放给了谁？，新华网，2015 年 2 月 13 日. http://news.xinhuanet.com/politics/2015 - 02/13/c_1114365912.htm

（二）改革推进

为解决上述乱象，建设工程领域行政审批中介成为行政审批中介改革的主要抓手，也是现阶段推进中国行政审批中介改革的前沿课题与攻坚难题之一。2015年4月27日，国务院办公厅发布《关于清理规范国务院部门行政审批中介服务的通知》（国办发〔2015〕31号），界定了清理范围、清理措施，以及实施方案，同时要求地方各级政府根据要求，组织实施本地区清理工作。这标志着全国范围行政审批中介制度改革正式开始。

现阶段，中国行政审批中介改革处于清理行政审批中介服务事项阶段。截至2018年2月，国务院分三批规范清理国务院部门行政审批中介服务事项。2015年10月22日，国务院发布《国务院关于第一批清理规范89项国务院部门行政审批中介服务事项的决定》（国发〔2015〕58号），决定第一批清理规范89项国务院部门行政审批中介服务事项。2016年2月3日，国务院发布《国务院关于第二批清理规范192项国务院部门行政审批中介服务事项的决定》（国发〔2016〕11号），决定第二批清理规范192项国务院部门行政审批中介服务事项。2017年1月12日，国务院发布《国务院关于第三批清理规范国务院部门行政审批中介服务事项的决定》（国发〔2017〕8号），决定第三批清理规范17项行政审批中介服务事项。如表1所示，国务院部门清理、规范行政审批中介主要有三种方式。

表1　国务院部门清理、规范行政审批中介服务的主要方式

清理方式	是否取消该项行政审批中介服务	规范方式
1	是	取消该项行政审批中介服务，不再作为行政审批前置条件，不再要求申请人提供相关材料
2	否	政府不再要求申请人委托行政审批中介，相关服务由审批部门自行组织开展
3	否	申请人可委托行政审批中介机构提供服务，也可自行完成审批部门的审批前置要求

资料来源：根据国务院三批清理、规范国务院部门行政审批中介服务事项（国发〔2015〕58号、国发〔2016〕11号、国发〔2017〕8号）。

根据2015年4月国务院办公厅发布的《关于清理规范国务院部门行政

审批中介服务的通知》，截至 2016 年 12 月，各省级政府皆已发布清理行政审批中介服务事项的相关文件或工作部署，实际清理工作各地进展不一。省级及以下各地方正处于清理行政审批中介服务事项阶段。行政审批中介，特别是"红顶中介"涉及多部门既得利益群体，政府多采用职能部门摸底本部门情况上报行政审批中介服务事项。根据地方调研，对于利益牵涉较深的职能部门，这种工作方式遭遇一定阻力，较难摸清真实情况，存在瞒报、漏报现象。①

在全面清理行政审批中介事项存在阻力情况下，地方改革进行了变通式探索。有的地方通过成立"中介超市"，管理辖区内行政审批中介机构。"中介超市"的理念是：先管好一部分行政审批中介。所谓"中介超市"是行政审批中介提供服务的实体或虚拟平台。多地对"中介超市"进行了不同模式的探索，大体机制相似。政府严格管理进入超市的行政审批中介，规范环节、结审时间、收费等。市场主体如选择中介超市的中介，则可以获得较为优质的服务。

四、建设工程领域行政审批中介服务及机构概况

建设工程的行政审批流程可以分为项目立项、项目报建、项目施工、竣工验收四个阶段。建设工程领域各项行政审批中介服务分布在建设工程的不同阶段。由于各地推进改革的进度不同，有的地方在深化行政审批制度改革的过程中，优化审批流程，部分调整了行政审批中介服务环节。对于建设工程的一般流程，行政审批中介服务的发生环节大体一致。大部分行政审批中介服务发生在项目报建阶段。施工阶段发生的行政审批中介服务主要为各类工程施工以及监管施工过程的监理。验收阶段主要为各项竣工验收、特种设备检测、档案资料整理。

目前既有研究对中国建设工程领域行政审批中介服务的研究尚处于起步阶段。张楠迪扬通过对建设工程领域行政中介服务展开研究，分析了中国政府对行政审批中介机构的管治困境。② 唐东霞、江瑞情指出工程造价中介机

---

① 地方调研，2016 年 2 月。
② 张楠迪扬. 中国政府对中介组织的管治困境——以建设工程领域中介服务为视角 [J]. 国家行政学院学报，2015（1）：107 – 111

构的诸多问题，认为改革迫在眉睫。① 徐有平基于浙江省温州市改革，提出行政审批中介机构应与政府脱钩。② 王晨筱、唐跃认为创新中介服务可以助力行政审批制度改革。③ 少有研究厘清建设工程领域中国行政审批中介的概貌及分类。

（一）行政审批中介服务分类

按职能分类，建设工程领域行政审批中介服务可分为四大类：审查类、技术服务类、仪器检测类，及其他类。

第一，审查类行政审批中介代替政府行使行政审批职能，主要对各类施工图进行审查。审查类行政审批中介服务主要包括建设工程施工图审查、人防工程施工图审查。

第二，技术服务类行政审批中介服务是依靠资质人士的技术知识和专业判断提供的智力服务，主要服务形式为各种评估/监测/咨询/验收报告，设计/勘察方案等。该类服务以及从事该类服务的行政审批中介机构数量较多，技术服务类行政审批中介服务又可细分为三类。

一是辅助审查类，辅助审查类技术服务主要指资质单位依靠专业判断，对建设项目的潜在风险、危害性进行评估，旨在为政府部门的行政审批提供专业意见。该类行政审批中介服务具体包括：雷电灾害风险评估、职业病危害控制效果评价、职业病危害预评价、地质灾害治理工程勘察，以及地质灾害评估等。

二是协助监管类，此类服务指行政审批中介机构在施工过程、竣工验收环节，以及建筑投入使用后的监察、检测及日常维护，旨在协助政府进行过程及动态监管。该类服务的主要形式为各类检测、验收报告，具体服务事项包括水土保持监测报告、水土保持设施竣工验收技术报告、水土保持方案编制、环保验收报告编制、环评文件编制、防雷设施检测、节能评估文件编制等。

---

① 唐东霞，江瑞情．工程造价咨询中介机构体制改革势在必行［J］．工程经济，2001（3）：22

② 徐有平．"脱钩"、"上套"发挥中介机构"正能量"——浙江省温州市推进中介机构改革的实践与思考［J］．中国纪检监察，2013（21）：34－35

③ 王晨筱，唐跃．创新中介机构管理体制，助力行政审批制度改革［J］．机构与行政，2015（1）：30

三是一般服务类，此类服务指行政审批中介为发展商提供的一般性商业服务，包括信息咨询，以及各种方案设计。该类行政审批中介服务具体包括：职业病危害防护设施设计、地质灾害治理工程设计、人防工程设计、工程造价咨询、现状测绘（综合管线图）、房产、宗地图测绘、规划设计、防雷设施设计，以及建设工程勘察设计等。

第三，仪器检测类行政审批中介服务相对更多依赖仪器进行检测，并有清晰的量化标准作为出具检测报告的依据。此类服务事项较少，主要包括特种设备检测、工程检测。

第四，其他类行政审批中介服务主要指非技术类、过程及流程审查、监管、施工。该类服务事项具体包括：人防工程施工、视频监控、地质灾害工程监理、地质灾害治理施工、建设工程监理、建设工程施工、防雷设施施工、招标代理、除四害、档案资料整理，以及专家评审等。

（二）行政审批中介机构分类

按照行政审批中介机构性质、与政府关系远近分类，建设工程领域行政审批中介机构可以分为：事业单位、转制的民办非企业、性质模糊的转制单位、转制企业以及企业，其中事业单位与政府关系最为紧密，企业最远。转制的民办非企业、性质模糊的转制单位，以及转制企业，由原政府公职人员负责，或由国有企业转变而来，与政府存在亲缘关系。企业指与政府职能部门不存在亲缘关系、自主注册的市场主体。相对其他几类行政审批中介，企业类行政审批中介与政府关系最远。

1. 事业单位

事业单位指国家为了社会公益目的，由国家机关举办或者其他组织利用国有资产举办的，从事教育、科技、文化、卫生等活动的社会服务组织。[①] 根据此定义，事业单位的本质特点是由国家机关或者其他组织"利用国有资产"举办，因此，其人事、财政由行政主管行政部门管理。

事业单位带有半政府色彩，其职能既包括通常由政府承担的职能，如行政审批、监督管理等；也包括本该由行业协会承担的职能，如行业培训、考核、资质人员管理等。部分事业单位还须完成行政主管部门下达的任务。由事业单位承担行政审批中介服务的纵向职能系统主要为气象、卫生以及质量

---

① 中华人民共和国国务院. 事业单位登记管理暂行条例［R/OL］. 2004 - 6 - 27

检验检测。

2. 转制机构

"转制"指的是行政序列机构、部门或国有企业转变为政府序列以外的机构。各类转制机构出现的背景是政府职能转移。1984年颁布的《中共中央关于经济体制改革的决议》提出政府要"实行政企职责分开,正确发挥政府管理经济的职能"。[①] 这是转变政府职能的提法首次进入中央文件。[②] 随着中国共产党第十四次代表大会召开,社会主义市场经济确立。1993年,十四届三中全会通过的《中共中央关于建立社会主义市场经济体制若干问题的决定》提出"转变政府职能,改革政府机构,是建立社会主义市场经济体制的迫切要求。政府管理经济的职能,主要是制订和执行宏观调控政策,搞好基础设施建设,创造良好的经济发展环境。"[③]

民办非企业单位指企业事业单位、社会团体和其他社会力量以及公民个人利用非国有资产举办的,从事非营利性社会服务活动的社会组织。[④] 建设工程领域存在一些民办非企业行政审批中介。这些中介机构并非组建之初就是民办非企业性质,而是从不同性质的前身转制而来。转制的民办非企业指由其他性质的组织转制为民办非企业。此处的"其他性质的组织"多指政府部门、事业单位。在政府部分职能开始向社会转移的背景下,有些政府内设部门开始社会化,最终转为民办非企业。建设工程领域,每个领域民办非企业的出现都具有特殊性。

3. 性质模糊的转制单位

建设工程领域,有的行政审批中介性质比较模糊,既有事业单位的色彩,又带有企业的特点,是转制过程中发展出的"四不像"。这些性质模糊的中介机构最初也脱胎于政府职能部门,在政府机构改革、职能转移、企业转制等背景下,在管理方式上逐渐转变为企业管理体制,采取企业运作模式,合同聘任员工,财政自负盈亏。这些机构既不是事业单位,也非转制的企业,类似国有企业,但又存在一定的人事与财务自由。政府的历史关系使

---

① 中共中央关于经济体制改革的决定. [EB/OL]. 2008年6月26日, http://www.gov.cn/test/2008-06/26/content_1028140.htm
② 黄庆杰. 20世纪90年代以来政府职能转变述评 [J]. 北京行政学院学报, 2003 (1): 34-39
③ 中共中央关于建立社会主义市场经济体制若干问题的决定 [N]. 人民日报, 1993-11-17
④ 中华人民共和国国务院. 民办非企业单位登记管理暂行条例 [R/OL]. 1998-10-25

得这些机构仍然可以获得行政主管部门有导向的政策倾斜和照顾，处于惯性与信任，政府还会将内部日常工作交付此种机构承担。

4. 企业

企业指依法登记、具有法人资格的商事主体。这里的企业不包括与政府关系紧密的转制企业。建设工程领域大部分行政审批服务事项由企业性质的行政审批中介承担。主要由企业承担的行政审批中介服务领域，通常在区域内存在多家企业竞争。有的服务领域存在企业与各类"红顶中介"混杂竞争的局面。这些领域与"红顶中介"垄断或占主导地位的领域不同。虽然"红顶中介"存在于这些领域，但数量较少并未对市场形成垄断，或与一般企业共同参与竞争，或即便享有政府优惠政策，也局限在特定业务领域，并未对市场其他主体形成压倒性优势。比如，建设工程监理领域，此领域发展较晚，属于中国借鉴西方经验推行的过程监管机制。该领域在发展之初就推行市场化，政府、事业单位、转制企业较少介入。因此该领域目前的市场竞争主体是一般企业。

五、中国内地建设工程领域行政审批中介管理制度

（一）资质设立基础

内地以政府主管部门管理需求为主导，根据审批需求设置行政审批中介服务事项，进而根据服务事项设置中介资质。2015 年改革大幅取消行政审批中介服务事项后，资质与行业碎片化的局面并未改变。由于申请资质需要成本，实力雄厚的中介机构才有可能申请多个资质，从事多项服务。碎片化的中介资质限制了市场行业的自然整合空间，进而导致行业碎片化。内地行政审批中介行业数量多，行业整合程度低。如图 1 所示，内地建设工程领域行政审批中介服务整合成十个行业。其中 8 项行政审批中介服务可整合为工程技术行业；两项中介服务可整合为工程监理。比如，工程技术行业，有的实力雄厚的中介机构同时承担规划、测绘、工程设计、勘察、质量检测、地质灾害工程方面的中介服务。规模相对小机构则程度承担单一或部分工程技术服务。

（二）资质主体

资质主体上，内地建设工程领域行政审批中介的资质主体是中介机构，

中国建设工程领域行政审批中介：改革、管理与展望 | 359

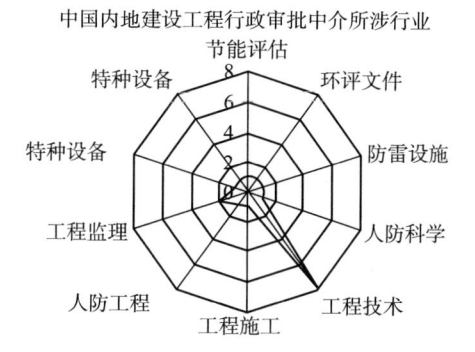

图1　中国内地建设工程行政审批中介所涉行业

因此是单位资质。与个人资质相比，单位资质更便于政府主导管理。行政审批中介资质的申请主体须具备法人资格，不能为自然人。申请单位的注册资本、办公场地面积、从业资历、资质人士级别数量等须符合相关规定，方可获得资质。单位资质通常分为"甲、乙、丙……"或"一类、二类、三类……"等不同级别，级别越高的资质审批要求越高。

以城乡规划编制单位资质为例，该资质分为甲、乙、丙三级，每级都对法人身份、注册资本、专业技术人员、设备、固定办公场所面积有明确规定。法人身份上，甲、乙、丙三级资质都要求申请单位具备法人资格。注册资本上，甲级资质要求注册资本金不少于100万元人民币；乙级资质要求注册资本金不少于50万元人民币；丙级要求注册资本金不少于20万元人民币。专业技术人员上，甲级资质专业技术人员不少于40人；乙级要求专业技术人员不少于25人；丙级要求专业技术人员不少于15人。设备上，甲乙两级资质都要求具备符合业务要求的计算机图形输入输出设备及软件，丙级要求专业技术人员配备计算机达80%。固定办公场所面积上，甲级资质要求有400平方米以上的固定工作场所；乙级要求200平方米以上；丙级要求100平方米以上。[①]

有的资质还对申请单位的从业经验有规定。比如，房屋建筑和市政基础设施工程施工图设计文件审查资质规定，一类机构审查人员须有15年以上所需专业勘察、设计工作经历；主持过不少于5项大型房屋建设工程、市政基础设施工程相应专业的设计或者甲级工程勘察项目相应专业的勘察等。二类机构审查人员有10年以上所需专业勘察、设计工作经历；主持过不少于

---

① 参见《城乡规划编制单位资质管理规定》（住建部令〔2012〕第12号）。

5项中型以上房屋建设工程、市政基础设施工程相应专业的设计或者乙级以上工程勘察项目相应专业的勘察。①

(三) 管理主体

管理主体上，内地建设工程领域行政审批中介的管理主体是政府。这是一种自上而下、中央授权式的管理制度。中央政府可能授权省级及以下政府主管部门，与省级及以下政府主管部门分享对行政审批中介单位资质的管理权。中央政府也可能直接授权省级政府代行中介机构单位资质管理权。不同主管部门的放权程度不同，部门差异大，具体包括三种情况。

第一，资质管理权由中央政府主管部门行使。这类中央主管部门放权程度较低。比如，管理节能评估报告编制单位资质的国家发改委，管理环评文件编制单位资质的环保部，管理人防工程设计单位资质、管理人防工程施工图审图单位资质的国家人民防空办公室，以及管理特种设备安装资质和特种设备检验检测机构资质的国家质量监督检验检疫总局。

第二，资质由国务院、省级行政主管部门审批发放。中央授权地方分享资质管理权是目前内地政府管理行政审批中介单位资质的主要方式。这类中央主管部门放权程度居中。比如，测绘单位资质及其主管部门国家测绘地理信息局；城乡规划编制单位资质、建设工程勘查单位资质，建设工程设计单位资质，以及工程监理单位资质，及其主管部门住房和城乡建设部；地质灾害危险性评估单位资质、地质灾害治理工程勘查单位资质、地质灾害治理工程设计单位资质，地质灾害治理工程监理单位资质，及其主管部门国土资源部。

第三，资质由中央授权省级主管部门管理。此类中央主管部门放权程度相对较高。比如，防雷设施设计单位资质、建设工程施工图审图单位资质、工程检测机构单位资质，主管部门分别为：省级政府气象主管部门，省级建设主管部门，以及省、自治区、直辖市建设主管部门。

(四) 管理依据

管理依据上，大多数 OECD（经济合作与发展组织）国家通过立法制定

---

① 参见《房屋建筑和市政基础设施工程施工图设计文件审查管理办法》（住建部令〔2013〕第13号）。

管理规则。① 中国内地管理行政审批中介的细则依据主要为政府部门规章或地方性法规。② 资质管理方面的部门规章的主要内容通常包括：资质等级及业务范围、资质审批和管理、监督管理，以及法律责任等。部门规章的一个重要内容就是界定各级政府对不同资质中介的审批及监管权限。如上所述，在单位资质的管理上，部门规章界定了自上而下、中央授权的分级管理体制。这种体制下，国务院主管部门对管理体制有最终解释权，并对管理体制的修改、变更有决定权。也即，国务院主管部门有权根据管理需要，修改、变更各级政府作为不同层次的管理主体的权限，与各级行政审批资质要求。

六、内地行政审批中介管理制度的问题

规制政府的重要特点是政府借助社会力量实现规制。行政审批中介的出现与发展证明中国已进入规制政府时代，政府从直接行使审批权，到通过借助社会中介机构提供的专业服务行使行政审批权，实现了政府的部分事务性职能向社会转移。但政府对社会中介组织的管理方式上仍延续计划经济时代自上而下、政府主导、通过行政手段直接管理。

第一，政府主导"以事设项"的资质设立方式限制了行业自然整合，中介行业呈"碎片化"结构，增加了政府监管难度。由于中介服务事项随政府管理需求增减，政府管理需求则会直接决定中介资质数量的变化。中国内地建设工程行政审批中介事项的发展历程可清晰显示这一变化关系。1990年代，政府逐渐放权社会，社会组织蓬勃发展，行政审批中介服务数量激增，中介资质数量也大幅增长，随之分化出相当数量的新兴行业。理论上，领域相近的中介服务可整合为同一行业，但由于从事不同中介服务须单独申请不同资质，而申请资质需要成本，这种资质管理制度客观上限制了行业的自然整合，不利于市场健康发育。

第二，单位资质致使政府监管追责难。单位资质使得责任主体也是单位。部门规章的追责主要在单位资质上，主体责任主要针对资质申请，并非

---

① 张楠迪扬. 香港法定机构再审视：以内地政府职能转移为视角 [J]. 港澳研究，2016（2）：82-92，96

② 《行政许可法》第79、80条对行政审批中介做出原则性规定，对各领域中介的细节规定主要体现在各部门规章中。

针对中介服务质量，资质中介机构违规作业的最大损失是丧失资质。此制度下，个人并不是责任主体，不承担任何法律责任。这里的个人包括行政审批资质中介机构的法人、主要负责人、项目执行人等。

松散的追责体制使得政府很难监管到位，行政审批中介违规成本低，实际操作上很多情况只能对中介机构施以软性行政处罚，[1] 并不能对违规中介起到有效的约束作用。此外，单位资质对申请机构硬件条件要求高，相当数量的机构无力申请高级资质，或不愿承担日常资质维护的高昂成本，在申请资质或资质升级时向市场公开招募挂靠人士。[2] 有的专业人士靠将个人资质挂靠多家机构谋取收入。[3] 依据《行政许可法》，挂靠人士属于"涂改、倒卖、出租、出借行政许可证件"，构成犯罪，应追究刑事责任，但实际上司法追责成本高，行政处罚的缺失使得挂靠现象普遍存在。[4]

第三，行政审批中介资质管理权集中在政府最高主管部门且管理依据为部门规章，行政审批中介管理制度稳定性弱。政府最高主管部门既为行政审批中介资质标准的制定者，同时也行使最高管理权，这可能影响管理制度的稳定程度，且各部门管理思路差异大。根据理性选择主义，主管部门存在部门自身利益，可能出现根据部门利益制定管理标准的情况。如本研究所示，不同管理部门对开放市场的包容程度不同，放权程度因而不同。各类中介资质因主管部门不同，资质申请难易程度、中介市场发育程度皆不同。这是目前行政审批中介管理碎片化的原因之一。

第四，仍旧沿袭"以审代管"的方式，事中、事后监管薄弱。目前政府对建设工程领域行政审批中介主要采取资质管理制度，通过审批资质管理行政审批中介机构，匮乏对行政审批中介机构服务质量的监管，提供服务的事中、事后监管薄弱。"自上而下、中央授权"式的管理方式使得管理主体与管理对象存在较大的距离，基层政府权限弱，很难实现日常监管到位。

---

[1] 地方调研，2015年8月。

[2] 资质申请对该机构所聘用的专业技术人士有要求。"挂靠"为专业技术人士将专业资质挂在并非受雇的机构，以在表面上增强该机构的团队"实力"，或在需要的时刻获得该机构的外包工作。

[3] 地方调研，2014年10月。

[4] 地方调研，2016年11月。

七、他山之石

(一) 美国的经验①

建设工程行政审批涉及多个领域，目前少有研究关注国外建设工程行政审批全过程对中国改革的借鉴意义，更鲜有研究关注其中的行政审批中介。既有研究多关注单一领域行政管理方式。比如，陶洪基介绍了美国建设工程造价领域的管理方式。② 孙继德、王钰冰对英国建设工程设计审查制度的研究。③ 多国比较研究也多为对建设工程某一环节的研究。比如，温道云对比分析了国外建设工程安全监管模式。④ 赵明卫介绍了国外建设工程质量监督管理。⑤ 景慧媛分析阐释了国外建设工程造价的现状。⑥ 余宏亮分析比较了国外建设工程施工图审查。⑦ 路向、姜永娟、刘绪明比较研究了国外建设工程监理服务采购方式。⑧ 既有研究为借鉴国际经验做了有益准备，然而单一领域研究较难廓清建设工程领域政府与行政审批中介机构的整体关系。社会投资建设工程涉及十余个政府审批部门与行政审批中介服务。政府审批部门如住房及城乡建设、国土、气象、水利、环保、卫生、质检、发改等；行政审批中介服务如规划设计、建筑设计、审图、水土保持、工程监理、地质灾害评估、治理设计、环境评价与验收等。⑨ 政府对社会投资建设工程全过程与行政审批中介服务是否有统一管理思路与模式？政府审批部门在不同领域与行政审批中介的关系如何？不同领域行政审批中介的角色是否不同？这些

---

① 张楠迪扬. 政府与行政审批中介关系——美国经验对社会投资建设工程项目的启示 [J]. 国家行政学院学报，2016 (5)：136-140, 145
② 陶洪基. 美国建设工程的造价确定及管理方式 [J]. 水利水电工程造价，1994 (1)：56-59
③ 孙继德，王钰冰. 英国建设工程设计审查制度探析 [J]. 建筑经济，2013 (1)：5-8
④ 温道云. 国内外建设工程安全监管模式对比分析 [J]. 中华建设，2015, (3)：65-67
⑤ 赵明卫. 国内外建设工程质量监督管理的特征内容与启示 [J]. 山西建筑，2014 (20)：248-250
⑥ 景慧媛. 国内外建设工程造价发展现状分析 [J]. 科学技术创新，2013 (6)：107
⑦ 余宏亮. 国内外建设工程施工图审查制度比较研究 [J]. 建筑经济，2011 (9)：9-11
⑧ 路向，姜永娟，刘绪明. 国内外建设工程监理服务采购方法比较研究 [J]. 建设监理，2012 (10)：27-30
⑨ 张楠迪扬. 中国政府对中介组织的管治困境——以建设工程领域中介服务为视角 [J]. 国家行政学院学报，2015 (1)：107-111

问题较难通过对单一中介服务领域的研究来回答，有必要通过比较分析，借鉴他国/地区经验。

1. 美国的行政审批中介

在美国建设工程领域，行政审批中介可以是自然人，也可以是公司法人。此处统称为"中介"，以下"中介人士"指自然人形式的中介；"中介机构"指公司法人形式的中介。

第一，行政审批中介人士。《国际建筑规范》规定，建筑文件须由注册专业设计人士出具。① 这就规定了业主或业主代理人必须聘请注册专业人士准备申请文件。此项中介服务由此成为建筑许可证审批的前置环节。

美国对中介人士实施注册专业人士的管理制度。注册专业设计人士指依法注册或取得资质的以设计为专业的人士，② 比如建筑师、工程师、建筑设计师等。在美国联邦体制下，专业资质的规定及发放属各州自治事务，因此在考取某州注册专业人士原则上可在该州执业。州与州之间可达成互认协议，以互相认可专业人士资质，从而扩大注册专业人士的执业范围。

政府审批部门虽然不对注册专业人士的执业资格进行监管，但对业主聘请的注册专业人士在工程中承担的职责和法律责任进行监管。凡要求注册设计专业人士提供的文件，审批部门会要求申请人或申请代理在申请许可证过程中，指定拟聘请的注册设计专业人士。③ 由注册专业人士负责准备的文件一律填写专业人士个人信息，注明专业人士承担的法律责任以及违规处罚，并由专业人士签名。

第二，行政审批中介机构。在美国，中介人士可以独立提供服务，更多情况下，中介人士受雇于中介机构，以中介机构雇员身份提供服务。行政审批中介机构主要包括协助审批中介、协助监理中介。

协助审批中介指协助政府进行行政审批的中介机构。该类机构通常对申请人的材料进行先期审查，审查资料是否合乎相关法例或规则。政府对协助审批中介进行资质管理，有意向成为协助审批中介的机构须向政府相关部门提出申请，通过审批获得资质之后方可称为协助审批中介机构。协助监理中介指施工过程中协助政府检查监管工程质量的中介机构。政府同样对协助监

---

① 2015 International Building Code, Section 107 Submittal documents [A] 107.1 General

② 2015 International Building Code, Section 202 Definitions

③ 2015 International Building Code, Section 107 Submittal documents [A] 107.3.4 Design Professional in responsible charge

理中介进行资质管理。有意成为协助监理机构，须向有关政府部门提出申请，审批合格获得资质之后，方可提供监理服务。

2. 管理制度：以哥伦比亚特区为例

一般情况下，政府与行政审批中介的关系体现在中介参与项目行政审批流程上。美国有些州启用了第三方评估项目，政府让渡部分行政审批事权，与行政审批中介合作完成审批。以下将以哥伦比亚特区为例，阐述这一合作关系。

第一，第三方评估中介。在哥伦比亚特区，消费者与法规事务部（Department of Consumer and Regulatory Affairs, DCRA）是负责监管哥伦比亚特区营建及商业活动的政府部门。DCRA是哥伦比亚特区政府对各种建设文件的最终审批部门及责任方。为了加快审批速度，DCRA设立了"第三方面评估项目"（Third - Party Review Program）。申请人可自主选择使用第三方评估，自行承担费用。①

凡欲加入第三方评估项目的中介，须向DCRA提出申请，审批通过后方可成为第三方评估项目资质中介。认可中介可以为个人，也可以为机构。根据《建设规范》，第三方评估人须具备相关执照/资质，并每年向DCRA提交资质证明。第三方评估机构须聘用资质中介人士。经审查文件须有审查人签名或加盖名章。第三方评估人或机构必须依法保持独立性及避免利益冲突。第三方评估机构须拥有至少一位哥伦比亚特区注册建筑师或注册专业工程师，作为评估专业负责人。任何非注册专业人士须在注册专业人士的监督下工作。规划审查员须具备建筑学或工程学认可学位，或同等工作经验。同等工作经验指国际规范委员会认可规划审查师资质，或者DCRA官员认可中介。② 审核通过的中介将获得DCRA认可编号。DCRA审批官员将在中介资质上列明该中介可以从事的评估范围。③

作为第三方评估中介的监管机构，DCRA将定期抽查认可第三方评估机构出具的评估报告。如果DCRA发现认可第三方评估机构出具的报告不符合《建设规范》，DCRA官员有权撤回改中介认可资质。如DCRA官员认为该中介已修正行为，可对中介重新发放资质。④ 如申请者在申请过程中作

---

① District of Columbia, Construction Code Supplement of 2013, 105.3.1.2
② DCMR, 12A, 105.3.1.1.1 Minimum Qualification
③ DCMR, 12A, 105.3.1.1.3 Scope of Third - Party Peer Review
④ DCMR, 12A, 105.3.1.1.6 Review of Work Conducted by Third - Party Plans Reviewers and Revocation of Certification

假，将依据《哥伦比亚特区偷窃及白领犯罪法案》被处以相应刑罚。①

第二，第三方监理。业主可自主聘请第三方监理负责监察工程过程与进展，确保工程按照建设规范以及建筑许可证要求建造。聘请第三方监理费用由业主承担。第三方监理（Third-party inspection agency）须按照《哥伦比亚市政法规》有关要求对工程进行持续监察，并随时将报告呈送至审批部门DCRA。DCRA对第三方监理实行认可管理制度。业主只可聘请通过DCRA审批的认可第三方监理。

要成为DCRA认可的第三方监理（Third–Party Inspection Agencies），须向DCRA提出申请，并符合《哥伦比亚特区建设规范》（下简称《建设规范》）的要求。第三方监理可以是机构，也可以为个人。第三方监理机构须拥有一位主责专业人士（Professional–in–Charge）。该主责专业人士必须够资格审查该监理机构欲从事监理的所有范畴。主责专业人士负责聘请合格且经验丰富的"监察员"（Inspector）。主责专业人士和监察员的专业资质和经验都须满足《哥伦比亚特区建设规范》的相关要求。监察员在主责专业人士的监督下执行具体监察工作。监察员可以是该监理机构的雇员，也可以是其他分包监理机构的雇员。机构之外，个人也可以申请成为第三方监理，但该个人需要同时满足成为主责专业人士和监察员的要求。②

专业要求之外，《建设规范》还对第三方监理的独立性、设备、人事，以及购买保险有具体要求。在独立性上，《建设规范》要求专业主责人员和监察员不得与被监察工程有利益冲突。专业主责人员需签字担保认可第三方监理及所雇佣的专业主责人员和监察员与被监察项目不存在利益冲突。第三方评估中介机构不得担任同一工程的第三方监理。③ 设备上，认可第三方监理须具备工程检验所需设备。④ 人事上，认可第三方监理须拥有专业主责人士，并雇佣足够数量的监察员。⑤ 购买保险上，认可第三方监理为专业主责人员及监察员购买至少一百万美元的误失险。⑥

---

① DCMR, 12A, 105.3.1.5 Penalties for False Statements
② DCMR, 12A, 109.4.2 Minimum Qualifications, Training and Experience Requirements for Third–Party Inspection Agencies
③ DCMR, 12A, 109.4.3.2 Independence
④ DCMR, 12A, 109.4.3.3 Equipment
⑤ DCMR, 12A, 109.4.3.3 Personnel
⑥ DCMR, 12A, 109.4.3.4 Insurance Coverage

（二） 中国香港特区的经验①

"一国两制"框架下，中国香港特别行政区建设工程领域行政审批中介管理制度与内地存在显著差异。在市场既有分工基础上，中国香港采用以个人为资质主体和责任主体的中介资质管理制度，将责任主体切实落实到个人，违法成本高，追罚到位。违规者有可能被纪律处分，② 处以罚款，③ 丧失从业资格，甚至定罪。④

1. 资质设立基础

香港特区政府主要根据市场既有职业和行业分工，设立行政审批中介资质。比如，中国香港市场上已存在工程师、测量师、建筑师、检测师等职业及相关行业。中国香港特区政府在设置相关行政审批中介资质时，参考既有职业及行业分工，在此基础上设立认可人士、注册结构工程师、注册岩土工程师、注册检验人员等，令其在专业范围内提供行政审批中介服务。此种资质设立方式并不会干预市场行业的自然整合。中国香港建设工程领域行政审批中介所涉行业数量较少，行业整合程度较高。

2. 资质主体

中国香港的行政审批中介资质主体主要为合资格人士（Qualified Person），⑤ 包括认可人士及注册人士，因此其行政审批中介资质为个人资质。认可人士及注册人士在中国香港建设工程领域扮演行政审批中介的角色，为政府审批提供相关中介服务。个人资质体制下，行政审批中介无须满足注册资本、办公场所面积等要求，只要个人专业能力、经验满足要求即可获得资质，因此获得资质的成本较内地大幅降低。

认可人士指经专业考试合格、政府认可并予以登记注册的建筑师、工程师、测量师。任何人士如有意进行建设工程，必须委聘认可人士，负责统筹工程。在建设工程全过程各关键节点，认可人士须制备或监督制备政府要求的审批文件，并以其专业知识证明或确保文件内容符合法例要求。认可人士

---

① 张楠迪扬. 行政审批中介管理制度：建设工程领域内地与香港的比较研究 [J]. 中国行政管理，2017（2）：29-34.
② 香港法例123章《建筑物条例》第7条（1A）（b）
③ 香港法例123章《建筑物条例》第7条（2）
④ 香港法例123章《建筑物条例》第40条
⑤ 香港法例123章《建筑物条例》

须对工程进行定期监督和检查，在建设工程涉及的行政审批流程多个环节，认可人士须在提供给特区政府审批部门的文件上签名并负责。①

中国香港的行政审批中介个人资质是建立在职业资质的基础上。成为认可人士首先应取得相关职业的从业资质。获得注册建筑师，土木或结构工程界别的注册专业工程师、注册专业测量师，才可以进一步申请被列入认可人士建筑师、工程师、测量师名册。②

3. 管理主体

中国香港由特区政府和法定机构协作管理行政审批中介。制度设计上，政府为主，法定机构为辅。特区政府行使行政审批中介管理权，法定机构提供专业审查意见，协助政府管理。中国香港法例规范了特区政府与法定机构各自的职能和权力范围，更设置了两者之间的制约机制，既令特区政府能够吸纳法定机构专业与多元意见，又不会使法定机构僭越特区政府的应有管理权。

中国香港法例保证了特区政府对行政审批中介的管理权。这具体表现在，特区政府拥有行政审批中介资质的管理权，各类认可人士、注册人士的名册由行政主管部门首长建筑事务监督（屋宇署署长）保管。③ 行政主管部门根据法例要求设立各类注册事务委员会，④ 有权提名委员会组成成员，⑤ 并作为成员参与到部分委员会。⑥ 特区政府是中介资质的审批主体，法定机构的资质审查意见对政府审批起协助作用。⑦ 特区政府有权依法取消或拒绝延续行政审批中介人士的资格。⑧

法例同时规定法定机构的权限，保证法定机构可以切实发挥协助作用。法定机构是根据法例成立或定性，受法例约束，依法承担公共事务管理或服务，相对独立于政府运作的法人团体。⑨ 中国香港建设工程领域，法定机构

---

① 香港法例第123A《建筑物（管理）规例》
② 香港法例第123A《建筑物（管理）规例》第3条
③ 香港法例123章《建筑条例》第3条
④ 香港法例123章《建筑条例》第3条（5）
⑤ 香港法例123章《建筑条例》第3条（5B）、5（C）、5（CA）、5（CB）
⑥ 香港法例123章《建筑条例》第3条（5B）、5（C）、5（CA）、5（CB）；第8条
⑦ 香港法例123章《建筑条例》第3条（5A）
⑧ 香港法例123章《建筑物条例》第8（C）（5）
⑨ 张楠迪扬．香港法定机构再审视：以内地政府职能转移为视角［J］．港澳研究，2016（2）：82-92

负责行政审批中介人士的资质审查，具体包括审查申请人的资格、作出有关的注册事务委员会认为需要的查询，以确定申请人是否具备有关的经验、与申请人进行专业面试等。① 法例规定注册事务委员会的人员多元化，很大程度上保证了委员会运作的相对独立以及可吸纳多元意见。②

注册事务之外，另有法定机构纪律委员会负责监管认可人士及各类注册人士的执业行为，对违规行政审批中介人士进行纪律处罚。纪律委员的设立原则是既具代表性、又有针对性、专业性。例如，法例规定，纪律委员会由4名认可人士及注册人士组成，以保证委员会的代表性；其中至少1名与聆训人士在同一名册上，以保证委员会的有针对性；③ 委员会主席须委任一名法律顾问，协助纪律处分聆听程序进行并提供意见，以保证委员会的专业性。④ 此外，法例赋予各纪律委员团必要的调查授权，如强制调查权、强迫出示文件、命令检查处所、进入和查看处所等一系列等同于原诉法庭的调查权。⑤

4. 管理依据

中国香港依据本地法例作为管理行政审批中介的依据。中国香港的本地法例通常由特区政府负责草拟法律草案，呈交立法会通过。法案通过成为法例后，特区政府作为法案草拟方也受法例约束。与内地每个主管部门分头制定所管辖中介资质管理制度不同，中国香港管理依据的整合程度较高。建设工程领域，行政审批中介的管理依据主要为两条法例，及香港法例123章《建筑物条例》，及香港法例123A章《建筑物（管理）规例》。两个条例规定了建设工程领域行政审批中介的资质管理制度、管理主体、政府与管理主体及中介的关系等。特区政府部门作为法例的规管对象，须依照法例要求履行职责。如果政府认为有必要变更法例，则须启动漫长而艰难的立法会的修法程序。

八、政策展望

有效的管理制度应能在适用环境中较好实现制度目标。作为政府的规制

---

① 香港法例123章《建筑物条例》第3条5A
② 香港法例123章《建筑物条例》第8条
③ 香港法例123章《建筑物条例》第5条2
④ 香港法例123章《建筑物条例》第11条（3A）
⑤ 香港法例123章《建筑物条例》第11条5

工具，行政审批中介的管理制度既应实现对行政审批中介的有效管理，同时也应易于执行。

第一，建议逐步建立以个人为资质主体和责任主体的行政审批中介管理制度。可参考美国和中国香港经验，建立基于个人职业前程与刑事责任的责罚体制。新的体制下，责任个人违规违法成本高，有可能在承担刑事责任的同时，终身丧失从业资格。追责到位的体制有望在相当程度上缓解资质挂靠、恶性竞争的局面。个人资质制度不但有利于明确责任主体，还有利于降低资质申请成本，缓解中介行业碎片化局面，促进行业整合。

第二，政府与行政审批中介形成合作关系。美国的经验显示，政府在与行政审批中介合作关系不仅局限于政府将事权转移给中介，政府甚至依靠中介提供行政审批准备材料，并以此为审批依据。由于中介人士及机构具备专业素质，依据法例及规范对业主项目进行检查并提供材料可节省政府大量行政成本，提高审批效率。政府由于借助第三方机构出具的评估报告协助审批，因此会严格设计管理制度并对名单上的机构进行管理。美国实行此制度的前提是单一的资质人士管理制度。根据法律，资质中介人士必须在其提供的材料上签名，并承担相应法律责任。一旦涉及材料造假，或触犯法律，资质中介人士不但要承担法律责任，甚至有可能被吊销从业资格。这种代价有效约束了资质中介人士的行为。在这种制度设计下，政府才有可能与审批中介在审批上达成合作关系。

中国在推进政府职能转移的过程中需要把握合适的"度"。转移不到位，市场活力不能被有效激活。过度转移，存在政府审批权被中介架空的危险。目前的改革思路是主要转移事权。美国部分地方政府实际上转移了审批权的部分事务，在可以保证中介服务质量的前提下，政府可以信赖中介提供的初步审查资料，这在制度设计上或可对中国有借鉴意义。

第三，可考虑通过发布行政法规的方式提高管理制度的稳定性。目前，部门规章对主管部门的约束力较弱，而将众多资质主体责任纳入《行政许可法》的操作性弱。未来可考虑由主管部门草拟管理规定，经公开讨论、意见征集，最终通过国务院以行政法规的形式发布，以降低主管部门利益对管理行政中介的干扰。

第四，建立独立、快速的行政处罚机制。根据香港特区的经验，纪律委员会是香港行政审批中介的快速处罚机制，如不涉及刑事定罪，无须启动高成本的司法程序。可借鉴香港特区的经验，在个人资质管理制度中明确监管主体，赋予监管主体以必要的处罚权限，并建立行政处罚与刑事定罪等司法程序的衔接。

----------参考文献----------

[1] 郭国庆，王海龙. 论社会中介组织的内部营销 [J]. 山西财经大学学报，2003，25（5）：39-42

[2] 韩新宝，李哲. 论社会中介组织发展的努力方向 [J]. 学会，2009（12）：20-23

[3] 胡仙芝. 论社会中介机构在公共管理中的职能和作用 [J]. 中国行政管理，2004，10：84-89

[4] 黄庆杰. 20世纪90年代以来政府职能转变述评 [J]. 北京行政学院学报，2003（1）：34-39

[5] 郁建兴. 理顺政府与社会中介机构的关系 [M]//郭济. 行政管理体制改革：思路和重点. 北京：国家行政学院出版社，2007：222

[6] 景慧媛. 国内外建设工程造价发展现状分析 [J]. 科学技术创新，2013（6）：107

[7] 路向，姜永娟，刘绪明. 国内外建设工程监理服务采购方法比较研究 [J]. 建设监理，2012（10）：27-30

[8] 孙继德，王钰冰. 英国建设工程设计审查制度探析 [J]. 建筑经济，2013（1）：5-8

[9] 唐东霞，江瑞情. 工程造价咨询中介机构体制改革势在必行 [J]. 工程经济，2001（3）：22

[10] 陶洪基. 美国建设工程的造价确定及管理方式 [J]. 水利水电工程造价，1994（1）：56-59

[11] 王晨筱，唐跃. 创新中介机构管理体制，助力行政审批制度改革 [J]. 机构与行政，2015，（1）：30

[12] 温道云. 国内外建设工程安全监管模式对比分析 [J]. 中华建设，2015，（3）：65-67

[13] 徐有平. "脱钩"、"上套"发挥中介机构"正能量"——浙江省温州市推进中介机构改革的实践与思考 [J]. 中国纪检监察，2013（21）：34-35

[14] 殷晓彦，刘杰. 试析社会中介组织概念的内涵、外延及其他 [J]. 社会工作，2010（5）：61-63

[15] 余宏亮. 国内外建设工程施工图审查制度比较研究 [J]. 建筑经济，2011（9）：9-11

[16] 张楠迪扬. 中国政府对中介组织的管治困境——以建设工程领域中介服务为视角 [J]. 国家行政学院学报, 2015 (1): 107 - 111

[17] 张楠迪扬. 香港法定机构再审视: 以内地政府职能转移为视角 [J]. 港澳研究, 2016 (2): 82 - 92, 96

[18] 张楠迪扬. 政府与行政审批中介关系——美国经验对社会投资建设工程项目的启示 [J]. 国家行政学院学报, 2016 (5): 136 - 140, 145

[19] 张楠迪扬. 行政审批中介管理制度: 建设工程领域内地与香港的比较研究 [J]. 中国行政管理, 2017 (2): 29 - 34

[20] 赵明卫. 国内外建设工程质量监督管理的特征内容与启示 [J]. 山西建筑, 2014 (20): 248 - 250

[21] 城乡规划编制单位资质管理规定 [R/OL]. 司法业务文选, 2012 (33): 27 - 34

[22] 地质灾害治理工程监理单位资质管理办法 [R/OL]. 地质装备, 2005, 6 (4): 13 - 15

[23] 地质灾害危险性评估单位资质管理办法 [R/OL]. 司法业务文选, 2005 (29): 6 - 8

[24] 地质灾害治理工程勘查设计施工单位资质管理办法 [R/OL]. 地质装备, 2005, 6 (3): 30 - 37

[25] 防雷工程专业资质管理办法 [R/OL]. 司法业务文选, 2012 (8): 19 - 26

[26] 住房城乡建设部工程质量安全监管司. 房屋建筑和市政基础设施工程施工图设计文件审查管理办法 [R/OL]. 建材技术与应用, 2013 (3): 23 - 25

[27] 建设. 工程监理企业资质管理规定 [R/OL]. 工程建设标准化, 2007, 17 (4): 36 - 42

[28] 经济主体法. 工程咨询单位资格认定办法 [R/OL]. 司法业务文选, 2005 (17): 11 - 13

[29] 关于贯彻行政审批制度改革的五项原则需要把握的几个问题 [R/OL]. 国务院行政审批改革工作领导小组, 2001

[30] 关于印发测绘资质管理规定和测绘资质分级标准的通知 [R/OL]. 自然资源部, 2014

[31] 国务院关于第二批取消 152 项中央指定地方实施行政审批事项的决定 [R/OL]. 中华人民共和国国务院公报, 2016 (7): 21 - 34

[32] 国务院关于第一批取消 62 项中央指定地方实施行政审批事项的决定 [R/OL]. 中华人民共和国国务院公报, 2015 (30): 18 - 23

[33] 国务院关于发布政府核准项目的投资项目目录 (2013 年本) 的通知 [R/OL]. 中华人民共和国国务院, 2013

[34] 国务院关于发布政府核准项目的投资项目目录 (2014 年本) 的通知 [R/OL].

中华人民共和国国务院，2014

[35] 国务院关于发布政府核准项目的投资项目目录（2016年本）的通知［R/OL］. 中华人民共和国国务院，2016

[36] 国务院关于取消13项国务院部门行政许可事项的决定［R/OL］. 中华人民共和国国务院公报，2016（7）：7-7

[37] 国务院关于取消和调整一批行政审批项目等事项的决定［M］. 北京：人民出版社，2014

[38] 国务院关于取消和调整一批行政审批项目等事项的决定［R/OL］. 中华人民共和国国务院公报，2015

[39] 国务院关于取消和下放50项行政审批项目等事项的决定［R/OL］. 宁夏回族自治区人民政府公报，2013（15）：64

[40] 国务院关于取消和下放一批行政审批项目的决定［M］. 北京：人民出版社，2014

[41] 国务院关于取消和下放一批行政审批项目等事项的决定［R/OL］. 辽宁省人民政府公报，2013（11）：1-3

[42] 国务院关于取消一批职业资格许可和认定事项的决定［R/OL］. 中华人民共和国国务院公报，2016

[43] 国家质量监督检疫总局. 机电类特种设备安装改造维修许可规则（试行）［R/OL］. 2003-8-8

[44] 建设工程勘察设计资质管理规定［R/OL］. 地质装备，2007，8（5）：1-5

[45] 建设工程质量检测管理办法［R/OL］. 中华人民共和国国务院公报，2006，7（24）：38-41

[46] 建设项目环境影响评价资质管理办法［R/OL］. 中华人民共和国国务院公报，2006（22）

[47] 人民防空工程设计资质管理规定［R/OL］. 国家人民防空办公室，2009

[48] 人民防空工程施工图设计文件审查管理办法［R/OL］. 国家人民防空办公室，2009

[49] 台州市行政审批中介机构服务管理办法（试行）的通知［R/OL］. 台州市人民政府公告，2013

[50] 特种设备检验检测机构核准［R/OL］. 国家质量技术监督局，2004

[51] 中国共产党第十二届中央委员会第三次会全体. 中共中央关于经济体制改革的决定［R/OL］. 1984（5）：3-14

[52] 中国法学会. 中国法治建设年度报告（2008）［M］. 北京：新华出版社，2009

[53] 国土资源部关于修改《地质灾害危险性评估单位资质管理办法》等5部规章的决定［R/OL］. 中华人民共和国国务院公报，2015（24）：13-29

［54］国务院办公厅. 国务院办公厅关于清理规范国务院部门行政审批中介服务的通知［S］. 2015. www. gov. cn/zhengce/content/2015 – 04/29/content_9677. htm

［55］郭信峰，赵叶苹. 一个项目24个中介"卡"：投资项目审批权放给了谁［EB/OL］. 新华网，2015. http：//news. xinhuanet. com/politics/2015 – 02/13/c_1114365912. htm

［56］王峰. 清理行政审批中介服务五大问题是深化改革的必然要求［EB/OL］. 中央机构编制网，2015. http：//www. scopsr. gov. cn/ldzy/ldbdj/wf/wfjh/201504/t20150428_275089. html

［57］郭芳，黄斌. 总理责令整治红顶中介［EB/OL］. 人民网 – 中国经济周刊，2015. http：//politics. people. com. cn/n/2015/0616/c1001 – 27160521. html

［58］红顶中介，得管管了［N］. 人民日报，2014

［59］中共中央关于建立社会主义市场经济体制若干问题的决定［N］. 人民日报，1993

［60］梁云. 发展社会中介机构——推进行政管理体制改革的重要内容［N］. 人民日报，2004 – 06 – 21（009）

［61］陆伟明. 试论政府职能转变与社会中介机构的关系［N］. 人民日报，2004 – 06 – 21（009）

［62］申孟哲，叶晓楠. 部分地方存隐性审批，触动利益比触动灵魂难［N］. 人民日报海外版，2014 – 03 – 27（005）

［63］晏国政. 中介服务乱象蚕食行政审批改革红利［N］. 经济参考报，2014 – 08 – 28（005）

------代表作品------

［1］Zhang N. Political Elite Coalition and Local Administrative Reform in China-a case study of Shunde under Wang Yang［J］. Journal of Contemporary China, 2016, 25（98）：277 – 291

［2］Zhang N, Rosenbloom D H. Multi – Level Policy Implementation：A Case Study on China's Administrative Approval Intermediaries'Reforms［J］. Australian Journal of Public Administration

［3］张楠迪扬. 行政审批中介管理制度：建设工程领域内地与香港的比较研究［J］. 中国行政管理，2017（2）：29 – 34

［4］张楠迪扬. 政府与行政审批中介关系——美国经验对社会投资建设工程项目的启示［J］. 国家行政学院学报，2016（5）：136 – 140，145

［5］张楠迪扬. 中国政府对中介组织的管治困境——以建设工程领域中介服务为视角［J］. 国家行政学院学报，2015（1）：107 – 111

[6] 张楠迪扬. 基层行政审批制度改革中的"撬动效应"——以顺德网吧行业准入制度改革为例 [J]. 中国行政管理, 2015 (6): 34-37.

[7] 张楠迪扬. 京津冀一体化视角下的雄安新区行政体制机制创新 [J]. 国家行政学院学报, 2017 (6): 82-86, 162.

[8] 张楠迪扬. 香港法定机构再审视: 以内地政府职能转移为视角 [J]. 港澳研究, 2016 (2): 82-92, 96.

[9] 张楠迪扬. 基层政府行政审批制度改革的路径分析——以顺德为案例 [J]. 公共行政评论, 2014, 7 (2): 45-69, 171.

[10] 张楠迪扬. 地方政府职能转移的顺德经验与问题 [J]. 北京行政学院学报, 2014 (2): 23-28.

我国志愿服务：机遇、成就与发展

魏 娜

摘 要： 本文重点分析了党的十八大以来志愿服务的新机遇、取得的新成就以及未来发展的方向；十八大以来，志愿服务取得了很大成就，如快速进入法制化轨道，志愿服务向制度化规范化方向发展；建立起了全国性志愿服务枢纽型组织，志愿服务的常态化和专业化水平得到有力提升，志愿服务培训工作得到充分重视，志愿服务呈现国际化发展趋势等。同时提出，志愿服务是新时期有效社会动员、创新基层治理的一种良好形式；要通过志愿服务完善公共服务供给，让群众有更多的获得感；要从志愿服务组织的孵化、培育以及组织管理等方面制定切实可行的措施；通过志愿服务打造和谐社会新风尚。

关键词： 志愿服务；制度化；规范化；常态化；专业化；国际化

党的十八大以来，中央将志愿服务提升到全面深化改革的战略高度，形成了一系列的新思想、新举措，为志愿服务创造了新机遇。在这期间志愿服务也取得了辉煌的成就，标志着志愿服务事业进入了一个新的发展时期。

一、党和政府高度重视，志愿服务迎来历史发展新机遇

党的十八大以来，以习近平同志为核心的党中央团结带领全国各族人民，统筹推进"五位一体"总体布局和协调推进"四个全面"战略布局，努力培育和践行社会主义核心价值观，志愿服务成为践行和实现社会主义核心价值观的重要组成部分。

党的十八届三中全会通过的《关于全面深化改革若干重大问题的决定》中，明确指出要"支持和发展志愿服务组织"。五中全会也明确提出"广泛动员社会力量开展社会救济和社会互助、志愿服务活动。"2016年，中央深

改组 24 次、27 次会议连续审议志愿服务议题，在一年内先后通过《关于支持和发展志愿服务组织的意见》《关于公共文化设施开展学雷锋志愿服务的实施意见》，连续密集地颁布志愿服务领域深化改革文件。

习近平总书记多次给志愿者群体回信、寄语（2013 年、2014 年分别给"本禹志愿服务队""郭明义爱心团队""河北保定学院西部支教""南京青奥会"回信）。他曾深刻指出："中国青年志愿者事业是我们党领导的共青团在新的历史条件下创新工作领域、服务社会需求的一大创举。"他在给青年志愿者群体的回信中，充分肯定了他们奔赴艰苦地区，服务他人、奉献社会的行为，鼓励广大青年志愿者"同人民一道拼搏、同祖国一道前进，服务人民、奉献祖国，是当代中国青年的正确方向。""青年一代有理想、有担当，国家就有前途，民族就有希望，实现中华民族伟大复兴就有源源不断的强大力量。"并号召更多青年人以他们为榜样"到基层和人民中去建功立业，让青春之花绽放在祖国最需要的地方，在实现中国梦的伟大实践中书写别样精彩的人生。"

二、志愿服务快速进入法制化轨道

首先，2016 年 9 月 1 日起施行的《中华人民共和国慈善法》（以下简称《慈善法》）是我国首部慈善领域的专门法律，也是推动我国志愿事业发展的重要法律保障。《慈善法》第八条规定，慈善组织是"指依法成立、符合本法规定，以面向社会开展慈善活动为宗旨的非营利性组织"，该界定将慈善组织范围扩大，志愿组织也被纳入其中；第六十一条将"慈善组织以及其他组织或者个人基于慈善目的，向他人或者社会提供的非营利服务"界定为慈善服务，因此志愿服务也是慈善服务。《慈善法》在第六十二和六十八条中对有关招募和使用志愿者、保护志愿者权益等方面都有具体的规定。所以《慈善法》也成为我国志愿组织和志愿服务发展的基础法律。

其次，2017 年 12 月 1 日，我国第一部关于志愿服务的专门性法规《志愿服务条例》（以下简称《条例》）正式实施。标志着我国志愿服务事业站在了新的起点，进入了法制化轨道。《条例》的立法目的即"保障志愿者、志愿服务组织、志愿服务对象的合法权益，鼓励和规范志愿服务，发展志愿服务事业，培养和践行社会主义核心价值观，促进社会文明进步。"《条例》明确规定了志愿服务的基本原则、管理体制、权益保障、促进措施、法律责任等。党的十八大以来省级行政区和较大的市，专门规范志愿服务的法规从十八大之前的 34 个增加到 37 个。目前 31 个省级行政区中，已出台志愿服务立法的有 20 个，其中出台地方性法规的 19 个；在 49 个较大的市中，已出台志愿服务立法的有 20 个，其中出台地方性法规的 18 个。尚未进行地方立法的部分省区市大多制定了行政规范性文件。这些法律法规的出台标志着志愿服务走向法制化。

三、全国性志愿服务枢纽型组织建立

长期以来共青团、民政、妇联、全国总工会等系统开展志愿服务取得了重要的成绩，但一直以来缺乏全国性的志愿服务组织来统筹协调志愿服务工作。2013 年 12 月经民政部注册成立了中国志愿服务联合会。联合会是在中央文明委指导下，在中宣部、中央文明办关心支持下，经民政部批准，由志愿服务组织、志愿者自愿组成的全国性、联合性社会组织。联合会的宗旨是：普及志愿理念，弘扬志愿精神，培育志愿文化，组织开展志愿服务活动，推动形成我为人人、人人为我的社会风尚。全国层面的志愿服务枢纽型组织从此建立。中国志愿服务联合会大力加强体系建设，4 年来，会员总数从创立之初的 66 个发展到 120 个，并且建立了 6 个分支机构，除港澳台外的省区市级建立志愿服务枢纽性组织扩大到 24 个[①]，地市级扩大到 26 个，覆盖各级各类志愿服务组织 24 万个，形成了全国 31 个省区市、各领域、各类别志愿服务组织的有效覆盖。

联合会成立以来倡导以弘扬和践行社会主义核心价值观、推进中国特色志愿服务事业为目标，大力宣传"奉献、友爱、互助、进步"志愿精神，倡导践行"行善立德"理念，"邻里守望"品牌活动扎实推进，开展"志愿之城"建设初见成效，目前全国 46 个城市成为试点。依托"志愿云"技术，志愿服务的管理服务、保障激励、回馈嘉许等制度日益完善，志愿服

---

① 截至 2016 年 12 月 16 日，中国志愿服务联合会单位会员 66 家，其中省级志愿服务组织 24 个，地市级志愿服务组织 26 个，区县级志愿服务组织 2 个。单位会员：中国青年志愿者协会、中国文艺志愿者协会、中国关心下一代工作委员会、中国人民解放军总政治部群众工作办公室、中国助残志愿者协会、中华文化促进会老干部志愿者工作委员会；分支机构：中国志愿服务联合会职工委员会、中国志愿服务联合会巾帼志愿服务工作委员会、全国教师志愿服务联盟、全国卫生计生青年志愿服务联盟。

大数据、移动互联网服务建设日益成熟，随着中国志愿全国服务信息系统广泛普及使用，更加方便群众参与志愿服务活动、获得志愿服务认同，使志愿服务时时可为、处处可为不再是一句口号。

四、促进志愿服务向制度化、规范化方向发展

党的十八大以来，出台了一系列关于志愿服务的政策文件，促进志愿服务向制度化、规范化发展，主要表现在以下几个方面：

一是 2013 年 12 月，团中央颁布《中国注册志愿者管理办法》，对注册志愿者、权利与义务、志愿服务、组织与管理以及激励和表彰等作了具体规定。

二是 2014 年 3 月，中央文明委下发《关于推进志愿服务制度化的意见》，规范志愿者招募注册，加强志愿者培训管理，建立志愿服务记录制度，根据统一的内容、格式和记录方式，对志愿者的服务进行及时、完整、准确记录等。

三是 2015 年 3 月，教育部印发《学生志愿服务管理暂行办法》，要求各地教育部门、各级各类学校要把志愿服务作为加强大学生思想政治教育和未成年人思想道德建设的重要举措，努力提升学生志愿服务管理水平，并且规定了相应的志愿服务学分制度。自此，志愿服务正式成为国民教育的重要内容。

四是 2015 年 8 月，中央文明办、民政部、教育部、共青团中央联合印发《关于规范志愿服务记录证明的指导意见》，明确志愿服务记录证明出具主体，统一志愿服务记录证明格式，规范志愿服务记录证明工作流程，建立志愿服务虚假证明责任追究制度，加强对志愿服务记录证明工作的组织领导等内容。

五是 2015 年 7 月，民政部出台《志愿服务信息系统基本规范》，这是志愿服务的第一个行业标准，对志愿者、志愿团体、志愿服务项目、志愿服务时间等志愿服务相关信息进行了规范。

六是 2016 年 7 月，中共中央宣传部、中央文明办、民政部、教育部、财政部、全国总工会、共青团中央、全国妇联联合印发《关于支持和发展志愿服务组织的意见》，就加强志愿服务组织培育、提升志愿服务组织能力、深化志愿服务组织服务、加强对志愿服务组织发展的组织领导等进行了

具体的规定。作为中央深改组的重要议题,这成为指导志愿服务发展的重要文件。

七是 2016 年 12 月,中宣部、中央文明办印发《关于公共文化设施开展学雷锋志愿服务的实施意见》,要求到 2020 年,基本建成公共文化设施志愿服务组织体系、志愿服务项目体系和志愿服务管理制度体系。公共文化设施志愿者队伍不断壮大,志愿服务组织充满活力,志愿服务活动广泛开展,成为全社会学雷锋志愿服务的品牌、传承和弘扬中华优秀传统文化的窗口、培育和践行社会主义核心价值观的重要阵地。

从办法、规范到政策、意见等一系列文件密集出台,让志愿服务法制体系得到进一步落地,使志愿服务资源得到进一步整合,形成了全社会推动志愿服务、参与志愿服务的新局面。

五、有力提升志愿服务的常态化和专业化水平

党的十八大以来,志愿服务活动从传统的赛会拓展、深入到社会日常生活的各个领域。据民政部统计,十八大以来社区志愿服务组织增长迅速,从 2012 年全国 9.3 万个到 2016 年的 11.6 万个,增长 24.73%。以北京为例,志愿团体数量从 2012 年的 1.67 万个发展到 2016 年的 5.69 万个,增长 241%,注册志愿者从 2012 年的 206 万人发展到 2016 年的 371.63 万人,增长 80.4%。

一是志愿服务深入到社区、邻里,成为社会文明建设的重要组成部分。志愿服务对象从老年人、残疾人、优抚对象等弱势群体逐步扩展到全体社区居民,服务领域也从社会救助延伸到再就业服务、卫生和计划生育、社区治安、文化教育、便民利民等方面。在关爱服务、绿色环保、应急救灾等领域开展了丰富的志愿服务实践。"邻里守望"志愿服务、"志愿家庭""学雷锋综合包户""三关爱"志愿服务等深入社区、社会、居民生活的志愿服务品牌活动深入人心、享誉全国。特别是围绕中国志愿服务联合会推出的邻里守望志愿服务,形成了"阳光助残""姐妹相助""青春伴夕阳"等一系列子品牌,推动了志愿服务逐渐融入人们的日常生活,成为一种生活新常态、时代新风尚。志愿精神蔚然成风,志愿者群体中涌现出郭明义、孙茂芳、吴天祥等一大批道德模范、文明楷模,志愿者成为全国文明建设和道德创建的重要力量。

二是志愿服务优化了公共服务的供给。作为一种社会劳动，志愿服务能够创造社会价值，是公共服务供给的重要抓手和形式。根据民政部社会服务发展统计公报显示，2012年全国有1293.3万人次在社会服务领域提供了3639.6万小时的志愿服务。2017年全国志愿服务信息系统投入应用之后，注册志愿者超过4526万名，注册志愿团体近40万个，记录志愿服务时间超过7.2万亿小时，均呈现出大幅提升的态势。根据《中国志愿服务经济价值测度报告》在北京的研究显示，2015年北京志愿服务的经济价值相当于北京当年GDP的0.51%，接近北京第一产业增加值。这些都标志着志愿服务事业已经进入了发展的快车道。

三是专业化的志愿团体纷纷涌现，志愿服务朝着专业化方向发展。随着志愿服务的精细化水平提高，大量专业志愿者参与到助残、助老、文化、城市应急等专业性强的志愿服务活动当中，反过来有效提升了志愿服务本身的专业化水平。

应急志愿服务是最具代表性的专业志愿服务之一，应急志愿者是一支专业化程度高、机动能力强的特殊志愿者队伍。2008年的汶川地震之后，随着防灾减灾、公共安全突发事件法律体系逐步完善，应急志愿服务快速兴起。党的十八大以来，我国的应急志愿者队伍蓬勃发展，形成了政府应急救援体系与志愿服务应急救援体系的有效结合，建立了社会化的应急救援机制和政府互动机制。涌现出北京市应急志愿者服务总队、蓝天救援队等一大批专业精湛、训练有素、装备精良、经验丰富的应急志愿者队伍。以北京为例，截至2016年，共有注册应急志愿者14万余人，各级各类应急志愿者队伍537支，在国内外抗震救灾、公共安全等应急事件中发挥了重要作用。

各群团组织的支持，有力推动了志愿服务专业化发展。2013年，在中国文联支持下，中国文艺志愿者协会成立并成为中国志愿服务联合会的会员单位，凝聚文艺家、文艺工作者以及文艺爱好者积极投身文艺专业志愿服务，形成了"送欢乐下基层"等一批成熟的志愿服务项目，有力弘扬和传播社会主义核心价值；2015年，在中国残联支持下，中国助残志愿者协会成立，成为全国助残志愿者的组织，会上确定了50个"全国志愿助残阳光基地"和48个"全国志愿助残阳光使者"，推动助残志愿服务的标准化。各政府机关、专业服务机构、企事业单位纷纷成立专业志愿服务组织，作为中国志愿服务联合会团体会员的大医博爱志愿者服务总队等专业志愿者，在各自的领域中发挥着越来越重要的作用。

六、重视志愿服务培训工作，有效提高志愿者素质水平

志愿者培训形成特色体系。中国志愿服务联合会发布了《中国志愿服务培训工作"十三五"时期发展规划（2016~2020）》，这也是中国志愿服务联合会颁布的第一个"十三五"规划，《培训"十三五"规划》建立了通用培训、专业培训、岗位培训的培训体系框架。十八大以来，中国志愿服务联合会逐渐打造了《中国志愿服务大辞典》等一批志愿服务专用教材，建立了全国志愿服务培训总部基地，并在青岛市志愿服务学院、河北志愿服务学院等专业志愿服务培训机构挂牌建立了一系列分基地，在湖北百步亭社区建立志愿服务实践基地；形成了北京"阳光阶梯计划"、广东"社志沙龙"等一系列志愿服务培训品牌活动。同时，积极支持、孵化社会专业志愿服务培训机构，形成了多元化供给态势，志愿服务培训逐渐形成了政府示范引导、民间专业运作、多元合作共赢的趋势，有效推动志愿服务可持续发展。

七、志愿服务呈现国际化发展趋势，有效提升我国国际形象

党的十八大以来，志愿服务发展的一个重要现象就是中国志愿者以更加昂扬的姿态走出国门，成为国家公共外交的一张崭新的名片。中国志愿者服务的国际化是国力上升的标志，是新时期履行大国责任、国民自信心提升的标志。

在国内的外交场合，志愿者成为一道亮丽的风景，在 APEC 会议、G20 峰会、"一带一路"国际合作高峰论坛等重要外交舞台上全面展露中国志愿者的风采，得到了国内外的高度赞誉。

在国际舞台上，我国志愿者的海外服务实践具有光荣的历史。从 2002 年开始，中国青年志愿者协会打造的海外服务计划，累计选拔派遣近 700 名青年志愿者，到亚非拉的 23 个国家和地区；孔子学院自 2004 年建立以来，在 134 个国家和地区建立了 500 所学院和 1000 个课堂，学员总数达 190 万人，其中志愿者是重要的师资来源；持续了 53 年、我国最早对外援助项目的援非医疗队，多位医疗志愿者组成，也是海外志愿服务的一支重要力量。

近年来，中国志愿者在海外更加活跃，在厄瓜多尔、巴基斯坦、尼泊尔

等国抗震救灾中，中国志愿者奉献了中国爱心，讲好了中国故事，传递了中国声音，发挥了中国作用。继中国青年志愿者协会之后，近期中国扶贫基金会等中国志愿服务组织也被联合国经社理事会授予特别咨商地位，这是对中国志愿者的高度肯定。

在"一带一路"倡议的框架下，我国与联合国志愿人员组织（UNV）等国际志愿服务组织合作持续深化。中国志愿服务联合会通过南南合作促进可持续发展多边会议、二十国集团民间社会会议（C20）等多边平台，有力传播了中国志愿者的声音。北京市志愿服务联合会与UNV合作于2016年启动了"通过南南合作与'一带一路'倡议促进中国参与国际志愿服务发展项目"，北京项目办派出2名志愿者参与泰国、缅甸UNV办公室工作；在合作框架下，与中国扶贫基金会合作外派缅甸、尼泊尔等"一带一路"国别共10名志愿者，开展长期志愿服务活动。这些海外志愿者项目打开了我国志愿服务国际化的新局面，在国际社会面前展示了中国作为负责任大国的形象。

八、发展展望

全面深化改革的总目标是"完善和发展中国特色社会主义制度，推进国家治理体系和治理能力现代化"。十八大以来的志愿服务举措和成就表明，志愿服务正在实现总目标的重要内涵。中国的全面深化改革，注定是一场史无前例的伟大实践和深刻变革。在新时期，我们需要坚持"四个意识"，深刻学习领会深入学习贯彻习近平总书记治国理政新理念新思想新战略，坚持发展志愿服务不动摇，助力全面深化改革总目标的实现。

一是通过志愿服务创新治国理政新途径。志愿服务是新时期有效社会动员、创新基层治理的一种良好形式。"十三五"规划提出到2020年"注册志愿者人数占居民人口比例达到13%"这意味着全国志愿者将接近1.8亿。要发动、引导如此庞大的志愿者队伍，推进志愿服务制度化是一项紧迫任务。我们应当加大对志愿服务的投入，持续优化志愿服务管理运行水平，推广志愿者保险、完善志愿服务嘉许制度，有效提升公众参与志愿服务水平，加大志愿服务覆盖，从而提升基层治理能力以及促和谐保稳定的能力。

二是使志愿服务成为公共服务提供的重要力量。通过志愿服务提升公共服务获得感。志愿服务是现代社会公共服务供给的重要补充，《关于支持和发展志愿服务组织的意见》明确了志愿服务的出发点是"坚持以培育和践行社会主义核心价值观、满足人民群众日益增长的社会服务需求""要把志愿服务组织的工作重点放在扶贫、济困、扶老、救孤、恤病、助残、救灾、助医、助学方面",这体现志愿服务在基本公共服务供给方面的重要作用。要完成这些任务,必须有效提升志愿服务组织的能力,"形成布局合理、管理规范、服务完善、充满活力的志愿服务组织体系"。要通过志愿服务完善公共服务供给,让群众有更多的获得感。

三是重视志愿服务组织的培育和能力建设。落实《关于支持和发展志愿服务组织的意见》的精神,从志愿服务组织的孵化、培育以及组织管理等方面,制定切实可行的措施。通过政府购买服务方式在资金、项目等方面支持志愿服务组织的发展,通过培训等方式提升组织能力,通过建立第三方评估等制度使志愿服务组织健康发展。

四是通过志愿服务打造和谐社会新风尚。志愿服务是精神力量,是道德塑造、和谐社会的有效载体。习近平总书记指出,"家庭是社会的基本细胞,是人生的第一所学校""要注重家庭、注重家教、注重家风"。要注重志愿服务的精神带动和教化作用,广泛开展志愿家庭等志愿服务活动,巩固志愿服务进校园、进教材、进课堂,推动形成和谐友善、互帮互助的良好社会风气,深入践行社会主义核心价值观。

---------- 代表作品 ----------

[1] 刘子洋,魏娜. 总体性视角下志愿服务的组织策略转向:从管理到合作 [J]. 公共管理与政策评论,2018 (2):3-13

[2] 魏娜,刘子洋. 论志愿服务的本质 [J]. 中国人民大学学报,2017,V31 (6):79-88

[3] 魏娜,张勇杰. 供给侧视角下政府购买社会组织服务的路径优化 [J]. 天津社会科学,2017 (4):71-75

[4] 魏娜,郭彬彬. 理性选择制度主义视角下的志愿服务动机分析 [J]. 教学与研究,2016,V50 (3):65-70

[5] 魏娜,袁博. 基于社会资本视角的城市化进程中的村治研究 [J]. 北京行政学院学报,2013 (6):24-28

[6] 魏娜. 我国志愿服务发展:成就、问题与展望 [J]. 中国行政管理,2013 (7):66-69

［7］魏娜，崔玉开．城市社区治理的网络参与机制研究［J］．教学与研究，2011，V（6）：31－36

［8］魏娜．城市社区建设与社区自治组织的发展［J］．北京行政学院学报，2003，5（1）：69－74

［9］魏娜．我国城市社区治理模式：发展演变与制度创新［J］．中国人民大学学报，2003，17（1）：136－141

［10］魏娜．中国城市社区建设中的问题及其理性思考［J］．新视野，2002（2）：57－59